私募基金

内控合规与监管合规指引

段永强 ——— 编著

PE

中国法制出版社
CHINA LEGAL PUBLISHING HOUSE

序　言

“敬畏监管”是金融和投资行业永恒的主题。2017年12月29日，国家质量监督检验检疫总局、国家标准化管理委员会发布的中华人民共和国国家标准《合规管理体系 指南》引言指出，合规是组织可持续发展的基石。近年来，国际社会和各国政府都致力于建立和维护开放、透明、公平的社会秩序，在这样的背景下，组织越来越多地关注其面临的合规风险以及如何实现合规。合规意味着组织遵守了适用的法律法规及监管规定，也遵守了相关的标准、合同、有效治理原则或道德准则。若不合规，组织可能遭受法律制裁、监管处罚、重大财产损失和剩余损失，由此造成的风险，即为合规风险。建立有效的合规管理体系并不能杜绝不合规的发生，但是能够降低不合规发生的风险。在许多国家或地区，当发生不合规时，组织和组织管理者以组织已经建立并实施了有效的合规管理体系作为减轻甚至豁免行政、刑事或民事责任的抗辩，这种抗辩有可能被行政执法机关或司法机关接受。2018年11月2日，国务院国有资产监督管理委员会发布《中央企业合规管理指引（试行）》，其中第一条规定，为推动中央企业全面加强合规管理，加快提升依法合规经营管理水平，着力打造法治央企，保障企业持续健康发展，根据《中华人民共和国公司法》《中华人民共和国企业国有资产法》等有关法律法规规定，制定本指引。2020年3月20日，中国证券监督管理委员会发布《证券公司和证券投资基金管理公司合规管理办法》，其中第一条规定，为了促进证券公司和证券投资基金管理公司加强内部合规管理，实现持续规范发展，根据《中华人民共和国公司法》《中华人民共和国证券法》《中华人民共和国证券投资基金法》和《证券公司监督管理条例》，制定本办法。可见，国家监管机关正在积极主动地制定合规管理规则，引导甚至强制企业建立合规体系，加强合规管理以便减少合规风险，实现企业可持续发展。

合规，从字面上理解即为合乎规范。《中央企业合规管理指引（试行）》第二条规定：本指引所称合规，是指中央企业及其员工的经营管理行为符合法律法规、监管规定、行业准则和企业章程、规章制度以及国际条约、规则等要求。本指引所称合规风险，是指中央企业及其员工因不合规行为，引发法律责任、受到相关处罚、造成经济或声誉损失以及其他负面影响的可能性。本指引所称合规管理，是指以有效防控合规风险为目的，以企业和员工经营管理行为为对象，开展包括制度制定、风险识别、合规审查、风险应对、责任追究、考核评价、合规培训等有组织、有计划的管理活动。《证券公司和证券投资基金管理公司合规管理办法》第二条规定：本办法所称合规，是指证券基金经营机构及其工作人员的经营管理和执业行为符合法律、法规、规章及规范性文件、行业规范和自律规则、公司内部规章制度，以及行业普遍遵守的职业道德和行为准则。本办法所称合规管理，是指证券基金经营机构制定和执行合规管理制度，建立合规管理机制，防范合规风险的行为。本办法所称合规风险，是指因证券基金经营机构或其工作人员的经营管理或执业行为违反法律法规和准则而使证券基金经营机构被依法追究法律责任、采取监管措施、给予纪律处分、出现财产损失或商业信誉损失的风险。可见，合规概念本身并不复杂，简单来说即可以看作合乎监管规则、行业规范和惯例、组织内部规章以及行业普遍遵守的职业道德和行为准则的简称。

从合规规则的约束力强弱以及带来的后果严重程度来看，合规可以分为四个层次。第一个层次是合规必须遵守国家和国际监管规定。法律面前人人平等，所有人必须遵守游戏规则，任何时候都不要轻易去触碰法律或监管的红线和底线。任何企业一旦触犯这个层面的合规风险，后果是极为严重的，企业面临的不仅是巨额财产损失，甚至可能导致企业经营资格被剥夺，法定代表人、实际责任人被处以刑罚。第二个层次是合规必须遵守行业规范和自律规则。可能许多企业或个人认为这个重要但是并没有那么重要，毕竟行业组织没有强制处罚的权力（但部分授权的除外）。但是，自治行业协会和行业组织在社会中的地位和作用越来越大，一旦违反他们制定的行业规则，一般来说也就意味着企业在这个行业中出局了，后果也是很严重的。第三个层次是合规必须遵守企业的章程、制度和流程（当然这些也必须符合监管规则的规定）。章程属于企业的“宪法”，具有最高效力且必须遵守；制度和流程是企业这部机器运转的“刹车片”，保证企业在一个正确的轨道上运行而不跑偏。第四个层次是合规必须遵守行业普遍遵守的职业道德和行为准则（当然社会公序良俗亦应遵守）。可能对于合规来说，道德约束这个层面，会有许多争议，毕竟道德约束不具有强制约束力并且道德评价属于精神层面的范畴且没有统一的评价标准。但随着社会的日益进步和精神文明的日益提高，职业道德成为衡量诚信的砝码，一旦企业发生重大舆情，基本上意味着这个企业被唾弃或者抛弃了，也就没有了生存的余地。

从合规监管的主体来看，合规可以分为四类不同主体的监管。第一类是国家监管机构的监管。国家监管机构代表国家权力，具有法定的职权尤其是行政处罚的权力，处罚结果带有强制性和约束力，必须遵守和履行，所以这种监管最为严厉，后果也最为严重。第二类是自律组织的监管。行业自律组织（包括自律法人和行业协会）属于民间组织，其处分属于纪律处分，不具有国家强制力。但是不具有国家强制力并不意味着后果不严重，譬如中国证券投资基金业协会（以下简称中基协）等自律组织进行的处罚，后果还是很严重的。第三类是组织内部的监管。组织内部的监管主要是内部控制，即组织通过自身的内控制度、审批流程、信息系统、授权控制等手段实现组织的内部管控，保证各项事务在可见、可控的范围内有序开展。良好的内部控制是实现企业合规管控和风险管控的最为重要的手段。第四类是不特定的社会公众的监管。这个层面的监管属于道德和精神层面的范畴，属于企业社会责任的范畴，没有固定的规则、统一的标准以及适当评价的价值准则（当然不能违背社会基本的道德底线）。本书所阐述的外部监管合规，主要是指国家监管机构的监管和自律组织的监管，不特定社会公众的监管由于其随意性、多样性未纳入本书谈论的范畴。本书所阐述的内部监管合规，主要是指组织内部控制合规的监管，重点阐述企业内部控制合规性管理。

由于私募基金行业在中国发展的时间还不长，作为兼具类金融和投资属性的私募投资基金管理公司，其本身并未被纳入持牌机构的监管范畴，相对于持牌机构来说也没有太多的行业准入限制（当然准入门槛也不太高），这直接导致私募机构任意设立、违法经营、乱象丛生，非法集资和跑路现象严重，干扰了国家金融秩序并给社会稳定造成了恶劣影响。随着私募行业的快速发展和非法集资事件的不断发生，国家监管机构的监管思路日益清晰，监管定位日益明确，履职行为日益主动，惩罚力度日益加大。以“7+2”自律规则体系为标志，私募监管机构开始完善管束规则，引导合规治理，强化监督管理，严惩违规行为，建立黑名单制度，注销违法机构，迫使私募基金管理机构主动或被动地逐步走上合规发展的道路。2018年是中国金融监管年，随着统一资管新规《关于规范金融机构资产管理业务的指导意见》的颁行，中国金融行业开始进入一个统一资管的新时代。合规管理和风险管理是金融行业监管的重中之重，是捍卫国家金融安全、防范金融风险、保证社会稳定的重要手段和措施。可以预见，随着统一资管新规及其细则的逐步实施，监管机构合规专项检查以及机构自查将会成为常态，行政处罚会日益频繁并且处罚结果会日益加重，2018年不断出现的金融处罚大单便是先兆。证监会每年组织的私募基金管理机构专项检查和中基协频繁组织的私募基金管理机构专项自查也清晰地表明了监管机构和自律组织对私募基金管理机构违规的零容忍态度。私募基金管理机构作为非持牌的“类金融机构”，势必会面临比公募基金更为严厉的监管态势和压力，因此合规管理必须成为各私募基金管理人日常工作的一个重点，管理人要以更为积极的态度去看待合规管理，防止因合规问题影响公司的社会声誉、业务开展以及后续的资本运作。

本书所述的合规管理，切入角度与传统的合规管理著述有所区别。传统著述的合规管理倾向于合规基础理论（概念、原则、价值、意义、目标、体系等）、合规历史沿革和现状、合规组织架构、合规事务具体工作内容、合规信息系统建设、合规考核、问责与评估、合规监管等，核心内容均围绕着合规本身的理论、合规事务本身的操作和自洽进行介绍和搭建，不太涉及其他譬如企业文化、行政、人力、财务、知识产权保护、投资决策、运营管理等领域的公司管理和业务运营的合规事宜。本书则以私募地产投资基金管理公司为例，紧紧贴合私募基金管理人的组织结构、日常管理和业务运营的内容，并结合2018年和2019年证监会私募基金专项检查（现场）以及中基协私募基金企业自查的要求，从私募基金展业要求和业务活动的角度出发，并结合外部监管机构和自律组织的监管规定以及公司内部的章程、组织体系、制度流程，详细阐述了私募基金管理人展业要求中的管理人登记、重大变更、年度信息更新、入会管理、从业人员资格的合规管理、经营异常的情形、外资私募投资基金管理人登记、私募投资基金备案、重大变更、产品季度更新（AMBERS 系统）、私募投资基金清算、私募投资基金信息披露（信息披露系统）、内部控制（侧重于组织体系、运营体系及内控制度流程）的合规管理事宜（上述事项侧重于外部监管合规），以及私募投资基金业务运营活动中的基金募集（侧重于外部监管合规）、投资管理、投后管理、投资退出（侧重于内部控制合规）的合规管理事宜，并在各章明确指出上述各类活动中应注意的合规检查重点，力求全面、系统地涵盖私募基金管理人展业和运营过程中各个管理和业务环节的合规具体内容、操作规范以及示范文本。当然，外部监管合规与内部监管合规并不是截然分开、互不相容的，内控合规也必须符合外部监管的要求。对于内控体系中诸如发展战略、企业文化、人力资源、社会责任、财务报告等，非专属于私募基金行业的特点，并且传统的企业内控体系已经非常完善，参考传统的理论体系即可，本书在此不予讨论。

段永强

2021 年 1 月 19 日

目　录

Contents

第一章　私募基金管理人登记的合规管理

第二章 私募投资基金备案、重大变更、季度更新、清算的合规管理

第三章 私募投资基金管理人内部控制的合规管理

第四章 私募投资基金募集的合规管理

第五章　私募投资基金投资的合规管理

第六章 私募投资基金投后的合规管理

第七章 私募投资基金退出的合规管理

第八章 私募投资基金信息披露、信息报送的合规管理

附 录

第一章　私募基金管理人登记的合规管理

一、私募基金管理人登记合规管理概述

私募基金管理人开展业务活动、设立私募投资基金并进行对外投资，应首先向中基协申请私募基金管理人登记，并在登记完成后才可以募集基金进行对外投资，否则可能面临刑事责任、行政处罚或纪律处分。《私募投资基金管理人登记和基金备案办法（试行）》第五条规定，私募基金管理人应当向基金业协会履行基金管理人登记手续并申请成为基金业协会会员。第六条规定，私募基金管理人申请登记，应当通过私募基金登记备案系统，如实填报基金管理人基本信息、高级管理人员及其他从业人员基本信息、股东或合伙人基本信息、管理基金基本信息。第七条规定，登记申请材料不完备或不符合规定的，私募基金管理人应当根据基金业协会的要求及时补正。申请登记期间，登记事项发生重大变化的，私募基金管理人应当及时告知基金业协会并变更申请登记内容。第八条规定，基金业协会可以采取约谈高级管理人员、现场检查、向中国证监会及其派出机构、相关专业协会征询意见等方式对私募基金管理人提供的登记申请材料进行核查。第九条规定，私募基金管理人提供的登记申请材料完备的，基金业协会应当自收齐登记材料之日起 20 个工作日内，以通过网站公示私募基金管理人基本情况的方式，为私募基金管理人办结登记手续。网站公示的私募基金管理人基本情况包括私募基金管理人的名称、成立时间、登记时间、住所、联系方式、主要负责人等基本信息以及基本诚信信息。公示信息不构成对私募基金管理人投资管理能力、持续合规情况的认可，不作为基金资产安全的保证。第十条规定，经登记后的私募基金管理人依法解散、被依法撤销或者被依法宣告破产的，基金业协会应当及时注销基金管理人登记。可见，私募基金管理人在中基协完成登记，是监管机构的强制性要求，是私募基金管理人开展业务的前提条件。需要注意的是，根据 2018 年 12 月更新的《私募基金管理人登记须知》的规定，根据现行监管要求，请新登记完成的私募基金管理人自登记完成后的 10 个工作日内主动与注册地所属地方证监局取得联系，基金管理人在登记完成后，还应主动与当地证监局取得联系，备案基本信息。2020 年 2 月 28 日，中基协发布

了《关于便利申请办理私募基金管理人登记相关事宜的通知》，明确了私募基金管理人登记申请材料清单［包括私募基金管理人登记申请材料清单（证券类）和私募基金管理人登记申请材料清单（非证券类）］，私募基金管理人登记申请按照上述清单提供材料即可。从近两年的私募基金专项合规检查的内容来看，在私募基金管理人基本情况环节，工商注册情况、公司股东及其关联方情况、管理人登记情况、各项业务制度和工作流程、组织架构和高管人员配置分工、员工及其社保工资情况、年度审计报告、公司信用报告、法律意见书、会计报表、账簿、凭证、银行账户开户情况及其资金往来均是基金专项合规检查的对象和重点。

（一）私募基金管理人登记内容

基金管理人登记应首先提交注册基本信息，具体内容如下：（1）注册信息：机构名称、统一社会信用代码/组织机构代码、主要联系人邮箱、用户名、机构类型【私募基金管理人：下拉选择：私募证券投资基金管理人；私募股权、创业投资基金管理人；其他私募投资基金管理人、私募资产配置类管理人】、密码、确认密码、请输入验证码。机构名称需输入中文，组织机构代码等信息必须真实有效，注册成功后不可修改。（2）完善用户基本信息：用户名、登记编号、统一社会信用代码/组织机构代码、机构名称、邮编、主要联系人姓名、主要联系人办公电话、主要联系人移动电话、主要联系人邮箱、主要联系人传真、备用联系人姓名、备用联系人办公电话、备用联系人移动电话、备用联系人邮箱、备用联系人传真。

在提交基金管理人基本信息以后，应按照 AMBERS 系统的要求提交基金管理人的详细信息，具体提交的信息包括机构基本信息、相关制度信息、机构持牌及关联方信息、诚信信息、财务信息、出资人信息、实际控制人/第一大股东、高管信息以及管理人法律意见书九个事项，下面将对九个事项下的具体填报内容进行展开。

1. 机构基本信息

包括登记承诺函（请加盖骑缝章）、机构全称（中文）、组织机构代码、机构全称（英文）、法定代表人/执行事务合伙人（委派代表）、机构简称、机构成立时间（下拉选择）、机构性质（下拉选择）、机构组织形式（下拉选择）、机构网址、机构办公地址、机构注册地址（下拉选择）、注册资本/认缴资本、实收资本/实缴资本、实收资本/实缴资本出资证明【注：实缴资本不足 200 万元，实缴资本未达到注册资本的 25%，协会将在私募管理人公式信息中予以特别提示】、机构类型

【注：“机构类型”选定后不可修改，请慎重选择！申请登记期间，若需修改，请点击“注销账号”后重新申请；“办理通过”后，若需要修改，请点击“注销登记”，在注销私募基金管理人登记后重新申请】、业务类型【复选框，有关私募投资基金“业务类型/基金类型”和“产品类型”的说明附后】、管理人的公司章程/合伙协议、组织机构代码证、税务登记证号码、税务登记证（图片）、营业执照号码、营业执照（图片）、经营范围、员工总人数（系统填报提示：员工是指与私募基金管理机构签订劳动合同的正式职员。如私募基金管理机构存在员工兼职情况，应在法律意见书中详细说明，且兼职员工应不计入员工总人数）、具有基金从业资格人数、全体员工简历、全体员工社保证明、机构所在写字楼图片、机构前台照片（注：若前台照片涉嫌造假，将视为虚假填报！）、办公场地使用证明、是否挂牌/上市（单选按钮）、商业计划书、是否有拟投项目证明资料、是否有同类型私募基金管理人、是否有关联私募基金管理人自律合规连带责任承诺函、是否有其他相关证明文件、管理人认为需要说明的情况、管理人认为需要上传的文件。

注：自 2018 年 10 月起，现其他私募投资基金管理人已经暂停办理（QDLP 除外），同时已有的其他私募基金管理人产品备案已经非常困难。

【有关私募投资基金“业务类型/基金类型”和“产品类型”的说明】

表 1　各类私募投资基金的类型和定义

基金类型	定义
私募证券投资基金	私募证券投资基金，主要投资于公开交易的股份有限公司股票、债券、期货、期权、基金份额以及中国证监会规定的其他证券及其衍生品种的私募基金
私募证券类 FOF	私募证券类 FOF，主要投向证券类私募基金、信托计划、券商资管、基金专户等资产管理计划的私募基金
创业投资基金	创业投资基金，主要向处于创业各阶段的未上市成长型企业进行股权投资的基金（新三板挂牌企业视为未上市企业）；对于市场所称“成长基金”，如果不涉及沪深交易所上市公司定向增发股票投资的，按照创业投资基金备案；如果涉及上市公司定向增发的，按照私募股权投资基金中的“上市公司定增基金”备案
创投类 FOF	创投类 FOF，主要投向创投类私募基金、信托计划、券商资管、基金专户等资产管理计划的私募基金
私募股权投资基金	私募股权投资基金，除创业投资基金以外主要投资于非公开交易的企业股权的私募基金
私募股权类 FOF	私募股权类 FOF，主要投向股权类私募基金、信托计划、券商资管、基金专户等资产管理计划的私募基金

续表

基金类型	定义
其他私募投资基金	其他私募投资基金，投资除证券及其衍生品和股权以外的其他领域的私募基金
其他私募 FOF	其他私募 FOF，主要投向其他类私募基金、信托计划、券商资管、基金专户等资产管理计划的私募基金

注：对于主要投资新三板拟挂牌和已挂牌企业的“新三板基金”，建议按照创业投资基金备案；主要投资上市公司定向增发的“上市公司定增基金”，基金类型建议选择“股权投资基金”。

表 2　各类私募投资基金对应的产品类型

基金类型	产品类型
私募证券投资基金	股票类基金、固定收益类基金、混合类基金、期货及其他衍生品类基金、其他类基金
私募证券类 FOF	不填
创业投资基金	不填
创投类 FOF	不填
私募股权投资基金	并购基金、房地产基金、基础设施基金、上市公司定增基金、其他类基金
私募股权类 FOF	不填
其他私募投资基金	红酒艺术品等商品基金、其他类基金
其他私募 FOF	不填

注：私募证券类 FOF、创投类 FOF、私募股权类 FOF、其他私募 FOF、创业投资基金不必填写“产品类型”。

产品类型定义：

股票类基金，是指根据合同约定的投资范围，投资于股票或股票型基金的资产比例高于 80%（含）的私募证券投资基金。

固定收益类基金，是指根据合同约定的投资范围，投资于银行存款、标准化债券、债券型基金、股票质押式回购以及有预期收益率的银行理财产品、信托计划等金融产品的资产比例高于 80%（含）的私募证券投资基金。

混合类基金，是指合同约定的投资范围包括股票、债券、货币市场工具但无明确的主要投资方向的私募证券投资基金。

期货及其他衍生品类基金，是指根据合同约定的投资范围，主要投资于期货、期权及其他金融衍生产品、现金的私募证券投资基金。

并购基金，是指主要对处于重建期企业的存量股权展开收购的私募股权投资基金。

房地产基金，是指从事一级房地产项目开发的私募基金，包括采用夹层方式进行投资的房地产基金。

基础设施基金，是指投资于基础设施项目的私募基金，包括采用夹层方式进行投资的基础设施基金。

上市公司定增基金，是指主要投资于上市公司定向增发的私募股权投资基金。

红酒艺术品等商品基金，是指以艺术品、红酒等商品为投资对象的私募投资基金。

（1）【私募基金管理人登记和基金备案承诺函】模板

私募基金管理人登记和基金备案承诺函

机构名称：××

注册地址：××

办公地址：××

本机构郑重承诺：

向中基协申请管理人登记、基金备案及持续信息更新中所提供的所有材料及信息真实、准确、完整，不存在任何虚假记载、误导性陈述或重大遗漏，并愿意承担全部的法律责任。

本机构及本机构从业人员将严格遵守《证券投资基金法》《私募投资基金监督管理暂行办法》《私募投资基金管理人登记和基金备案办法（试行）》《私募投资基金信息披露管理办法》《私募投资基金管理人内部控制指引》《私募投资基金募集行为管理办法》《私募投资基金合同指引》等私募基金相关法律法规和自律规则的相关规定，自愿接受协会自律管理，配合协会自律检查。

本机构承诺在私募基金业务活动中坚守以下三条私募基金的行业底线：

一、坚持诚信守法，坚守职业道德底线；

二、坚守“私募”的基本原则，不变相进行公募；

三、严格投资者适当性管理，坚持面向合格投资者募集资金。

特此承诺。

机构名称：××（加盖公章）

法定代表人/执行事务合伙人/执行事务合伙人委派代表签名：××

××年××月××日

2. 相关制度信息

运营风险控制制度、信息披露制度、机构内部交易记录制度、防范内幕交易、利益冲突的投资交易制度、合格投资者风险揭示制度、合格投资者内部审核流程及相关制度、私募基金宣传推介、募集相关规范制度、公平交易制度（仅私募证券投资基金管理人提供）、从业人数买卖证券制度（仅私募证券投资基金管理人提供）、其他制度（如防范关联交易，利益输送等制度）。上述制度的具体内容和要求请参见本书第三章的相关内容。【注：制度应根据申请机构自身实际情况制定，不可照搬照抄。】

3. 机构持牌及关联方信息

①机构持有行政许可及注册信息牌照名称、牌照业务类型（下拉菜单包括公募基金管理人牌照、证券公司资管业务牌照、证券公司直投业务牌照、基金公司专户业务牌照、基金子公司专户业务牌照、期货公司资管业务牌照、证券投资基金托管牌照、公募基金销售资格、公募基金销售支付结算无异议函、证券/期货投资咨询业务牌照、QDIE/QDLP/其他等）、颁发机构、注册日期、牌照扫描。【系统提示】指金融监管部门及金融行业自律组织向机构颁发的与金融业务相关的牌照及注册信息，如金融许可证、金融监管部分批复、行业注册成立会员证等。

②分支机构、子公司信息及关联方信息序号、类型【分支机构、关联方（是否为境外持牌机构）、子公司（公司类型）】【系统提示】（1）子公司：指持股5%以上的金融企业、上市公司及持股20%以上的其他企业；（2）分支机构：指企业投资设立的、有固定经营场所、以自己名义直接对外从事经营活动的、不具有法人资格，其民事责任由隶属企业承担的经济组织；（3）关联方：受同一控股股东/实际控制人控制的金融机构、私募基金管理人、资产管理企业、冲突类业务企业［详见《私募投资基金登记备案的问题解答（七）》］、投资咨询及金融服务企业等。

4. 诚信信息

最近三年是否受到刑事处罚（处罚类型、处罚时间、处罚机构、裁决书、处罚情况简要说明，处罚具体犯罪类型包括其他刑事处罚、非法吸收公众存款罪、集资诈骗罪）、最近三年是否受到证监会的行政处罚（处罚原因、处罚种类、处罚时间、处罚决定书、处罚原因说明，处罚原因包括向非合格投资者募集资金、公开宣传推介私募基金、利益输送、内幕交易、操纵市场、其他处罚）、最近三年是否被证监会采取行政监管措施（行政监管措施种类、采取行政监管措施时间、行政监管措施决定书、原因简要说明)、最近三年是否受到其他监管部门的行政处罚（处罚时间、处罚决定书、处罚原因说明)、最近三年是否被基金业协会采取自律措施（处分时间、处分决定书、处分原因说明)、最近三年是否被其他自律组织采取措施（处分时间、处分原因说明)、最近三年是否涉及诉讼或仲裁（判决或裁决时间、情况简要说明)。【系统提示】“最近三年”指机构自提交表格之日起最近36个月，机构成立不满36个月的，自成立之日起计算。

5. 财务信息

视机构成立时间需要填报的内容有所差异。填报内容：会计年度、货币资金、以公允价值计量且其变动计入当期损益的金融资产、贷款及应收款项 、一年（含）以内贷款、一年以上贷款、一年（含）以内应收款项 、一年以上应收款项、可供出售金融资产、持有至到期投资、长期股权投资、其他应收款、对于关联方的其他应收款、对于非关联方的其他应收款、一年（含）以内对于非关联方的其他应收款、一年以上对于非关联方的其他应收款、固定资产净值、固定资产原值、累计折旧 、其中：本年折旧、无形资产、递延所得税资产、长期待摊费用、其他资产、预付账款、押金及备用金、待摊费用、待抵扣/认证增值税进项税额、预交增值税、应收产品增值税、使用权资产、其他、【其他资产 - 其他】说明、其他非流动金融资产、资产总计、以公允价值计量且其变动计入当期损益的金融负债、短期借款、来自关联方短期借款、来自非关联方短期借款、长期借款、来自关联方长期借款、来自非关联方长期借款、应付职工薪酬 、一年（含）内付清的短期应付薪酬、一年（含）内付清的短期应付薪酬奖金部分、长期应付薪酬、长期应付薪酬奖金部分、其他应付款、应付关联方款项、应付非关联方款项、一年（含）以内应付非关联方款项、一年以上应付非关联方款项、应付债券、应交税费、应交企业所得税、应交增值税及附加税费、应交管理人自身业务增值税及附加税费、应交产品业务增值税及附加税费、代扣代缴个人所得税、其他应交税费、递延所得税负债、其他负债、应付股利 、预提费用、预收账款、租赁负债、其他、【其他负债 - 其他】说明、应付账款、负债合计、实收资本、资本公积、其他综合收益 、盈余公积、未分配利润、其他权益项目、所有者权益合计，以上为时点数据；营业收入、管理费收入、业绩报酬、其他收入、基金销售收入、投资顾问收入、固定投资顾问收入、浮动投资顾问收入、财务顾问收入、营业支出、管理费用、职工薪酬、专业服务费、其他管理费用、财务费用、利息收入、销售费用、税金及附加、资产减值损失、其他营业支出、投资收益、公允价值变动收益、资产处置收益、其他收益、政府补助、营业利润、营业外收入、政府补助、税收返还、其他营业外收入、总收入、营业外支出、罚款支出、赔款支出、利润总额、所得税费用、适用的所得税税率、净利润、其他综合收益、应付职工薪酬（统计口径）、应交增值税（统计口径）、全年缴纳的增值税及附加（管理人自身业务部分）、全年缴纳的增值税及附加（产品部分）、全年应纳税所得额、全年应纳所得税额，以上为时期数据；执行会计准则情况 、执行《企业会计准则》、是否已适用新金融工具准则、是否已适用新收入准则、是否已适用新租赁准则、纳税情况、小规模纳税人、填表人 、联系电话、管理人认为关于财务信息需要说明的情况（上传盖章文件）、资产负债表（Excel 格式）、利润表（Excel 格式）、现金流量表（Excel 格式）、审计报告及经审计的财务报告、审计费、审计报告中会计师事务所出具的是否是标准意见、负责年度财务报告审计的会计师事务所名称、负责年度财务报告审计的会计师事务所编号、是否具有证券期货机构审计业务资格、会计师事务所营业执照、会计师事务所联系人姓名、会计师事务所联系人移动电话、会计师事务所联系人电子邮箱、会计师事务所办公地址、邮编、填报数据是否经会计师事务所鉴证。【系统提示】填报说明：（1）如本机构存在子公司的，本表仅需填写本机构相关数据，无需填报合并报表数据。（2）本表数据请根据提示信息进行填报，如不存在提示信息的，请根据会计准则相关要求进行填报。（3）本表数据要求精确至小数点后两位，填报单位：人民币（元）。（4）本表数据如存在未涉及的，相关科目处请填“0”。（5）请严格按照本表备注中的填报口径完成填报工作。部分科目如与经审计财务报表列示存在差异的，请遵循本表备注中的填报口径进行填写。（6）如本年度财务报告已适用新版企业会计准则（包括新金融工具准则、新收入准则、新租赁准则等），可按新准则下编制的财务报表为基础填报本表数据，且需按《新金融工具准则与系统填报项目的科目对照表》填报相关科目。

6. 出资人信息

控股类型【国有控股、社团集团控股、自然人及其所控制民营企业控股、外资控股、其他（控股主体性质不明或无控股主体）】是否有直接或间接控股或参股的境外股东、穿透后境外股东的持股比例（大于 0 小于等于 100 之间的数字）、申请机构股权架构合理性说明【注：申请机构向上穿透超过三层的，申请机构说明多层股权架构设置的合理性与必要性，上穿出资人如为 SPV 应说明设立目的及出资来源】。

新增出资人信息：自然人基本信息表（适用于自然人）姓名、性别、证件类型（身份证、护照、台胞证、港澳地区居民来往内陆通行证、户口本、军官证、士兵证、文职证、警官证、外国护照、其他）、证件号码、出生年月、国籍、证件扫描、通信地址、最高学历（本科、硕士、博士、其他）、毕业院校、学位/学历证书证明文件、办公电话、移动电话、电子邮箱、认缴出资额、实缴出资额、实缴出资证明（注：包括验资证明、银行对账单等出资证明文件，以及工商登记调档等第三方出具的证明）、出资资金是否为境外资金、是否为境外股东资金、是否为控股股东（注：控股股东是指出资额占有限责任公司注册资本总额50%以上或者其持有的股份占股份有限公司股本总额50%以上的股东；出资额或者持有股份的比例虽然不足50%，但依其出资额或者持有的股份所享有的表决权已经足以对股东会、股东大会的决议产生重大影响的股东）、出资人出资能力证明、工资经历、学习经历。

新增机构出资人：出资人基本信息表（适用法人及其他组织）名称、成立时间、证件类型【组织机构代码证、营业执照、行政机关、社会团体、军队、武警、下属机构（具有主管单位批文号）、基金会、其他】、证件号码、机构性质【内资企业、中外合资企业、中外合作企业、外商独资企业、境外机构、政府机构（指中国境内的政府机构，若为境外政府机构，请选择境外机构）】、注册国家（地区）、组织形式（股份有限公司、有限责任公司、普通合伙企业、有限合伙企业、其他）、企业控股类型【国有控股、社团集团控股、自然人及其所控制民营企业控股、外资控股、其他（控股主体性质不明或无控股主体）】、近三年曾用名、办公地址、经营范围、营业执照或主体资格证明文件、是否从事基金相关业务、是否为已备案的基金产品、实际开展业务描述、联系人、联系人职务、联系人移动电话、联系人电子邮箱、认缴出资额（万元）。币种：人民币、实际出资额（万元）、币种：人民币、实缴出资证明（注：包括验资证明、银行对账单等出资证明文件，以及工商登记调档等第三方出具的证明）、出资资金是否为境外资金、是否为控股股东（注：控股股东是指出资额占有限责任公司注册资本总额50%以上或者其持有的股份占股份有限公司股本总额50%以上的股东；出资额或者持有股份的比例虽然不足50%，但依其出资额或者持有的股份所享有的表决权已经足以对股东会、股东大会的决议产生重大影响的股东）、是否登记为私募基金管理人（是、否）、登记编码、出资人是否仅为持股平台（是否）、出资人出资能力证明，【系统提示】股东应以自有货币资金出资且不受制于任何第三方，申请机构股权结构清晰，无代持情况。

7. 实际控制人、第一大股东

新增自然人：实际控制人基本信息表（适用于自然人）姓名、性别、证件类型（身份证、护照、台胞证、港澳地区居民来往内陆通行证、户口本、军官证、士兵证、文职证、警官证、外国护照、其他）、证件号码、出生年月、国籍、证件扫描、通信地址、最高学历（本科、硕士、博士、其他）、毕业院校、学位/学历证书证明文件、办公电话、移动电话、电子邮箱、与管理人之间的控制关系图（实际控制人与管理人之间的控制关系图，应能说明实际控制人与申请机构之间的控制关系，以及实际控制人能对申请机构起到的实际支配作用）、工作经历、学习经历。

新增机构实际控制人：名称、成立时间、证件类型［组织机构代码证、营业执照、行政机关、社会团体、军队、武警、下属机构（具有主管单位批文号）、基金会、其他］、证件号码、机构性质【内资企业、中外合资企业、中外合作企业、外商独资企业、境外机构、政府机构（指中国境内的政府机构，若为境外政府机构，请选择境外机构）】、注册国家（地区）、组织形式（股份有限公司、有限责任公司、普通合伙企业、有限合伙企业、其他）、企业控股类型【国有控股、社团集团控股、自然人及其所控制民营企业控股、外资控股、其他（控股主体性质不明或无控股主体）】、近三年曾用名、办公地址、经营范围、营业执照或主体资格证明文件、是否从事基金相关业务、联系人、联系人职务、联系人移动电话、联系人电子邮箱、与管理人之间的控制关系图（实际控制人与管理人之间的控制关系图，应能说明实际控制人与申请机构之间的控制关系，以及实际控制人能对申请机构起到的实际支配作用）。

【系统提示】实际控制人是指控股股东（或派出董事最多的股东、互相之间签有一致行动协议的股东）或能够实际支配企业行为的自然人、法人或其他组织。认定实际控制人应一直追溯到最后的自然人、国资控股企业或集体企业、上市公司、受国外金融监管部门监管的境外机构。可以为共同实际控制。在符合上述要求的前提下，实际控制人可按照下列情形进行认定：①持股50%以上的；②通过行使表决权能够决定董事会半数以上成员当选的；③通过投资关系、协议或者其他安排能够实际支配公司行为且表决权持股超过50%的；④合伙企业的执行事务合伙人；⑤在无法满足前述认定标准时，可以在系统中填报“第一大股东”，由其承担相应的责任。

8. 高管信息

高级管理人员情况表：基本资料：姓名、国籍、性别、证件类型（身份证、护照、台胞证、港澳地区居民来往内陆通行证、户口本、军官证、士兵证、文职证、警官证、外国护照、其他）、证件号码、出生年月、证件扫描件、任职时间、职务（法定代表人、董事长、总经理、副总经理、监事、董事总经理、执行董事、合规风控负责人、信息填报负责人、其他）、劳动合同、社保缴纳记录、个人照片、最高学历（本科、硕士、博士、其他）、毕业院校、学位/学历证书证明文件、办公电话、移动电话、办公传真、电子邮箱、通信地址。工作经历：序号、起始年月、结束年月、工作单位、工作单位性质（私募基金管理机构、其他金融机构、实业企业、科研和教学机构、政府部门、其他）、职务。学习经历：序号、起始年月、结束年月、学校名称、学历、专业。最近三年合法合规及诚信情况【注：最近三年指机构自提交表格之日起最近 36 个月，机构成立不满 36 个月的，自成立之日起计算。】

最近三年是否受到刑事处罚、被市场禁入、最近三年是否受到证监会的行政处罚（处罚原因、处罚种类、处罚时间、处罚决定书、处罚原因说明，处罚原因包括向非合格投资者募集资金、公开宣传推介私募基金、利益输送、内幕交易、操纵市场、其他处罚）、最近三年是否被证监会采取行政监管措施（行政监管措施种类、采取行政监管措施时间、行政监管措施决定书、原因简要说明）、最近三年是否受到其他监管部门的行政处罚（处罚时间、处罚决定书、处罚原因说明）、最近三年是否被基金业协会采取自律措施（处分时间、处分决定书、处分原因说明）、最近三年是否被其他自律组织采取措施（处分时间、处分原因说明）、最近三年是否涉及诉讼或仲裁（判决或裁决时间、情况简要说明）。兼职情况：兼职机构数、兼职情况（机构名称、组织机构代码、职务）。投资人员及过往业绩证明：姓名、职务、累计投资经验时间（年）、过往投资经历（注：仅填写投资人员）。

【系统提示】新系统只能填写已经在“从业人员管理系统”中进行了从业资格注册或无资格登记的高级管理人员。若该高管信息尚未在“从业人员管理系统”中注册从业资格或登记个人信息，请先登录“从业人员管理系统”注册或登记。“从业人员管理系统”登录地址：http：//human. amac. org. cn。高管信息在“从业人员管理系统”中注册或登记成功后，第 T+1 日更新至新系统，关于从业人员平台如有任何疑问请发送邮件至 cyryzx@ amac. org. cn 进行咨询。高级管理人员是指私募基金管理人的董事长、总经理、副总经理、法定代表人、执行事务合伙人（委派代表）、执行董事、合规风控负责人以及实际履行上述职务的其他人员。申请机构登记过程中的反馈意见将会反馈至“信息填报负责人”的邮箱，相关审核问题也会通过电话与“信息填报负责人”联系，请保证贵机构填写的“信息填报负责人”的电话、手机、邮箱填写正确，信息填报负责人应由高管兼任。

9. 管理人法律意见书

（1）填报页面内容

律师事务所名称、律师事务所执业许可证、律师事务所执业许可证号、法律意见书【是否有保留意见；注：法律意见书应当由两名执业律师签名，加盖律师事务所印章（包括骑缝章），并签署日期。用于私募基金管理人登记的《法律意见书》

的签署日期应在私募基金管理人提交私募基金管理人登记申请之日前的一个月内】、姓名、律师执业证号、办公电话、传真、移动电话、电子邮箱、私募基金管理人重要情况说明【①申请机构向中基协提交的登记申请材料是否真实、准确、完整。注：出具《法律意见书》的律师事务所，应对申请机构在资产管理业务综合报送平台中提交的登记申请材料的真实性、准确性和完整性出具意见，《法律意见书》中的信息，应与在资产管理业务综合报送平台（http://ambers.amac.org.cn）、从业人员管理平台（http://person.amac.org.cn/pages/gr/login.html）中的相关信息保持一致。②申请机构的名称和经营范围中是否含有“基金管理”“投资管理”“资产管理”“股权投资”“创业投资”等与私募基金管理人业务属性密切相关的字样。③私募基金管理人名称中是否含有“私募”相关字样。④是否符合《私募投资基金监督管理暂行办法》第二十二条专业化经营原则。⑤申请机构的工商经营范围或实际经营业务中，是否兼营可能与私募投资基金业务存在冲突的业务。⑥申请机构的工商经营范围或实际经营业务中，是否兼营与“投资管理”的买方业务存在冲突的业务。⑦申请机构的工商经营范围或实际经营业务中，是否兼营其他非金融业务。⑧申请机构直接或间接持股的境外股东，是否符合现行法律法规的要求和中基协的规定。⑨申请机构是否存在子公司、分支机构和其他关联方。⑩申请机构是否按规定具有开展私募基金管理业务所需的从业人员、营业场所、资本金等企业运营基本设施和条件。⑪申请机构是否已制定风险管理和内部控制制度（其中包括但不限于运营风险控制制度，信息披露制度，机构内部交易记录制度，防范内部交易、利益冲突的投资交易制度，合格投资者风险揭示制度，合格投资者内部审核流程及相关制度，私募基金宣传推介、募集相关规范制度以及适用于私募证券投资基金业务的公平交易制度、从业人员买卖证券申报制度等）。⑫申请机构是否与未取得中基协外包服务资格的机构签署基金外包服务协议。⑬申请机构的高管人员基金从业资格情况是否符合中基协的要求。⑭申请机构的高管岗位设置是否符合中基协的要求。⑮申请机构及其高管人员是否受到刑事处罚、金融监管部门行政处罚或者被采取行政监管措施。⑯申请机构及其高管人员是否受到行业协会的纪律处分。⑰申请机构及其高管人员是否在资本市场诚信数据库中存在负面信息。⑱申请机构及其高管人员是否被列入失信被执行人名单。⑲申请机构及其高管人员是否被列入全国企业信用信息公示系统的经营异常名录或严重违法企业名录。⑳申请机构及其高管人员是否在“信用中国”网站上存在不良信用记录。㉑申请机构最近三年是否涉诉或仲裁。㉒申请机构是否按《登记材料清单》的要求提交完备的资料】。【系统提示】注：根据《关于便利申请办理私募基金管理人登记相关事宜的通知》规定，申请机构提交材料后，协会官网将一并公式登记办理流程，若申请机构连续两次仍未按照登记材料清单提交所需材料或信息，协会将参照《私募基金管理人登记须知》，对申请机构使用中止办理程序。㉓其他需要说明的情况（可在此处文本框填写，不超过2000字，详细情况请在法律意见书中详述）。律师事务所就“私募基金管理人重要情况说明”出具的确认函。【注：“私募基金管理人重要情况说明”在资产管理业务综合报送平台中填写完成后，私募基金管理人应制作关于“私募基金管理人重要情况说明”的截屏文件，并由出具《法律意见书》的两名执业律师签名，加盖律师事务所印章（包括骑缝章），签署日期后上传。】【注：此模块请慎重填写，务必与相关法律意见书相关内容保持一致，虚假填写、错误填写、不完整填写将会直接影响审核流程与审核结果。此模块信息填写错误，后期审核通过后将无法修改，请知悉。】

（2）私募基金管理人登记需出具法律意见书的情形及注意的问题

2016年2月5日，中基协发布《关于进一步规范私募基金管理人登记若干事项的公告》，就需要出具《法律意见书》的情形进行了明确规定，其中关于提交法律意见书的相关要求，自本公告发布之日起，新申请私募基金管理人登记、已登记的私募基金管理人发生部分重大事项变更，需通过私募基金登记备案系统提交中国律师事务所出具的法律意见书。法律意见书对申请机构的登记申请材料、工商登记情况、专业化经营情况、股权结构、实际控制人、关联方及分支机构情况、运营基本设施和条件、风险管理制度和内部控制制度、外包情况、合法合规情况、高管人员资质情况等逐项发表结论性意见。私募基金管理人登记法律意见书具体适用情形如下：（一）自本公告发布之日起，新申请私募基金管理人登记机构，需通过私募基金登记备案系统提交《私募基金管理人登记法律意见书》作为必备申请材料。对于本公告发布之日前已提交申请但尚未办结登记的私募基金管理人申请机构，应按照上述要求提交《私募基金管理人登记法律意见书》。（二）已登记且尚未备案私募基金产品的私募基金管理人，应当在首次申请备案私募基金产品之前按照上述要求补提《私募基金管理人登记法律意见书》。（三）已登记且备案私募基金产品的私募基金管理人，中基协将视具体情形要求其补提《私募基金管理人登记法律意见书》。（四）已登记的私募基金管理人申请变更控股股东、变更实际控制人、变更法定代表人/执行事务合伙人等重大事项或中基协审慎认定的其他重大事项的，应提交《私募基金管理人重大事项变更专项法律意见书》。

（2）【中基协私募基金管理人登记法律意见书指引】模板

《私募基金管理人登记法律意见书指引》

申请机构向中基协申请私募基金管理人登记，应当根据《中华人民共和国律师法》等相关法律法规，聘请中国律师事务所依照本指引出具《私募基金管理人登记法律意见书》（以下简称《法律意见书》）。中基协将在私募基金管理人登记公示信息中列明出具《法律意见书》的经办执业律师信息及律师事务所名称。

一、按照本指引，经办执业律师及律师事务所应当勤勉尽责，根据相关法律法规、《律师事务所从事证券法律业务管理办法》、《律师事务所证券法律业务执业规则（试行）》及中基协的相关规定，在尽职调查的基础上对本指引规定的内容发表明确的法律意见，制作工作底稿并留存，独立、客观、公正地出具《法律意见书》，保证《法律意见书》不存在虚假记载、误导性陈述及重大遗漏。

二、《法律意见书》应当由两名执业律师签名，加盖律师事务所印章，并签署日期。用于私募基金管理人登记的《法律意见书》的签署日期应在私募基金管理人提交私募基金管理人登记申请之日前的一个月内。《法律意见书》报送后，私募基金管理人不得修改其提交的私募登记申请材料；若确需补充或更正，经中基协同意，应由原经办执业律师及律师事务所另行出具《补充法律意见书》。

三、《法律意见书》的结论应当明晰，不得使用“基本符合条件”等含糊措辞。对不符合相关法律法规和中国证监会、中基协规定的事项，或已勤勉尽责仍不能对其法律性质或其合法性作出准确判断的事项，律师事务所及经办律师应发表保留意见，并说明相应的理由。

四、经办执业律师及律师事务所应在充分尽职调查的基础上，就下述内容逐项发表法律意见，并就对私募基金管理人登记申请是否符合中基协的相关要求发表整体结论性意见。不存在下列事项的，也应明确说明。若引用或使用其他中介机构结论性意见的应当独立对其真实性进行核查。

（一）申请机构是否依法在中国境内设立并有效存续。

（二）申请机构的工商登记文件所记载的经营范围是否符合国家相关法律法规的规定。申请机构的名称和经营范围中是否含有“基金管理”“投资管理”“资产管理”“股权投资”“创业投资”等与私募基金管理人业务属性密切相关字样；以及私募基金管理人名称中是否含有“私募”相关字样。

（三）申请机构是否符合《私募投资基金监督管理暂行办法》第二十二条专业化经营原则，说明申请机构主营业务是否为私募基金管理业务；申请机构的工商经营范围或实际经营业务中，是否兼营可能与私募投资基金业务存在冲突的业务、是否兼营与“投资管理”的买方业务存在冲突的业务、是否兼营其他非金融业务。

（四）申请机构股东的股权结构情况。申请机构是否有直接或间接控股或参股的境外股东，若有，请说明穿透后其境外股东是否符合现行法律法规的要求和中基协的规定。

（五）申请机构是否具有实际控制人；若有，请说明实际控制人的身份或工商注册信息，以及实际控制人与申请机构的控制关系，并说明实际控制人能够对机构起到的实际支配作用。

（六）申请机构是否存在子公司（持股5%以上的金融企业、上市公司及持股20%以上的其他企业）、分支机构和其他关联方（受同一控股股东/实际控制人控制的金融企业、资产管理机构或相关服务机构）。若有，请说明情况及其子公司、关联方是否已登记为私募基金管理人。

（七）申请机构是否按规定具有开展私募基金管理业务所需的从业人员、营业场所、资本金等企业运营基本设施和条件。

（八）申请机构是否已制定风险管理和内部控制制度。是否已经根据其拟申请的私募基金管理业务类型建立了与之相适应的制度，包括（视具体业务类型而定）运营风险控制制度、信息披露制度、机构内部交易记录制度、防范内幕交易、利益冲突的投资交易制度、合格投资者风险揭示制度、合格投资者内部审核流程及相关制度、私募基金宣传推介、募集相关规范制度以及（适用于私募证券投资基金业务的）公平交易制度、从业人员买卖证券申报制度等配套管理制度。

（九）申请机构是否与其他机构签署基金外包服务协议，并说明其外包服务协议情况，是否存在潜在风险。

（十）申请机构的高管人员是否具备基金从业资格，高管岗位设置是否符合中基协的要求。高管人员包括法定代表人/执行事务合伙人委派代表、总经理、副总经理（如有）和合规/风控负责人等。

（十一）申请机构是否受到刑事处罚、金融监管部门行政处罚或者被采取行政监管措施；申请机构及其高管人员是否受到行业协会的纪律处分；是否在资本市场诚信数据库中存在负面信息；是否被列入失信被执行人名单；是否被列入全国企业信用信息公示系统的经营异常名录或严重违法企业名录；是否在“信用中国”网站上存在不良信用记录等。

（十二）申请机构最近三年涉诉或仲裁的情况。

（十三）申请机构向中基协提交的登记申请材料是否真实、准确、完整。

（十四）经办执业律师及律师事务所认为需要说明的其他事项。

五、已登记的私募基金管理人若申请变更控股股东、变更实际控制人、变更法定代表人/执行事务合伙人等重大事项或中基协审慎认定的其他重大事项，需向中基协提交《私募基金管理人重大事项变更专项法律意见书》，对私募基金管理人重大事项变更的相关事项逐项明确发表结论性意见。《私募基金管理人重大事项变更专项法律意见书》的要求参见上述《法律意见书》的相关要求。

2016 年 2 月 22 日，中国基金企业协会负责人就落实《关于进一步规范私募基金管理人登记若干事项的公告》相关问题答记者问，其中就私募基金管理人提交《法律意见书》的有关事项进一步说明。问：可否对私募基金管理人提交《法律意见书》事宜提供进一步说明？答：（一）关于《法律意见书》模板问题。目前中基协无统一官方《法律意见书》模板，请私募基金管理人聘请的执业律师和律师事务所按照《私募基金管理人登记法律意见书指引》以及私募基金登记备案系统的填报要求，结合私募基金管理人的实际情况，出具相关《法律意见书》。（二）关于对《法律意见书》的核查问题。中基协要求私募基金管理人提交《法律意见书》，引入专业法律中介机构开展尽职调查，是对私募基金登记备案制度的进一步完善和发展，同时也是中基协开展私募基金行业事中自律检查、事后自律处分的重要基础和依据。对于《公告》发布前已登记且有私募基金产品备案的私募基金管理人，中基协将视具体情形个案要求其补提《法律意见书》。除此种情形以外，《法律意见书》将是私募基金管理人申请登记、部分重大事项变更以及《公告》发布前已登记但无管理规模的机构首次申请私募基金备案的必备重要内容。包括《法律意见书》在内的申请材料经核查通过后，申请机构才可完成私募基金管理人登记或重大事项变更，或申请私募基金产品备案等相关业务。中基协将核查私募基金管理人提供的《法律意见书》，并视情况在私募基金管理人登记或重大事项变更的反馈意见中提出进一步的询问，要求提供进一步的信息或出具相关法律意见。根据《私募投资基金管理人登记和基金备案办法（试行）》的相关规定，在核查包括《法律意见书》所列事项在内的私募基金管理人登记及重大事项变更等内容的过程中，中基协可以采取约谈高管人员、现场检查、向中国证监会及其派出机构、相关专业协会征询意见等方式对私募基金管理人提供的登记申请材料进行核查。（三）关于可出具《法律意见书》的律师及律师事务所资质问题。按照《中华人民共和国律师法》相关规定，在中国境内依法设立、可就中国法律事项发表专业意见的律师事务所及中国执业律师，均可受聘按照《私募基金管理人登记法律意见书指引》的要求出具《法律意见书》。各私募基金管理人可自愿选择符合上述条件的律师事务所出具《法律意见书》。根据中国证监会、司法部联合发布的《律师事务所从事证券法律业务管理办法》（中国证券监督管理委员会令第 41 号）第八条的规定，中基协鼓励私募基金管理人选择具备下列条件的中国律师事务所出具法律意见书：1. 内部管理规范，风险控制制度健全，执业水准高，社会信誉良好；2. 有 20 名以上执业律师，其中 5 名以上曾从事过证券法律业务；3. 已经办理有效的执业责任保险；4. 最近两年未因违法执业行为受到行政处罚。根据中国证监会、司法部联合发布的《律师事务所从事证券法律业务管理办法》（中国证券监督管理委员会令第 41 号）

第九条的规定，中基协鼓励具备下列条件之一，并且最近两年未因违法执业行为受到行政处罚的律师参与出具法律意见书：1. 最近3年从事过证券法律业务；2. 最近3年连续执业，且拟与其共同承办业务的律师最近3年从事过证券法律业务；3. 最近3年连续从事证券法律领域的教学、研究工作，或者接受过证券法律业务的行业培训。

2016年3月18日，是中国基金企业协会发布《私募基金登记备案相关问题解答（八）》，就律师事务所及其经办律师出具《法律意见书》的内容与格式的一般性要求进行了明确。问：《法律意见书》和《私募基金管理人重大事项变更专项法律意见书》的基本要求有哪些？答：从已提交的《律意见书》和《私募基金管理人重大事项变更专项法律意见书》情况看，总体上发挥了专业法律服务机构的尽职调查和中介制衡作用。但也存在《法律意见书》缺乏尽职调查过程描述和判断依据、多份《法律意见书》内容雷同、简单发表结论性意见、未核实申请机构系统填报信息等问题。现就律师事务所及其经办律师出具《法律意见书》的内容与格式的一般性要求说明如下：一、参照《律师事务所从事证券法律业务管理办法》和《律师事务所证券法律业务执业规则（试行）》的相关要求，律师事务所及其经办律师出具的《法律意见书》内容应当包含完整的尽职调查过程描述，对有关事实、法律问题作出认定和判断的适当证据和理由。二、律师事务所及其经办律师应当按照《私募基金管理人登记法律意见书指引》，就各具体事项逐项发表明确意见，并就私募基金管理人登记申请是否符合中基协的相关要求发表整体结论性意见。三、《法律意见书》的陈述文字应当逻辑严密，论证充分，所涉指代主体名称、出具的专业法律意见内容具体明确。《法律意见书》所涉内容应当与申请机构在私募基金登记备案系统填报的信息保持一致，若系统填报信息与尽职调查情况不一致的，应当做出特别说明。律师事务所及其经办律师在《法律意见书》中不得瞒报信息，应当确保《法律意见书》不存在虚假记载、误导性陈述及重大遗漏。四、律师事务所及其经办律师应当参照《律师事务所证券法律业务执业规则（试行）》，根据实际需要采取合理的方式和手段，获取适当的证据材料。律师事务所及其经办律师可采取的尽职调查查验方式包括但不限于审阅书面材料、实地核查、人员访谈、互联网及数据库搜索、外部访谈及向行政司法机关、具有公共事务职能的组织、会计师事务所询证等。律师事务所及其经办律师应当制作并保存相关尽职调查的工作记录及工作底稿。五、《法律意见书》应当包含律师事务所及其经办律师的承诺信息。示例：本所及经办律师依据《证券投资基金法》、《律师事务所从事证券法律业务管理办法》和《律师事务所证券法律业务执业规则（试行）》等规定及本《法律意见书》出具日以前已经发生或者存在的事实，严格履行了法定职责，遵循了勤勉尽责和诚实信用原则，进行了充分的核查验证，保证本《法律意见书》所认定的事实真实、准确、完整，所发表的结论性意见合法、准确，不存在虚假记载、误导性陈述或者重大遗漏。本所及其经办律师同意将本《法律意见书》作为相关机构申请私募基金管理人登记或重大事项变更必备的法定文件，随其他在私募基金登记备案系统填报的信息一同上报，并愿意承担相应的法律责任。六、律师事务所及其经办律师在《法律意见书》上的签字签章齐全，出具日期清晰明确。《法律意见书》及私募基金登记备案系统中律师事务所就“私募基金管理人重要情况说明”出具的确认函，均需加盖律师事务所公章及骑缝章，列明经办律师的姓名及其执业证件号码并由经办律师签署。七、律师事务所及其经办律师应当恪尽职守，勤勉尽责地对私募基金管理人或申请机构相关情况进行尽职调查，根据《私募基金管理人登记法律意见书指引》，独立、客观、公正地出具《法律意见书》。私募基金管理人应当按照《关于进一步规范私募基金管理人登记若干事项的公告》相关要求，充分配合律师事务所及其经办律师的工作，如实提供律师事务所开展尽职调查所需的全部信息和材料。问：出具《法律意见书》的律师事务所及其经办律师应当符合哪些资质要求？答：《中国基金业协会负责人就落实〈公告〉相关问题答记者问》已明确，凡在中国境内依法设立、可就中国法律事项发表专业意见的律师事务所及其中国执业律师，均可受聘按照《私募基金管理人登记法律意见书指引》的要求出具《法律意见书》。

中基协鼓励私募基金管理人选择符合《律师事务所从事证券法律业务管理办法》相关资质要求的律师事务所及其执业律师出具《法律意见书》。根据《中基协章程》，作为基金服务机构的律师事务所可以申请成为中基协会员，但中基协未就律师事务所入会作出强制性要求。问：律师事务所及其经办律师如何对私募基金管理人风险管理和内部控制制度进行尽职调查？答：律师事务所及其经办律师在对申请机构的风险管理和内部控制制度开展尽职调查时，应当核查和验证包括但不限于以下内容：一、申请机构是否已制定《私募基金管理人登记法律意见书指引》第四条第（八）项所提及的完整的涉及机构运营关键环节的风险管理和内部控制制度；二、判断相关风险管理和内部控制制度是否符合中基协《私募投资基金管理人内部控制指引》的规定；三、评估上述制度是否具备有效执行的现实基础和条件。例如，相关制度的建立是否与机构现有组织架构和人员配置相匹配，是否满足机构运营的实际需求等。考虑到我国私募基金行业的发展现状，为支持私募基金管理人特色化、差异化发展，保障私募基金管理人风险管理和内部控制制度的有效执行，中基协鼓励私募基金管理人结合自身经营实际情况，通过选择在中基协备案的私募基金外包服务机构的专业外包服务，实现本机构风险管理和内部控制制度目标，降低运营成本，提升核心竞争力。

2016 年 4 月 29 日，证监会举行新闻发布会，就私募监管热点问题答记者问，并就私募基金管理人登记申请通过率较低的事宜进行了说明。其中 2. 问：自 2 月 5 日公告发布以来，私募基金管理人登记申请通过率很低，未通过机构主要存在哪些问题？答：公告发布后，新增私募基金管理人登记申请、基金备案补提登记法律意见书申请通过机构数量较少，主要原因在于：一是未遵循私募办法规定的专业化管理和防范利益冲突原则，兼营非金融业务、信贷业务，在未设置相应制度安排的前提下拟同时从事证券投资和股权投资业务或者同时开展其他存在利益冲突的业务。二是《法律意见书》未认真核实申请机构从业人员、资本金、住所、设施等情况，未有效确认机构实缴资金信息，不能确认有足够资本金保证机构有效运转。三是风险管理和内部控制制度与申请机构真实业务不符，甚至简单抄袭模板，相关制度不具备有效执行的现实基础和条件。近期随着私募基金管理机构和律师事务所对公告相关要求的逐步理解，申请通过情况已在改善。2016 年 5 月 27 日，中基协发布《私募基金登记备案常见问题解答》，也就私募基金管理人登记申请通过率较低的事宜进行了解释。其中“法律意见书”部分规定：……3. 私募基金管理人普遍反映法律意见书通过率较低，且对退回理由不太理解，能否给予详细解释？答：《关于进一步规范私募基金管理人登记若干事项的公告》发布后，新增私募基金管理人登记申请、首只基金备案补提法律意见书申请通过机构数量较少，主要原因在于：一是申请机构未遵循专业化管理和防范利益冲突原则，兼营非金融业务、信贷业务，在未设置相应制度安排的前提下拟同时从事证券投资和股权投资业务，或者同时开展其他存在利益冲突的业务。二是法律意见书未认真核实申请机构从业人员、资本金、住所、设施等情况，未有效确认机构实缴资金信息，不能确认有足够资本金保证机构有效运转。三是风险管理和内部控制制度与申请机构真实业务不符，甚至简单抄袭模板，相关制度不具备有效执行的现实基础和条件。近期随着私募基金管理机构和律师事务所对公告相关要求的逐步理解，申请通过情况已逐步改善，并趋于正常化。

2018 年 12 月，中国基金企业协会更新《私募基金管理人登记须知》，就出具法律意见书的相关要求和被不予登记机构及所涉律师事务所、律师情况公示工作机制进行了明示。其中七、法律意见书相关要求（一）【私募登记法律意见书】按照《关于进一步规范私募基金管理人登记若干事项的公告》，新申请私募基金管理人登记、已登记的私募基金管理人发生部分重大事项变更，需通过 AMBERS 系统提交律师事务所出具的法律意见书。法律意见书应按照《私募基金管理人登记法律意见书指引》对申请机构的登记申请材料、工商登记情况、专业化经营情况、股权结构、实际控制人、关联方及分支机构情况、运营基本设施和条件、风险管理制度和内部控制制度、外包情况、合法合规情况、高管人员资质情况等逐项发表结论性意见。……（三）【勤勉尽责要求】按照《私募基金管理人登记法律意见书指引》和《私募基金登记备案相关问题解答（八）》，出具法律意见书的经办律师及律师事务所应当勤勉尽责，根据相关法律法规、《律师事务所从事证券法律业务管理办法》、《律师事务所证券法律业务执业规则（试行）》及协会的相关规定，在尽职调查的基础上对指引规定的内容发表明确的法律意见，制作工作底稿并留存，独立、客观、公正地出具法律意见书，保证法律意见书不存在瞒报信息、虚假记载、误导性陈述及重大遗漏。参照《律师事务所从事证券法律业务管理办法》和《律师事务所证券法律业务执业规则（试行）》的相关要求，律师事务所及其经办律师出具的法律意见书内容应当包含完整的尽职调查过程描述，对有关事实、法律问题作出认定和判断的适当证据和理由。法律意见书的陈述文字应当逻辑严密，论证充分，所涉指代主体名称、出具的专业法律意见应具体明确。法律意见书所涉内容应当与申请机构系统填报的信息保持一致，若系统填报信息与尽职调查情况不一致的，应当做出特别说明……十、被不予登记机构及所涉律师事务所、律师情况公示工作机制：为切实维护私募基金行业正常经营秩序，敦促私募基金管理人规范运营，督促律师事务所勤勉尽责，真正发挥法律意见书制度的市场化专业制衡作用，进一步提高私募基金管理人登记工作的透明度，促进私募基金行业健康发展，自《私募基金登记备案相关问题解答（十四）》发布之日起，在已登记的私募基金管理人公示制度基础上，协会将进一步公示不予登记申请机构及所涉律师事务所、律师情况，并建立以下工作机制：（一）协会将定期对外公示不予登记的申请机构名称及不予登记原因，同时公示为该机构出具法律意见书的律师事务所及经办律师名单。（二）律师事务所及经办律师为一家被不予登记机构提供私募基金管理人登记相关法律服务，且出具了肯定性结论意见的，协会将通过电话沟通、现场约谈等多种途径及时提醒该律师事务所及经办律师相关业务的尽职、合规要求。（三）律师事务所的经办律师累计为两家及以上被不予登记机构提供私募基金管理人登记相关法律服务，且出具了肯定性结论意见的，出于审慎考虑，自其服务的第二家被不予登记机构公示之日起三年内，协会将要求由该经办律师正在提供私募基金管理人登记相关法律服务的申请机构，提交现聘律师事务所的其他执业律师就申请机构私募基金管理人登记事项出具的复核意见；该申请机构也可以另行聘请其他律师事务所重新出具法律意见书。同时，协会将有关情况通报相关经办律师任职的律师事务所。（四）律师事务所累计为三家及以上被不予登记机构提供私募基金管理人登记相关法律服务，且出具了肯定性结论意见的，出于审慎考虑，自其服务的第三家被不予登记机构公示之日起三年内，协会将要求由该律师事务所正在提供私募基金管理人登记相关法律服务的申请机构，重新聘请其他律师事务所就私募基金管理人登记事项另行出具法律意见书。同时，协会将有关情况通报所涉律师事务所所在地的司法行政机关和律师协会。（五）律师事务所及经办律师为已登记的私募基金管理人出具入会法律意见书或者其他专项法律意见书，存在虚假记载、误导性陈述或者重大遗漏，且出具了肯定性结论意见的，参照第（二）条、第（三）条、第（四）条原则处理。律师事务所及经办律师为申请机构就私募基金管理人登记事项出具的法律意见为否定性结论意见，但申请机构拒绝向协会提供的，律师事务所及经办律师可以将否定性结论意见及相关证明材料送达申请机构，同时抄送至协会邮箱：pflegal@ amac. org. cn（邮件以“申请机构名称—律师事务所名称/律师姓名—否定性结论意见”命名）。针对此种情形，相关机构经认定属于不予登记情形的，协会将对外公示该机构信息，并注明律师事务所及经办律师发表了否定性结论意见。此种情形，不计入前述公示机制的累计案例次数。协会再次重申，私募基金管理人登记申请机构、律师事务所和其他中介服务机构，应当高度珍视自身信誉，审慎选择业务合作对象，评估合作对象的资质以及业务开展能力。在申请私募基金管理人登记和提供相关服务的过程中，诚实守信、勤勉尽责，不应损害自身、对方机构及投资者的合法权益。

（3）私募基金管理人登记法律尽职调查清单与法律意见书

为私募基金管理人登记出具法律意见书的律师事务所应根据中基协的要求以及法律意见书指引，向申请登记的私募基金管理人提供法律尽职调查清单，收集出具法律意见书所需的私募基金管理人的相关信息，为出具法律意见书进行基础性准备工作。

（3）【私募基金管理人登记法律尽职调查清单】模板

私募基金管理人登记法律尽职调查清单

（一）公司存续

（1）请提供公司的历史沿革情况及企业基本文件（工商底档）

（2）请提供公司最新的营业执照、公司章程

（3）请说明公司至今是否已成立一年以上，若是，请提供上一年度经审计的财务报告

（4）请说明公司是否持有金融监管部门及金融行业自律组织向公司颁发的与金融业务相关的牌照，若有，请提供

（二）业务经营

（1）请公司描述其实际经营的业务并提供相关材料

（2）请说明公司的主营业务是否为私募基金管理业务；并请公司书面确认除私募基金管理业务外，是否存在其他业务

（3）请说明公司的工商经营范围或实际经营业务中，是否兼营可能与私募投资基金业务存在冲突的业务、是否兼营与“投资管理”的买方业务存在冲突的业务、是否兼营其他非金融业务，若有，请说明情况

（4）请说明公司是否从事民间借贷、民间融资、配资业务、小额理财、小额借贷、P2P/P2B、众筹、保理、担保、房地产开发、交易平台等业务

（5）请说明公司是否从事与私募基金管理不相关的业务

（6）请说明公司业务类型/基金类型及产品类型

（7）请说明贵公司是否管理不同类别的基金，若是，请说明公司是否遵守专业化管理原则，制定相应的专业化管理制度，建立防范利益输送和利益冲突的机制并提供相应证明材料

（8）请提供公司用于网络宣传推荐的媒体链接，包括但不限于公司官网、微博、微信、贴吧、第三方网站等

（9）请说明公司所管理基金的募资来源（投资人）：

a）请说明投资人为机构还是个人及其数量；b）公司通过何种方式向投资人推介产品（如朋友介绍、熟人等）；c）就目前情况，预计基金募集的规模

（三）公司的股权结构

（1）请提供公司的股权结构图

（2）请提供全部直接或间接持有公司股权的权益持有人（穿透至自然人或国有资产管理机构）的身份证和护照信息（个人）或最新的营业执照和公司章程（机构），并说明其中是否含有境外股东，若有，请提供该境外股东身份信息或设立证书等证明文件

（3）请说明直接自然人股东的履历情况（学习经历、工作经历等），并提供相应证明材料（学位/学历证书、原工作单位出具的工作经历证明）

（四）实际控制人

（1）请说明公司是否具有实际控制人（追溯至最终的自然人，或国有控股企业或集体企业，或者受监管的境外投资机构）；若有，请提供实际控制人的身份证和护照信息（个人）或最新的营业执照和公司章程（机构），以及说明实际控制人与公司的控制关系，并说明实际控制人能够对公司起到的实际支配作用。

（2）请提供实际控制人的最高学历证书及工作经历证明，其内容包括工作单位

名称、任职的期间、担任的职位、工作内容简介（经历证明应该是连续的）

（五）关联方

（1）请说明公司是否存在子公司（子公司是指持股5%以上的金融企业、上市公司及持股20%以上的其他企业）、分支机构，若有，请提供其最新的营业执照和公司章程并说明上述子公司和分支机构是否从事私募基金管理人业务，是否已登记为私募基金管理人

（2）请说明公司是否存在其他关联方（其他关联方指受同一控股股东/实际控制人控制的金融企业、资产管理机构或相关服务机构）。若有，请提供最新的营业执照（若该营业执照不是三证合一后颁发的证照，请一并提供组织机构代码证）和公司章程并说明上述关联方是否从事私募基金管理人业务，是否已登记为私募基金管理人

（3）请说明公司是否与上述关联方存在关联业务往来或关联交易，若有，请提供相应证明文件（如关联业务往来或关联交易的合同等）

（4）请说明公司是否与上述关联方存在利益冲突，若有，请详细描述该利益冲突

（六）经营条件

（1）请提供公司实际办公地址的房屋所有权证及租赁合同

（2）若公司的注册地址和实际经营地址不一致，请说明原因（包括但不限于下列内容）：

a）当初选择注册地址的原因；b）改为在实际办公地址办公的原因

（3）请提供公司的资产清单，若资产非为公司所有，请提供资产所有者出具的无偿使用证明或其他使用证明

（4）请提供公司注册资本实缴情况的证明材料及银行账户资金证明

（5）请公司说明是否会以基金管理费或其他服务费用作为运营资金

（6）请提供公司全部员工的名录（包括员工职位及工作内容的简要描述）

注：根据协会网站标注，员工是指与私募基金管理机构签订劳动合同的正式员工。如私募基金管理机构存在员工兼职情况，则应详细说明，且兼职人员应不计入员工总人数。

（7）请提供公司全部员工的劳动、劳务或委派合同及社保缴纳证明

（七）公司内部制度

（八）外包服务

公司是否与其他机构签署基金外包服务协议，若有，请提供外包服务协议，并说明潜在风险

（九）高级管理人员

（1）请提供公司高管人员名单（包括法定代表人、总经理、财务总监和合规/风控负责人）及其身份信息

（2）请提供高管人员学位/学历证书（本科或专科至最高学历）

（3）请提供高管人员的工作经历证明（从该高管毕业起至今的全部工作经历），其内容包括个人照片、工作单位名称、任职的期间、担任的职位、工作内容简介（经历证明应该是连续的）

（4）请说明公司的高管人员是否存在兼职的情况，若有，请详细说明并提供相关资料：

（a）兼职所在单位的名称；（b）与兼职单位的劳动、劳务或委派合同；（c）兼职所从事的业务；（d）兼职工作是否与本职工作相冲突

（5）请说明公司合规/风控负责人是否从事公司的投资业务

（6）请说明高管是否有公募基金公司工作的经历，若有，请说明其工作单位、工作时间、工作职位

（7）请提供上述高管人员考试合格证书

（8）请说明各高管是否已在“从业人员管理系统”（http://person.amac.org.cn/pages/gr/login.html）中注册从业资格或登记个人信息

注：AMBERS系统中高管信息部分只能填写已经在“从业人员管理系统”中进行了从业资格注册或个人信息登记的自然人。

（十）处罚

（1）请说明公司及其高管人员最近三年是否受到刑事处罚、是否被市场禁入、是否受到证监会等监管部门的行政处罚或者被证监会等金融监管部门采取行政监管措施

（2）请说明公司及其高管人员是否受到基金业协会等行业协会的纪律处分，被基金业协会等行业协会采取自律措施或被列入黑名单，或被其他自律性组织采取措施

（3）请说明公司及其高管人员是否在资本市场诚信数据库中存在负面信息

（4）请说明公司及其高管人员是否被列入失信被执行人名单

（5）请说明公司是否被列入全国企业信用信息公示系统的经营异常名录或严重违法企业名录

（6）请说明公司及其高管人员是否在“信用中国”网站上存在不良信用记录

（十一）诉讼及仲裁

公司及其高管人员最近三年是否涉诉或仲裁，若有，请说明并提供相应材料

(4)【××管理有限公司私募基金管理人登记法律意见书】模板

××管理有限公司私募基金管理人登记法律意见书

日期：××年××月××日

致：××管理有限公司（以下简称公司）

关于：××公司进行私募基金管理人登记事宜

北京市××律师事务所（以下简称本所）是经中华人民共和国（以下简称中国，除非另有说明，本法律意见书中“中国”仅指中国大陆地区，不包括香港特别行政区、澳门特别行政区及台湾地区）司法部及北京市司法局批准设立的律师事务所，有资格依照中国现行法律、司法解释、行政法规、部门规章、地方性法规及其他有法律约束力的规范性文件（以下简称中国法律）就题述事宜出具中国法律意见。

本所受公司的委托，就××管理有限公司进行私募基金管理人登记（以下简称本项目）所涉及的相关法律问题，出具本法律意见书。

为出具本法律意见书，本所审查了公司及有关各方提供的相关文件和资料，包括但不限于审阅与公司的主体资格、经营范围及名称、主营业务、股东股权结构、实际控制人、公司运营基本设施及条件、管理制度、刑事及行政处罚、诉讼及仲裁、高管人员的基金从业资格等方面相关的文件、资料，并就有关事项向公司的股东及高管人员进行了必要的询问和调查。

在查阅并分析相关的中国法律，并审查公司提供的有关文件和资料后，本所基于下列假设，出具本法律意见书：

1. 公司及有关各方已经按本所的要求向本所提供了本所认为其出具本法律意见书所需要的文件的复印件或扫描件，并且已经将全部相关事实向本所披露，无任何隐瞒、重大遗漏、虚假或误导之处；

2. 公司提供的文件所涉及的所有境外的签署方（如有）根据其所属司法管辖地的法律均合法成立并有效存续，且有权签署这些文件；

3. 公司及有关各方向本所提供的所有文件（包括原始书面材料、副本材料或口头证言）均是真实、准确、完整和有效的；

4. 公司及有关各方向本所提供的所有的契约性文件，均经公司及有关各方合法授权并签字盖章且生效，各方均依法履行义务；

5. 公司及有关各方向本所提供的所有文件，至本法律意见书出具之日，均为最新及有效，不存在被撤销、终止、修订的情况；

6. 公司及有关各方向本所提供的所有文件上所有签字与盖章均是真实的，复印件或扫描件均与原件一致；

7. 公司及有关各方向本所提供的所有批准、许可、注册、备案文件均是合法从有权的政府机关获得的；

8. 各份文件的原件在其有效期内均未被有关政府部门撤销，且于本法律意见出具之日均由各自的合法持有人持有。

对于出具本法律意见至关重要而又无法得到独立的证据支持的事实，本所依赖于有关政府部门、公司及有关各方出具的证明文件出具本法律意见。

本所及经办律师依据《证券投资基金法》、《律师事务所从事证券法律业务管理办法》和《律师事务所证券法律业务执业规则（试行）》等规定及本《法律意见书》出具日以前已经发生或者存在的事实，严格履行了法定职责，遵循了勤勉尽责和诚实信用原则，进行了充分的核查验证，保证本《法律意见书》所认定的事实真实、准确、完整，所发表的结论性意见合法、准确，不存在虚假记载、误导性陈述或者重大遗漏。本所及经办律师同意将本《法律意见书》作为相关机构申请私募基金管理人登记必备的法定文件，随其他在私募基金登记备案系统填报的信息一同上报，并愿意承担相应的法律责任。

本所按照中国律师行业公认的业务标准、道德规范和勤勉尽责精神，基于本法律意见书列明的假设与限制性规定，出具法律意见如下：

一、主体资格

（一）尽职调查过程

根据本所律师核查，公司的基本信息如下：××。根据公司确认和本所律师适当核查，截至本法律意见书出具之日，公司不存在根据中国法律及现行有效的《公司章程》规定需要终止的情形。

（二）结论性意见

基于上述核查，本所律师认为，公司是一家依据中国法律合法组建并有效存续的具有独立法人资格的有限责任公司。

二、经营范围

（一）尽职调查过程

根据××年××月××日核发的营业执照、《公司章程》及本所律师核查，公司的名称为：××管理有限公司，公司的经营范围包括：受托资产管理、投资管理（不得从事信托、金融资产管理、证券资产管理及其他限制项目）；股权投资；创业投资；投资咨询（不含限制项目）。

公司的名称中含有“资本管理”字样，未含有“私募”字样。公司的经营范围包括“资产管理”“投资管理”，与私募基金管理人业务属性密切相关。此外，根据公司确认，公司事实上从事私募投资基金管理业务。

（二）结论性意见

基于上述，本所律师认为，公司工商登记文件所记载的名称及经营范围与私募基金管理人业务属性密切相关且能够反映公司拟从事的投资管理业务的“私募”性质与特征；公司工商登记文件所记载的公司名称及经营范围未违反中国法律的规定。

三、专业化经营

（一）尽职调查过程

1. 网络舆情

根据本所律师通过关键词“××”于百度、微博、微信、360 搜索、必应及搜狗进行搜索的结果，未检索到公司涉嫌公开募集资金的信息及公司的其他负面信息。

根据公司确认及本所律师通过关键词“××”于百度、微博、微信、360 搜索、必应及搜狗进行搜索的结果，公司目前不存在以其名义开设的微信公众号、微博或官方网站。

2. 现场走访

本所律师现场走访了公司位于××的实际经营场所，并会见了公司的高管人员。

3. 电话访谈

本所律师就公司的实际业务经营情况对公司管理层进行了电话访谈，公司高管人员××向本所律师说明，公司目前尚未开展基金管理业务。

4. 书面确认

根据公司提供的文件及确认，公司拟备案的机构类型为“私募股权、创业投资基金管理人”，拟备案的业务类型是“私募股权投资基金”和“私募股权投资类 FOF 基金”，公司目前利用自有资金及银行贷款从事普通投资相关业务。根据公司的书面确认，公司未兼营可能与私募投资基金业务存在冲突的业务。

（二）结论性意见

基于上述，本所律师认为，公司符合《私募投资基金监督管理暂行办法》第二十二条的规定与要求，公司的主营业务是私募基金管理业务，公司未兼营与私募投资基金业务存在冲突的业务，未兼营与“投资管理”的买方业务存在冲突的业务，未兼营其他非金融业务。

四、股权结构

（一）尽职调查过程

1. 股权结构

根据公司提供的材料并经查询国家企业信用信息公示系统，截至本法律意见书出具之日，公司工商登记的股东股权结构如下图所示：××

2. 股东信息

根据公司提供的营业执照和《公司章程》，××有限公司（××）是公司的唯一股东，持有公司100%的股权。根据公司提供的银行转账凭证，××已于××年××月××日向公司实际缴付出资合计人民币××元，公司注册资本已全部缴足。根据本所律师核查，公司股东的信息如下：××。

3. 股东核查

根据公司提供的营业执照、《公司章程》等资料并经本所律师适当核查，××公司的股东是自然人××。

（二）结论性意见

根据公司提供的文件及本所律师适当核查，公司的法人股东××为内资有限责任公司，最终唯一自然人股东××。公司无直接或间接参股的境外股东。

五、实际控制人

（一）尽职调查过程

根据本法律意见书“四、股权结构”章节的核查情况，××是公司的唯一最终股东，通过××间接持有100%的公司股权。根据《公司章程》，股东委派和更换执行董事，执行董事聘任或解聘公司经理。因此，××能够通过间接持有的公司全部股权对公司的治理及人事任免起实际支配作用，能够通过其间接持有的公司全部股权表决权对公司业务运营与管理起到决定性影响，为公司的实际控制人，具体信息如下：××。

（二）结论性意见

基于上述，××为公司的实际控制人，在股权表决、公司治理和人事任免方面均对公司起到实际支配作用。

六、关联方

（一）尽职调查过程

1. 子公司及分支机构

根据公司提供的文件及本所律师核查，公司无子公司和分支机构。

2. 其他关联方

根据公司的确认及本所律师在国家企业信用信息公示系统查询的结果，公司无其他关联方。

（二）结论性意见

根据本所律师在国家企业信用信息公示系统查询的结果及公司的补充确认，公司无子公司和分支机构，无其他关联方。

七、从业人员、营业场所及资本金

（一）尽职调查过程

1. 从业人员

根据公司提供的文件及本所律师核查，公司共有员工××名，其中高管人员为××；其他员工为××。公司员工的具体任职信息如下××。根据公司提供的与该等人员签署的《劳动合同》，该等从业人员已经与公司建立了合法有效的劳动关系。

根据公司确认及本所律师适当核查，前述高管人员从事兼职工作与本职工作不相冲突；除上述之外，公司高管人员均未在其他单位兼职；均未在经营与公司业务相同或类似的其他单位兼职；均未直接或间接从事与公司业务相关或竞争的业务；均无公募基金公司工作经历；均未在与公司非关联的私募机构任职。公司具备申请私募基金管理业务所需的从业人员，且该等人员有充足精力从事私募基金管理业务。

2. 营业场所

根据公司营业执照，其注册地址为××；根据公司与××签署的《租赁合同》，公司租赁××作为公司的实际营业场所。根据本所律师对公司营业场所的现场走访，公司员工正在使用电脑办公桌等办公用具，公司的营业场所真实存在。综上所述，公司具备申请私募基金管理业务所需的营业场所和资产。

3. 注册资本金

根据《公司章程》，公司股东认缴的注册资本额为人民币××万元。根据公司提供的银行转账凭证，公司股东××已于××年××月××日向公司实际缴付出资合计人民币××元，公司的注册资本已全额缴足。综上所述，公司有充足的资金开展私募基金管理业务。

（二）结论性意见

鉴于上述，本所律师认为，公司具有开展私募基金管理业务所需的从业人员、营业场所、资本金等企业运营基本设施和条件。

八、内部控制制度

（一）尽职调查过程

1. 内部控制制度的制定

根据公司提供的《××有限公司风险管理办法（试行）》、《××有限公司内部交易记录及保存管理办法》、《××有限公司防范利益冲突的投资交易管理办法》、

《××有限公司信息披露办法》、《××有限公司内幕信息管理制度》、《××有限公司合格投资者风险揭示管理办法》、《××有限公司合格投资者审核校验管理办法》、《××有限公司私募基金投资者适当性管理办法》、《××有限公司私募基金宣传推介及募集制度》及《××有限公司档案管理办法》以及审批通过上述制度的内部文件，本所律师认为，公司制定并通过了内部控制制度、内部交易文件记录及保存制度、防范利益冲突的投资交易管理制度、信息披露制度、风险管理制度、合格投资者适当性管理及风险揭示制度、合格投资者内部审查流程及私募基金宣传推介及募集制度。鉴于上述，本所律师认为，公司已建立了与拟申请业务相适应的制度，公司的内部控制制度符合《私募投资基金管理人内部控制指引》的要求。

2. 组织架构、人员配置与制度的匹配性

根据本所律师的核查，执行董事总体负责贯彻落实上述风险管理与内部控制制度，风控总监负责执行风险管理与内部控制事项，公司监事负责风险管理和内部控制执行过程及效果的监督。同时风控总监××通过投资基金相关考试，具备投资基金专业知识，并在基金管理公司风险控制岗位工作多年。根据公司出具的书面承诺，公司将保证其组织架构、管理团队的稳定性，在备案完成第一只基金产品前，不进行法定代表人、控股股东或实际控制人的重大事项变更；不随意更换总经理、合规风控负责人等高级管理人员。法律法规另有规定或发生不可抗力情形的除外。

（二）结论性意见

鉴于上述，本所律师认为，公司制定了符合《私募投资基金管理人内部控制指引》要求的内部控制制度，公司在制度的制定、执行及监督等方面均有明确的机构，且设置了相匹配的组织架构和人员，相关人员具备基金相关知识，岗位分离并相互制约，满足机构运营对风险管理及内部控制的实际需求。公司承诺在备案完成第一只基金产品前，将保持其组织架构及管理团队的稳定性，不会进行法定代表人、控股股东或实际控制人的重大事项变更；不会随意更换总经理、合规风控负责人等高级管理人员（法律法规另有规定或发生不可抗力情形的除外）。

九、外包服务

根据公司确认，公司未与其他机构签署基金外包服务协议，未开展外包业务。

（一）尽职调查过程

根据公司的说明与确认，公司将独立担任私募基金管理人，履行基金管理职责。若未来因公司业务的开展，公司无法独立执行风险管理和内部控制制度，公司承诺将通过选择在中基协备案的私募基金外包服务机构的专业外包服务，实现公司的内控制度目标，以降低运营成本，提升核心竞争力。

（二）结论性意见

鉴于上述，本所律师认为，公司尚未开展基金外包业务，且其可以独立履行基金管理职责。

十、高管岗位设置与基金从业资格

（一）尽职调查过程

1. 高管岗位设置

根据公司提供的高管人员名单，公司的高管人员包括××。根据公司提供的材料及本所律师的核查，公司已与上述高管人员签署劳动合同；上述高管人员的岗位设置符合《公司章程》的规定。根据公司确认，风控总监××未从事公司的投资业务；公司未聘任从其他单位离职不满三个月的人员担任公司的高管人员，上述高管人员未违反静默期的相关规定，未在非关联机构兼职。上述高管人员的岗位设置符合中基协的要求。综上所述，公司高管人员的岗位设置符合《公司章程》的规定和中基协的要求。

2. 高管基本信息

根据公司提供的文件，公司高管人员的简历情况如下××/××/××。

3. 高管基金从业资格

根据本所律师对《AMAC 基金从业人员资格考试成绩合格证》的核查，××/××/××，公司上述高管人员已经通过基金从业资格考试，取得基金从业资格。

（二）结论性意见

鉴于上述，本所律师认为，公司高管人员的岗位设置符合《公司章程》的规定和中基协的要求；公司的高管人员具备基金从业资格。

十一、负面信息

（一）尽职调查过程

根据公司及其相关高管人员的书面确认以及本所律师在中国裁判文书网（http://wenshu.court.gov.cn/）及北大法宝（http://www.pkulaw.cn/）的查询结果，公司及其高管人员未受过任何刑事处罚、金融监管部门行政处罚或被采取行政监管措施；

根据公司及其相关高管人员的确认以及本所律师在中国证券业协会（http://www.sac.net.cn/）、中基协违反自律规则黑名单（http://www.amac.org.cn/××gs/hmd/）及纪律处分查询网站（http://www.amac.org.cn/××gs/jlcf/）的查询结果，公司及其高管人员未受过行业协会的纪律处分，未被列入行业协会的黑名单；

根据公司的确认以及本所律师在证券期货市场失信记录查询平台（http://

shixin. csrc. gov. cn/）的查询结果，公司及其高管人员在资本市场诚信数据库中不存在负面信息；

根据公司的确认以及本所律师在最高人民法院被执行人信息查询系统（http：//zhixing. court. gov. cn/search/）和失信被执行人查询系统（http：//shixin. court. gov. cn/index. html）的查询结果，公司及其高管人员未被列入被执行人名单或失信被执行人名单；

根据公司的确认以及本所律师在国家企业信用信息公示系统（http：//www. gsxt. gov. cn/index. html）的查询结果，公司未被列入国家企业信用信息公示系统的经营异常名录或严重违法企业名录；

根据公司的确认以及本所律师在人民法院公告网（http：//rmfygg. court. gov. cn）的查询结果，公司未被列入被公告名单；

根据公司的确认以及本所律师在信用中国网站（http：//www. creditchina. gov. cn/）的查询结果，公司及其高管人员在“信用中国”网站上不存在不良信用记录。

（二）结论性意见

鉴于上述，本所律师认为，截至本法律意见书出具之日，公司及其高管人员在上述公开渠道不存在负面信息，符合申请私募基金管理业务的要求。

十二、诉讼或仲裁

（一）尽职调查过程

根据公司的确认以及本所律师在中国裁判文书网（http：//wenshu. court. gov. cn/）及最高人民法院被执行人名单（http：//zhixing. court. gov. cn/search/）的查询结果，公司最近三年在任何法院或仲裁机关均不存在会对公司造成重大不利影响的任何悬而未决的诉讼案、仲裁案或申诉案。

（二）结论性意见

鉴于上述，本所律师认为，公司最近三年在司法机构不存在会对公司造成重大不利影响的案件，符合申请私募基金管理业务的要求。

综上，我们认为，受限于本法律意见书已经说明的情况，××管理有限公司对私募基金管理人的登记申请符合中基协公布的《关于进一步规范私募基金管理人登记若干事项的公告》的相关要求。本所上述意见需受以下声明、条件或情形的限制与影响：

1. 本所意见仅依据中国法律出具；我们并未调查，也不对中国以外其他国家的法律明示或默示地发表意见。本法律意见书中提及的中国法律均指截至本法律意见书出具之日已公布并持续有效的中国法律，本所无法保证该等中国法律将来不会变更、修改或被废除，不论其有无溯及力。

2. 在此意见书中，当提及事实或对事实的调查时，这一表达方式或相似的表达特指本所负责处理本项目的律师通过公开的可获得的渠道或方式进行合理审慎的调查后对事实的了解，受限于调查途径与方式的局限性，我们不能确保我们对事实的调查结果和了解与事实本身不存在任何差异。

3. 本法律意见书仅供为本项目之目的使用，非经本所书面特别同意不得提交任何其他方，亦不得用作其他任何目的。在任何情况下，本法律意见书的内容或结论不得为公司之外的其他任何人所依赖或援引，或者将本法律意见书作为自身免除法定职责的依据，或用以证明自己勤勉尽责及减免法律责任目的，或用于任何可能不符合中国法律之处。本所亦不因其取得本法律意见书的副本而对其承担任何责任。

4. 此意见只限于上述事项，除了上述事项外，本所没有对任何其他事项发表法律意见，也不能推定本所对任何其他事项发表法律意见。此意见于上述日期出具，本所没有义务与责任告知此后本所可能得知的，并可能改变、影响或更改本所在此发表的法律意见的事实、情况、事件和变化。

本法律意见书一式××份。

（以下无正文，下接签字页）

（本页为《北京市××律师事务所关于××管理有限公司私募基金管理人登记的法律意见书》之签章页）

××市××律师事务所（章）

经办律师：××/××

负责人：××

××年××月××日

（二）私募基金管理人登记应注意的问题

1. 关于取消私募基金管理人登记证明

《关于进一步规范私募基金管理人登记若干事项的公告》（2016年2月5日）规定，鉴于私募基金登记备案信息共享机制已基本建成，为加强对私募基金行业的社会监督，实现对私募基金管理人登记的有效、动态管理，自本公告发布之日起，中基协不再出具私募基金管理人登记电子证明。中基协此前发放的纸质私募基金管理人登记证书、私募基金管理人登记电子证明不再作为办理相关业务的证明文件。根据《私募投资基金监督管理暂行办法》和《私募投资基金管理人登记和基金备案办法（试行）》的规定，中基协以通过协会官方网站公示私募基金管理人基本情况的方式，为私募基金管理人办结登记手续。私募基金管理人登记备案最新情况，以中基协网站“私募基金管理人公示平台”（http：//gs. amac. org. cn）和“私募汇”手机 APP 客户端公示的私募基金管理人登记的实时基本情况为准。社会公众和投资者可通过上述两个官方渠道查询相关信息。

2. 私募基金管理人登记对企业名称、经营范围有何要求？名称是否必须含有“私募”相关字样？

根据《私募基金管理人登记法律意见书指引》《私募投资基金登记备案问题解答（七）》规定，私募基金管理人的名称和经营范围中应当包含“基金管理”“投资管理”“资产管理”“股权投资”“创业投资”等相关字样。此外，从专业化经营和防范利益冲突角度出发，私募基金管理人不得兼营与私募基金可能存在冲突的业务、与买方“投资管理”业务无关的卖方业务以及其他非金融业务。根据《关于进一步规范私募基金管理人登记若干事项的公告》规定，协会鼓励私募基金管理人在名称中增加“私募”相关字样，但目前暂不做强制性要求。《私募基金管理人登记须知》（2018 年 12 月修订）规定，根据《私募基金登记备案相关问题解答（七）》，为落实《私募投资基金监督管理暂行办法》关于私募基金管理人的专业化管理要求，私募基金管理人的名称和经营范围中应当包含“基金管理”“投资管理”“资产管理”“股权投资”“创业投资”等相关字样。

3. 目前一些地区对投资类企业的工商注册及经营范围、名称等变更采取了相关的限制性措施。在这种情况下，如果已登记私募基金管理人的经营范围和名称不符合协会相关自律要求，但客观上又无法完成工商信息变更的，如何处理？

若申请机构具有《私募基金登记备案相关问题解答（七）》明确禁止的经营范围，应进行整改并完成相关工商信息变更后才能再次提交申请，此类情形包括：私募机构工商登记经营范围及实际经营业务包含可能与私募投资基金业务存在冲突的业务（如民间借贷、民间融资、配资业务、小额理财、小额借贷、P2P/P2B、众筹、保理、担保、房地产开发、交易平台等）。

4. 私募基金管理人登记对注册资本/认缴资本、实收资本/实缴资本、实收/实缴比例等有何要求?

《私募基金管理人登记须知》(2018 年 12 月修订)规定,作为必要合理的机构运营条件,申请机构应根据自身运营情况和业务发展方向,确保有足够的实缴资本金保证机构有效运转。相关资本金应覆盖一段时间内机构的合理人工薪酬、房屋租金等日常运营开支。律师事务所应当对私募基金管理人是否具备从事私募基金业务所需的资本金、资本条件等进行尽职调查并出具专业法律意见。针对私募基金管理人的实收资本/实缴资本未达到注册资本/认缴资本的25%的情况,协会将在私募基金管理人公示信息中予以特别提示,并在私募基金管理人分类公示中予以公示。

5. 申请机构注册地和实际经营场所不在同一个行政区域是否影响登记备案?

《私募基金管理人登记须知》(2018 年 12 月更新)规定,申请机构的办公场所应当具备独立性。申请机构工商注册地和实际经营场所不在同一个行政区域的,应充分说明分离的合理性。申请机构应对有关事项如实填报,律师事务所需做好相关事实性尽职调查,说明申请机构的经营地、注册地分别所在地点,是否确实在实际经营地经营等事项。

6. 开展民间借贷、小额理财、众筹等业务的机构,同时开展私募基金管理业务的,如何进行私募基金管理人登记?

《私募投资基金登记备案的问题解答(七)》(2015 年 11 月 23 日),答:根据《私募投资基金监督管理暂行办法》(以下简称《暂行办法》)关于私募基金管理人防范利益冲突的要求,对于兼营民间借贷、民间融资、配资业务、小额理财、小额借贷、P2P/P2B、众筹、保理、担保、房地产开发、交易平台等业务的申请机构,这些业务与私募基金的属性相冲突,容易误导投资者。为防范风险,中基协对从事与私募基金业务相冲突的上述机构将不予登记。上述机构可以设立专门从事私募基金管理业务的机构后申请私募基金管理人登记。经金融监管部门批准设立的机构在从事私募基金管理业务的同时也从事上述非私募基金业务的,应当相应建立业务隔离制度,防止利益冲突。同时,为落实《暂行办法》关于私募基金管理人的专业化管理要求,私募基金管理人的名称和经营范围中应当包含"基金管理""投资管理""资产管理""股权投资""创业投资"等相关字样,对于名称和经营范围中不含"基金管理""投资管理""资产管理""股权投资""创业投资"等相关字样的机构，中基协将不予登记。已登记私募基金管理人应按照上述要求进行整改，下一步协会将对不符合要求的私募基金管理人进行自律管理。

7. 私募基金管理人登记后变更控股股东、实际控制人或者法定代表人（执行事务合伙人）的，应当在基金业协会履行什么手续？

《私募基金登记备案相关问题解答（五）》（2015年1月16日），答：根据《私募投资基金监督管理暂行办法》以及《私募投资基金管理人登记和基金备案办法（试行）》相关规定，私募基金管理人变更控股股东、实际控制人或者法定代表人（执行事务合伙人）的，属于重大事项变更。管理人应当依据合同约定，向投资者如实、及时、准确、完整地披露相关变更情况或获得投资者认可。对上述事项管理人应当在完成工商变更登记后的10个工作日内，通过私募基金登记备案系统向基金业协会进行重大事项变更。具体报送方式为：将控股股东、实际控制人或法定代表人（执行事务合伙人）变更报告及相关证明文件发送至协会邮箱 pf@ amac. org. cn，并通过私募基金登记备案系统进行重大事项变更。基金业协会将依据《私募投资基金管理人登记和基金备案办法（试行）》进行核对办理。同时，应按照中基协的要求提交法律意见书。

8. 机构名称及经营范围相关要求

《私募基金管理人登记须知》（2018年12月更新）规定，根据《私募基金登记备案相关问题解答（七）》规定，为落实《私募投资基金监督管理暂行办法》关于私募基金管理人的专业化管理要求，私募基金管理人的名称和经营范围中应当包含“基金管理”“投资管理”“资产管理”“股权投资”“创业投资”等相关字样。为落实《私募投资基金监督管理暂行办法》关于私募基金管理人防范利益冲突的要求，对于兼营民间借贷、民间融资、融资租赁、配资业务、小额理财、小额借贷、P2P/P2B、众筹、保理、担保、房地产开发、交易平台等业务的申请机构，因上述业务与私募基金属性相冲突，为防范风险，协会对从事冲突业务的机构将不予登记。根据《私募投资基金管理人内部控制指引》和《私募基金登记备案相关问题解答（十三）》规定，私募基金管理人应当遵循专业化运营原则，主营业务清晰，不得兼营与私募基金管理无关或存在利益冲突的其他业务。

9. 顾问管理型基金作为管理的首只私募基金产品的备案申请不予受理

《私募基金管理人登记须知》（2018年12月更新）规定，按照《关于进一步规范私募基金管理人登记若干事项的公告》，新登记的私募基金管理人在办结登记手续之日起6个月内仍未备案首只私募基金产品的，协会将注销该私募基金管理人登记。考虑到在法律和实际运作中，在相关管理机构已完成资管产品备案或审批程序后，各类形式的顾问管理型私募基金产品是否在私募基金登记备案系统备案，不影响该产品的正常投资运作，为保证公告相关要求的有效实施，自2016年2月5日起，协会暂不办理新登记的私募基金管理人将顾问管理型基金作为其管理的首只私募基金产品的备案申请，同时暂不受理已登记且尚未备案私募基金的私募基金管理人将顾问管理型基金作为其管理的首只私募基金产品的备案申请。

10. 办理私募基金管理人登记存在哪些不予登记的情形？中基协对此将如何处理？

《私募基金登记备案相关问题解答（十四）》（2017年11月3日），答：根据《中华人民共和国证券投资基金法》、《私募投资基金监督管理暂行办法》、《私募投资基金管理人登记和基金备案办法（试行）》、《关于进一步规范私募基金管理人登记若干事项的公告》及相关自律规则，申请登记私募基金管理人的机构存在以下情形的，中基协将不予办理登记：一、申请机构违反《中华人民共和国证券投资基金法》《私募投资基金监督管理暂行办法》关于资金募集相关规定，在申请登记前违规发行私募基金，且存在公开宣传推介、向非合格投资者募集资金行为的。二、申请机构提供，或申请机构与律师事务所、会计师事务所及其他第三方中介机构等串谋提供虚假登记信息或材料；提供的登记信息或材料存在误导性陈述、重大遗漏的。三、申请机构兼营民间借贷、民间融资、配资业务、小额理财、小额借贷、P2P/P2B、众筹、保理、担保、房地产开发、交易平台等《私募基金登记备案相关问题解答（七）》规定的与私募基金业务相冲突业务的。四、申请机构被列入国家企业信用信息公示系统严重违法失信企业名单的。五、申请机构的高级管理人员最近三年存在重大失信记录，或最近三年被中国证监会采取市场禁入措施的。六、中国证监会和中基协规定的其他情形。

《私募基金管理人登记须知》（2018年12月更新）规定，根据《中华人民共和国证券投资基金法》《私募投资基金监督管理暂行办法》《私募投资基金管理人登记和基金备案办法（试行）》《关于进一步规范私募基金管理人登记若干事项的公告》及相关自律规则，申请登记私募基金管理人的机构存在以下情形的，协会将不予办理登记，且自该机构不予登记之日起一年内不接受办理其高管人员担任私募基金管理人高管人员、作为私募基金管理人的出资人或实际控制人：（一）申请机构违反《中华人民共和国证券投资基金法》《私募投资基金监督管理暂行办法》关于资金募集相关规定，在申请登记前违规发行私募基金，且存在公开宣传推介、向非合格投资者募集资金行为的；（二）申请机构提供，或申请机构与律师事务所、会计师事务所及其他第三方中介机构等串谋提供虚假登记信息或材料；提供的登记信息或材料存在误导性陈述、重大遗漏的；（三）申请机构主要出资人、申请机构自身曾经从事过或目前仍兼营民间借贷、民间融资、融资租赁、配资业务、小额理财、小额借贷、P2P/P2B、众筹、保理、担保、房地产开发、交易平台等与私募基金业务相冲突业务的；（四）申请机构被列入国家企业信用信息公示系统严重违法失信企业名单的；（五）申请机构的高管人员最近三年存在重大失信记录，或最近三年被中国证监会采取市场禁入措施的；（六）中国证监会、中基协规定的其他情形。

11. 被列入企业信用信息公示系统严重违法企业公示名单的情形暂停申请

《关于进一步规范私募基金管理人登记若干事项的公告》（2016 年 2 月 5 日）规定，自本公告发布之日起，已登记的私募基金管理人因违反《企业信息公示暂行条例》相关规定，被列入企业信用信息公示系统严重违法企业公示名单的，在私募基金管理人完成相应整改要求之前，中基协将暂停受理该机构的私募基金产品备案申请。同时，中基协将其列入异常机构名单，并通过私募基金管理人公示平台（http：//gs. amac. org. cn）对外公示。一旦私募基金管理人作为异常机构公示，即使整改完毕，至少也要 6 个月后才能恢复正常机构公示状态。新申请私募基金管理人登记的机构被列入企业信用信息公示系统严重违法企业公示名单的，中基协将不予登记。

12. 关于实际控制人问题

目前中基协不允许申请机构无实际控制人。根据 AMBERS 系统说明，“实际控制人是指控股股东（或派出董事最多的股东、互相之间签有一致行动协议的股东）或能够实际支配企业行为的自然人、法人或其他组织。认定实际控制人应一致追溯到最后的自然人、国资控股企业或集体企业、上市公司、受国外金融监管部门监管的境外机构”。当申请机构有 2 名股东，持股比例各为 50% 时，派出董事最多的股东即为实际控制人；如果 2 名股东签署了一致行动协议，则 2 名股东共同作为实际控制人。《私募基金管理人登记须知》（2018 年 12 月更新）规定，实际控制人应一致追溯到最后自然人、国资控股企业或集体企业、上市公司、受国外金融监管部门监管的境外机构。在没有实际控制人情形下，应由其第一大股东承担实际控制人相应责任。

13. 关于自然人可否登记为基金管理人

不可以。

14. 关于社保代缴问题

根据与中基协的沟通，只能由符合法律规定的专业人力资源管理机构代缴，其他机构不可以。中基协曾反馈，请贵机构直接或聘请专业第三方人力资源机构为高管缴纳社保。

15. 关于注册资本认缴以及实缴的限制

根据与中基协的沟通，私募基金备案时必须进行部分实缴并且必须具有实缴证明，不接受只认缴不实缴的基金备案。

16. 关于高管上传劳动合同与社保证明

《私募基金管理人登记须知》（2018 年 12 月更新）规定，私募基金管理人的高管人员应当与任职机构签署劳动合同。在私募基金管理人登记、提交高管人员重大事项变更申请时，应上传所涉高管的劳动合同及社保证明。中基协反馈意见，高管任职证明应上传劳动合同及社保证明。如兼职高管有不在贵机构缴纳的情况，请在法律意见书中说明。

17. 关于实际控制人不是高管，不从事具体管理工作

中基协反馈意见，实际控制人不是高管，不参与经营管理，需说明情况并补充实际控制人工作履历等背景资料，并且这并不构成管理人登记的障碍。

18. 关于关联方以及关联交易的披露

《私募基金管理人登记须知》（2018 年 12 月更新）规定，根据《私募投资基金管理人内部控制指引》规定，申请机构应建立健全财务制度。申请机构提交私募登记申请时，不应存在到期未清偿债务、资产负债比例较高、大额或有负债等可能影响机构正常运作情形。申请机构与关联方存在资金往来的，应保证资金往来真实合理。已登记私募基金管理人为某只基金的设立或投资目的，出资或派遣员工专门设立的无管理人员、无实际办公场所或不履行完整管理人职责的特殊目的载体（包括出于类似目的为某只有限合伙型基金设立的普通合伙人机构），无需申请私募基金管理人登记，但应当在私募基金管理人关联方中如实填报相关信息。

19. 关于机构和人员的独立性

《私募基金管理人登记须知》（2018 年 12 月更新）规定，根据《私募投资基金管理人内部控制指引》规定，申请机构员工总人数不应低于五人，申请机构的一般员工不得兼职。

20. 关于股东出资来源以及股权代持的问题

《私募基金管理人登记须知》（2018 年 12 月更新）规定，申请机构出资人应当以货币财产出资。出资人应当保证资金来源真实合法且不受制于任何第三方。申请机构应保证股权结构清晰，不应当存在股权代持情形。出资人应具备与其认缴资本金额相匹配的出资能力，并提供相应的证明材料。

21. 关于基金管理人和股东合署办公的问题

中基协要求私募基金管理人具有独立的办公场所，不能与其他从事民间借贷、民间融资、配资业务、小额理财、小额借贷、P2P/P2B、众筹、保理、房地产开发等与私募基金属性相冲突的金融机构在同一营业场所办公，亦要避免与其他非金融机构合署办公。若申请机构确实存在与其他机构合署办公的情形，经办律师需审慎核查并充分论述申请机构是否在空间上设置了物理隔离措施、人员及组织机构是否具有独立性、是否建立了必要的防火墙制度等。但管理人登记须知明确要求“申请机构的办公场所应当具备独立性”，这意味着合署办公情形或将不再被接受。私募基金管理人需有独立的经营场所，且需有独立前台、LOGO 等配置，办公场所需满足“独立、专业、固定”的要求。《私募基金管理人登记须知》（2018 年 12 月更新）规定，申请机构的办公场所应当具备独立性。申请机构工商注册地和实际经营场所不在同一个行政区域的，应充分说明分离的合理性。申请机构应对有关事项如实填报，律师事务所需做好相关事实性尽职调查，说明申请机构的经营地、注册地分别所在地点，是否确实在实际经营地经营等事项。

22. 关于外资私募投资基金是否纳入登记范围

境内注册设立的私募基金管理机构（股权或证券类），应当向中基协履行私募基金管理人登记手续。同时对于外资私募基金管理机构，要符合国家对于外资管理的限制性要求。

23. 关于股东或主管单位代管事宜

部分基金管理人由其股东负责投资审批、财务管理、行政人事服务等事项的管理，这不符合基金管理人独立运作的要求。

24. 关于风控高管变更需提供法律意见书事宜

根据部分基金管理人收到的反馈，变更风控高管人员需出具法律意见书。

25. 关于变更实际控制人或控股股东比照新申请机构登记要求和程序办理

2018 年 5 月 24 日，中基协通过官方微信公众号发布《严正声明》，针对私募基金管理人法定代表人、实际控制人或控股股东的重大事项变更申请，协会将比照新申请机构登记要求和程序办理，并相应核查存续产品的合规性及信息披露情况。

26. 关于私募基金管理人登记过程中出现的中止办理的情形

《私募基金管理人登记须知》（2018 年 12 月更新）规定，申请机构出现下列两项及以上情形的，协会将中止办理该类机构私募基金管理人登记申请 6 个月：（一）申请机构名称不突出私募基金管理主业，与知名机构重名或名称相近的，名称带有“集团”“金控”等存在误导投资者字样的；（二）申请机构办公场所不稳定或者不独立的；（三）申请机构展业计划不具备可行性的；（四）申请机构不符合专业化经营要求，偏离私募基金主业的；（五）申请机构存在大额未清偿负债，或负债超过净资产 50% 的；（六）申请机构股权代持或股权结构不清晰的；（七）申请机构实际控制关系不稳定的；（八）申请机构通过构架安排规避关联方或实际控制人要求的；（九）申请机构员工、高管人员挂靠，或者专业胜任能力不足的；（十）申请机构在协会反馈意见后 6 个月内未补充提交登记申请材料的；（十一）中国证监会、中基协认定的其他情形。

二、私募基金管理人重大事项变更的合规管理

2014 年 1 月 17 日，中基协发布的《私募投资基金管理人登记和基金备案办法（试行）》第二十二条规定，私募基金管理人发生以下重大事项的，应当在 10 个工作日内向基金业协会报告：（一）私募基金管理人的名称、高级管理人员发生变更；（二）私募基金管理人的控股股东、实际控制人或者执行事务合伙人发生变更；（三）私募基金管理人分立或者合并；（四）私募基金管理人或高级管理人员存在

重大违法违规行为；（五）依法解散、被依法撤销或者被依法宣告破产；（六）可能损害投资者利益的其他重大事项。需要注意的是，《私募基金管理人登记须知》（2018年12月更新）规定，根据《私募投资基金监督管理暂行办法》《私募投资基金管理人内部控制指引》《私募投资基金合同指引》等相关要求，为保证新登记私募基金管理人的公司治理、组织架构和管理团队的稳定性，确保私募基金管理人持续有效执行登记申请时所提出的商业运作计划和内部控制制度，自《私募基金登记备案相关问题解答（十四）》发布之日起，申请私募基金管理人登记的机构应当书面承诺：申请登记机构保证其组织架构、管理团队的稳定性，在备案完成第一只基金产品前，不进行法定代表人、控股股东或实际控制人的重大事项变更；不随意更换总经理、合规风控负责人等高管人员。法律法规另有规定或发生不可抗力情形的除外。已有管理规模的私募基金管理人在办理法定代表人、实际控制人或控股股东的重大事项变更申请时，除应按要求提交专项法律意见书外，还应当提供相关证明材料，充分说明变更事项缘由及合理性；已按基金合同、基金公司章程或者合伙协议的相关约定，履行基金份额持有人大会、股东大会或合伙人会议的相关表决程序；已按照《私募投资基金信息披露管理办法》相关规定和基金合同、基金公司章程或者合伙协议的相关约定，向私募基金投资者就所涉重大事项及时、准确、完整地进行了信息披露。私募基金管理人进行主要出资人、实际控制人、法定代表人/执行事务合伙人（委派代表）等需提交重大事项变更法律意见书的重大事项变更申请，首次提交后6个月内仍未办理通过或退回补正次数超过5次的，协会将暂停申请机构新增产品备案直至办理通过。已登记私募基金管理人1年内法定代表人/执行事务合伙人（委派代表）、主要出资人、实际控制人均发生变化的，应重新提交针对发生变更后私募基金管理人登记法律意见书，根据《私募基金管理人登记法律意见书指引》对申请机构整体情况逐项发表法律意见，同时提交变更的内部程序证明材料、向投资人就该事项信息披露材料，并详细说明变更的原因。对于上述类型重大事项变更，协会将视为新申请登记机构进行核查，并对变更缘由加大核查力度。私募基金管理人原高管人员离职后，私募基金管理人应在3个月内完成聘任具备与岗位要求相适应的专业胜任能力的高管人员。

（一）基金管理人重大事项变更内容

根据AMBERS系统中的基金管理人重大事项变更界面，基金管理人重大事项变更包括主体资格证明文件及相关内容变更、分支机构、子公司信息及关联方信息变更、管理人合法合规及诚信情况变更、机构类型及业务类型变更、出资人变更、实际控制人/第一大股东、高管变更以及管理人挂牌上市情况变更八项事项，下面将对这八项事项下的具体填报内容进行展开。【系统提示：1. 请贵机构审慎提交含法律意见书的重大事项变更，首次提交后6个月内仍未办理通过或退回补正次数超过5次，贵机构将无法进行新产品备案。2. 针对通过重大事项变更进行“控股股东/第一大股东变更”或“实际控制人变更”的私募基金管理人，自重大事项变更办结之日起，若无正在运作的私募基金产品，需在6个月内完成新产品备案；逾期未达到要求的，系统将注销该私募基金管理人登记。】

1. 主体资格证明文件及相关内容变更

工商营业执照（若申请机构实现了三证合一，组织机构代码证、税务登记证、营业执照均需上传三证合一后的营业执照）、营业执照号码、组织机构代码证、税务登记证（若申请机构实现了三证合一，组织机构代码证、税务登记证、营业执照均需上传三证合一后的营业执照）、税务登记证号码、机构名称、注册资本/认缴资本（万元）、币种、实收资本/实缴资本（万元）、币种、实收资本/实缴出资证明（注：包括验资证明、银行对账单等出资证明文件，以及工商登记调档等第三方出具的证明）、机构性质（以工商登记部门记载的登记形式为准）、机构组织形式、法定代表人/执行事务合伙人（委派代表）、机构注册地址、经营范围、上传公司决议文件及其他相关证明文件、是否涉及法定代表人/执行事务合伙人（委派代表）变更。

2. 分支机构、子公司信息及关联方信息变更

序号、类型、名称、组织机构代码、经营范围、变更类型。【系统提示】1. 子公司：指持股5%以上的金融企业、上市公司及持股20%以上的其他企业；2. 分支机构：指企业投资设立的、有固定经营场所、以自己名义直接对外从事经营活动的、不具有法人资格，其民事责任由隶属企业承担的经济组织；3. 关联方：受同一控股股东/实际控制人控制的金融机构、私募基金管理人、资产管理企业、冲突类业务企业［详见《私募投资基金登记备案的问题解答（七）》］、投资咨询及金融服务企业等。

3. 管理人合法合规及诚信情况变更

最近三年合法合规及诚信情况：最近三年是否受到刑事处罚、最近三年是否受到证监会的行政处罚（处罚原因、处罚种类、处罚时间、处罚决定书、处罚原因说明，处罚原因包括向非合格投资者募集资金、公开宣传推介私募基金、利益输送、

内幕交易、操纵市场、其他处罚)、最近三年是否被证监会采取行政监管措施(行政监管措施种类、采取行政监管措施时间、行政监管措施决定书、原因简要说明)、最近三年是否受到其他监管部门的行政处罚(处罚时间、处罚决定书、处罚原因说明)、最近三年是否被基金业协会采取自律措施(处分时间、处分决定书、处分原因说明)、最近三年是否被其他自律组织采取措施(处分时间、处分原因说明)、最近三年是否涉及诉讼或仲裁(判决或裁决时间、情况简要说明)、最近三年其他合法合规及诚信情况(序号、发文单位名称、时间、原因简要说明)。【系统提示】"最近三年"指机构自提交表格之日起最近36个月,机构成立不满36个月的,自成立之日起计算。

4. 机构类型及业务类型变更

机构类型、业务类型【复选框(有关私募投资基金"业务类型/基金类型"和"产品类型"的说明)】、变更申请书【注:变更申请书中应明确说明变更后符合专业化管理要求的机构类型和业务类型(与系统中填报应一致),并加盖公司公章。】变更原因(填写)。【系统提示】按照专业化管理的原则,在登记通过后,"机构类型"不能变更。若需要修改"机构类型",请点击"注销登记",在注销私募基金管理人登记后重新申请。

5. 出资人变更

控股类型【国有控股、社团集团控股、自然人及其所控制民营企业控股、外资控股、其他(控股主体性质不明或无控股主体)】、是否有直接或间接控股或参股的境外股东、申请机构股权架构合理性说明、是否涉及控股股东变更、工商公示的出资人信息截图(是指在全国企业公示信息系统中,关于申请机构的股东/合伙人名录、认缴信息截图,请加盖公司公章)、工商存档的出资人信息截图(是指申请机构在工商部门注册时,提交给工商部门存档材料中关于股东/合伙人名录、认缴信息截图,请加盖公司公章)、序号、姓名/名称、国籍/机构性质、出资人类型、认缴出资额(万元)、认缴出资比例(%)、实际出资额(万元)、实际出资比例(%)、出资资金是否为境外资金、是否为控股股东、变更类型。【系统提示】股东以自有货币资金出资且不受制于任何第三方,申请机构股权结构清晰,无代持情况。

6. 实际控制人/第一大股东变更

是否涉及实际控制人变更:序号、姓名/名称、国籍/机构性质、实际控制人类型、变更类型。【注：实际控制人是指控股股东（或派出董事最多的股东、互相之间签有一致行动协议的股东）或能够实际支配企业行为的自然人、法人或其他组织。认定实际控制人应一直追溯到最后的自然人、国资控股企业或集体企业、上市公司、受国外金融监管部门监管的境外机构，可以为共同实际控制。在符合上述要求的前提下，实际控制人可按照下列情形进行认定：（1）持股50%以上的；（2）通过行使表决权能够决定董事会半数以上成员当选的；（3）通过投资关系、协议或者其他安排能够实际支配公司行为且表决权持股超过50%的；（4）合伙企业的执行事务合伙人；（5）在无法满足前述认定标准时，可以在系统中填报“第一大股东”，由其第一大股东承担相应的责任。】

7. 高管变更

序号、姓名、职务、证件类型、证件号码、任职时间、变更类型。【注：本系统只能填写已经在“从业人员管理平台”中进行了从业资格注册或无资格登记的高级管理人员。若该高管信息尚未在“从业人员管理平台”中注册从业资格或登记个人信息，请先登录“从业人员管理平台”中注册或登记。“从业人员管理平台”登录地址：https：//human. amac. org. cn/。高管信息在“从业人员管理平台”中注册或登记成功后，第T+1日更新至本平台。高级管理人员指私募基金管理人的董事长、总经理、副总经理、法定代表人、执行事务合伙人（委派代表）、执行董事、合规风控负责人及实际履行上述职务的其他人员。如需变更高管除任职相关信息外的其他个人基本信息、工作经历、学习经历，请到“从业人员管理平台”变更。高管个人诚信信息应同时在本平台及“从业人员管理平台”中变更。如有从业人员平台相关咨询请发送邮件至cyryzx@ amac. org. cn，申请机构登记过程中的反馈意见将会反馈至“信息填报负责人”邮箱。相关审核问题也会通过电话与“信息填报负责人”联系，请保证贵机构填写的“信息填报负责人”的电话、手机、邮箱信息正确。信息填报负责人应由高管兼任。】

8. 管理人挂牌上市情况变更

是否挂牌/上市、退市原因、退市相关文件。

（二）私募基金管理人重大事项变更需出具法律意见书的情形

2016年2月5日，中基协发布《关于进一步规范私募基金管理人登记若干事项的公告》，就基金管理人重大事项变更需要提供法律意见书的事宜进行了明确。其中关于提交法律意见书的相关要求规定，自本公告发布之日起，新申请私募基金管理人登记、已登记的私募基金管理人发生部分重大事项变更，需通过私募基金登记备案系统提交中国律师事务所出具的法律意见书。法律意见书对申请机构的登记申请材料、工商登记情况、专业化经营情况、股权结构、实际控制人、关联方及分支机构情况、运营基本设施和条件、风险管理制度和内部控制制度、外包情况、合法合规情况、高管人员资质情况等逐项发表结论性意见。私募基金管理人登记法律意见书具体适用情形如下：……（四）已登记的私募基金管理人申请变更控股股东、变更实际控制人、变更法定代表人/执行事务合伙人等重大事项或中基协审慎认定的其他重大事项的，应提交《私募基金管理人重大事项变更专项法律意见书》。

2017 年 11 月 3 日，中基协发布《私募基金登记备案相关问题解答（十四）》，就有关重大变更限制性事项以及程序进行说明。问：未完成首只私募基金备案的私募基金管理人可否办理法定代表人、实际控制人或控股股东的重大事项变更？答：根据《私募投资基金监督管理暂行办法》《私募投资基金管理人内部控制指引》《私募投资基金合同指引》等相关要求，为保证新登记私募基金管理人的公司治理、组织架构和管理团队的稳定性，确保私募基金管理人持续有效执行登记申请时所提出的商业运作计划和内部控制制度，自本问答发布之日起，申请私募基金管理人登记的机构应当书面承诺：申请登记机构保证其组织架构、管理团队的稳定性，在备案完成第一只基金产品前，不进行法定代表人、控股股东或实际控制人的重大事项变更；不随意更换总经理、合规风控负责人等高级管理人员。法律法规另有规定或发生不可抗力情形的除外。中基协重申，已有管理规模的私募基金管理人在办理法定代表人、实际控制人或控股股东的重大事项变更申请时，除应按要求提交专项法律意见书外，还应当提供相关证明材料，充分说明变更事项缘由及合理性；已按基金合同、基金公司章程或者合伙协议的相关约定，履行基金份额持有人大会、股东大会或合伙人会议的相关表决程序；已按照《私募投资基金信息披露管理办法》相关规定和基金合同、基金公司章程或者合伙协议的相关约定，向私募基金投资者就所涉重大事项及时、准确、完整地进行了信息披露。

2018 年 5 月 24 日，中基协通过官方微信公众号发布《严正声明》，明确重大变更将比照新申请机构登记要求和程序办理。其中针对私募基金管理人法定代表人、实际控制人或控股股东的重大事项变更申请，协会将比照新申请机构登记要求和程序办理，并相应核查存续产品的合规性及信息披露情况。

2018 年 12 月，中基协更新《私募基金管理人登记须知》，就出具重大法律意见书的相关要求和被不予登记机构及所涉律师事务所、律师情况公示工作机制进行了明示。其中，法律意见书相关要求……（二）【重大事项法律意见书】已登记的私募基金管理人申请变更控股股东、变更实际控制人、变更法定代表人/执行事务合伙人（委派代表）等重大事项或协会审慎认定的其他重大事项的，应提交私募基金管理人重大事项变更专项法律意见书，对私募基金管理人重大事项变更的相关事项逐项明确发表结论性意见，还应当提供相关证明材料，充分说明变更事项缘由及合理性；已按基金合同、基金公司章程或者合伙协议的相关约定，履行基金份额持有人大会、股东大会或合伙人会议的相关表决程序；已按照《私募投资基金信息披露管理办法》相关规定和基金合同、基金公司章程或者合伙协议的相关约定，向私募基金投资者及时、准确、完整地进行了信息披露。重大事项变更相关要求，（一）【期限及整改次数要求】私募基金管理人进行主要出资人、实际控制人、法定代表人/执行事务合伙人（委派代表）等需提交重大事项变更法律意见书的重大事项变更申请，首次提交后6个月内仍未办理通过或退回补正次数超过5次的，协会将暂停申请机构新增产品备案直至办理通过。（二）【发生实质性变化】已登记私募基金管理人1年内法定代表人/执行事务合伙人（委派代表）、主要出资人、实际控制人均发生变化的，应重新提交针对发生变更后私募基金管理人登记法律意见书，根据《私募基金管理人登记法律意见书指引》对申请机构整体情况逐项发表法律意见，同时提交变更的内部程序证明材料、向投资人就该事项信息披露材料，并详细说明变更的原因。对于上述类型重大事项变更，协会将视为新申请登记机构进行核查，并对变更缘由加大核查力度。

三、基金管理人信息更新以及提交经审计的年度财务报告

2014年1月17日，中基协发布的《私募投资基金管理人登记和基金备案办法（试行）》第二十一条规定，私募基金管理人应当于每年度结束之日起20个工作日内，更新私募基金管理人、股东或合伙人、高级管理人员及其他从业人员、所管理的私募基金等基本信息。私募基金管理人应当于每年度4月底之前，通过私募基金登记备案系统填报经会计师事务所审计的年度财务报告。受托管理享受国家财税政策扶持的创业投资基金的基金管理人，还应当报送所受托管理创业投资基金投资中小微企业情况及社会经济贡献情况等报告。2016年2月5日，中基协发布《关于进一步规范私募基金管理人登记若干事项的公告》，私募基金管理人应当及时履行信息报送义务。按照《私募投资基金监督管理暂行办法》和《私募投资基金管理人登记和基金备案办法（试行）》的规定，私募基金管理人应当通过私募基金登记备案系统及时履行私募基金管理人及其管理的私募基金的季度、年度和重大事项信息报送更新等信息报送义务。自本公告发布之日起，按照《私募投资基金管理人登记

和基金备案办法（试行）》和中基协的相关规定，已登记的私募基金管理人未按时履行季度、年度和重大事项信息报送更新义务的，在私募基金管理人完成相应整改要求之前，中基协将暂停受理该机构的私募基金产品备案申请。私募基金管理人未按时履行季度、年度和重大事项信息报送更新义务累计达2次的，中基协将其列入异常机构名单，并通过私募基金管理人公示平台（http：//gs. amac. org. cn）对外公示。一旦私募基金管理人作为异常机构公示，即使整改完毕，至少也要6个月后才能恢复正常机构公示状态。自本公告发布之日起，已登记的私募基金管理人因违反《企业信息公示暂行条例》相关规定，被列入企业信用信息公示系统严重违法企业公示名单的，在私募基金管理人完成相应整改要求之前，中基协将暂停受理该机构的私募基金产品备案申请。同时，中基协将其列入异常机构名单，并通过私募基金管理人公示平台（http：//gs. amac. org. cn）对外公示。一旦私募基金管理人作为异常机构公示，即使整改完毕，至少也要6个月后才能恢复正常机构公示状态。新申请私募基金管理人登记的机构被列入企业信用信息公示系统严重违法企业公示名单的，中基协将不予登记。私募基金管理人应当按时提交经审计的年度财务报告。根据《私募投资基金管理人登记和基金备案办法（试行）》第二十一条规定，私募基金管理人应当于每年度4月底之前，通过私募基金登记备案系统填报经会计师事务所审计的年度财务报告。自本公告发布之日起，已登记的私募基金管理人未按要求提交经审计的年度财务报告的，在私募基金管理人完成相应整改要求之前，中基协将暂停受理该机构的私募基金产品备案申请。同时，中基协将其列入异常机构名单，并通过私募基金管理人公示平台（http：//gs. amac. org. cn）对外公示。一旦私募基金管理人作为异常机构公示，即使整改完毕，至少也要6个月后才能恢复正常机构公示状态。新申请私募基金管理人登记的机构成立满一年但未提交经审计的年度财务报告的，中基协将不予登记。

（一）基金管理人信息更新

根据AMBERS系统中的基金管理人信息更新界面，基金管理人信息更新包括机构基本信息、相关制度信息以及机构持牌信息三项，下面将对这三个事项下的具体填报内容进行展开。【系统提示】私募基金管理人每年应至少进行1次管理人信息更新，每年最多可进行4次管理人信息更新。

1. 机构基本信息

机构基本信息：登记承诺函、机构全称（中文）、组织机构代码、机构全称

(英文)、法定代表人/执行事务合伙人(委派代表)、机构简称、机构成立时间(下拉选择)、机构性质(下拉选择)、机构组织形式(下拉选择)、机构网址、机构办公地址、机构注册地址(下拉选择)、注册资本/认缴资本、实收资本/实缴资本、实收资本/实缴资本出资证明、机构类型(注:"机构类型"初次选定、提交办理、办理通过后,均不能再修改,请慎重选择!"退回补正"时若需要修改"机构类型",请点击系统右上角的"放弃登记",重新填写登记申请信息。"办理通过"后,若需要修改"机构类型",请点击"注销登记",重新申请私募基金管理人登记)、业务类型【复选框有关私募投资基金"业务类型/基金类型"和"产品类型"的说明】、管理人的公司章程/合伙协议、组织机构代码证、税务登记证号码、税务登记证(图片)、营业执照号码、营业执照(图片)、经营范围、员工总人数(系统填报提示:员工是指与私募基金管理机构签订劳动合同的正式职员。如私募基金管理机构存在员工兼职情况,应在法律意见书中详细说明,且兼职员工应不计入员工总人数)、具有基金从业资格人数、机构所在写字楼图片、机构前台照片(注:若前台照片涉嫌造假,将视为虚假填报)、是否挂牌/上市(单选按钮)、管理人认为需要说明的情况、管理人认为需要上传的文件。

2. 相关制度信息

运营风险控制制度、信息披露制度、机构内部交易记录制度、防范内幕交易、利益冲突的投资交易制度、合格投资者风险揭示制度、合格投资者内部审核流程及相关制度、私募基金宣传推介、募集相关规范制度、公平交易制度【证券投资基金管理人必备】、从业人数买卖证券制度【证券投资基金管理人必备】、其他制度(如防范关联交易、利益输送等制度)。

3. 机构持牌信息

机构持有行政许可及注册信息。【注:指金融监管部门及金融行业自律组织向机构颁发的与金融业务相关的牌照及注册信息。序号、牌照名称、牌照业务类型、颁发机构、注册日期。】

(二)提交经审计的年度财务报告

年度财务报告按照系统字段进行填写即可。

年报财务字段解释

填报说明：
1. 如本机构存在子公司的，本表仅需填写本机构相关数据，无需填写合并财务报表数据。
2. 本表数据请根据提示信息进行填报，如不存在提示信息的，请根据会计准则相关要求进行填报。
3. 本表数据要求精确至小数点后两位，填报单位：人民币（元）。
4. 本表数据如存在未涉及的，相关科目处请填“0”。
单位：人民币（元）

序号	级次	字段	填报说明
10	2	货币资金	反映企业库存现金、银行结算户存款、外埠存款、银行汇票存款、银行本票存款、信用卡存款、信用证保证金存款等的合计数。该指标根据会计“资产负债表”中“货币资金”项目期末余额填报。
40	2	以公允价值计量且其变动计入当期损益的金融资产	
50	2	贷款和应收款项类投资	在活跃市场中没有报价、回收金额固定或可确定的非衍生金融资产。提示：预付账款等应计入“其他资产”。
60	2	可供出售金融资产	
70	2	长期股权投资	
80	2	其他应收款	
90	3	其中：应收关联方款项	
100	3	其中：应收非关联方款项	
110	2	固定资产原值	指固定资产的成本，包括企业在购置、自行建造、安装、改建、扩建、技术改造某项固定资产时所发生的全部支出总额。根据会计“固定资产”科目的期末借方余额填报。
120	3	累计折旧	指企业在报告期末提取的历年固定资产折旧累计数。根据会计“累计折旧”科目的期末贷方余额填报。
130	4	其中：本年折旧	指企业在报告期内提取的固定资产折旧合计数。
140	2	固定资产净值	
150	2	其他资产	填列无法归属于上述分类的资产。

续表

序号	级次	字段	填报说明
160	1	资产总计	
170	2	短期借款	填列一年以内到期的对外借款。
180	2	长期借款	填列一年以外到期的对外借款。
190	2	应付职工薪酬	
200	3	一年内付清的短期应付薪酬	填列预计将于未来一年内向员工实际支付的薪酬。
210	3	长期应付薪酬	填列将于一年之外分期支付的全部应付薪酬。
220	2	其他应付款	
230	3	应付关联方款项	
240	3	应付非关联方款项	
250	2	应交税费	
260	3	应交企业所得税	
270	3	应交增值税及附加税费	
290	4	其中：管理人自身业务增值税	填列除去根据财税〔2016〕140 号文“资管产品运营过程中发生的增值税应税行为”的应交增值税以外的年末余额。
300	3	其他应交税费	填列无法归属于上述类型的应交税费年末余额。
310	2	其他负债	填列无法归属于上述负债项目的其他负债。
320	1	负债合计	
330	2	实收资本	
331	2	资本公积	
340	2	其他综合收益	
350	2	盈余公积	填列盈余公积项目年末余额，合伙制管理人填 0。
360	2	未分配利润	
370	2	其他权益项目	填列无法归属于上述项目的其他权益类项目。
380	1	所有者权益合计	
390	2	管理费收入	填列本年发生的管理费收入。
400	2	业绩报酬	填列本年发生的超额收益等形式的业绩报酬。

续表

序号	级次	字段	填报说明
410	2	其他收入	填列本年发生的、不可归属于以上收入项目的收入。提示：投资收益及银行存款利息收入不在此处填列，应填写至“投资收益”及“利息收入”相关科目。
411	3	其中：销售收入	私募基金管理人由于募集基金产生的收入，包括但不限于：认购费、申购费、赎回费、销售服务费等。
420	1	营业收入	
425	2	营业成本	
430	2	管理费用	
440	3	职工薪酬	
450	3	专业服务费	填列本年发生的由管理人自行负担的法务、财务、税务等咨询费。提示：委托基金销售机构募集发生的费用不在此处填列，应计入“销售费用”。
460	3	其他费用	填列本年发生的员工差旅费、会议费、日常办公支出等管理费用。
470	2	财务费用	
480	3	其中：利息收入	指非金融企业存款业务所确认的利息金额。根据企业“财务费用明细账”中“财务费用——利息收入”科目的本期发生额填报。利息收入以负号填报。
490	2	销售费用	企业在销售商品和材料、提供劳务的过程中发生的各种费用。执行企业会计准则或《小企业会计准则》的企业，根据会计“利润表”中“销售费用”项目的本年累计数填报。执行其他企业会计制度的企业，根据会计“利润表”中“营业费用（或经营费用）”项目的本年累计数填报。
500	2	税金及附加	
501	2	资产减值损失	
502	2	其他营业支出	指研发费用、信用减值损失等无法归于以上支出科目的营业支出。
510	1	营业支出	指以上成本、费用与支出的合计。
520	2	投资收益	指企业确认的投资收益或投资损失，反映企业以各种方式对外投资所取得的收益。根据会计“利润表”中“投资收益”项目的本年累计数填报。如为投资损失以“－”号记。

续表

序号	级次	字段	填报说明
530	2	公允价值变动收益	指企业的交易性金融资产、交易性金融负债，以及采用公允价值模式计量的投资性房地产、衍生工具、套期保值业务等公允价值变动形成的应计入当期损益的利得或损失。根据会计“利润表”中“公允价值变动收益”项目的本年累计数填报，或根据“公允价值变动损益”会计科目的余额填报。余额在贷方，则为净收益，余额在借方，则为净损失，以“-”号记。未执行企业会计准则的企业填0。
531	2	资产处置收益	
532	2	其他收益	
540	1	营业利润	营业利润为营业收入减去营业成本、税金及附加、销售费用、管理费用、财务费用、资产减值损失，再加上公允价值变动收益、投资收益和其他收益后的金额，根据会计“利润表”中“营业利润”项目的本年累计数填报；执行其他企业会计制度的企业，营业利润为营业收入减去营业成本、税金及附加、销售费用、管理费用、财务费用，再加上投资收益后的金额，根据会计“损益表”中“营业利润”项目、“投资收益”项目的本年累计数之和填报。
550	2	政府补助	
560	2	税收返还	
570	2	其他营业外收入	填列不可归属于上述两类的其他营业外收入本年发生额。
580	1	营业外收入	指企业发生的与经营业务无直接关系的各项收入，主要包括债务重组利得、与企业日常活动无关的政府补助、盘盈利得、捐赠利得等。执行企业会计准则或小企业会计准则的企业，根据会计“利润表”中“营业外收入”项目的本年累计数填报；执行其他企业会计制度的企业，根据会计“损益表”中“营业外收入”项目、“补贴收入”项目的本年累计数之和填报。
585	1	总收入	“营业收入”与“营业外收入”之和。
590	1	营业外支出	
600	1	利润总额	
610	1	所得税费用	
620	1	净利润	
630	1	其他综合收益	填列本期发生的其他综合收益总额。

续表

序号	级次	字段	填报说明
640	1	应付职工薪酬（统计口径）	执行企业会计准则或小企业会计准则的企业，根据会计科目“应付职工薪酬”的本年贷方累计发生额填报；执行其他企业会计制度的企业，应将本年职工薪酬包含的科目归并填报。
650	1	应交增值税（统计口径）	填报本指标时，应按权责发生制核算企业本期应负担的增值税，有两种计算方法，可选其一，一旦确定，原则上不得更改。 计算方法一： 根据本期会计科目（1）“销项税额”“进项税额转出”“出口退税”年初至期末贷方累计发生额（一般与期末贷方余额相等，因为年初贷方余额为零）；（2）“进项税额”年初至期末借方累计发生额，即期末借方余额 - 年初借方余额；（3）“出口抵减内销产品应纳税额”“减免税款”年初至期末借方累计发生额（一般与期末借方余额相等，因为年初借方余额为零），取值后按照下述公式计算填报： 应交增值税 = 销项税额 - （进项税额 - 进项税额转出） - 出口抵减内销产品应纳税额 - 减免税款 + 出口退税 计算方法二： 根据本期《增值税纳税申报表（一般纳税人适用）》（以“国家税务总局公告 2013 年 32 号”版式为例）“销项税额”（第 11 栏）、“进项税额”（第 12 栏）、“进项税额转出”（第 14 栏）、“免、抵、退应退税额”（第 15 栏）、“简易计税办法计算的应纳税额”（第 21 栏）、“按简易计税办法计算的纳税检查应补缴税额”（第 22 栏）、“应纳税额减征额”（第 23 栏）栏目“一般货物、劳务和应税服务”列中“本年累计”列，按照下述公式计算填报： 应交增值税 = 销项税额 - （进项税额 - 进项税额转出 - 免、抵、退应退税额） + 简易计税办法计算的应纳税额 + 按简易计税办法计算的纳税检查应补缴税额 - 应纳税额减征额 计算方法说明及填报要求： （1）计算公式均体现权责发生制，本期发生的进项税额全部参与计算，相当于不设置留抵，同时也不抵扣会计账簿或增值税纳税申报表中上年年末留抵的进项税额，公式计算结果可以为负数。 （2）按照公式计算本指标后，不应再加增值税减免税额，因为这部分价值不再形成企业缴纳义务。
660	1	执行会计准则情况	

续表

序号	级次	字段	填报说明
670	1	纳税情况	
680	1	填表人	
690	1	移动电话	
700	1	管理人认为关于财务信息需要说明的情况（上传盖章文件）	
710	1	资产负债表（Excel 格式）	
720	1	利润表（Excel 格式）	
730	1	现金流量表（Excel 格式）	
740	1	审计报告及经审计的财务报告	关于经审计的财务报告，如本公司存在子公司的，请同时上传本公司及合并财务报告。
750	1	审计费	

四、私募基金管理人入会的合规管理

（一）入会系统界面内容介绍

会员登记信息：未来一年的持续经营计划（注：1. 满足一年持续经营的资本金或其他收入来源，与支出预算进行比较以确认机构是否有足够的资金支持其持续经营；2. 未来一年的大致投资标的或投资方向；3. 持续经营的合规风控措施介绍；4. 未来一年基金产品的正常清盘、延期清盘、提前清盘和产品转让等计划）、历史经营情况说明（注：1. 最近三年备案的基金产品信息，包括基金名称、存续时间、产品规模、实际投资标的等情况；2. 过去三年私募基金管理人的收入、费用和利润等情况；3. 因经营活动获得的奖励或受到的处罚等情况）、营业场所的产权证或者租赁合同、资本金验资文件（资本金验资证明）、根据协会要求上传的其他文件。会员信息：申请类型（观察会员）、会员代表、上传入会申请书（入会申请书模板下载）、会员代表签署承诺书（承诺书模板下载）。

(5)【入会申请书】模板

入会申请书

中基协:

本机构全称为××,自愿申请加入中基协,承诺遵守《中基协章程》,自觉履行会员相关义务,接受中基协自律管理,维护市场秩序和行业利益。

(公章)
法定代表人签字
××年××月××日

(6)【会员代表签署承诺书】模板

承　诺　书
(格式条文)

中基协:

本机构全称为××(申请机构名称),自愿申请加入中基协,推荐×××(姓名)为会员代表人。本机构及会员代表人承诺:

1. 遵守《中基协章程》以及《中基协会员管理办法》等协会自律规则的相关规定。

2. 提交的入会申请材料真实、准确和完整,不存在虚假记载、误导性陈述或重大遗漏。

3. 近三年内不存在严重违反法律法规及协会自律规则的情形以及其他不良诚信记录。

4. 会员代表人具有基金从业资格(注:申请普通会员、观察会员和联席会员的会员代表人应当具有基金从业资格,申请特别会员的会员代表人无须此项承诺)。

申请机构名称(公章)
会员代表人签字
××年××月××日

（二）会员入会程序及有关要求

根据《中国证券投资基金业协会会员管理办法》（以下简称《办法》）第二条规定，本办法适用于会员及其从业人员。基金管理人、基金托管人应当按照法律法规的规定，加入中国证券投资基金业协会（以下简称协会）成为会员。基金服务机构等其他机构可以加入协会成为会员；按照规定在协会登记的基金服务机构，应当按照法律法规的规定加入协会成为会员。第七条规定，协会会员包括普通会员、联席会员、观察会员和特别会员。普通会员：包括公募基金管理人、符合协会规定条件的私募基金管理人、基金托管人、受国务院证券监督管理机构监管的各类金融机构及其子公司（以下简称金融机构）、在协会备案的私募资产管理业务规模在 20 亿元以上的机构；观察会员：不符合普通会员条件的私募基金管理人；联席会员：包括经按照国务院证券监督管理机构或协会规定注册、备案或登记的从事基金销售、份额登记、估值、评价、信息技术系统服务等基金服务业务的机构，以及为基金业务提供法律和会计等专业服务的律师事务所和会计师事务所；特别会员：包括证券期货交易所、登记结算机构、指数公司、经副省级及以上政府民政部门登记的各类基金行业协会、境内外其他特定机构投资者等。

私募基金管理人入会的会员类型选择为观察会员和普通会员两种。私募基金管理人申请入会应当首先申请成为观察会员。根据 2016 年 9 月中基协向部分符合条件的私募基金管理人定向发送的《关于私募基金管理人近期入会相关工作安排的通知》（现尚不确定该通知是否还有效），观察会员的入会条件如下：①私募基金管理人在私募基金登记备案系统中已提交经签章的《入会申请书》；②基金管理人最近一年的资产管理规模不低于 1 亿元；或者私募基金管理人的实缴资本金不低于 1000 万元且正在管理的资产规模不低于 1000 万元；③基金管理人具有较高的市场声誉，无不良诚信记录，最近一年未受到监管或行政管理机构的处罚。对于基金确需满足《证券期货经营机构私募资产管理业务运行管理暂行规定》中“提供投资建议服务的第三方机构”相关会员资格要求的私募证券基金管理人，还可提交近期开展“提供投资建议的第三方机构”业务的说明函。根据《办法》第十一条规定，符合以下全部条件的私募基金管理人，可以申请成为普通会员：（一）自成为观察会员之日起满一年；（二）最近一年在协会备案的基金规模在 20 亿元以上，或者备案的创业投资基金规模在 3 亿元以上；（三）不存在违反法律法规及协会自律规则的行为。私募基金管理人在成为观察会员之日起满一年后并具备“最近一年在协会备案的基金规模在 20 亿元以上，或者备案的创业投资基金规模在 3 亿元以上”的条件时，私募基金管理人可以向基金业协会申请成为普通会员。

2017 年 11 月 10 日，中基协向已发行首只产品的证券类非会员私募管理人发送系统提示，要求该类私募基金管理人必须于 2018 年 01 月 31 日前通过协会“资产管理业务综合报送平台”（AMBERS 系统）之“会员管理”模块及时提交申请入会材料。新申请通过的私募证券投资基金管理人在通过邮件中也有“请私募证券投资基金管理人在完成管理人登记后的 6 个月内，通过协会资产管理业务综合报送平台（AMBERS 系统）之会员管理模块及时提交入会资料”的相关提示内容。2019 年 9 月，私募基金管理人申请入会时，AMBERS 系统中出现了“对办理会员入会工作实施要求”的提示，且证券类、股权创投类的管理人提示内容有所不同。其中证券类私募基金管理人提示内容如下：根据现阶段协会办理会员入会工作实施要求，协会优先办理基金规模不少于 5000 万元的私募证券投资基金管理人的入会申请。基金管理规模以相关基金填报的运行表中期末净资产为准。其中，如相关基金新设立且暂未更新运行表，以募集资金规模为准。针对部分非契约型基金运行表中填报的期末净资产为负的，以运行表中期末总资产与投资者信息中实缴总额二者中的较低者作为基金规模统计数据。股权、创投类入会提示内容如下：根据现阶段协会办理会员入会工作实施要求，协会优先办理基金规模不少于 5 亿元或已备案创业投资基金规模不少于 1000 万元的私募股权、创业投资基金管理人的入会申请。基金管理规模以相关基金填报的运行表中期末净资产为准。其中，如相关基金新设立且暂未更新运行表，以募集资金规模为准。针对部分非契约型基金运行表中填报的期末净资产为负的，以运行表中期末总资产与投资者信息中实缴总额两者中的较低者作为基金规模统计数据。

自 2017 年 9 月 1 日起，申请加入协会机构应当通过“资产管理业务综合报送平台”（网址：https：//ambers. amac. org. cn）提交会员入会申请，并按要求持续更新会员相关信息、办理会员代表变更等事项。《办法》第十六条规定，申请成为会员，应当具备以下条件：1. 自愿加入协会，拥护《中国证券投资基金协会章程》（以下简称《章程》）及协会自律规则；2. 遵守法律法规的规定，私募基金管理人及其股东或者执行事务合伙人最近三年不存在严重违法违规情形；3. 具备法律法规和协会要求的资本金、基金从业人员、营业场所和经营设施、风险控制和内部管理制度和诚信记录；4. 协会规定的其他条件。第十九条规定，申请加入协会，应当以书面形式提交以下申请材料：1. 加盖申请人公章并经申请人法定代表人签署的《申请书》；2. 根据拟申请会员分类填写的《会员登记表》；3. 申请人的基本资料，包括但不限于经营业务许可证复印件、法人营业执照（或法人登记证）或其他法定资格文件复印件；4. 持续经营和合规经营的证明资料，包括但不限于未来一年的持续经营计划、历史经营情况说明、公司治理和内部管理制度、高级管理人员和从业人员的资质证明和诚信记录、营业场所的产权证或者租赁合同、资本金验资文件以及财务报表等，私募基金管理人申请成为普通会员的，应当提交未来三年的持续经营计划；5. 申请人拟指定的会员代表人的基本资料，包括但不限于会员代表人的身份证明文件、个人履历等；6. 申请人拟指定的会员代表人签署的承诺书；7. 协会要求的其他材料。同时，资产管理综合业务报送平台（AMBERS 系统）也要求提交下列文件与入会法律意见书：A. 未来一年的持续经营计划包括但不限于：1. 满足一年持续经营的资本金或其他收入来源，与支出预算进行比较以确认机构是否有足够资金支持其持续经营；2. 未来一年的大致投资标的或投资方向；3. 持续经营的合规风控措施介绍；4. 未来一年基金产品的正常清盘、延期清盘、提前清盘和产品转让等计划。B. “历史经营情况说明”包括但不限于：1. 最近三年备案的基金产品信息，包括基金名称、存续时间、产品规模、实际投资标的等情况；2. 过去三年私募基金管理人的收入、费用和利润等情况；3. 因经营活动获得的奖励或受到的处罚等情况。C. 根据协会向部分私募基金管理人发送的《中基协入会温馨提示》，申请机构在资管系统如无法律意见书需在系统上传入会法律意见书，入会法律意见书参考私募基金管理人登记法律意见书的内容、格式和要求。即入会法律意见书需参照《私募基金管理人登记法律意见书指引》进行核查并发表意见。指定会员代表人并提交《入会申请书》《会员代表承诺书》。《办法》第十七条规定：会员设会员代表人一名，代表其在协会履行职责。会员仅从事基金业务的，会员代表人应当为会员单位的主要负责人，包括公司董事长、总经理或履行类似职责的高级管理人员；会员除基金业务之外还从事其他业务的，会员代表人应当为基金业务的主要负责人；同一会员机构同时从事多种基金业务的，可以为每种业务指定一名负责人，参加协会活动，履行有关职责。《办法》第十八条规定：会员代表人应当具备下列条件：1. 承诺遵守《章程》及协会自律规则；2. 近三年内不存在严重违反法律法规及协会自律规则的情形以及其他不良诚信记录；3. 普通会员、观察会员和联席会员的会员代表人应当具有基金从业资格。

基金管理人应按照规定缴纳会费。1. 入会费根据《办法》第二十一条的规定，申请入会机构应当在提交入会申请的同时，根据《中基协会费收缴办法》的规定缴纳入会费，缴纳入会费后，协会对申请人的入会申请进行审核。根据《中基协会费收缴办法》第六条的规定，普通会员、联席会员和特别会员入会费为 2 万元，观察会员入会费为 1 万元。2. 年会费根据《中基协会费收缴办法》第四条、第七条、第十条及第十六条的规定：会费分为入会费和年会费。入会费在申请成为协会会员时缴纳。成为协会会员后每年缴纳年会费，缴纳入会费的当年不用缴纳年会费，年会费应当在收到协会通知后的30个工作日内缴纳。同一年度内出现会员类型调整的，会员会费按孰低原则缴纳。观察会员年会费为2万元，普通会员年会费不低于2万元，不高于60万元，按下列缴纳标准分别计算，合并缴纳：1. 基金管理公司及其从事特定客户资产管理业务的子公司、证券公司资产管理子公司、期货公司资产管理子公司按照上年度营业收入的2‰缴纳。2. 私募基金管理人管理的基金财产主要投资为买卖股票、债券、期货和期权的，按照上年度基金管理业务收入的2‰缴纳。3. 私募基金管理人管理的基金财产主要投资为股权等低流动性资产的，按照上年度备案的实缴基金规模缴纳：3亿元（含）至20亿元的，年会费为2万元；20亿元（含）至100亿元的，年会费为10万元；100亿元（含）至300亿元的，年会费为30万元；300亿元（含）以上的，年会费为60万元；4. 普通会员从事基金服务业务的，其基金服务业务按照联席会员会费标准计算会费，合并缴纳。代表附属机构入会的普通会员在计算应缴纳的年会费时应当合并计算附属机构的基金管理收入和基金规模。

中基协将对基金管理人的入会申请进行审批。初步审核根据《办法》第二十三条及第二十四条的规定，协会在收到申请人提交的入会申请材料及缴纳的入会费后，可以通过以下方式进行审核：（1）书面审核申请资料；（2）与申请人主要负责人和相关负责人面谈；（3）到申请人的营业场所进行现场检查或者委托律师事务所及会计师事务所对申请人进行核查；（4）要求申请人就申请材料提交法律意见书或者审计报告；（5）其他方式。协会自收到申请人提交的入会申请材料及缴纳的入会费之日起20个工作日内，启动入会申请的初步审核。协会认为申请材料需要说明、补充或者修改的，可以要求申请人在限期内补正。协会认为申请人不符合本办法规定的会员条件的，可以书面要求申请人在指定期限内进行整改。入会申请通过初步审核后，提交会长办公会审核。根据《办法》第二十五条及第二十六条的规定，入会结果最终由会长办公会决定，并定期向理事会报告。协会在官方网站公示全体会员名单并向普通会员颁发会员证书。对于未批准入会的，协会公示结果和原因。未批准入会的申请人可以在六个月后再次提交入会申请，按照本办法的规定重新办理入会申请手续，提交入会申请材料。

五、私募基金管理人从业人员资格的合规管理

2015年4月2日，中基协发布《私募基金登记备案相关问题解答（六）》，就私募证券基金人员的从业资格获取问题进行了说明。问：私募证券基金从业资格的取得方式？答：根据《证券投资基金法》第九条“基金从业人员应当具备基金从

业资格”的规定，私募证券基金从业人员应当具备私募证券基金从业资格。根据《私募投资基金管理人登记和基金备案办法（试行）》相关规定，现进一步明确取得私募证券基金从业资格的相关安排。具备以下条件之一的，可以认定为具有私募证券基金从业资格：（一）通过基金从业资格考试。（二）最近三年从事投资管理相关业务；此类情形主要指最近三年从事相关资产管理业务，且管理资产年均规模1000万元以上；或者最近三年在金融监管机构及其监管的金融机构工作。（三）基金业协会认定的其他情形。此类情形主要指已通过证券从业资格考试或者期货从业资格考试，取得相关资格；或者已取得境内、外基金或资产管理、基金销售等相关从业资格等。属于第（二）种、第（三）种情形取得基金从业资格的，应提交相应证明资料。

2015年11月23日，中基协发布《私募投资基金登记备案的问题解答（七）》，就从事私募证券投资基金业务的高管人员以及基金经理的资质事项进一步说明。问：从事私募证券投资基金业务的高管人员以及基金经理有何资质要求？答：根据《证券投资基金法》第九条的规定，从事私募证券投资基金业务的从业人员应当具有基金从业资格。基金从业资格的取得方式已在《私募基金登记备案相关问题解答（六）》中进行了解答。对于私募基金管理人首次申请私募证券投资基金管理人资格、私募股权基金管理人和创业投资基金管理人变更为私募证券基金管理人或者私募股权基金管理人和创业投资基金管理人同时从事私募证券投资基金业务类型等申请从事私募证券投资基金业务的，其从事私募证券投资基金业务的高管人员和基金经理应当具备基金从业资格。已登记机构应当按照规定自查从事私募证券投资基金业务的从业人员是否具备基金从业资格，下一步中基协将按照《证券投资基金法》的规定，对基金从业人员进行资质管理和业务培训，要求不符合要求的机构整改。

2016年2月5日，中基协发布《关于进一步规范私募基金管理人登记若干事项的公告》，对非私募证券投资基金人员的从业资格考试和认定提出要求。其中关于私募基金管理人高管人员基金从业资格相关要求规定，从事私募证券投资基金业务的各类私募基金管理人，其高管人员【包括法定代表人/执行事务合伙人（委派代表）、总经理、副总经理、合规/风控负责人等】均应当取得基金从业资格。从事非私募证券投资基金业务的各类私募基金管理人，至少2名高管人员应当取得基金从业资格，其法定代表人/执行事务合伙人（委派代表）、合规/风控负责人应当取得基金从业资格。各类私募基金管理人的合规/风控负责人不得从事投资业务。私募基金管理人的高管人员符合以下条件之一的，可取得基金从业资格：（一）通过基金从业资格考试。基金从业资格考试的考试科目含科目一《基金法律法规、职业道德与业务规范》及科目二《证券投资基金基础知识》。根据中基协《关于基金从业资格考试有关事项的通知》（中基协字〔2015〕112 号），符合相关考试成绩认可规定情形的，可视为通过基金从业资格考试。（二）最近三年从事投资管理相关业务并符合相关资格认定条件。此类情形主要指最近三年从事资产管理相关业务，且管理资产年均规模 1000 万元以上。（三）已通过证券从业资格考试、期货从业资格考试、银行从业资格考试并符合相关资格认定条件；或者通过注册会计师资格考试、法律职业资格考试、资产评估师职业资格考试等金融相关资格考试并符合相关资格认定条件。（四）中基协资格认定委员会认定的其他情形。拟通过上述第（二）种、第（三）种情形的认定方式取得基金从业资格的私募基金管理人的高管人员，还应通过基金从业资格考试科目一《基金法律法规、职业道德与业务规范》考试，方可认定取得基金从业资格。已取得基金从业资格的私募基金管理人的高管人员，应当按照《私募投资基金管理人登记和基金备案办法（试行）》及《关于基金从业资格考试有关事项的通知》的要求，每年度完成 15 学时的后续培训方可维持其基金从业资格。已登记的私募基金管理人应当按照上述规定，自查相关高管人员取得基金从业资格情况，并于 2016 年 12 月 31 日前通过私募基金登记备案系统提交高管人员资格重大事项变更申请，以完成整改。逾期仍未整改的，中基协将暂停受理该机构的私募基金产品备案申请及其他重大事项变更申请。中基协将持续在私募基金管理人公示平台（http：//gs. amac. org. cn）对外公示该机构相关高管人员的基金从业资格相关情况。

2016 年 2 月 22 日，中基协负责人就落实《关于进一步规范私募基金管理人登记若干事项的公告》相关问题答记者问，进一步将从业资格考试有关事宜进行了明确。问：如何报考基金从业资格考试？答：（一）关于基金从业资格考试安排。基金从业资格考试包含全国统一考试和预约式考试。基金从业资格考试计划可能根据实际情况进行调整，具体报名时间、考试时间和考试地点以当期考试公告为准，考生可通过中基协网站从业人员管理栏目考试平台查阅考试信息。（二）基金从业资格考试报名方式。采取网上报名方式，考生可通过中基协官网提供的报名链接进行报名，也可直接登录报名网站（http：//baoming. amac. org. cn：10080）按照要求报名。中基协从未委托其他机构代为办理基金从业人员资格考试，为防止假冒网站截留和窃取考生个人信息，请务必不要通过其他网站的链接进入报名网页的方式进行报名。（三）基金从业资格考试大纲及教材。中基协已于 2015 年 7 月对外发布了《基金从业资格考试大纲》，详情请参阅协会官网（www. amac. org. cn）的“从业人员管理”栏目。基金从业资格考试唯一指定教材为中基协组编、2015 年 6 月出版的《证券投资基金》（上下册），由高等教育出版社出版。教材购买网址链接 http：//baoming. amac. org. cn：10080/yuyue/ReadMe/book. html。中基协从未委托其他机构或个人编写出版考试辅导教材，也不举办考前培训。中基协网站列举了考试常见问题及解答，请考生登录中基协网站查询；考生也可通过考试报名在线客服咨询相关问题；或者拨打人工服务电话 021－61651128 咨询。中基协特别提示：中基协从不发布基金从业资格考试的考题和答案。基金从业资格考试为国家法律规定的资格考试，泄露考题和答案涉嫌违法犯罪。问：公告发布之前已登记私募基金管理人的高管人员若已取得基金从业资格的，是否还需要参加基金从业资格考试科目一《基金法律法规、职业道德与业务规范》考试？答：公告发布之前已登记私募基金管理人的高管人员若已取得基金从业资格的，应当按照《私募投资基金管理人登记和基金备案办法（试行）》及《关于基金从业资格考试有关事项的通知》（中基协字〔2015〕112 号）的要求，每年度完成 15 学时的面授或者远程学习形式的后续培训，并按要求接受中基协的从业资格管理。请相关高管人员持续关注中基协网站发布的基金从业人员培训的计划和相关安排。

2016 年 5 月 13 日，中基协发布《私募基金登记备案相关问题解答（九）》，就资格认定方式进行了明确。问：根据中基协 2016 年 2 月 5 日发布的《关于进一步规范私募基金管理人登记若干事项的公告》，符合哪些条件的私募基金管理人的高级管理人员可以通过资格认定委员会认定基金从业资格？需要提交哪些材料？答：符合下列条件之一的私募股权投资基金管理人（含创业投资基金管理人）的高级管理人员，可以向中基协资格认定委员会申请认定基金从业资格：一、从事私募股权投资（含创业投资）6 年及以上，且参与并成功退出至少两个项目；二、担任过上市公司或实收资本不低于 10 亿元人民币的大中型企业高级管理人员，且从业 12 年及以上；三、从事经济社会管理工作 12 年及以上的高级管理人员；四、在大专院校、研究机构从事经济、金融等相关专业教学研究 12 年及以上，并获得教授或研究员职称的。符合上述条件之一的，由所在机构或个人向中基协提交以下材料：（一）个人资格认定申请书；（二）个人基本情况登记表；（三）相关证明材料：1. 符合上述条件一的，需提交参与项目成功退出证明和两份行业知名人士署名的推荐信，推荐信中应附有推荐人职务及联系方式；2. 符合上述条件二的，需提交企业和个人的相关证明和两份行业知名人士署名的推荐信，推荐信中应附有推荐人职务及联系方式；3. 符合上述条件三的，需提交有关组织部门出具的任职证明；4. 符合上述条件四的，需要提交相关资格证书和两份行业知名人士署名的推荐信，推荐信中应附有推荐人职务及联系方式。资格认定委员会构成及工作机制：资格认定委员会由中基协理事（不含非会员理事）、监事及私募基金相关专业委员会委员构成。每次从上述委员中随机抽取七人组成认定小组，小组成员对申请资格认定的人员以简单多数原则表决。参与资格认定的表决人、推荐人及资格认定结果将通过中基协网站的从业人员信息公示平台向社会公示。上述申请资格认定的相关材料以电子版形式报送协会私募高级管理人员资格管理专用邮箱，邮箱地址：smrygl@amac.org.cn。问：符合哪些条件的私募基金管理人的高级管理人员只需通过科目一《基金法律法规、职业道德与业务规范》考试可以申请认定基金从业资格？需要提交哪些材料？答：符合下列条件之一的私募基金管理人的高级管理人员，并通过科目一考试的，可以申请认定基金从业资格：一、最近三年从事资产管理相关业务，且管理资产年均规模1000万元以上。二、已通过证券从业资格（不含《证券投资基金》和《证券发行与承销》科目）、期货从业资格、银行从业资格、特许金融分析师（CFA）等金融相关资格考试，或取得注册会计师资格、法律职业资格、资产评估师资格，或担任上市公司董事、监事及高级管理人员等；符合上述条件之一的，由所在机构或个人向中基协提交基金托管人（的托管部门）或基金服务机构出具的最近三年的资产管理规模证明，或相关资格证书或证明。上述申请资格认定的相关材料以电子版的形式通过私募基金登记备案系统资格认定文件上传端口报送。问：私募股权投资基金管理人（含创业投资基金管理人）的高级管理人员，通过证券从业资格考试的哪些科目可以认定基金从业资格？答：一、根据《关于基金从业资格考试有关事项的通知》（中基协字〔2015〕112号）的规定，已于2015年12月份之前通过中国证券业协会组织的《证券投资基金》科目考试的，需再通过中基协的科目一《基金法律法规、职业道德与业务规范》考试，方可向中基协申请注册基金从业资格。二、已于2015年12月份之前通过中国证券业协会组织的《证券市场基础》和《证券投资基金》考试，或通过《证券市场基础》和《证券发行与承销》考试的，均可直接向中基协申请注册基金从业资格。问：不符合上述三项资格认定条件的私募基金管理人的高级管理人员如何取得基金从业资格？答：参加中基协统一组织的科目一《基金法律法规、职业道德与业务规范》、科目二《证券投资基金基础知识》和科目三《股权投资基金基础知识》（2016年9月份推出）。参加考试的人员通过科目一和科目二考试，或通过科目一和科目三考试成绩合格的，均可申请注册基金从业资格。

2016年9月6日，中基协发布《私募基金登记备案相关问题解答（十一）》，就资格认定方式的有关事宜进一步明确。问：中基协2016年5月13日发布的《私募基金登记备案相关问题解答（九）》中，对申请通过资格认定委员会认定基金从业资格的私募股权投资基金管理人（含创业投资基金管理人）高级管理人员，其申请人和推荐人还应符合哪些条件？其推荐人有哪些需回避的情况？答：根据前两批资格认定委员会表决情况，为使资格认定工作起到正面引导的作用，申请资格认定的人员及其推荐人，应具备一定行业地位或社会影响，且申请人应为行业资深人士。同时对其推荐人，有以下情况需要回避：1. 同批表决中作为申请人的；2. 申请人与其推荐人互相推荐的；3. 与申请人任职同家机构，或关联方及分支机构的；4. 因从事私募基金外包业务、审计或法律服务业务、评级业务等，与申请人存在商业利益关系的；5. 现从事私募投资基金监管、自律管理工作的；6. 一年内累计推荐人数三人次以上的；7. 被推荐的申请人近三年内发生违法违规、被行政处罚、被采取监管措施等情形的。表决结束后，资格认定结果和相关推荐人的姓名、职务将一并通过中基协网站“从业人员管理——资格平台”向社会公示。问：《私募基金登记备案相关问题解答（九）》中对于“从事经济社会管理工作”，具体指的是什么？答：“从事经济社会管理工作”主要指在政府机关、事业单位等部门从事经济、金融相关工作的。为使资格认定委员会委员能够公平、公正判断申请人专业能力，建议符合上述条件的申请人提交两份行业知名人士署名的推荐信，推荐信中应附有推荐人职务及联系方式。问：私募基金管理人的高级管理人员以及一般从业人员如何取得基金从业资格？怎样进行基金从业资格注册？答：私募基金管理人的高级管理人员基金从业资格取得方式有通过基金从业资格考试，或者符合一定条件的资格认定等方式，具体请参照《私募基金登记备案相关问题解答（九）》及《私募基金登记备案相关问题解答（十一）》。私募基金管理人的一般从业人员需通过基金从业资格考试取得基金从业资格。基金从业资格注册以机构统一注册为主，已在基金行业机构任职的，应由所在任职机构向中国证券投资基金业协会（以下简称协会）申请基金从业资格注册。对于已通过考试但未在基金行业机构任职的，不必找机构“挂靠”，可以先由个人直接向协会申请基金从业资格注册，在相关机构任职后，由所在任职机构向协会申请变更。协会从业人员管理系统正在完善相关功能，预计于 2017 年一季度完成系统升级，届时将全面开放办理私募基金管理机构的人员从业资格注册，具体注册流程另行通知。根据《关于基金从业资格考试有关事项的通知》（中基协字〔2015〕112 号）的有关规定，对已通过基金从业资格相关科目考试的，可以在考试通过后的 4 年内向协会申请基金从业资格注册。对已通过基金从业资格相关科目考试超过 4 年的，在 2017 年 7 月 1 日前认可其考试成绩，并可在此时间前按规定向协会申请基金从业资格注册；对已通过基金从业资格相关科目考试，但满 4 年未注册基金从业资格的，在 2017 年 7 月 1 日之后，向协会申请基金从业资格注册需重新参加基金从业资格考试或补齐近两年的后续培训 30 个学时。问：私募基金从业人员如何按规定完成后续培训学时？答：私募基金从业人员应当遵守《证券投资基金法》及其他各类法律法规、自律规则和基本业务规范，遵循职业道德，掌握基金专业知识，了解创新业务、理论与技术前沿，并根据新业务、新形势及时更新技术知识和专业技能，提升其执业胜任能力。按照协会 2016 年 2 月 5

日发布的《关于进一步规范私募基金管理人登记若干事项的公告》，已经取得基金从业资格的私募基金管理人的高级管理人员，每年度需完成15学时的后续培训方可维持基金从业资格。对在2015年12月31日之前取得基金从业资格的，需在2016年12月31日前完成15个学时的后续培训；对在2015年12月31日之后取得基金从业资格的，需自资格取得之日起一年内完成15个学时的后续培训。对已取得基金从业资格的私募基金一般从业人员，也应按照上述规定每年度完成15学时的后续培训。后续培训有面授培训和远程培训两种形式。面授培训可关注协会官网或微信公众号发布的每年度培训计划和每期培训通知；远程培训可登录远程培训系统（http：//peixun. amac. org. cn）参加学习，机构用户或个人用户均可通过远程培训系统进行注册、选课、在线支付和课程学习。个人凭有效身份证件注册并完成相应的培训学时后，学时信息将被有效记录，可登录协会官网“从业人员管理—培训平台—培训学时查询”进行查询。

就兼职和挂靠问题，中基协发布的《私募基金登记备案相关问题解答（十一）》进行了说明。问：在私募基金管理人登记及相关高管人员提出变更申请时，对私募基金管理人的法定代表人、合规/风控负责人及其他高级管理人员有哪些要求？答：为维护投资者利益，严格履行“受人之托、代人理财”义务，防范利益输送及道德风险，私募基金管理人的高级管理人员应当勤勉尽责、恪尽职守，合理分配工作精力，在私募基金管理人登记及相关高管人员提出变更申请时，应当遵守以下要求：（一）不得在非关联的私募机构兼职；（二）在关联私募机构兼职的，协会可以要求其说明在关联机构兼职的合理性、胜任能力、如何公平对待服务对象等，协会将重点关注在多家关联机构兼职的高级管理人员履职情况；（三）对于在1年内变更2次以上任职机构的私募高级管理人员，协会将重点关注其变更原因及诚信情况；（四）私募基金管理人的高级管理人员应当与任职机构签署劳动合同。在私募基金管理人登记及相关高管人员提出变更申请时，应上传法定代表人、合规/风控负责人及其他高级管理人员高管任职相关决议及劳动合同。已登记机构应当按照上述规定自查私募基金管理人相关高级管理人员的兼职情况。下一步协会将按照有关规定对私募基金管理人高级管理人员的兼职情况进行核查，要求不符合规范的机构整改。问：根据近期媒体报道，个别私募机构为完成其登记备案寻找具备基金从业资格的外部人员进行“挂靠”，协会如何评价？答：私募基金行业的高级管理人员是私募基金行业的精英，也是重要的自律管理和行业服务对象。私募基金行业高级管理人员应充分珍视个人诚信记录，诚实守信，自觉加强自身诚信约束和自律约束，防范道德风险。个别私募机构为完成其登记备案寻找具备基金从业资格的外部人员进行“挂靠”，这种行为违反了《私募投资基金管理人登记和基金备案办法（试行）》，属于“在私募基金管理人登记、基金备案及其他信息报送中提供虚假材料和信息”行为。根据《中基协纪律处分实施办法（试行）》规定，针对存在上述情况的个人，一经查实，协会将记入个人诚信档案，视情节严重程度，采取行业内谴责、加入黑名单、取消其基金从业资格等纪律处分；针对存在上述情况的私募基金管理人，一经查实，协会将公开谴责，并将虚假填报情况进行公示，情节严重的，将暂停受理其基金备案，撤销其管理人登记。此外，为私募基金管理人提供法律、会计、外包业务等的中介服务机构，不得误导、诱导私募基金管理人采取“挂靠”等方式，规避协会对私募高级管理人员从业资格管理的有关规定。若出现上述违规情形，一经查实，协会将对此类中介服务机构公开谴责，情节严重的，将暂停受理其相关业务并加入黑名单。

2017 年 4 月 4 日，中基协发布《关于“资产管理业务综合报送平台”第二阶段上线运行与私募基金信息报送相关事项的通知》，对从业人员注册与离职管理进行了说明。其中“全面启用私募基金从业人员注册管理功能”规定，为对私募基金从业人员基本情况、资格取得、从业经历、诚信记录、投资业绩、后续培训等信息实现全口径管理，自 2017 年 4 月 5 日起，所有已登记私募基金管理人可使用“从业人员管理平台”（http：//person. amac. org. cn）并指定一名资格管理员，对本机构从业人员的个人账号开立、基本信息注册登记及变更、离职备案信息、诚信信息等进行审核与维护。已在原登记备案系统中登记的私募基金管理人所报送的高级管理人员（以下简称高管）信息与基金经理信息将迁移至“从业人员管理平台”，相关私募基金管理人应及时对迁移后信息进行核实、补录。“从业人员管理平台”的机构账号、密码与使用手册将以系统邮件等方式向私募基金管理人发送。私募基金从业人员应通过所任职私募机构申请个人账号。已取得基金从业资格的，应当在“从业人员管理平台”进行注册；已在机构任职但尚未取得基金从业资格的，可在“从业人员管理平台”登记基本信息。私募基金从业人员与原聘用机构解除劳动合同的，应及时在“从业人员管理平台”进行离职备案。协会将对私募基金从业人员相关信息进行公示。若已登记私募基金管理人出现新增高管情形，须先在“从业人员管理平台”注册登记相关高管人员信息并待审核通过后，再在“资产管理业务综合报送平台”提交管理人重大事项变更申请，增加相关高管任职信息。已登记私募基金管理人涉及高管离职的，需先在“资产管理业务综合报送平台”提交管理人重大事项变更申请、变更高管任职信息，再在“从业人员管理平台”办理相关人员离职备案。私募基金管理人在备案私募基金时，报送基金投资经理信息的，投资经理应为本机构在“从业人员管理平台”已注册登记的人员。私募基金管理人所管理的已备案且正在运作的私募基金，若涉及投资经理更换或离职的，须在依照基金合同约定履行相关程序并向投资者进行信息披露后，于“资产管理业务综合报送平台—私募基金产品重大事项变更”界面提交申请；涉及投资经理离职的，应先在“资产管理业务综合报送平台”提交申请通过后，再在“从业人员管理平台”办理相关人员离职备案。

2017 年 6 月 26 日，中基协发布《关于基金从业人员资格管理实施有关事项的通知》，再次明确考试科目安排。一、关于考试科目与资格注册。基金从业人员进行基金从业资格注册，中基协认可的考试科目包括：中基协组织的科目一《基金法律法规、职业道德与业务规范》、科目二《证券投资基金基础知识》、科目三《私募股权投资基金基础知识》，中国证券业协会组织的《证券投资基金》、《证券市场基础知识》、《证券投资基金销售基础知识》（该三个科目已停止组织考试）；以及符合中基协规定的其他认定方式取得基金从业资格的。其中，公募基金管理人、基金托管人、证券期货资产管理机构、基金服务机构（含基金销售、份额登记、估值、投资顾问、评价、信息技术系统服务等机构）的从业人员通过科目一和科目二，或科目一和《证券投资基金》，或《证券市场基础知识》和《证券投资基金》考试的，可由所在任职机构向中基协申请基金从业资格注册。私募基金管理人的从业人员通过科目一和科目二，或科目一和科目三，或科目一和《证券投资基金》，或《证券市场基础知识》和《证券投资基金》考试的，可由所在任职机构向中基协申请基金从业资格注册。对于在基金销售机构从事宣传推介基金、基金销售信息管理平台系统运营维护的人员，通过科目一和科目二，或科目一和科目三，或科目一和《证券投资基金》，或《证券市场基础知识》和《证券投资基金》考试的，可由所在任职机构向中基协申请基金从业资格注册；通过《证券投资基金销售基础知识》或《证券投资基金》考试的，可由所在任职机构向中基协申请基金销售业务资格注册。为鼓励提升自身合规专业素养，通过科目一和《证券投资基金销售基础知识》考试的，可以申请注册为基金从业资格。未来随着业务的发展，基金销售业务资格将逐步纳入基金从业资格进行管理。二、关于延长考试成绩认可期的安排。根据《关于基金从业资格考试有关事项的通知》（中基协字〔2015〕112 号）有关规定，截至 2017 年 7 月 1 日，认可中国证券业协会组织的《证券投资基金》、《证券市场基础知识》和《证券投资基金销售基础知识》科目的考试成绩。鉴于中基协从业人员管理平台有关功能尚在完善中，为确保基金从业人员注册工作有序平稳，对《证券投资基金》、《证券市场基础知识》和《证券投资基金销售基础知识》科目考试成绩的认可期延长至 2019 年 7 月 1 日。基金从业资格（含基金销售业务资格）注册应统一由机构进行，已在基金行业机构任职的人员，由所在任职机构向中基协申请基金从业资格注册（含基金销售业务资格）。2019 年 7 月 1 日之后，通过上述相关科目考试未注册的，向中基协申请基金从业资格（含基金销售业务资格）注册需补齐近两年的后续培训 30 个学时或重新参加基金从业资格考试。通过中基协组织的相关科目考试后，在四年内可以通过所在机构向中基协申请基金从业资格注册。超过四年未通过机构申请基金从业资格注册的，需在注册前补齐最近两年的规定后续培训学时或重新参加从业资格考试。三、关于基金销售人员从业资格注册实施安排。根据有关规定，从事基金销售业务管理的人员应当取得基金从业资格，从事宣传推介基金、基金销售信息管理平台系统运营维护的人员应当取得基金销售业务资格或基金从业资格。上述人员尚未在从业人员管理平台注册资格的，应由所在任职机构统一向中基协申请资格注册管理。鉴于中基协从业人员管理平台正在完善相关功能，预计于 2018 年二季度完成升级，届时将实现对销售机构从业人员统一管理，其中全国性银行等机构将进行分层级管理、分批次注册。机构须指定一名资格管理员，由资格管理员负责进行本机构从业人员的注册、变更、离职备案、年检等工作，已取得基金从业资格或基金销售业务资格的从业人员需完成每年度不少于 15 学时的后续培训，并通过所在机构每两年参加中基协组织的从业资格年检。具体注册流程将另行通知。

2018 年 12 月更新的《私募基金管理人登记须知》，对私募基金任职人员的资格要求再次明确。其中，“高管人员及其他从业人员相关要求”，（一）【高管定义】根据《关于进一步规范私募基金管理人登记若干事项的公告》等的要求，从事私募证券投资基金业务的各类私募基金管理人，其高管人员［包括法定代表人/执行事务合伙人（委派代表）、总经理、副总经理、合规/风控负责人等］均应当取得基金从业资格。从事非私募证券投资基金业务的各类私募基金管理人，至少 2 名高管人员应当取得基金从业资格，其法定代表人/执行事务合伙人（委派代表）、合规/风控负责人应当取得基金从业资格。各类私募基金管理人的合规/风控负责人不得从事投资业务。（二）【资格认定】根据《私募基金登记备案相关问题解答（九）》规定，高管人员通过协会资格认定委员会认定的基金从业资格，仅适用于私募股权投资基金管理人（含创业投资基金管理人）。

六、关于基金管理人经营异常需提交法律意见书的合规管理

2018 年 3 月 23 日，中基协发布《关于进一步加强私募基金行业自律管理的决定》，对基金管理人经营异常的情况进行了规定。为维护私募基金行业秩序，维护投资者合法权益，促进私募基金行业健康发展，中国证券投资基金业协会（以下简称协会）决定采取以下措施，进一步加强私募基金行业自律管理……三、坚守行业

底线，建立异常经营机构快速处理机制。对于已经被司法机关、监管部门调查认定不再符合登记规定的私募基金管理人，协会直接根据调查认定结果对其予以公告注销。对于出现异常经营情形，且未能主动消除不良影响的非会员私募基金管理人，协会将要求其自行聘请律师事务所提交法律意见书，说明是否符合登记规定。对于未能提交法律意见书或者法律意见书认定其不再符合登记的私募基金管理人，协会将公告予以注销。对于存在重大经营风险，或者处于调查期间且调查结果尚未形成的私募基金管理人，协会暂停受理新基金备案申请、该私募基金管理人相关重大事项变更申请，以及相关关联方新设私募基金管理人的登记申请。严肃追究从业人员责任，对因重大违法违规而被注销的机构中具有基金从业资格的高级管理人员一律取消从业资格，加入黑名单。私募基金管理人登记被注销后，有关机构不得募集设立私募基金，已备案的私募基金应当按照法律法规和合同约定妥善处置，维护好投资者的合法权益。四、发挥律师作用，建立健全责任追究机制。充分发挥律师维护法律正确实施，维护社会公平和正义的法律服务作用，制定和发布律师事务所入会指引，吸收精通基金法律服务、执业质量和执业信誉有保障的律师事务所加入协会。建立健全基金法律服务的执业标准体系和会员律师事务所的自律管理机制，为基金行业提供更加优质的法律服务保障。建立健全私募基金管理人登记法律意见书的责任追究机制，出具登记法律意见书一年内，相关私募基金管理人被公告注销的，三年内不再接受相关律师事务所和律师出具的登记法律意见书。充分发挥律师事务所的积极性，事后回访调查发现问题的，可以按照法律法规和委托协议约定，通知协会撤销相关法律意见书，协会不追究相关律师事务所的责任。

与此同时，中基协发布《关于私募基金管理人在异常经营情形下提交专项法律意见书的公告》，对经营异常的具体情形进行了规定。公告规定，为了加强私募基金行业自律管理，建立健全行业诚信约束机制，维护投资者合法权益，促进行业健康发展，充分发挥律师事务所的法律专业服务作用，根据《证券投资基金法》《私募投资基金监督管理暂行办法》《私募基金管理人登记和基金备案办法（试行）》《中国证券投资基金业协会纪律处分实施办法（试行）》等法律法规和自律规则，现将私募基金管理人在异常经营情形下提交专项法律意见书的有关制度安排进一步明确如下：一、提交专项法律意见书的异常经营情形。私募基金管理人及其法定代表人、高级管理人员、实际控制人或主要出资人出现以下情形，可能影响私募基金管理人持续符合登记规定时，应当向中国证券投资基金业协会（以下简称协会）提交专项法律意见书：（一）被公安、检察、监察机关立案调查的；（二）被行政机关列为严重失信人，以及被人民法院列为失信被执行人的；（三）被证券监管部门给予行政处罚或被交易所等自律组织给予自律处分，情节严重的；（四）拒绝、阻碍监管人员或者自律管理人员依法行使监督检查、调查职权或者自律检查权的；（五）因严重违法违规行为，证券监管部门向协会建议采取自律管理措施的；（六）多次受到投资者实名投诉，涉嫌违反法律法规、自律规则，侵害投资者合法权益，未能向协会和投资者合理解释被投诉事项的；（七）经营过程中出现《私募基金登记备案问答十四》规定的不予登记情形的；（八）其他严重违反法律法规和《私募基金管理人内部控制指引》等自律规则的相关规定，经营管理失控，出现重大风险，损害投资者利益的。二、提交专项法律意见书的程序和要求。（一）私募基金管理人及其法定代表人、高级管理人员、实际控制人或主要出资人出现上述规定的异常经营情形的，协会将书面通知私募基金管理人委托律师事务所对有关事项进行查验，并在 3 个月内提交专项法律意见书。（二）协会的书面通知无法送达私募基金管理人的，私募基金管理人将被认定为失联机构，并按照相关程序办理，直至注销。（三）私募基金管理人的异常经营情形影响到潜在投资者的判断，或者涉及社会公众利益时，协会的书面通知、私募基金管理人的说明和提交的专项法律意见书将在协会网站公示。私募基金管理人应当向所在地证券监管部门派出机构报告其异常经营情形，并报备其委托律师事务所出具专项法律意见书的情况。出现被公安机关、检察、监察机关立案侦查，以及被责令停止相关展业资质、采取强制措施等严重情形的，协会将自书面通知发出之日起暂停受理该私募基金管理人的基金备案申请、该私募基金管理人相关重大事项变更申请，以及相关关联方新设私募基金管理人的登记申请。

公告同时对出具专项法律意见书的律师事务所和签字律师提出严格要求并对不同情形下出具的法律意见书的后果进行列示。出具专项法律意见书的律师事务所和签字律师应当具备相应的执业能力，符合如下条件：（一）未曾为该私募基金管理人出具登记、备案法律意见书；（二）内部管理规范，合规风控健全，执业水准高，恪守职业道德和执业纪律；（三）签字律师证券基金法律业务执业经验丰富；（四）律师事务所和签字律师最近三年未受到证券监管部门的行政处罚或者被采取行政监管措施，也未被协会列入不予接受法律意见书的限制性名单。关于专项法律意见书的要求，（一）法律意见书声明事项应当载明："本所及经办律师依据《证券法》、《证券投资基金法》以及中国证券监督管理委员会和中基协的要求，严格履行了法定职责，遵循了勤勉尽责和诚实信用原则，进行了充分的核查验证，保证本法律意见所认定的事实真实、准确、完整，所发表的结论性意见合法、准确，不存在虚假记载、误导性陈述或者重大遗漏，并承担《证券法》和《证券投资基金法》及其他相应的法律责任。"（二）法律意见书正文应当载明相关事实材料、查验原则、查验方式、查验内容、查验过程、查验结果、所依据的法律法规和自律规则、结论性意见以及所涉及的必要文件资料等。（三）法律意见书正文应当载明，如其出具的法律意见书存在虚假记载、误导性陈述或者重大遗漏，给他人财产造成损失的，是否与私募基金管理人承担连带赔偿责任。（四）法律意见书应当说明私募基金管理人是否配合律师事务所的专项核查工作。律师事务所应当将发现的私募基金管理人隐匿、阻碍、故意遗漏等不配合情形如实描述。（五）法律意见书应当对协会要求的查验事项逐一发表明确的结论性意见，对查验事项是否合法合规、是否真实有效给予明确说明，对结论性意见进行充分论证、分析并说明查验过程，不得使用“基本符合”“未发现”等含糊措辞。（六）法律意见书按照《关于进一步规范私募基金管理人登记若干事项的公告》的有关规定对私募基金管理人在发生异常经营情形后是否符合登记要求进行重新核查。协会对专项法律意见书的处理：（一）私募基金管理人未能在书面通知发出后的3个月内提交符合规定的专项法律意见书的，协会将按照《关于进一步规范私募基金管理人登记若干事项的公告》的有关规定予以注销，注销后不得重新登记。私募基金管理人的法定代表人、高级管理人员及其他从业人员按照不配合自律管理予以纪律处分，情节严重的取消基金从业资格，加入黑名单。私募基金管理人被注销后，有关机构不得募集设立私募基金，已备案的私募基金应当按照法律法规和合同约定妥善处置，维护好投资者的合法权益。（二）对于会员律师事务所出具的专项法律意见书，认定私募基金管理人符合登记规定的，协会将恢复私募基金管理人的正常业务办理。认定不再符合登记规定的，予以注销。（三）对于非会员律师事务所出具的专项法律意见书，情况复杂的，协会可提交协会自律监察委员会参照《纪律处分实施办法（试行）》进行审核。协会自律监察委员会审核认为私募基金管理人出现的异常经营情形不影响其符合登记规定的，恢复私募基金管理人的正常业务办理，否则予以注销。（四）为私募基金管理人出具专项法律意见书的律师事务所未能勤勉尽责，法律意见书存在虚假记载、误导性陈述或者重大遗漏的，协会将不再接受相关律师事务所的法律意见书，依法移送中国证监会和相关司法行政部门及律师协会查处，并在协会网站公示。

2020年3月23日，中基协又发布了《关于进一步规范异常经营专项法律意见书出具行为的通知》并同时发布《异常经营专项法律意见书出具指引》，进一步规范异常经营专项法律意见书出具行为。异常经营专项法律意见书不予接受的情形规定，收到出具异常经营专项法律意见书通知的相关私募基金管理人，应聘请符合公告及《私募基金管理人登记备案相关问题解答（十四）》（以下简称《问答十四》）要求的律师事务所及签字律师出具专项法律意见书。专项法律意见书有以下情形之一的，协会不予接受：（一）出具专项法律意见书的律师事务所和签字律师不符合公告要求的；（二）出具异常经营专项法律意见书的律师事务所或签字律师存在

《问答十四》规定的予以公示情形的；（三）专项法律意见书中未发表或无法发表明确的结论性意见的；（四）出具异常经营专项法律意见书的律师事务所或签字律师存在其他协会不予接受其出具的法律意见书的情形的。专项法律意见书存在以上情形之一的，视为私募基金管理人尚未提交专项法律意见书，且不暂停、不重新起算对该私募基金管理人异常经营情形下限期提交专项法律意见书通知所列的时效期间要求。补充出具异常经营专项法律意见书的情形规定，专项法律意见书的出具应符合公告及《异常经营专项法律意见书出具指引》的要求，如出现以下情形之一的，协会将要求私募基金管理人限期补充出具专项法律意见书：（一）专项法律意见书未能详细论述律师事务所和签字律师是否符合公告相关要求的；（二）专项法律意见书存在不符合公告中关于专项法律意见书出具要求的相关规定的；（三）专项法律意见书存在其他需要进一步补充论证或补充提交辅助证明材料等情形的。异常经营专项法律意见书的处理规定，私募基金管理人应当积极履行诚实守信、勤勉尽责的信义义务，有效承担管理人各项职责，在期间届满前向协会提交符合要求的专项法律意见书，切实整改异常经营情形。协会在收到管理人提交的异常经营专项法律意见书后将启动相应审核程序并分类处理：（一）若私募基金管理人已完成异常经营情形整改，同时专项法律意见书无虚假记载、误导性陈述或者重大遗漏且结论性意见为该私募基金管理人持续符合现行管理人登记要求的，异常经营程序终止，恢复其业务正常办理。（二）若专项法律意见书结论性意见为不能持续符合现行管理人登记要求的，协会将按照公告相关要求注销该私募基金管理人登记。（三）根据公告要求，“私募基金管理人未能在书面通知发出后的 3 个月内提交符合规定的专项法律意见书的，协会将按照《关于进一步规范私募基金管理人登记若干事项的公告》的有关规定予以注销，注销后不得重新登记。私募基金管理人的法定代表人、高级管理人员及其他从业人员按照不配合自律管理予以纪律处分，情节严重的取消基金从业资格，加入黑名单”。专项法律意见书被协会不予接受后，私募基金管理人未能在期限届满前提交符合要求的专项法律意见书的，视同此情形处理。（四）若私募基金管理人在收到协会要求其限期补充出具专项法律意见书的通知后，未能按期提交补充专项法律意见书的，协会将按照公告相关要求注销该私募基金管理人登记。同时，律师事务所及签字律师公示通报制度规定，为督促律师事务所勤勉尽责，真正发挥法律意见书制度的市场专业化制衡作用，提高私募基金行业自律管理透明度，若律师事务所及签字律师出具存在虚假记载、误导性陈述或者重大遗漏且结论为肯定性结论的法律意见书的，协会将按照公告相关要求，“不再接受相关律师事务所的法律意见书，依法移送中国证监会和相关司法行政部门及律师协会查处，并在协会网站公示”。

(7)【异常经营专项法律意见书出具指引】模板

异常经营专项法律意见书出具指引

第一部分 律所资质要求及声明

一、出具异常经营情形下专项法律意见书的律所及签字律师应当符合《私募基金登记备案相关问题解答（八）》和《关于私募基金管理人在异常经营情形下提交专项法律意见书的公告》第（三）项相关规定，并详细列明签字律师在证券基金领域的从业经验。

二、法律意见书声明项应当载明："本所及签字律师依据《证券法》、《证券投资基金法》以及中国证券监督管理委员会和中基协的要求，严格履行了法定职责，遵循了勤勉尽责和诚实信用原则，进行了充分的核查验证，保证本法律意见所认定的事实真实、准确、完整，所发表的结论性意见合法、准确，不存在虚假记载、误导性陈述或者重大遗漏，并承担《证券法》和《证券投资基金法》及其他相应的法律责任。"

三、法律意见书正文应当载明相关事实材料、查验原则、查验方式、查验内容、查验过程、查验结果、所依据的法律法规和自律规则、结论性意见以及所涉及的必要文件资料等。

四、法律意见书应当说明私募基金管理人是否配合律师事务所的专项核查工作。律师事务所应当将发现的私募基金管理人隐匿、阻碍、故意遗漏等不配合情形如实描述。

五、法律意见书应当对核查内容逐一发表明确的结论性意见，对查验事项是否合法合规、是否真实有效给予明确说明，对结论性意见进行充分论证、分析并说明查验过程，不得使用"基本符合""未发现"等含糊措辞。

第二部分 专项问题核查情况

请律师根据关于要求机构限期提交专项法律意见书的通知中所提出的专项问题进行核查，并逐一发表明确的结论性意见。

第三部分 整体问题核查情况

一、机构是否依法在中国境内设立并有效存续，机构于中国证券投资基金业协会（以下简称协会）登记为私募基金管理人后的历史沿革。

二、机构的工商登记文件所记载的经营范围是否符合国家相关法律法规及协会关于管理人登记的相关规定，机构的名称和经营范围中是否含有"基金管理""投资管理""资产管理""股权投资""创业投资"等与私募基金管理人业务属性密切相关字样；如不符合，请合理论述该情况是否符合《私募基金管理人登记须知》《私募基金登记备案相关问题解答（七）》等相关法律法规及协会自律规则中关于私募基金管理人名称和经营范围的相关规定。

三、机构是否符合《私募投资基金监督管理暂行办法》第二十二条专业化经营原则，自登记成为私募基金管理人后主营业务是否为私募基金管理业务；机构的工商经营范围及实际经营业务中，曾经或目前是否兼营可能与私募投资基金业务无关或存在利益冲突的其他业务（以下简称冲突业务，包括民间借贷、民间融资、融资租赁、配资业务、小额理财、小额借贷、P2P/P2B、众筹、保理、担保、房地产开发、交易平台等业务）、是否兼营与"投资管理"的买方业务存在冲突的业务、是否兼营其他非金融业务等情况；如有，请合理论述该情况是否符合《私募投资基金监督管理暂行办法》、《私募基金管理人登记须知》、《私募投资基金管理人内部控制指引》及《私募基金登记备案相关问题解答（十三）》等相关法律法规及协会自律规则中关于私募基金管理人专业化经营的相关规定。

四、机构最近一个会计年度审计报告中是否存在资产负债比例较高、大额或有负债或非正常应收、应付款项等可能影响机构正常运作的异常财务信息；机构是否存在与子公司（持股5%以上的金融企业、上市公司及持股20%以上的其他企业）、分支机构及关联方（受同一控股股东/实际控制人控制的金融机构、私募基金管理人、投资类企业、冲突业务企业、投资咨询及金融服务企业）资金往来的情况，如有，请详细列明资金往来方、往来原因并论述资金往来是否真实合理，是否符合相关法律法规及协会自律规则规定；机构是否存在使用自有资金投资的情况，是否独立运作、分别核算，自有资金投资是否符合《中华人民共和国证券投资基金法》《私募投资基金监督管理暂行办法》等相关法律法规及协会自律规则的相关规定。

五、机构目前股权结构或出资比例情况，股东或出资人及实际控制人身份或工商信息，以上信息是否已真实、准确、完整地填报至资产管理业务综合报送平台（以下简称AMBERS系统）。如股东或出资人及实际控制人曾经从事过或目前仍主要从事或兼营冲突业务，请合理论述以上冲突业务的开展情况及相关证照审批持有情况，股东或出资人及实际控制人与机构及其管理的私募基金是否存在关联交易和利益输送，如有，请如实说明相关情况及对投资者进行信息披露的情况，同时请合理论述该情况是否符合《中华人民共和国证券投资基金法》《私募投资基金监督管理暂行办法》等相关法律法规及协会自律规则的相关规定。

六、机构是否存在子公司（持股5%以上的金融企业、上市公司及持股20%以上的其他企业）、分支机构和其他关联方（受同一控股股东/实际控制人控制的金融企业、资产管理机构或相关服务机构)，如有，请说明前述机构基本情况、业务开展情况及其子公司、关联方是否已登记为私募基金管理人、与该机构是否存在业务往来、冲突业务关联方的证照审批及持有情况等；同时请确认以上子公司、分支机构和关联方是否已按照相关要求真实、准确、完整地填报至AMBERS系统；如未填报，请合理说明未如实填报原因，并论述该情况是否符合《关于进一步规范私募基金管理人登记若干事项的公告》《私募基金登记备案相关问题解答（五)》等相关法律法规及协会自律规则的相关规定。

七、机构目前高管及一般从业人员现状（包括但不限于人数、社保缴纳明细、基金从业资格取得情况、从业人员管理平台人员录入情况及员工外部兼职情况等)、营业场所情况（包括但不限于注册地址、办公地址、是否存在异地办公情形及合理性等)、资本金持有情况等机构运营基本设施和条件，以上信息是否真实、准确、完整地填报至AMBERS系统中，是否符合《中华人民共和国劳动法》《中华人民共和国社会保险法》《私募基金管理人登记须知》等相关法律法规及协会自律规则的相关规定。

八、机构已向协会报送的风险管理和内部控制制度是否已经根据其管理人业务类型制定了相适应的制度，包括（视具体业务类型而定）运营风险控制制度、信息披露制度、机构内部交易记录制度、防范内幕交易、利益冲突的投资交易制度、合格投资者风险揭示制度、合格投资者内部审核流程及相关制度、私募基金宣传推介、募集相关规范制度以及（适用于私募证券投资基金业务）的公平交易制度、从业人员买卖证券申报制度等配套管理制度；以上制度是否有效运转并实际发挥作用，是否符合《中华人民共和国证券投资基金法》《私募投资基金监督管理暂行办法》《私募投资基金管理人内部控制指引》等相关法律法规及协会自律规则的相关规定。

九、高管岗位设置及任职情况是否符合协会的要求，高管信息是否真实、准确、完整地填报至人员从业系统及AMBERS系统。高管是否存在与私募业务相冲突业务的机构兼职及竞业禁止的情况；如存在，请合理论述该情况是否符合《中华人民共和国公司法》《私募投资基金管理人内部控制指引》《私募基金登记备案相关问题解答（七)》《私募基金登记备案相关问题解答（十二)》等相关法律法规及协会自律规则的相关规定。高管人员包括法定代表人/执行事务合伙人委派代表、总经理、副总经理（如有）和合规/风控负责人等。

十、请以列表形式详细列明机构在管基金具体信息，表格内容应包括但不限于基金成立日、到期日、组织形式、投向信息、托管信息、投资标的及底层资产情况、信息披露情况、审计情况等，并核查基金投资运作情况是否符合法律法规和自律规则规定，以及向协会报送的有关信息是否真实、准确、完整。如机构与其他机构签署基金外包服务协议，请说明外包服务机构资质及服务协议签订情况，是否符合相关法律法规及协会自律规则的相关规定。

十一、机构自登记为私募基金管理人后，在展业过程中是否存在公开宣传、向非合格投资者募集、直接或间接承诺保本保收益，或向销售机构出具保本保收益的兜底承诺、未履行投资者适当性确认义务等相关情形；如有，请详细说明该种行为发生的具体情形，并论述该行为是否符合《中华人民共和国证券投资基金法》《私募投资基金监督管理暂行办法》《私募投资基金管理人登记和基金备案办法（试行）》等相关法律法规及协会自律规则的相关规定。

十二、机构所管理的私募基金是否已根据《中华人民共和国证券投资基金法》《私募投资基金监督管理暂行办法》《私募投资基金管理人登记和基金备案办法（试行）》《关于进一步规范私募基金管理人登记若干事项的公告》《私募投资基金信息披露管理办法》等法律法规及自律规则的相关规定在AMBERS系统中备案齐全，并已及时履行了管理人及所管理私募基金的重大事项变更、季度更新、年度更新、信息披露备份义务；机构是否已根据基金合同、公司章程或者合伙协议所约定的频率、内容和方式向投资者真实、准确、完整披露了所投底层资产及最终标的情况（如涉及非实体企业的有限合伙等SPV，请穿透至底层资产及最终标的），如为否，请详细说明未履行该等义务的具体情形及原因，并合理论述未履行特定义务的行为是否符合相关法律法规及协会自律规则的相关规定。

十三、机构及其法定代表人、高级管理人员、实际控制人和主要出资人是否受到刑事处罚、金融监管部门行政处罚或者被采取行政监管措施；机构及其高管人员是否受到自律组织的纪律处分；是否在资本市场诚信数据库中存在负面信息；是否被列入失信被执行人名单；是否被列入全国企业信用信息公示系统的经营异常名录或严重违法企业名录；是否在“信用中国”网站上存在不良信用记录等；如有，是否对基金持续运行、投资者利益、资产净值等产生重大影响，是否已真实、准确、完整地在AMBERS系统中进行填报。

十四、机构及其法定代表人、高级管理人员、实际控制人和主要出资人最近三年涉诉或仲裁情况，以及是否存在与投资者存在纠纷的情况；如有，是否对基金持续运行、投资者利益、资产净值等产生重大影响，是否已真实、准确、完整地在AMBERS系统中进行填报。

十五、机构在收到要求限期提交专项法律意见书的通知后，是否已按照《关于私募基金管理人在异常经营情形下提交专项法律意见书的公告》相关要求，及时向所在地证券监管部门派出机构报告其异常经营情形，并报备其委托律师事务所出具专项法律意见书的情况。

十六、签字律师及律师事务所认为需要说明的其他事项。

第四部分　结　论

签字律师及律师事务所应对以下问题发表审慎结论性意见：

1. 机构是否已根据本专项法律意见书第二部分、第三部分所需核查的问题采取相应措施并完成整改。

2. 机构是否持续符合中基协相关自律规则及私募基金管理人登记要求。

七、外资私募基金管理人登记的合规管理

就外商投资企业登记为私募证券基金管理机构，中基协在2016年6月30日发布《私募基金登记备案相关问题解答（十）》进行了规定，但是对于外商投资企业通过何种方式和程序登记为私募股权基金管理机构的事宜，中基协截止到现在尚未有明确的规定（但据中基协反馈，外商投资股权投资基金管理人登记并无特殊要求），实践中也已经有外商投资股权投资企业通过中基协基金管理人登记。实践中，北京、上海、深圳、天津、重庆等地对外商投资股权投资管理企业的设立与运作出台了地方性指导性文件，提出了具体的要求和条件，基金管理人在实际工作中应予遵守。上述地市的规范性文件对外商投资股权投资管理企业的设立条件和程序进行了明确规定，其中资质要求、资金要求等明显高于国内企业登记为基金管理人的条件，需要提请准备登记为外商投资股权基金管理人的私募基金管理人注意。同时，国家对于外商投资的产业准入政策、负面清单以及外商投资的再投资政策，同样要考虑适用。在外商投资企业依据上述地方性规定成立股权投资管理企业后，亦应及时向中基协申请私募股权投资基金管理人登记，才可开展私募基金管理业务。现在结合《私募基金登记备案相关问题解答（十）》，对外商投资企业登记为私募证券基金管理机构的有关政策进行阐释。

2016年6月30日，中基协发布《私募基金登记备案相关问题解答（十）》，就中外合资或外商独资企业登记为私募证券基金管理机构事宜进行了规定。问：第八轮中美战略与经济对话政策成果中包括欢迎符合条件的外商独资和合资企业申请登记成为私募证券基金管理机构，按规定开展包括二级市场证券交易在内的私募证券基金管理业务。请问，外商独资和合资私募证券基金管理机构申请登记成为私募证券基金管理人有何要求？答：根据第七轮、第八轮中美战略与经济对话以及第七次中英经济财金对话达成的政策成果，经中国证监会同意，外商独资和合资私募证券

基金管理机构在中国境内开展私募证券基金管理业务，应当在中基协登记为私募证券基金管理人，并应当符合以下条件：（一）该私募证券基金管理机构为在中国境内设立的公司；（二）该私募证券基金管理机构的境外股东为所在国家或者地区金融监管当局批准或者许可的金融机构，且境外股东所在国家或者地区的证券监管机构已与中国证监会或者中国证监会认可的其他机构签订证券监管合作谅解备忘录；（三）该私募证券基金管理机构及其境外股东最近三年没有受到监管机构和司法机构的重大处罚。有境外实际控制人的私募证券基金管理机构，该境外实际控制人也应当符合上述第（二）项、第（三）项条件。外商独资和合资私募证券基金管理机构开展私募证券投资基金业务，除应当符合《证券投资基金法》、《私募投资基金监督管理暂行办法》、《私募投资基金管理人登记和基金备案办法（试行）》及其他法律法规规定外，还应当遵守以下规定：（一）资本金及其结汇所得人民币资金的使用，应当符合国家外汇管理部门的相关规定；（二）在境内从事证券及期货交易，应当独立进行投资决策，不得通过境外机构或者境外系统下达交易指令。中国证监会另有规定的除外。问：外商独资和合资私募证券基金管理机构如何进行私募证券基金管理人登记？答：外商独资和合资私募证券基金管理机构申请私募基金管理人登记，应当通过私募基金登记备案系统（https：//pf. amac. org. cn），如实填报以下信息：（一）《私募投资基金管理人登记和基金备案办法（试行）》及中基协已出台的相关规定所要求的私募证券基金管理人相关登记信息，包括前述问答中所列条件证明材料；（二）私募基金登记备案承诺函，承诺所提交的信息和材料真实、准确、完整，不存在任何虚假记载、误导性陈述或重大遗漏，承诺遵守中国法律法规及私募基金相关自律规则；（三）中国律师事务所及其经办律师出具的《私募基金管理人登记法律意见书》。除《私募基金管理人登记法律意见书指引》的要求以外，相关律师事务所及其经办律师在法律意见书中，还应对该申请机构是否符合前述问答中所列登记条件和要求发表结论性意见。外商独资和合资私募证券基金管理机构提供的登记申请材料完备的，中基协将自收齐材料之日起 20 个工作日内，以通过协会官方网站（http：//www. amac. org. cn）公示私募基金管理人基本情况的方式，为其办结登记手续。

外商独资和合资私募证券基金管理机构登记后，应当依法及时展业。其设立的私募证券投资基金募集完毕后，应当根据有关规定在中基协通过私募基金登记备案系统及时履行备案手续，按时履行私募基金管理人及其管理的私募基金的季度、年度和重大事项信息报送更新等信息报送义务。外商独资和合资私募证券基金管理机构可通过中基协官网（http：//www. amac. org. cn）“私募基金登记备案系统”栏目了解私募基金管理人登记和私募基金备案系统操作指南及相关政策信息。如需进一步了解相关信息，可以通过中基协官方微信公众号、私募基金登记备案咨询邮箱 pf@ amac. org. cn 以及私募基金全国统一咨询热线 400 - 017 - 8200 进一步咨询。值得注意的是，为方便外资证券投资基金管理人登记，中基协制定了《外商独资和合资私募证券投资基金管理人登记备案填报说明》，供外资基金管理人在申请登记时参考。

第二章　私募投资基金备案、重大变更、季度更新、清算的合规管理

一、私募投资基金备案的合规管理概述

私募投资基金募集完成，宣告成立后必须及时在 AMBERS 系统进行备案，并在备案完成后才可以对外进行投资。《私募投资基金管理人登记和基金备案办法（试行）》第十一条规定，私募基金管理人应当在私募基金募集完毕后 20 个工作日内，通过私募基金登记备案系统进行备案，并根据私募基金的主要投资方向注明基金类别，如实填报基金名称、资本规模、投资者、基金合同（基金公司章程或者合伙协议，以下统称基金合同）等基本信息。公司型基金自聘管理团队管理基金资产的，该公司型基金在作为基金履行备案手续的同时，还需作为基金管理人履行登记手续。第十二条规定，私募基金备案材料不完备或者不符合规定的，私募基金管理人应当根据基金业协会的要求及时补正。第十三条规定，私募基金备案材料完备且符合要求的，基金业协会应当自收齐备案材料之日起 20 个工作日内，以通过网站公示私募基金基本情况的方式，为私募基金办结备案手续。网站公示的私募基金基本情况包括私募基金的名称、成立时间、备案时间、主要投资领域、基金管理人及基金托管人等基本信息。第十四条规定，经备案的私募基金可以申请开立证券相关账户。同时中基协发布的《关于进一步规范私募基金管理人登记若干事项的公告》规定，私募基金管理人应当依法及时备案私募基金。为实现对私募基金管理人的有效监管，督促已登记的私募基金管理人依法展业，及时备案私募基金产品，中基协对私募基金管理人依法及时备案私募基金提出以下要求：1. 自本公告发布之日起，新登记的私募基金管理人在办结登记手续之日起 6 个月内仍未备案首只私募基金产品的，中基协将注销该私募基金管理人登记。2. 自本公告发布之日起，已登记满 12 个月且尚未备案首只私募基金产品的私募基金管理人，在 2016 年 5 月 1 日前仍未备案私募基金产品的，中基协将注销该私募基金管理人登记。3. 自本公告发布之日起，已登记不满 12 个月且尚未备案首只私募基金产品的私募基金管理人，在 2016 年 8 月 1 日前仍未备案私募基金产品的，中基协将注销该私募基金管理人登记。被注销登记的私募基金管理人若因真实业务需要，可按要求重新申请私募基金

管理人登记。对符合要求的申请机构，中基协将以在官方网站公示私募基金管理人基本情况的方式，为该申请机构再次办结登记手续。2019 年 12 月 23 日，中基协发布了新版《私募投资基金备案须知》，明确了私募基金备案以及备案后应注意的各种问题。2020 年 3 月 20 日，中基协发布了《关于公布私募投资基金备案申请材料清单的通知》，进一步明确了私募投资基金备案申请的材料清单【包括私募基金备案材料清单（证券类）、私募基金备案材料清单（非证券类）、私募基金备案材料清单（重大变更和清算）】。从近两年的私募基金专项检查的内容来看，在私募基金备案环节，私募基金备案具体情况（包括类型、规模、已退、在管等）、私募基金募集情况（在募集合规章节详述）、私募基金投资情况（在投资合规章节详述）、私募基金托管情况、私募基金杠杆情况、私募基金清算情况、特殊管理人模式、工商注册情况等均是基金合规专项检查的对象和重点。

私募投资基金的备案（以契约型基金为例）

根据 AMBERS 系统界面，私募投资基金备案内容有管理人信息、基本信息、结构化信息和杠杆信息、募集信息、合同信息、托管及外包服务机构信息、投资经理或投资决策人信息、投资者信息、相关上传附件九项事项，下面将对九项事项下的具体填报内容进行展开。

1. 管理人信息

管理人名称（全称）、管理人组织机构代码（注：三证合一的单位请填写统一社会信用代码）、登记编号。

2. 基本信息

产品名称（全称）（注：产品名称要和基金合同一致，请慎重填写）、产品简称（注：产品名称要和基金合同一致，请慎重填写）、产品编码（系统分配）、基金类型（私募股权投资基金、私募股权投资类 FOF 基金、创业投资基金、创业投资类 FOF 基金）、业务模式（既募集又投资、只投资、只募集。注：既募集又投资，指私募基金管理人既负责基金产品的募集，又负责基金的投资运作，募集方式可以是管理人直销，也可以是管理人直销加第三方代销；只投资，指私募基金管理人只负责基金的投资运作，完全由代销机构负责基金产品募集；只募集，指私募基金管理人只负责基金募集，并聘请其他“投资顾问”来进行基金的投资运作）、产品类型（并购基金、房地产基金、基础设施基金、上市公司定增基金、其他类基金)、基金成立日期、基金到期日（永续)、组织形式【契约型、公司型、合伙型、其他。注：实践中，部分基金以中外合作的方式对外投资，组织形式应选择其他；其他组织形式名称中填写合作制。部分政府引导基金以事业单位法人的方式对外投资，组织形式应选择其他，其他组织形式名称中填写事业单位】、币种（下拉选择)、是否涉及跨境投资、基金份额（万份)、投资方式（可多选；普通股、优先股、可转债、其他)、是否存在保本情形、是否存在保收益情形、是否投资单一标的、是否涉及关联交易、是否投资PPP项目、是否通过SPV进行投资、主要投资方向、管理人（投顾）认为需要说明的其他问题、是否政府引导基金、备案主要联系人（姓名、座机、手机、邮箱)、备案备用联系人（姓名、座机、手机、邮箱)。

3. 结构化信息&杠杆信息

结构化产品（是、否）

是：杠杆比例【注：计算方法（杠杆倍数=优先级份额/劣后级份额)】

添加份额类别信息序号、份额名称【注：指基金合同（或公司章程、合伙协议等）约定的基金份额的名称，如优先级份额、劣后级份额；普通级份额、劣后级份额；A类份额、B类份额、C类份额；优先级LP、劣后级LP、中间级LP】、份额类别【管理人应明确份额属性划分标准，将各类基金份额归属于优先级还是劣后级（如果包含介于优先和劣后之间的中间级份额应归为优先级，股权、创投、其他投资基金还可归为中间级)】、收益安排、(从低风险级别开始新增)、关于结构化安排的其他说明。

结构化信息&杠杆信息填报说明

1. 是否为结构化产品

(1）本基金投资者不止一类，且各类投资者基金财产收益分配不按份额或出资比例计算，而由基金合同（或公司章程、合伙协议）另行约定的本项应选择“是”。

(2）本基金管理人以自有资金提供有限风险补偿，且不参与收益分配或不获得高于按份额比例计算的收益的，本项应选择“管理人自有资金提供有限风险补偿”。

(3）本基金各类投资者基金财产收益分配方式相同，仅在费率（如管理费等)、开放期等方面有不同安排的基金，本项应选择“否”。

(4）本基金投资者按份额比例承担风险、享受收益，基金合同没有另行约定投资者类别的，本项应选择“否”。

2. 杠杆比例

根据《证券期货经营机构私募资产管理业务运作管理暂行规定》（下文简称《暂行规定》）要求，杠杆倍数 = 优先级份额/劣后级份额。有“中间级”份额的产品在计算杠杆倍数时，将“中间级”份额归类为优先级份额。股权、创投基金参照此方法计算杠杆比率。

3. 份额名称

份额名称指基金合同中约定的基金份额类别的名称，如优先级份额、劣后级份额；普通级份额、劣后级份额；A 类份额、B 类份额、C 类份额；优先级 LP、劣后级 LP、中间级 LP 等。

份额名称应按照合同中的名称填写，投资者信息中需要选择此项。

4. 份额类别

按照《暂行规定》要求，私募证券投资基金（含证券类 FOF）的各类份额应归为“优先级”和“劣后级”（按照《暂行规定》第十四条第二款规定，结构化资产管理计划若存在中间级份额，填报“份额类别”时也应选择“优先级”）。

对于股权、创投、其他私募基金（含股权、创投、其他类 FOF）的各类份额可以按对应风险由低到高或者基金财产分配顺序由先到后归类为“优先级”“中间级”和“劣后级”。

5. 收益安排

选择各类份额的收益安排情况，可选择“设定基准收益”“分配比例”“设定基准收益 + 部分浮动收益”“业绩比较基准收益”“剩余收益”和“其他”。

示例一：优先级有限合伙人（以下简称优先级 LP）按合同设定基准分配收益，劣后级有限合伙人（以下简称劣后级 LP）分配剩余收益。

例如：某股权投资基金优先级 LP 享有实缴出资 6% 的设定基准收益；劣后级 LP 享有分配完优先级 LP 本金及设定基准收益后的剩余收益。此时，优先级 LP 收益安排应选择“设定基准收益”，再填写设定的基准收益 6%；劣后级 LP 的收益安排选择“剩余收益”。（如下图）

添加份额类别信息

序号	份额名称*	份额类别*	收益安排*（从低风险级别开始新增）	操作
1	优先级LP	优先级（低风险）	设定基准收益 6 %	删除
2	劣后级LP	劣后级（高风险）	剩余收益	删除
关于结构化安排的其他说明	同合同文本 填写收益特征			

示例二：优先级有限合伙人（以下简称优先级 LP）按合同设定基准分配收益

以及超过基准分配收益后按份额比例享受浮动收益，劣后级有限合伙人（以下简称劣后级 LP）分配剩余收益。

例如：优先级 LP 享有实缴出资 6% 的业绩比较基准收益和超过 6% 的业绩基准后超额收益的 20%；劣后级 LP 享有分配完优先级 LP 的本金、业绩比较基准收益以及超额收益后的剩余收益。此时优先级 LP 收益安排应选择“设定基准收益 + 部分浮动收益”，设定基准收益为 6%，部分浮动收益计提比例为 20%；劣后级 LP 的收益安排选择“剩余收益”。（如下图）

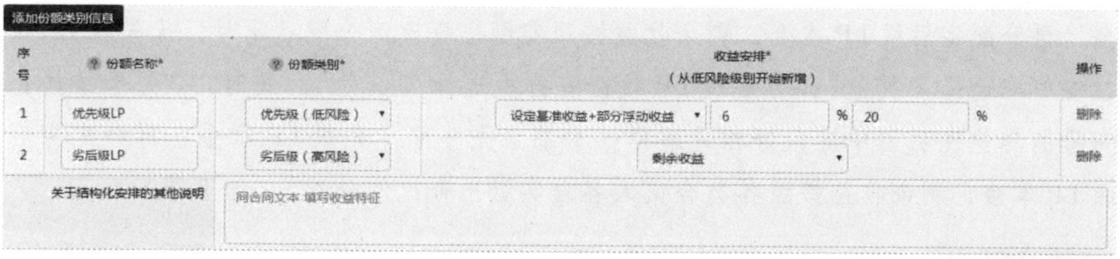
添加份额类别信息

序号	份额名称*	份额类别*	收益安排*（从低风险级别开始新增）	操作
1	优先级LP	优先级（低风险）	设定基准收益+部分浮动收益　6 %　20 %	删除
2	劣后级LP	劣后级（高风险）	剩余收益	删除
关于结构化安排的其他说明	同合同文本 填写收益特征			

示例三：A 类投资者和 B 类投资者按照“分配比例”承担基金的收益和亏损。

例如：当基金盈利时，A 类投资者享受 40% 收益，当基金亏损时，A 类投资者承担 40% 亏损；当基金盈利时，B 类投资者享受 60% 收益，当基金亏损时，B 类投资者承担 60% 亏损。系统填报时，收益安排应选择“分配比例”并填写对应的分配比例。（如下图）

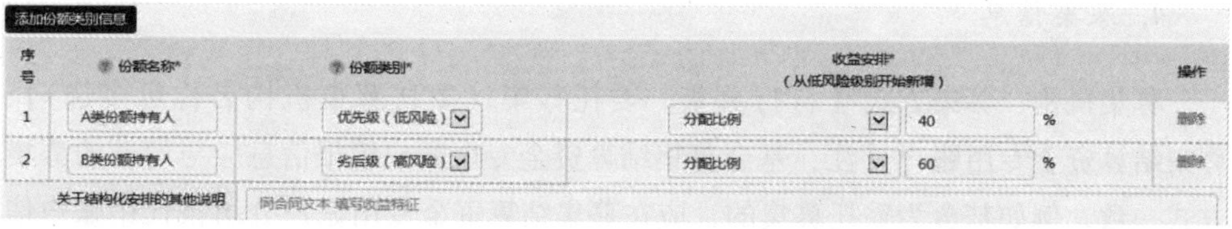
添加份额类别信息

序号	份额名称*	份额类别*	收益安排*（从低风险级别开始新增）	操作
1	A类份额持有人	优先级（低风险）	分配比例　40 %	删除
2	B类份额持有人	劣后级（高风险）	分配比例　60 %	删除
关于结构化安排的其他说明	同合同文本 填写收益特征			

示例四：A 类投资者按跟踪指数或市场利率等“业绩比较基准”计算收益，B 类投资者享受剩余收益。

例如：基金清算时，A 类投资者按存续期内中证 500 指数的收益率加 1% 的额外收益来分配收益，B 类投资者享受剩余收益。系统填报时，A 类投资者选择“业绩比较基准收益”，再选择“指数类”，再填写指数类收益的具体内容（例如跟踪中证 500 指数收益 +1%）。

业绩比较基准收益包括“指数类”业绩比较基准（如沪深 300 指数）和“利率类”业绩比较基准（如 10 年期国债收益率）等。（如下图）

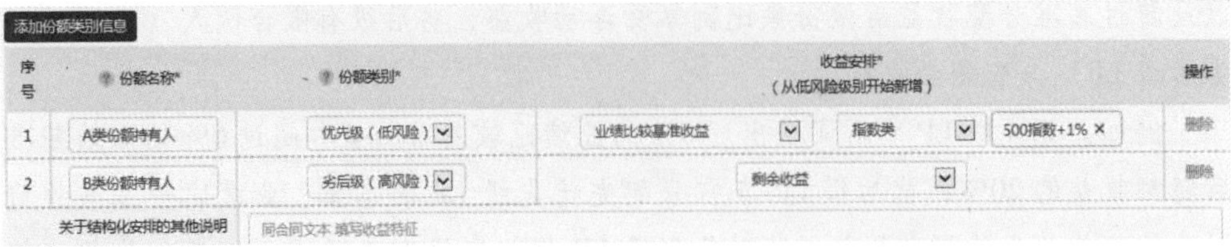

添加份额类别信息

序号	份额名称*	份额类别*	收益安排*（从低风险级别开始新增）			操作
1	A类份额持有人	优先级（低风险）	业绩比较基准收益	指数类	500指数+1% ×	删除
2	B类份额持有人	劣后级（高风险）	剩余收益			删除
	关于结构化安排的其他说明	同合同文本 填写收益特征				

示例五：如果“收益安排”不包括在以上示例中，则“收益安排”情况选择“其他”，并在“关于结构化安排的其他说明”里补充。例如，先分配优先级 LP 本金，再分配劣后级 LP 本金，剩余收益按照实缴出资比例分配。此时，优先级 LP 收益安排应选择“其他”；劣后级 LP 收益安排也选择“其他”。同时，“关于结构化安排的其他说明”中应做好相关解释：本基金先分配优先级 LP 本金、再分配劣后级 LP 本金，剩余收益按照各类合伙人各自实缴出资比例分配。(如下图)

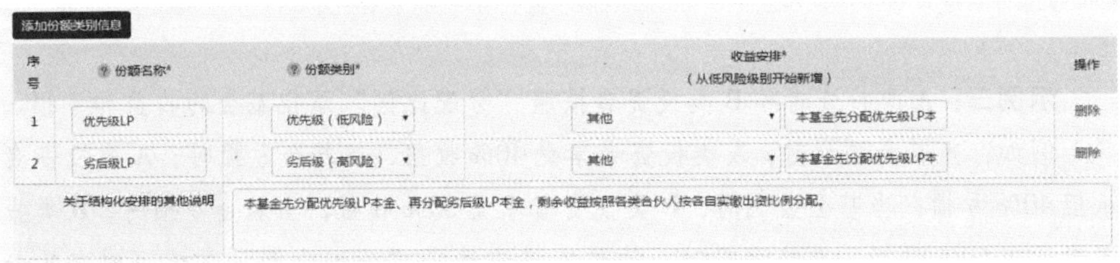

添加份额类别信息

序号	份额名称*	份额类别*	收益安排*（从低风险级别开始新增）		操作
1	优先级LP	优先级（低风险）	其他	本基金先分配优先级LP本	删除
2	劣后级LP	劣后级（高风险）	其他	本基金先分配优先级LP本	删除
	关于结构化安排的其他说明	本基金先分配优先级LP本金、再分配劣后级LP本金，剩余收益按照各类合伙人按各自实缴出资比例分配。			

4. 募集信息

募集机构：募集方式【自行募集、委托募集（委托募集机构名称可多选）】、募集结算资金专用账户【注：基金募集结算资金专用账户填报信息应与勾选的募集方式一致，例如基金为委托募集的，应在募集结算资金专用账户处填报代销账户信息及代销的募集监督机构】：账户名称、账号（有关监督机构的要求，参照《募集行为管理办法》第十三条的相关内容。早于 2016 年 7 月 15 日成立的老基金，若无监督机构，可选择“不适用”选项）、开户银行名称、监管机构名称、监管机构类型（中国证券登记结算有限责任公司、取得基金销售业务资格的商业银行、证券公司及中基协规定的其他机构）、募集行为程序确认：推介产品前是否履行特定对象确定程序、是否按基金的投资标的、相关风险等因素，实施投资者适当性原则匹配、是否有风险揭示环节、是否有投资冷静期、是否设置回访确认程序、是否提示投资者后续的回访确认、向投资者揭示如下基金风险：是否依照《私募投资基金风险揭示书内容与格式指引》向投资者提示相关风险，并经投资者签字确认、相关风险提示是否获得投资者如下承诺：投资者愿意承担由基金风险引致的全部后果、投资者知晓基金管理人、基金销售机构、基金托管人及相关机构不应当对基金财产的收益状况作出任何承诺或担保、投资者已符合《私募投资基金监督管理暂行办法》有关合格投资者的要求并已按照募集机构的要求提供相关证明文件、投资者知晓投资冷静期的制度安排以及在此期间的权利、投资者知晓回访确认的制度安排以及在此期间的权利、投资者已认真阅读并完全理解基金合同中关于"争议的处理"的所有内容、投资者已知晓本私募基金产品不得非法拆分转让。【系统提示】自行募集，指管理人直销；委托募集，指管理人委托其他机构代销。如果选择委托募集，根据《私募投资基金募集行为管理办法》规定，私募基金代销机构必须为"在中国证监会注册取得基金销售业务资格并已成为中基协会员的机构"。

5. 合同信息

【系统提示】合同信息中需要填写的费率、业绩基准等均为年费率。

合同目录

释义：是否对合同中具有特定法律含义的词汇作出明确解释和说明。

声明与承诺：是否按《私募投资基金合同指引 1 号（契约型私募基金合同内容与格式指引）》要求进行声明与承诺。

基金基本情况：是否按《私募投资基金合同指引 1 号（契约型私募基金合同内容与格式指引）》要求定明基金基本情况。

私募基金的募集：是否按《私募投资基金募集行为管理办法》要求进行募集；募集期、认购费率。

私募基金的成立与备案：是否按《私募投资基金合同指引 1 号（契约型私募基金合同内容与格式指引）》要求列明私募基金成立有关事项；合同签署方式（电子合同、纸质合同）。

私募基金的申购、赎回、转让：是否按《私募投资基金合同指引 1 号（契约型私募基金合同内容与格式指引）》要求列明私募基金申购、赎回、转让的有关事项。

申购费率（无申购费、单一费率××%、差异化申购费××率%）、赎回费率（无申购费、单一费率××%、差异化申购费率××%）、赎回费归属（管理人、基金资产、销售机构、其他）运作方式（封闭运作、定期开放、其他）、封闭期【无封闭期、基金成立后（××）月、始终封闭运作、其他、封闭期内不可申购、赎回、封闭期内可以申购、不得赎回】。

开放期（封闭运作不开放、开放期内每日开放、开放期内每周开放、开放期内每月开放、开放期内每季度开放、开放期内每半年开放、开放期内每年开放、其他）、其他赎回限制【无、认购或申购后未满（××）天不得赎回、认购或申购后未满（××）月不得赎回、其他】、本基金份额是否可转让（是、否）。

【系统提示】运作方式：基金存续期内不开放申购、赎回的应选择“封闭运作”，封闭期：基金成立后先设置一段时间封闭期，封闭期之后再定期开发申购赎回的，请在此处填报封闭期时间段。其他赎回限制：只填写除“封闭期”外，基金投资者申请赎回基金份额时的时间限制【如：基金投资者认购/申购未满（××）/月不得赎回】。

当事人及权利义务：是否按《私募投资基金合同指引1号（契约型私募基金合同内容与格式指引）》规定明确各当事人及权利义务。

私募基金份额持有人大会及日常机构：是否按《私募投资基金合同指引1号（契约型私募基金合同内容与格式指引）》要求订明基金份额持有人大会和日常机构的相关内容；是否列明基金份额持有大会召开的条件、决议流程及事项；是否设立持有人大会；是否设立日常机构。

持有人大会议事内容（决定延长基金合同期限、决定修改基金合同的重要内容或者提前终止基金合同、决定更换基金管理人、基金托管人、决定调整基金管理人、基金托管人的报酬标准、其他）、是否设立日常机构、日常机构议事内容（召集基金份额持有人大会、提请更换基金管理人、基金托管人、监督基金管理人的投资运作、基金托管人的托管活动、提请调整基金管理人、基金托管人的报酬标准、其他）。

私募基金的份额登记：是否按《私募投资基金合同指引1号（契约型私募基金合同内容与格式指引）》要求订明基金份额登记有关事项；本基金的份额登记机构（自行登记、外包机构）。

私募基金的投资：存续期限【（××）个月、永续、其他】【注：本基金存续期间包括基金投资期及退出期，但不包括延长期】、合同约定的投资范围（证券类、非证券类、FOF类）【证券类：股票、交易所债券、银行间债券、公募基金份额、股票质押回购、债券正回购、债券逆回购、LOF申赎、金融期货、商品期货、融资融券、期权、港股通、柜台市场品种、黄金T+D、现金管理类理财产品、其他；非证券类：未上市/挂牌公司股权、新三板挂牌公司股权、上市公司定增、信贷资产、信托贷款、委托贷款、承兑汇票、信用证、应收账款、各类受（收）益权、带回购条款的股权性融资、红酒、艺术品、其他；FOF类：合伙企业LP份额、私募基金、信托计划、证券公司及其子公司的资产管理计划、保险公司及其子公司的资产管理计划、期货公司及其子公司的资产管理计划、基金公司及其子公司的资产管理计划、QDII、QDLP、QDIE、其他】、预警线【无、有（填写预警线对应的基金单位净值）、其他】、止损线【无、有（填写止损线对应的基金单位净值）、其他】、达到预警线、止损线时有无追加安排（追加安排）内容、有无业绩比较基准（业绩比较基准内容）。

私募基金的财产：是否按《私募投资基金合同指引1号（契约型私募基金合同内容与格式指引）》要求订明与私募基金财产有关的事项。

交易及清算交收安排：是否按《私募投资基金合同指引1号（契约型私募基金合同内容与格式指引）》要求订明与清算交收安排相关的事项。

私募基金的估值和会计核算：是否按《私募投资基金合同指引1号（契约型私募基金合同内容与格式指引）》要求明确私募基金估值和会计核算的相关事项、基金的估值频率（存续期内不估值、每日估值、每周估值、每月估值、每季度估值、每半年估值、每年估值、其他）。

私募基金的费用与税收：是否按《私募投资基金合同指引1号（契约型私募基金合同内容与格式指引）》要求明确订明私募基金费用与税务的相关事项。

管理费：无管理费、固定比例管理费××%（是否有保底管理费）、固定金额管理费（万元）、差异化管理费××%、其他。

托管费/保管费：无托管费/保管费、固定比例托管费/保管费××%（是否有保底管理费）、固定金额托管费/保管费（万元）、其他。

运营服务费/外包服务费：无运营服务费/外包服务费、固定比例运营服务费/外包服务费××%、固定金额运营服务费/外包服务费××（万元）、其他。

销售服务费：无销售服务费、固定比例销售服务费××%、固定金额销售服务费××（万元）、其他。

其他费用

业绩报酬：填写业绩报酬（计提时点、计提基准、计提比例××%）。

计提时点：不提业绩报酬、基金投资者赎回时计提、基金分红时计提、基金固定开放日计提、基金临时开放日计提、基金到期计提、其他计提时点。

计提基准：基金资产高水位法、单客户高水位法、设定业绩基准××%、其他。

计提比例：××%。

业绩报酬的其他解释说明

私募基金的收益分配：是否按《私募投资基金合同指引1号（契约型私募基金合同内容与格式指引）》要求订明私募基金收益分配的相关事项。

收益分配方式：不分红、现金分红、分红转投资、其他。

收益分配次数：每年收益分配××次、每年收益分配不超过××次、其他。

收益分配条件：（填写）。

信息披露与报告：是否按《私募投资基金内容与格式指引》要求订明信息披露

和报告的相关事项。

风险揭示：是否按《私募投资基金内容与格式指引》要求订明风险揭示的相关内容。

基金合同的效力、变更、解除与终止：是否按《私募投资基金合同指引1号（契约型私募基金合同内容与格式指引）》要求订明有关基金合同的效力、变更、解除与终止的相关内容。

合同生效条件：签署即生效、附条件生效。

合同变更的方式：全体投资者、私募基金管理人和私募基金托管人协商一致变更、基金份额持有人大会决议变更、其他（附加内容）。

合同解除的方式：（填写）。

合同终止情形：合同期满未延期、基金份额持有人大会决定终止基金管理人、托管人职责终止、在6个月内没有新基金管理人、新基金委托人承接、其他（附加内容）。

私募基金的清算：是否按《私募投资基金合同指引1号（契约型私募基金合同内容与格式指引）》要求订明私募基金清算的相关事项。

违约责任：是否按《私募投资基金合同指引1号（契约型私募基金合同内容与格式指引）》要求订明有关违约责任的相关内容。

争议的处理：是否按《私募投资基金合同指引1号（契约型私募基金合同内容与格式指引）》要求，对争议处理设置相关内容。

调解方式：协商调解、向仲裁机构仲裁、向人民法院起诉、其他。

其他事项：其他（内容）。

【业绩报酬填报指南】

点击添加按钮，弹出填写业绩报酬的界面：

业绩报酬填报内容包括“计提时点”“计提基准”和“计提比例”等几项。

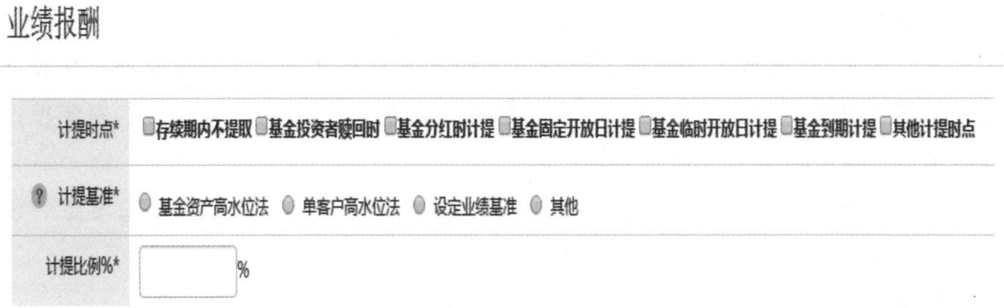

业绩报酬

计提时点*	□存续期内不提取 □基金投资者赎回时 □基金分红时计提 □基金固定开放日计提 □基金临时开放日计提 □基金到期计提 □其他计提时点
计提基准*	○ 基金资产高水位法 ○ 单客户高水位法 ○ 设定业绩基准 ○ 其他
计提比例%*	[ ] %

一、计提时间：

案例 1：

合同文本："业绩报酬提取时点分为固定时点提取、赎回时（含违约赎回）提取和合同终止时提取。固定时点提取是指在基金开放日（不包括临时开放日）提取业绩报酬。赎回时提取、合同终止时提取是指基金份额持有人赎回基金份额（含违约赎回）和在合同终止时提取业绩报酬。"

解析：将合同中有关计提时点的内容标红。可以看出，本基金计提时点应勾选基金投资者赎回时、基金固定开放日计提和基金到期计提等三项。

案例 2：

合同文本："基金管理人应当在项目退出后的45个工作日内，将项目处置所得财产向基金份额持有人进行分配。"

解析：本产品的财产分配和业绩报酬计提与项目退出日期有关，计提时间可勾选"其他"。

案例 3：

合同文本："本基金不收取业绩报酬。"

解析：计提时间应勾选"不提取业绩报酬"。如果"计提时间"勾选了"不提取业绩报酬"，"计提基准"和"计提比例"等字段不必填写。

二、计提基准及计提比例：

1. 设定业绩基准

设定业绩基准请填写年化收益率 R。年化收益率 R 的计算公式如下：

R =（P1 - P0）/P * ×365/T×100%

P1 为业绩报酬计提日的计划累计单位净值；

P0 为上一个发生业绩报酬计提日的计划累计单位净值；

P * 为上一个发生业绩报酬计提日的单位净值；

T 为上一个发生业绩报酬计提日到本次业绩报酬计提日的天数。

案例1：

合同文本：“在收益分配日、投资者赎回日及基金终止日，若持有期年化收益率小于等于10%，则不计提业绩报酬；若持有期年化收益率大于10%，则管理人对超出部分按15%的比例提取业绩报酬。”

解析：由于年化收益率大于10%之后才进行业绩计提，所以计提基准为“设定业绩基准”为10%；计提比例为15%。

案例2：

合同文本：本基金资产的分配顺序：

（1）每次资产分配时，基金管理人首先对本基金所有基金份额持有人进行资产分配，直至每一份额在本基金存续期内累计已分得金额达到1.00元。

（2）如果经过前述分配后，基金财产仍有可分配的现金所得，对本基金所有基金份额持有人进行分配，直至每一基金份额累计已分得金额为：

（1.00＋1.00×n/365×8%）元（n为持有期）

（3）如经过前述分配后，基金财产仍有可分配的现金所得，基金管理人从基金资产提取业绩报酬，直至业绩报酬提取总金额为：

（1.00×F×n/365×2%）元（n为持有期，F为基金份额总数）

（4）如经过前述分配后，基金财产仍有可分配的现金所得，则该等可分配现金所得及之后所有可分配现金所得中的80%归属于基金份额持有人，20%为业绩报酬与浮动销售服务费（P元）。

基金管理人本轮业绩报酬＝P×80%

销售服务机构本轮提取的浮动销售服务费＝P×20%

解析：当基金资产能覆盖8%以上的年化收益率时本基金管理人才开始提取业绩报酬，所以本基金的业绩计提基准为设定业绩基准8%。

当基金合同设计的计提比例与本例一样比较复杂时，可按合同内容近似填写。例如本案例计提比例可以近似计算为20%×80%＝16%［省略固定计提的（1.00×F×n/365×2%）部分，仅计算业绩报酬与浮动销售服务费中业绩报酬的部分］。

案例3：

合同文本：“在基金终止日，如基金净值大于1，则管理人对超出1的部分按15%的比例提取业绩报酬。”

解析：（1）业绩基准可以为0；（2）如果如本例一样，用基金净值或累计净值作为业绩比较基准，请转化为年化收益率填写业绩基准。

本案例“业绩计提基准”填写设定业绩基准0，计提比例为15%。

案例 4：

合同文本：“在基金终止日，若持有期年化收益率小于等于 10%，则不计提业绩报酬；对持有期年化收益率大于 10% 但低于 20% 的部分管理人按 10% 的比例提取业绩报酬；对超过 20% 的部分按 15% 的比例提取业绩报酬。”

解析：设置多个业绩比较基准，每个区间设置一个计提比例的，“计提基准”选择“其他”并填写具体分档和计提比例的规定，页面“计提比例”填写第一档的非零计提比例即可。(见下图)

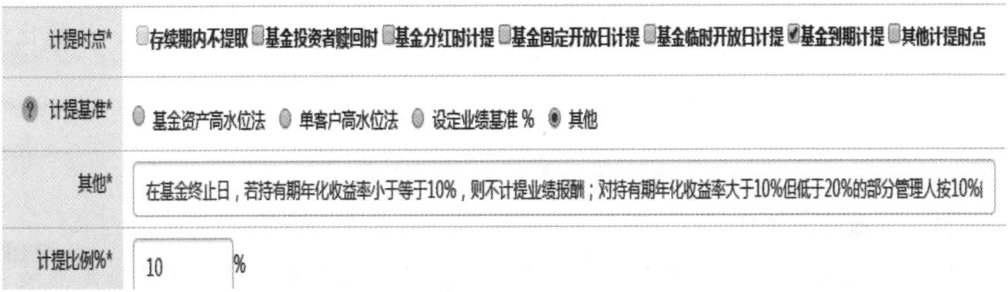

2. 基金资产高水位法和单客户高水位法

基金资产高水位法：基金份额累计净值在每个业绩报酬计提日创造新高时，提取超过历史业绩报酬计提日基金份额累计净值最高值部分的一定比例作为业绩报酬，并从基金整体资产中扣除。

单客户高水位法：针对每个投资者单笔参与份额，在业绩报酬计提日对每笔份额的单位净值超过历史计提日最高净值部分，根据一定的比例计提业绩报酬。

案例 1：单客户高水位法

单个基金份额持有人单笔投资基金份额业绩报酬计算公式如下：

$PF(i, j) = F(i, j) \times [NAV1 - HWM(i, j)] \times 20\%$

$PF(i, j)$：本计提日第 i 个基金份额持有人第 j 笔投资的业绩报酬；

$F(i, j)$：固定时点提取时，表示第 i 个基金份额持有人第 j 笔投资的基金份额；

NAV1：本计提日基金份额累计净值；

$HWM(i, j)$：第 i 个基金份额持有人第 j 笔投资的高水位，为该笔份额上一次提取业绩报酬时的基金份额累计净值；若该笔份额还未提取过业绩报酬，则 $HWM(i, j)$ 为该笔份额对应的申购价格。

如果 $PF(i, j)$ 计算结果为负或者为零，则该计提日第 i 个基金份额持有人第 j 笔投资提取的业务报酬为零，基金管理人就该笔投资不提取业绩报酬。某计提日提取的业绩报酬总额为该计提日所有单个基金份额持有人各笔投资业绩报酬之和（包括以扣减基金份额方式收取的和从赎回资金中扣除的业绩报酬）。某计提日单个基金份额持有人计提的业绩报酬总额为该基金份额持有人持有的各笔投资业绩报酬之和（包括以扣减基金份额方式收取的和从赎回资金中扣除的业绩报酬）。

解析：单客户高水位法，计提比例为20%。

案例2：业绩计提基准+单客户高水位法

合同文本："单笔投资持有期年化收益低于10%不提取业绩报酬；高于10%时按照单客户高水位法计提业绩报酬。"

解析：这类产品也归入单客户高水位法，勾选"单客户高水位法"，计提比例为20%。

三、其他计提基准：

如果合同有其他计提基准，请勾选其他进行描述。

四、其他注意事项：

1. 设定业绩基准应按照年化收益率填写，部分基金按照基金净值设定业绩基准的，要换算成年化收益率。例如：某基金合同约定基金存续期一年，基金终止时，如果基金净值超过1.08，则对超过部分提取业绩报酬，计提比例为20%。本例中设定业绩基准为基金净值1.08，但在填写本表时应填写设定业绩基准8%。

2. 计提方式和系统列举的几类计提方式相似但不完全相同的，可视情况近似按系统的归类填写。

3. 针对不同收益率区间分段计提业绩报酬的（如"设定业绩基准"，案例4），计提基准请选择"其他"，计提比例填写最低非零计提比例。

6. 托管及外包服务机构信息

托管相关信息

是否托管：是（托管机构名称）；否：其他类型［其他综合服务（金融机构提供的类托管服务、金融机构或外包服务机构提供的保管服务、其他）、其他综合服务方式、其他保障财产安全的制度和纠纷解决机制］【系统提示：金融机构提供的综合托管服务、资金保管服务不属于托管，应选择否】、基金财产托管账户、账户名称、账号、开户银行名称、托管人主要联系人、姓名、座机、手机、邮箱。

外包机构信息：是否有外包机构（是、否）。

是否已在协会登记：（是、否）。基金服务（外包）机构名称、基金服务（外包）机构组织机构代码、备案编号、服务类型（份额登记服务、估值核算服务、信息技术系统服务、其他）。【系统提示】基金份额登记服务指为私募基金管理人提供基金份额的登记、过户、保管和结算等服务；基金估值核算服务指为私募基金管理人提供基金会计核算、估值及相关信息披露等服务；信息技术系统服务指为私募基金管理人、私募基金托管人和其他外包机构提供私募基金业务核心应用系统、信息系统运营维护及安全保障等服务。其中，私募基金业务核心应用系统包括销售系统、投资交易系统、份额登记系统、资金清算系统、估值核算系统等。

顾问信息：是否有投资顾问（是、否）。顾问方式：投资顾问、财务顾问、其他。顾问类型：证券期货投资咨询机构、公募基金管理人、私募基金管理人、证券公司、银行、信托公司、保险公司、外资资产管理机构、其他。是否已在协会登记：（是、否）；登记编码、投资顾问/财务顾问名称、投资顾问组织机构代码、投资顾问/财务顾问费用（××%或描述）、投资顾问/财务顾问权利及义务（填写）。

7. 投资经理或投资决策人信息

序号、姓名、证件类型（中国居民身份证、外国护照、台湾居民来往大陆通行证、港澳地区居民来往内地通行证、中国护照、军官证）、证件号码、担任本产品投资经理的起始时间。

8. 投资者信息

【系统提示】投资者应当确保投资资金来源合法，不得汇集他人资金购买私募投资基金。投资者应当以书面方式承诺其具备相应出资能力，且为其自己购买私募投资基金，不存在代持。模板导入（投资者信息模板请在 AMBERS 系统下载）、手动添加投资者信息。

手动添加：投资者信息。投资者总数、自然人数量、机构数量、投资产品数量、认缴总额（万元）、基金总份额（万份）

投资者信息：投资者类型［下拉选择］、投资者名称、有效证件类型、有效证件号码、销售机构［下拉选择］、基金份额（万份）、联系方式

【投资者】

投资者分类介绍

	投资者类型
机构	境内法人机构（公司等）、境内非法人机构（一般合伙企业等）、财政直接出资、本基金管理人跟投、境外机构。
投资计划	私募基金产品、证券公司及其子公司资产管理计划、基金公司及其子公司资产管理计划、期货公司及其子公司资产管理计划、信托计划、商业银行理财产品、保险资产管理计划、慈善基金、捐赠基金等社会公益基金、养老基金、社会保障基金、企业年金、政府类引导基金、境外资金（CFII、RQFII 等）。
个人	自然人（非员工跟投）、自然人（员工跟投）。

一、机构证件类型

1－统一社会信用代码，2－组织机构代码证，3－营业执照号，4－注册号，5－其他（需手填类型）。

二、投资计划证件类型

（1）私募基金产品、证券公司及其子公司资产管理计划、基金公司及其子公司资产管理计划、期货公司及其子公司资产管理计划，填写中基协产品备案编码（S码）。

（2）信托计划、商业银行理财保险、保险资产管理计划、慈善基金、捐赠基金等社会公益基金、养老基金、社会保障基金、企业年金、政府类引导基金，填写管理机构的证件类型。

例如，信托计划作为投资者，投资者名称应填写信托计划名称，有效证件号码应填写信托公司的统一社会信用代码。

（3）境外资金（QFII、RQFII）有效证件类型应选择“其他”，并在弹出框或导入模板“其他证件类型”中填写“证券投资业务许可证”，“有效证件号码”请填写证券投资业务许可证号码。

三、个人的证件类型

1－身份证，2－护照，3－军官证，4－士兵证，5－港澳居民来往内地通行证，6－户口本，7－外国护照，8－文职证，9－警官证，10－台胞证，11－其他（需手填类型）。

四、补充说明

（1）境内法人机构（公司等），包括公司制法人、社团法人、事业法人、机关法人等。

（2）各类金融机构如果以自有资金出资，投资者类型也应选择境内法人机构（公司等）；但各类金融机构发行的投资计划作为投资者时，投资者类型应选择对应的产品类型（例如，私募基金产品、证券公司及其子公司资产管理计划等）。

例如：某信托公司发行信托计划作为私募基金投资者，投资者类型应选择“信托计划”；某信托公司以自有资金投资私募基金时，投资者类型应选择“境内法人机构（公司等）”。

（3）境内非法人机构（一般合伙企业等），指合伙企业等非法人机构。

（4）如果本基金管理人跟投，无论管理人是公司还是合伙企业，投资者类型均应选择“本基金管理人跟投”。

（5）如果私募基金产品出资，无论私募基金的组织形式是契约型、公司型还是合伙型，投资者类型都应选择“私募基金产品”。

（6）社会保障基金，可填写社保理事会等主管单位的组织机构代码证和证件号。

（7）企业年金，可填写年金设立企业的组织机构代码证和证件号，也可填写人力资源社会保障部门企业年金基金监管机构出具的企业年金计划确认函和登记号。

9. 相关上传附件

备案承诺函【注：备案承诺函落款处需加盖管理人公章，法定代表人/执行事务合伙人（委派代表）及风控合规负责人签章，多页需加盖骑缝章】、计划说明书/招募说明书/推介材料（盖章）【注：管理人应在私募投资基金招募说明书等募集推介材料中向投资者介绍管理人及管理团队基本情况、托管安排（如有）、基金费率、存续期、分级安排（如有）、主要投资领域、投资策略、投资方式、收益分配方案以及业绩报酬安排等要素。募集推介材料还应向投资者详细揭示私募投资基金主要意向投资项目（如有）的主营业务、估值测算、基金投资款用途以及拟退出方式等信息。募集推介材料的内容应当与基金合同、公司章程和合伙协议实质一致】、私募基金合同（盖章）【注：1. 根据《私募投资基金合同指引 1－3 号》及《私募投资基金备案须知（2019 版）》签署基金合同。word 版本的内容须与实际签署盖章版内容保持一致。2. 基金合同/合伙协议/公司章程应当明确约定，在管理人客观上丧失继续管理私募投资基金的能力时，基金财产安全保障、维持基金运营或清算的应急处置预案和纠纷解决机制。3. 基金合同/合伙协议/公司章程应当明确约定基金合同终止、解除及基金清算的安排。4. 合伙型及公司型基金如无托管，应在合伙协议/公司章程中约定其他保障财产安全的制度措施和纠纷解决机制，并向投资者披露基本账户信息。5. 如基金涉及关联交易，应当在私募基金合同/合伙协议

/公司章程中约定有效实施关联交易的风险控制机制。6. 如基金投向房地产领域，应在基金合同/合伙协议/公司章程中约定遵守《证券期货经营机构私募资产管理计划备案管理规范第 4 号—私募资产管理计划投资房地产开发企业、项目》相关规定】、私募基金合同（word 版本）【注：文档格式请上传 word2007 及以上版本，且基金合同（word）版本应上传清洁版本，请勿上传修订版、批注版等过程版本文件】、托管协议【注：托管协议应当按照《证券投资基金法》《私募投资基金监督管理暂行办法》等法律法规明确约定托管人的权利义务、职责。根据《私募投资基金备案须知（2019 版）》规定，托管协议应明确约定托管人的权利义务、职责，包括但不限于以下义务、职责：（1）在管理人发生异常且无法履行管理职责时，托管人应当按照法律法规及合同约定履行托管职责，维护投资者权益；（2）托管人在监督管理人的投资运作过程中，发现管理人的投资或清算指令违反法律法规和自律规则以及合同约定的，应当拒绝执行，并向中国证券监督管理委员会和协会报告。契约型基金相关托管内容应参照本条要求在基金合同中约定】、风险揭示书（可上传多个）【注：风险揭示书应加盖管理人和投资者的签章及签署日期。对于有需要投资者分别确认的内容，投资者应逐一签章】、产品结构图【注：上传风险揭示书中披露的产品架构图，内容需包含本基金投资者（向上穿透到顶）、管理人、GP（如有）、托管人（如有）与投资标的（向下穿透到底）及基金获取投资标的的交易对手方（如有）等要素，同时列明每一层的投资金额、投资方式（投资方式包括但不限于股权、债权与可转债投资）及投资比例等信息】、实缴出资证明与基金成立日证明【注：实缴出资证明：（1）本基金有托管的，需上传托管人开具的资金到账通知书。（2）本基金无托管的，需上传会计事务所开具的验资证明或投资者将投资款打入基金账户的银行回单等第三方出具的证明。其中，募集规模证明为银行回单的，收款账户名称应与基金名称一致，付款账户名称应与投资者信息一致，若不一致，请管理人出函说明原因。（3）基金备案通过前发生投资者基金份额转让的，就上传基金份额转让各方签署的份额转让协议。基金成立证明：（1）本基金组织形式为契约型的，基金成立日证明应为托管人开具的资金到账通知书。（2）本基金组织形式为合伙型或公司型的，基金成立日证明应以基金合同签署日期或投资者对本基金首轮实缴款到位时间为准。】、私募投资基金投资者风险问卷调查【注：风险问卷调查应有募集机构与投资者的完整签章与签署日期】、募集结算资金专用账户监督协议或相关证明文件【注：募集结算资金专用账户监督协议或相关证明文件的要求，请参照《私募投资基金募集行为管理办法》第十三条的相关内容。当募集机构和监督机构不是同一机构时，请上传募集结算资金专用账户监督协议；当募集机构和监督机构为同一机构时，请上传防火墙制度及防范利益冲突制度；当募集机构与不同监督机构签订监督协议时，请合并成一份文件上传。如募集机构未与募集监督机构单独签署募集结算资金专用账户监督协议，请上传约定募集结算资金专用账户监督条款的其他协议（例如服务协议）。】、其他相关协议【注：1. 上市公司并购重组（含纾困）基金、抗疫基金、扶贫基金等符合特殊政策基金的业务支持文件：（1）包括但不限于本基金的《政府决议文件》《政府会议纪要》《立项报告》《投资框架协议》《投资意向书》和《尽调报告》等相关文件。（2）请打包上传符合特殊政策基金的业务支持文件，并统一命名为“上市公司并购重组类（或抗击疫情医药卫生类、扶贫类）私募基金相关情况说明”。2. 投资者资金来源承诺及出资能力证明：（1）出资能力证明应为投资者的金融资产或未来收入证明等文件，且满足金融资产的预计变现价值与预计未来收入的总和可覆盖投资者对基金的累计实缴出资。（2）自然人投资者的出资能力证明文件包括但不限于银行存款、股票、债券、基金份额、资产管理计划、银行理财产品、信托计划、保险产品、期货权益等金融资产、投资类不动产/特殊动产、公司股权等非金融资产和一定时期内的薪资收入流水、分红流水、投资收益流水及其完税证明等文件。（3）机构投资者的出资能力证明文件包括但不限于验资报告、最近年度审计报告等文件。3. 类 REITS 基金应上传交易所出具的无异议函。4. 如有特殊核查需要，请上传管理人在管基金展业情况说明：包括但不限于管理人在管基金的底层标的的主营业务、投资方式、投资金额、投后估值、工商确权情况、预计退出方式及涉及关联交易等信息的详细情况】、管理人（投顾）需要说明问题的文件（可上传多个）【注：管理人需要说明问题的文件应加盖相关机构签章】。

【系统提示】各上传附件的名称应当与附件内容标题一致，上传附件的命名规则为“基金全称_附件名称”。例如：“日晟 1 号私募投资基金_风险揭示书”“金盛 5 号私募投资基金_基金合同”等。

【系统提示】特别提示：根据《私募投资基金备案须知（2019 版）》规定，私募权投资基金（含创业投资基金）和私募资产配置基金应当封闭运作，备案完成后不得开放认/申购（认缴）和赎回（退出），基金封闭运作期间的分红、退出投资项目、减资、对违约投资者除名或替换以及基金份额转让不在此列。已备案通过的私募股权投资基金或私募资产配置基金，若同时满足以下条件，可以新增投资者或增加既存投资者的认缴出资，但增加的认缴出资额不得超过备案时认缴出资额的 3 倍：1. 基金的组织形式为公司型或合伙型；2. 基金由依法设立并取得基金托管资格的托管人托管；3. 基金处在合同约定的投资期内；4. 基金进行组合投资，投资于单一标的的资金不超过基金最终认缴出资总额的 50%；5. 经全体投资者一致或经全体投资者认可的决策机构决策通过。请管理人根据《私募投资基金备案须知

(2019版)》规定及在管基金适用条件，对2020年4月1日后（含本日）成立的采用合伙或公司形式设立的股权、创业、资产配置基金进行合规扩募，若基金涉及违规扩募情形，后续将影响管理人正常展业，请知悉。

(1)【私募投资基金备案承诺函】模板

私募投资基金备案承诺函

本机构了解并遵守《证券投资基金法》《私募投资基金监督管理暂行办法》《私募投资基金管理人登记和基金备案办法（试行)》《私募投资基金备案须知》《关于进一步规范私募基金管理人登记若干事项的公告》《私募投资基金合同指引》《私募投资基金募集行为管理办法》《私募投资基金信息披露管理办法》《证券期货经营机构私募资产管理计划备案管理规范1－4号》《私募投资基金命名指引》《私募基金登记备案相关问题解答》等私募基金行业法律法规和中国证券投资基金业协会自律规则。

本机构承诺按照恪尽职守、诚实信用、谨慎勤勉的原则管理运用基金财产，不以私募基金名义从事利益输送、非法集资等损害投资人利益的行为。

本机构承诺所设立的“本基金全称（基金编码)”符合上述法律法规和自律规则的规定。本机构承诺“本基金全称（基金编码)”已完成募集，已知晓以私募基金名义从事非法集资活动所应承担的刑事、行政和自律后果，并保证所提供的备案信息和文件真实、准确、完整，并将依规向中国证券投资基金业协会报送后续重大事项变更和定期更新信息。

机构签章

法定代表人/执行事务合伙人（委派代表）签字/章

合规风控负责人签字/章

××年××月××日

二、私募投资基金重大变更的合规管理（以合伙型基金为例）

2014年1月17日，中基协发布的《私募投资基金管理人登记和基金备案办法（试行)》第二十三条规定，私募基金运行期间，发生以下重大事项的，私募基金管理人应当在5个工作日内向基金业协会报告：（一）基金合同发生重大变化；（二）投资者数量超过法律法规规定；（三）基金发生清盘或清算；（四）私募基金管理人、基金托管人发生变更；（五）对基金持续运行、投资者利益、资产净值产生重大影响的其他事件。因此在私募投资基金发生重大变更事项时，私募投资基金管理人应及时履行私募投资基金重大变更的报告义务。

【系统提示】填报错误修正：指修正产品备案时的填报差错的信息变更及报送功能。请管理人仔细检查填报错误修正更改内容，每只基金的“填报错误修正”功能只能开放两次。基金业务变更：指基金运作过程中发生基金合同（或合伙协议、公司章程）变更、管理人变更、托管人变更、投资顾问及外包服务机构变更等事项的信息变更及报送功能。基金业务变更操作相对复杂，为避免变更时信息填报错误，请在操作过程中参考左侧《基金业务变更操作说明》和其他系统提示。抽查任务变更：指修正分道制产品备案时的字段填报错误及补充、修改附件的信息变更及报送功能。同时，若分道制产品备案通过后至提交该产品抽查任务变更期间发生相关业务变更事项，也可通过该功能一并报送变更事项。管理人应根据产品备案－抽查产品列表页面中查看的分道制产品的抽查反馈意见，通过点击抽查产品列表页面中“发起变更”按钮或本页面中“抽查任务变更”按钮的方式，发起对分道制产品备案时的错填信息及上传附件的纠正、补充及修改等变更事项。同时，未完成分道制产品抽查流程前，无法发起该产品的填报错误修正及基金业务变更。

【系统提示】指以上变更发生的时间，例如：通过签署补充协议的方式变更的应填写补充协议生效日期；通过基金份额持有人大会决议、合伙人会议决议或股东（大）会决议的方式变更的填写决议生效日期。

鉴于“填报错误修正”界面信息与“基金业务变更”页面信息基本一致，“填报错误修正”在此不再详细介绍，具体内容请参考“基金业务变更”的相关内容。根据 AMBERS 系统“私募投资基金重大变更”界面，私募投资基金重大变更分为管理人信息、基本信息、结构化和杠杆信息、募集信息、合同信息、托管及外包服务机构信息、投资经理或投资决策人信息、投资者信息、相关上传附件九项事项，下面就上述九项事项的具体内容进行展开。鉴于公司型私募投资基金、合伙型私募投资基金、契约型私募投资基金的机构有所不同，因此变更内容也有所差异，在此仅以合伙型私募投资基金为例，详述私募基金重大变更的内容。

1. 管理人信息

管理人变更信息界面相对简单，按照操作步骤及系统提示进行操作即可。需要注意的是，涉及管理人变更的，需变更前后的私募基金管理人共同签署承诺函。【系统提示】基金管理人发生变更的，请点击“相关上传附件”页签下方的“变更”按钮，将更新条款后新签署的基金合同（或合伙协议、公司章程）添加至

“基金合同/合伙协议/公司章程”处（无需删除原基金合同）。没有新签署基金合同（或合伙协议、公司章程）的不必重新上传。通过与新管理人签署委托管理协议的，请将新签署的委托管理协议添加至“委托管理协议”处（无需删除原委托管理协议）。请将涉及管理人变更的决议文件上传至“变更管理人相关决议”处。发起基金业务变更申请的管理人应通知变更后的管理人（既包括新增的新管理人，也包括删除的原管理人），登录系统，通过“产品备案”项下的“管理人变更接受”功能确认变更信息。请变更后管理人关注全部投资者（包含变更前管理人）是否满足合格投资者标准。协会将在变更后的管理人全部确认后开始受理本次变更申请。

2. 基本信息

产品名称（全称）【注：产品名称要和基金合同一致，请慎重填写】、产品简称（注：产品名称要和基金合同一致，请慎重填写）、产品编码（系统自动生成）、基金类型（私募股权投资基金、私募股权投资类 FOF 基金、创业投资基金、创业投资类 FOF 基金）、业务模式（既募集又投资、只投资、只募集。既募集又投资，指私募基金管理人既负责基金产品的募集，又负责基金的投资运作，募集方式可以是管理人直销，也可以是管理人直销加第三方代销；只投资，指私募基金管理人只负责基金的投资运作，完全由代销机构负责基金产品募集；只募集，指私募基金管理人只负责基金募集，并聘请其他“投资顾问”来进行基金的投资运作）、产品类型（并购基金、房地产基金、基础设施基金、上市公司定增基金、其他类基金）、工商登记成立日期、工商登记到期日（永续）、基金成立日期【注：指私募基金成立日期，本基金组织形式为契约型的，基金成立日应填写托管人开具的资金到账通知书中的资金到账日期；组织形式为合伙型或公司型的，本字段应填写基金合同签署日期或投资者对本基金首轮实缴款到位时间】、基金到期日（永续）【注：指私募基金的到期日，指与投资者约定的基金终止运作的日期。基金合同、合伙协议或公司章程中设置了延长期的基金，只填写常规到期日，不包含延长期】、组织形式（如果修改组织形式，请选择填报错误修正）、普通合伙人/执行事务合伙人【普通合伙人/执行事务合伙人（名称）、普通合伙人/执行事务合伙人（组织机构代码/证件号码）】、币种、是否涉及跨境投资、基金注册地是否境内（境内、境外）、基金注册地（具体地址）、本基金审计安排（具体填写）【注：请填写本基金的审计安排，包括设定审计的频度（每年审计、半年审计等），是否有指定会计师事务所，如何向投资者披审计报告等内容】、是否存在保本情形【注：《私募投资基金监督管理暂行办法》及《私募投资基金备案须知（2019 版）》规定，私募基金管理人、实际控制人、股东、关联方以及募集机构不得向投资者承诺投资本金不受损失或者承诺最低收益】、是否存在保收益情形【注：根据《私募投资基金募集行为管理办法》规定，私募基金不得宣传“预期收益”“预计收益”“项测投资业绩”等相关内容，请进一步确认基金合同中是否有上述保收益字样】、是否投资单一标的【注：基金拟直接投资单一底层标的企业或通过私募基金、资管计划、SPV 等方式穿适后投向单一标的企业的，本字段应勾选“是”，并填写单一底层标的企业的名称及统一社会信用代码】、是否涉及关联交易【注：关联交易是指私募投资基金与管理人、投资者、管理人管理的私募投资基金、同一实际控制人下的其他管理人管理的私募投资基金或者与上述主体有其他重大利害关系的关联方发生的交易行为】、是否投资 PPP 项目【注：本基金拟投 PPP 项目应为政府和社会资本合作（PPP）综合信息平台项目库或发改委的 PPP 项目库的入库项目，请上传拟投 PPP 项目的入库截图】、是否通过 SPV 进行投资【注：私募投资基金通过公司、合伙企业等特殊目的载体间接投资底层资产的，应当由依法设立并取得基金托管资格的托管人托管。托管人应当持续监督私募投资基金与特殊目的载体的资金流，事前掌握资金划转路径，事后获取并保管资金划转及投资凭证。管理人应当及时将投资凭证交付托管人】、主要投资方向（具体填写）、管理人（投顾）认为需要说明的其他问题、是否政府引导基金、备案主要联系人（姓名、座机、手机、邮箱）、备案备用联系人（姓名、座机、手机、邮箱）。【系统提示：本基金产品名称、到期日等信息发生变更的，请点击“相关上传附件”页签下方的“变更”按钮，将更新条款后新签署的基金合同（或合伙协议、公司章程）添加至“基金合同/合伙协议/公司章程”处（无需删除原基金合同）。没有新签署基金合同（或合伙协议、公司章程）的不必重新上传。合伙型基金普通合伙人发生变更后与管理人新签署委托管理协议的，请将新签署的委托管理协议添加至“委托管理协议”处（无需删除原委托管理协议）。合伙型、公司型基金营业执照变更的，应上传新基金营业执照/主体资格证明文件（无需删除原基金营业执照/主体资格证明文件）。请将涉及相关事项变更的变更决议（例如合伙人会议决议、持有人大会决议或投资者共同签署的补充协议等）上传至“变更决议文件”处。】

3. 结构化信息 & 杠杆信息

是否为结构化产品（是、否）

是：杠杆比例【注：计算方法（杠杆倍数 = 优先级份额/劣后级份额）】

【结构化信息填报说明：参见其他章节】

【系统提示】结构化信息 & 杠杆信息发生变更的，请点击“相关上传附件”页签下方的“变更”按钮，将更新条款后新签署的基金合同（或合伙协议、公司章程）添加至“基金合同/合伙协议/公司章程”处（无需删除原基金合同）。没有新签署基金合同（或合伙协议、公司章程）的不必重新上传。请将涉及结构化信息 & 杠杆信息变更的决议上传至“变更决议文件”处。

【系统提示】本部分所称结构化私募基金产品，是指存在一级份额以上的份额为其他级份额提供一定的风险补偿或收益分配保障，收益分配不按份额比例计算，由基金合同（或公司章程、合伙协议等）另行约定的私募基金。

4. 募集信息

募集机构：募集方式【自行募集、委托募集（委托募集机构名称可多选）】、募集结算资金专用账户：账户名称、账号【有关监督机构的要求，参照《私募投资基金募集行为管理办法》第十三条的相关内容。早于 2016 年 7 月 15 日成立的老基金，若无监督机构，可选择“不适用”选项】、开户银行名称、监管机构名称、监管机构类型（中国证券登记结算有限责任公司、取得基金销售业务资格的商业银行、证券公司及中基协规定的其他机构）、募集行为程序确认：推介产品前是否履行特定对象确定程序、是否按基金的投资标的、相关风险等因素，实施投资者适当性原则匹配、是否有风险揭示环节、是否有投资冷静期、是否设置回访确认程序、是否提示投资者后续的回访确认、向投资者揭示如下基金风险：是否依照《私募投资基金风险揭示书内容与格式指引》向投资者提示相关风险，并经投资者签字确认、相关风险提示是否获得投资者如下承诺：投资者愿意承担由基金风险引致的全部后果、投资者知晓基金管理人、基金销售机构、基金托管人及相关机构不应当对基金财产的收益状况作出任何承诺或担保、投资者已符合《私募投资基金监督管理暂行办法》有关合格投资者的要求并已按照募集机构的要求提供相关证明文件、投资者知晓投资冷静期的制度安排以及在此期间的权利、投资者知晓回访确认的制度安排以及在此期间的权利、投资者已认真阅读并完全理解基金合同中关于“争议的处理”的所有内容、投资者已知晓本私募基金产品不得非法拆分转让。

【系统提示 1】自行募集，指管理人直销；委托募集，指管理人委托其他机构代销。如果选择委托募集，根据《私募投资基金募集行为管理办法》规定，私募基金代销机构必须为“在中国证监会注册取得基金销售业务资格并已成为中基协会员的机构”。

【系统提示 2】更换或新增委托募集机构的，请点击“相关上传附件”页签下方的“变更”按钮，将新签订的基金销售协议添加至“基金销售协议”处（无需删除原基金销售协议）。由于与原委托募集机构解约等原因导致基金转为自行募集的，不必上传基金销售协议。请将涉及委托募集机构变更的决议上传至“变更决议文件”处。募集结算资金专用账户发生变更的，请点击“相关上传附件”页签下方的“变更”按钮，将更新条款后的新签署基金合同（或合伙协议、公司章程）添加至“基金合同/合伙协议/公司章程”处（无需删除原基金合同）。

没有新签署基金合同（或合伙协议、公司章程）的不必重新上传。募集结算资金专用账户监督协议或相关证明文件发生变更的，请将新签署的募集结算资金专用账户监督协议或相关证明文件添加至“募集结算资金专用账户监督协议或相关证明文件”处（无需删除原募集结算资金专用账户监督协议或相关证明文件）。请将涉及募集结算资金专用账户变更的决议上传至“变更决议文件”处。更换或新增监督机构的，请点击“相关上传附件”页签下方的“变更”按钮，将新签订的募集结算资金专用账户监督协议或相关证明文件添加至“募集结算资金专用账户监督协议或相关证明文件”（无需删除原募集结算资金专用账户监督协议或相关证明文件）。请将涉及监督机构变更的决议上传至“变更决议文件”处。

5. 合同信息

合同目录

声明与承诺：是否按《私募投资基金合同指引 3 号（合伙协议必备条款指引）》要求规定声明与承诺的内容

基本情况：是否按《私募投资基金合同指引 1 号（契约型私募基金合同内容与格式指引）》要求定明基金基本情况；是否按《私募投资基金合同指引 3 号（合伙协议必备条款指引）》要求规定基本情况的内容

合伙人及其出资：【是否按《私募投资基金合同指引 3 号（合伙协议必备条款指引）》要求规定合伙人及其出资的内容】

合伙人的权利义务：是否按《私募投资基金合同指引 3 号（合伙协议必备条款指引）》要求规定合伙人的权利义务的内容

执行事务合伙人：是否按《私募投资基金合同指引 3 号（合伙协议必备条款指引）》要求规定执行事务合伙人的内容

有限合伙人：是否按《私募投资基金合同指引 3 号（合伙协议必备条款指引）》要求规定有限合伙人的内容

合伙人会议：是否按《私募投资基金合同指引 3 号（合伙协议必备条款指引）》要求规定合伙人会议的内容

管理方式：是否按《私募投资基金合同指引 3 号（合伙协议必备条款指引）》要求规定管理方式的内容

托管事项：是否按《私募投资基金合同指引 3 号（合伙协议必备条款指引）》

要求规定托管事项的内容

入伙、退伙、合伙权益转让和身份转变：是否按《私募投资基金合同指引 3 号（合伙协议必备条款指引）》要求规定入伙、退伙、合伙权益转让和身份转变的内容

投资事项：是否按《私募投资基金合同指引 3 号（合伙协议必备条款指引）》要求规定投资事项的内容

存续期限（××个月、永续、其他）【系统提示：本基金存续期间包括基金投资期及退出期】

投资范围（证券类、非证券类、FOF 类）【证券类：股票、交易所债券、银行间债券、公募基金份额、股票质押回购、债券正回购、债券逆回购、LOF 申赎、金融期货、商品期货、融资融券、期权、港股通、柜台市场品种、黄金 T + D、现金管理类理财产品、其他；非证券类：未上市/挂牌公司股权、新三板挂牌公司股权、上市公司定增、信贷资产、信托贷款、委托贷款、承兑汇票、信用证、应收账款、各类受（收）益权、带回购条款的股权性融资、红酒、艺术品、其他；FOF 类：合伙企业 LP 份额、私募基金、信托计划、证券公司及其子公司的资产管理计划、保险公司其子公司的资产管理计划、期货公司及其子公司的资产管理计划、基金公司及其子公司的资产管理计划、QDII、QDLP、QDIE、其他】

利润分配及亏损分担：是否按《私募投资基金合同指引 3 号（合伙协议必备条款指引）》要求规定利润分配及亏损分担的内容

税务承担：是否按《私募投资基金合同指引 3 号（合伙协议必备条款指引）》要求规定税务承担的内容

费用和支出：是否按《私募投资基金合同指引 3 号（合伙协议必备条款指引）》要求规定费用和支出的内容

管理费：无管理费、固定比例管理费××%（是否有保底管理费）、固定金额管理费（万元）、差异化管理费××%、其他

托管费/保管费：无托管费/保管费、固定比例托管费/保管费××%（是否有保底管理费）、固定金额托管费/保管费（万元）、其他

运营服务费/外包服务费：无运营服务费/外包服务费、固定比例运营服务费/外包服务费××%、固定金额运营服务费/外包服务费（万元）、其他

销售服务费：无销售服务费、固定比例销售服务费××%、固定金额销售服务费（万元）、其他

其他费用

业绩报酬：不提取业绩报酬、提取业绩报酬（需写明具体提取方法）

财务会计制度：是否按《私募投资基金合同指引 3 号（合伙协议必备条款指引）》要求规定财务会计制度的内容

信息披露与报告：是否按《私募投资基金内容与格式指引》要求订明信息披露和报告的相关事项

终止、解散与清算：是否按《私募投资基金合同指引 3 号（合伙协议必备条款指引）》要求规定终止、解散与清算的内容

合伙协议的修订：是否按《私募投资基金合同指引 3 号（合伙协议必备条款指引）》要求规定合伙协议修订的内容

争议解决：是否按《私募投资基金合同指引 3 号（合伙协议必备条款指引）》要求规定争议解决的内容

一致性：是否按《私募投资基金合同指引 3 号（合伙协议必备条款指引）》要求规定一致性的内容

份额信息备份：是否按《私募投资基金合同指引 3 号（合伙协议必备条款指引）》要求规定份额信息备份的内容

报送披露信息：是否按《私募投资基金合同指引 3 号（合伙协议必备条款指引）》要求规定报送披露信息的内容

其他：内容（填写）

6. 托管及外包服务机构信息

托管相关信息：是否托管（是、否）、托管人名称（全称）、基金财产托管账户、账户名称、账号、开户银行名称、托管人主要联系人、姓名、座机、手机、邮箱、外包机构信息：是否有外包机构（是、否）、顾问信息：是否有投资顾问（是、否）【系统提示】契约型基金托管人发生变更的，请点击“相关上传附件”页签下方的“变更”按钮，将更新条款后新签署的基金合同（或合伙协议、公司章程）添加至“基金合同/合伙协议/公司章程”处（无需删除原基金合同）。没有新签署基金合同（或合伙协议、公司章程）的不必重新上传。非契约型基金更换或新增托管人的，请点击“相关上传附件”页签下方的“变更”按钮，将新签署的托管协议添加至“托管协议”处（无需删除原托管协议）。（如果涉及合伙协议/公司章程的变更，请将更新条款后新签署的合伙协议/公司章程添加至“基金合同/合伙协议/公司章程”处）由于与原托管人解约等原因基金转为无托管基金的，请点击“相关上传附件”页签下方的“变更”按钮，上传“其他保障财产安全的制度措施和纠纷解决机制协议”。请将涉及托管人变更的决议上传至“变更决议文件”处。更换或新增外包服务机构的，请点击“相关上传附件”页签下方的“变更”

按钮，将新签署的外包服务协议添加至“外包服务协议”处（无需删除原外包服务协议）。由于与原外包服务机构解约等原因导致基金后续运行无外包服务机构的，不必上传外包服务协议。请将涉及外包服务机构变更的决议上传至“变更决议文件”处。更换或新增投资顾问的，请点击“相关上传附件”页签下方的“变更”按钮，将新签署的投资顾问协议添加至“投资顾问协议”处（无需删除原投资顾问协议）。由于与原投资顾问解约等原因导致基金后续无投资顾问的，不必上传投资顾问协议。请将涉及投资顾问变更的决议上传至“变更决议文件”处。

7. 投资经理或投资决策人信息

序号、姓名、证件类型、证件号码、担任本产品投资经理的起始时间。

【系统提示】投资经理或投资决策人信息发生变更的，请点击“相关上传附件”页签下方的“变更”按钮，将涉及投资经理或投资决策人信息变更的决议上传至“投资经理或投资决策人变更决议”处。本次产品重大变更涉及原投资经理或投资决策人离任的，请在点击“添加投资经理离任日期”按钮填写原投资经理或投资决策人的离任时间后，再点击“新增”按钮添加新投资经理或投资决策人的相关信息。

8. 相关上传附件

备案承诺函【注：备案承诺函落款处需加盖管理人公章，法定代表人/执行事务合伙人（委派代表）及风控合规负责人签章，多页需加盖骑缝章】、计划说明书/招募说明书/推介材料（盖章）【注：管理人应在私募投资基金招募说明书等募集推介材料中向投资者介绍管理人及管理团队基本情况、托管安排（如有）、基金费率、存续期、分级安排（如有）、主要投资领域、投资策略、投资方式、收益分配方案以及业绩报酬安排等要素。募集推介材料还应向投资者详细揭示私募投资基金主要意向投资项目（如有）的主营业务、估值测算、基金投资款用途以及拟退出方式等信息。募集推介材料的内容应当与基金合同、公司章程和合伙协议实质一致】、合伙协议【注：1. 根据《私募投资基金合同指引 1－3 号》及《私募投资基金备案须知（2019 版）》签署基金合同。word 版本的内容须与实际签署盖章版内容保持一致。2. 基金合同/合伙协议/公司章程应当明确约定，在管理人客观上丧失继续管理私募投资基金的能力时，基金财产安全保障、维持基金运营或清算的应急处置预案和纠纷解决机制。3. 基金合同/合伙协议/公司章程应当明确约定基金合同终止、解除及基金清算的安排。4. 合伙型及公司型基金如无托管，应在合伙协议/公司章程中约定其他保障财产安全的制度措施和纠纷解决机制，并向投资者披露基本账户信息。5. 如基金涉及关联交易，应当在私募基金合同/合伙协议/公司章程中约定有效实施关联交易的风险控制机制。6. 如基金投向房地产领域，应在基金合同/合伙协议/公司章程中约定遵守《证券期货经营机构私募资产管理计划务备案管理规范第4号——私募资产管理计划投资房地产开发企业、项目》相关规定】、合伙协议（word版本）【注：文档格式请上传word2007及以上版本，且基金合同（word）版本应上传清洁版本，请勿上传修订版、批注版等过程版本文件】、托管协议【注：托管协议应当按照《证券投资基金法》《私募投资基金监督管理暂行办法》等法律法规明确约定托管人的权利义务、职责。根据《私募投资基金备案须知（2019版）》规定，托管协议应明确约定托管人的权利义务、职责，包括但不限于以下义务、职责：（1）在管理人发生异常且无法履行管理职责时，托管人应当按照法律法规及合同约定履行托管职责，维护投资者权益；（2）托管人在监督管理人的投资运作过程中，发现管理人的投资或清算指令违反法律法规和自律规则以及合同约定的，应当拒绝执行，并向中国证券监督管理委员会和协会报告。契约型基金相关托管内容应参照本条要求在基金合同中约定】、投资者明细（盖章）【注：请将上一步投资者信息中相关内容打印并加盖管理人公章确认后，扫描上传】、产品结构图【注：上传风险揭示书中披露的产品架构图，内容需包含本基金投资者（向上穿透到顶）、管理人、GP（如有）、托管人（如有）与投资标的（向下穿透到底）及基金获取投资标的的交易对手方（如有）等要素，同时列明每一层的投资金额、投资方式（投资方式包括但不限于股权、债权与可转债投资）及投资比例等信息】、实缴出资证明与基金成立日证明【注：实缴出资证明：（1）本基金有托管的，需上传托管人开具的资金到账通知书。（2）本基金无托管的，需上传会计事务所开具的验资证明或投资者将投资款打入基金账户的银行回单等第三方出具的证明。其中，募集规模证明为银行回单的，收款账户名称应与基金名称一致，付款账户名称应与投资者信息一致，若不一致，请管理人出函说明原因。（3）基金备案通过前发生投资者基金份额转让的，就上传基金份额转让各方签署的份额转让协议。基金成立证明：（1）本基金组织形式为契约型的，基金成立日证明应为托管人开具的资金到账通知书。（2）本基金组织形式为合伙型或公司型的，基金成立日证明应以基金合同签署日期或投资者对本基金首轮实缴款到位时间为准】、私募投资基金投资者风险问卷调查【注：风险问卷调查应有募集机构与投资者的完整签章与签署日期】、基金的工商公示信息截图【注：（1）合伙型或公司型基金设立或发生登记事项变更的，应当按照《合伙企业法》或《公司法》规定的程序和期限要求，向工商登记机关申请办理登记或变更登记。（2）截至本基金备案申请最新提交日期，合伙型或公司型基金发生登记事项变更的，若已完成工商变更，应上传变更后的工商公示信息截图；若未完成工商变更，除上传工商公示信息截图外，还应上传包含变更信息的工商变更受理函。如确无工商变更受理函，应提交工商变更承诺函。(3) 工商公示信息截图需包括企业名称、统一社会信用代码、执行事务合伙人或法定代表人、合伙期限或营业期限、主要经营场所或住所、经营范围及全体合伙人或股东信息等相关信息，其中合伙人或股东信息应与合伙协议或公司章程信息保持一致】、募集结算资金专用账户监督协议或相关证明文件【注：募集结算资金专用账户监督协议或相关证明文件的要求，请参照《私募投资基金募集行为管理办法》第十三条的相关内容。当募集机构和监督机构不是同一机构时，请上传募集结算资金专用账户监督协议；当募集机构和监督机构为同一机构时，请上传防火墙制度及防范利益冲突制度；当募集机构与不同监督机构签订监督协议时，请合并成一份文件上传。如募集机构未与募集监督机构单独签署募集结算资金专用账户监督协议，请上传约定募集结算资金专用账户监督条款的其他协议（例如服务协议)】、其他相关协议【注：1. 上市公司并购重组（含纾困）基金、抗疫基金、扶贫基金等符合特殊政策基金的业务支持文件：(1) 包括但不限于本基金的《政府决议文件》《政府会议纪要》《立项报告》《投资框架协议》《投资意向书》和《尽调报告》等相关文件。(2) 请打包上传符合特殊政策基金的业务支持文件，并统一命名为"上市公司并购重组类（或抗击疫情医药卫生类、扶贫类）私募基金相关情况说明"。2. 投资者资金来源承诺及出资能力证明：(1) 出资能力证明应为投资者的金融资产或未来收入证明等文件，且满足金融资产的预计变现价值与预计未来收入的总和可覆盖投资者对基金的累计实缴出资。(2) 自然人投资者的出资能力证明文件包括但不限于银行存款、股票、债券、基金份额、资产管理计划、银行理财产品、信托计划、保险产品、期货权益等金融资产、投资类不动产/特殊动产、公司股权等非金融资产和一定时期内的薪资收入流水、分红流水、投资收益流水及其完税证明等文件。(3) 机构投资者的出资能力证明文件包括但不限于验资报告、最近年度审计报告等文件。3. 类 REITS 基金应上传交易所出具的无异议函。4. 如有特殊核查需要，请上传管理人在管基金展业情况说明：包括但不限于管理人在管基金的底层标的的主营业务、投资方式、投资金额、投后估值、工商确权情况、预计退出方式及涉及关联交易等信息的详细情况】、管理人（投顾）需要说明问题的文件（可上传多个）【注：管理人需要说明问题的文件应加盖相关机构签章】、变更决议文件【注：包括持有人大会决议、股东（大）会决议、合伙人会议决议等关于本基金重大变更情况的决议文件。由管理人、普通合伙人等单独决定变更的事项，应上传相关变更公告、投资顾问委员会决议等文件。基金合同内容本身没有发生变更，但因为之前补录产品信息有缺失，系统要求完善合同信息之后才能提交申请的，变更决议文件上传有关说明即可】、信息变更承诺函【注：系统提供示范文本】。

【系统提示】特别提示：根据《私募投资基金备案须知（2019版）》规定，私募权投资基金（含创业投资基金）和私募资产配置基金应当封闭运作，备案完成后不得开放认/申购（认缴）和赎回（退出），基会封闭运作期间的分红、退出投资项目、减资、对违约投资者除名或替换以及基金份额转让不在此列。已备案通过的私募股权投资基金或私募资产配置基金，若同时满足以下条件，可以新增投资者或增加既存投资者的认缴出资，但增加的认缴出资额不得超过备案时认缴出资额的3倍：1. 基金的组织形式为公司型或合伙型；2. 基金由依法设立并取得基金托管资格的托管人托管；3. 基金处在合同约定的投资期内；4. 基金进行组合投资，投资于单一标的的资金不超过基金最终认缴出资总额的50%；5. 经全体投资者一致或经全体投资者认可的决策机构决策通过。请管理人根据《私募投资基金备案须知（2019版）》规定及在管基金适用条件，对2020年4月1日后（含本日）成立的采用合伙或公司形式设立的股权、创业、资产配置基金进行合规扩募，若基金涉及违规扩募情形，后续将影响管理人正常展业，请知悉。

（2）【私募投资基金重大变更承诺函】模板

承诺函

本机构郑重承诺，“本产品全称”（本基金产品编码）的重大事项变更，符合《中华人民共和国证券投资基金法》《私募基金监督管理暂行办法》《私募投资基金管理人登记和基金备案办法（试行）》等法律法规和协会自律规则，保证业务操作合规并真实、准确、完整提交业务变更数据和材料。

本机构承诺，持续合规运作，勤勉尽责，按照《私募投资基金信息披露管理办法》等相关要求，及时向本基金的投资者披露有关基金重大事项变更事宜，切实保障投资者合法权益。

本基金若涉及基金管理人变更，相关变更已获投资者同意。若变更后的管理人此前未备案私募基金产品，该管理人承诺按照《关于进一步规范私募基金管理人登记若干事项的公告》要求，在登记完成后6个月内完成首只私募基金产品备案。

机构签章

××年××月××日

（注：涉及管理人变更的，需变更前后的私募基金管理人共同签署本承诺书。）

三、私募投资基金信息季度更新合规管理（以合伙型基金为例）

2014年1月17日，中基协发布的《私募投资基金管理人登记和基金备案办法（试行）》第十九条规定，私募基金管理人应当在每月结束之日起5个工作日内，更新所管理的私募证券投资基金相关信息，包括基金规模、单位净值、投资者数量等。第二十条规定，私募基金管理人应当在每季度结束之日起10个工作日内，更新所管理的私募股权投资基金等非证券类私募基金的相关信息，包括认缴规模、实缴规模、投资者数量、主要投资方向等。因此，私募股权投资基金管理人应按照上述规定及时进行基金季度信息更新。

【系统提示：针对合伙型及公司型基金，请核实本基金投资者信息和全国企业信用信息公示系统（http://www.gsxt.gov.cn/index.html）中的登记信息是否一致。如不一致，请进行工商变更之后再提交季度更新，但截至本季度末已提交工商变更申请的但尚未办结的，请按最新签署的合伙协议或公司章程中的投资者信息填报季度更新。如合伙人或股东变更，请将最新的合伙协议或公司章程通过重大变更（基金业务变更）上传。】

私募基金投资者信息更新，系统支持通过模板导入投资者信息（投资者信息导入模板）或者手动填写投资者信息。私募基金运行信息更新，管理人可以选择在线填报或者系统导入（私募产品运行表）。鉴于私募产品运行表内容较多，请在AMBERS系统自行下载。

投资者信息导入模板

模板事项

表1：投资者信息模板填写注意事项

投资者信息导入模板字段列表	解释说明	是否必填
投资者类型	“投资者类型”建议从模板下拉列表中选择，复制粘贴已选择的单元格，不建议手动填写，以免因填写笔误或格式问题导致模板数据无法成功导入。 “投资类型”详细介绍见表2。	必填
投资者名称	投资者名称请手动填写，投资者名称应填写全称。	必填
有效证件类型	“有效证件类型”介绍详见表2。	必填
其他证件类型	“有效证件类型”选择“其他”时，在此填写“其他”所指代的证件类型。	满足条件必填

续表

投资者信息导入模板字段列表	解释说明	是否必填
有效证件号码	“有效证件号码”填写证件类型对应的证件号。 例如当证件类型为“身份证”时，本项填写对应投资者的身份证号。	必填
合伙人类型	当基金组织形式为“合伙型”时填写本项，“合伙人类型”包括“普通合伙人”和“有限合伙人”两项。	满足条件必填
认缴金额（万元）	当基金组织形式为“公司型”“合伙型”和“其他”时填写本项。	满足条件必填
份额名称	“份额名称”指“结构化信息 & 杠杆信息”页签中填写的份额名称。例如：优先级份额、劣后级份额，A 类份额、B 类份额等。“结构化信息 & 杠杆信息”页签中“是否为结构化产品”选择“是”的基金才填写本项。	满足条件必填
实缴金额（万元）/基金份额（万份）	实缴出资金额（万元）/基金的总份额（万份）。 合伙型基金和公司型基金在产品设立备案、补录信息和基金季度更新时都按金额（单位：万元）填写本项。 契约型基金在产品设立备案、补录信息和基金季度更新时按份额（单位：万份）填写本项。	必填
销售机构	指本基金募集机构。 模板中填写的募集机构应当与“募集信息”页签中勾选的募集机构一致。 基金管理人自行募集的基金，销售机构填写本基金管理人名称；委托募集的，填写代售机构名称。 有关私募基金销售机构的规定请参考《私募投资基金募集行为管理办法》。 销售机构名录见 http：//www. csrc. gov. cn/pub/zjhpublic/G00306205/201509/t20150924_ 284305. htm。	必填
联系方式	指投资者的联系方式，包括手机和座机。资管计划和机构投资者可指定联系人。本项可选填。	选填

表 2：投资者信息类型与证件类型介绍		
投资者分类	**备注**	
自然人（非员工跟投）	无特殊情况，证件类型必须选择“身份证”。	
自然人（员工跟投）	无特殊情况，证件类型必须选择“身份证”。	

续表

<table>
<tr><th>投资者分类</th><th>备注</th><th></th></tr>
<tr><td>境内法人机构（公司等）</td><td>1）包括公司制法人、社团法人、事业法人、机关法人等；
2）各类公司型金融机构以自有资金出资，投资者类型为“境内法人机构（公司等）”；如果以其管理的资管计划出资，投资者类型应选择对应资管计划。
例如：某信托公司如以自有资金出资，投资者类型应选择“境内法人机构（公司等）”，如果以其管理的信托计划出资，投资者类型应选择“信托计划”，投资者名称应填写信托计划名称，有效证件号码应填写信托公司的统一社会信用代码。</td><td></td></tr>
<tr><td>境内非法人机构（一般合伙企业等）</td><td>1）指合伙企业等非法人机构；
2）《私募投资基金监督管理暂行办法》规定，以合伙企业等非法人形式，通过汇集多数投资者的资金直接或者间接投资于私募基金的，私募基金管理人或者私募基金销售机构应当穿透核查最终投资者是否为合格投资者。
例如，合伙企业 A 是本基金投资者，甲和乙是合伙企业 A 的普通合伙人和有限合伙人。填写完 A 的信息，将模板成功导入系统后，请点击“穿透填写投资人信息”手动添加甲和乙的信息。</td><td></td></tr>
<tr><td>本产品管理人跟投</td><td>如果本产品管理人跟投出资，无论管理人是公司还是合伙企业，投资者类型都不选“境内法人机构（公司等）”或“境内非法人机构（一般合伙企业等）”，而应该选择“本产品管理人跟投”。</td><td></td></tr>
<tr><td>私募基金产品</td><td>如果是私募基金出资，不论该基金的组织形式是契约型还是公司型或合伙型，投资者类型都应选择“私募基金产品”。即合伙型基金不选择“境内非法人机构（一般合伙企业等）”，公司型基金也不选择“境内法人机构（公司等）”。</td><td></td></tr>
<tr><td>证券公司及其子公司资产管理计划</td><td rowspan="3">当各类机构管理的投资计划作为投资者时，投资者类型应选择对应的资管计划类别，投资者名称填写对应的资管计划名称，有效证件类型只能选择产品备案编码，有效证件号码填写在基金业协会备案通过时获取的基金编码（S 码）。
例如：华夏基金量化多策略 1 号资产管理计划作为本基金投资者，投资者类型应选择“基金公司及其子公司资产管理计划”；投资者名称应填写“华夏基金量化多策略 1 号资产管理计划”；有效证件类型应选择“产品备案编码”；有效证件号码应填写“SL8045”。</td><td></td></tr>
<tr><td>基金公司及其子公司资产管理计划</td><td></td></tr>
<tr><td>期货公司及其子公司资产管理计划</td><td></td></tr>
<tr><td>信托计划</td><td>信托计划作为投资者，投资者名称应填写信托计划名称，有效证件号码应填写信托公司的统一社会信用代码。</td><td></td></tr>
</table>

续表

投资者分类	备注	
商业银行理财产品	商业银行理财产品作为投资者，投资者名称应填写商业银行理财产品名称，有效证件号码应填写银行的统一社会信用代码。	
保险资产管理计划	保险资产管理计划作为投资者，投资者名称应填写保险资产管理计划名称，有效证件号码应填写保险公司的统一社会信用代码。	
慈善基金、捐赠基金等社会公益基金	慈善基金、捐赠基金等社会公益基金、养老基金、社会保障基金、企业年金、政府类引导基金，填写管理机构的证件类型。 已在中国证券投资基金业协会备案通过的政府引导基金，投资者类型应选择私募基金，有效证件类型选择产品备案编码（S码）。	
养老基金		
社会保障基金		
企业年金		
政府类引导基金		
财政直接出资		
境外资金（QFII、RQFII等）	有效证件类型请选择“其他”，弹出的其他证件类型说明中应填写“证券投资业务许可证号码”。	
境外机构	指除QDII、RQFII外的境外机构出资，证件类型填写相关机构的证件类型。	

模板

投资者类型	投资者名称	有效证件类型	其他证件类型	有效证件号码	合伙人类型	认缴金额（万元）	份额名称	实缴金额（万元）/基金份额（万份）	销售机构	联系方式

示例

示例1：合伙型基金填报示例										
投资者类型	投资者名称	有效证件类型	其他证件类型	有效证件号码	合伙人类型	认缴金额（万元）	份额名称	实缴金额（万元）/基金份额（万份）	销售机构	联系方式
自然人（非员工跟投）	张三	身份证		13040219710131-0629	普通合伙人	1000		1000	证券投资基金管理人（试用）	
自然人（员工跟投）	李四	身份证		32072119841229-0026	有限合伙人	1000		1000	证券投资基金管理人（试用）	

四、私募投资基金清算合规管理（以合伙型基金为例）

基金基本情况：基金名称、基金管理人、基金托管人（或类托管机构）、基金成立日期、工商登记日期、清算开始、清算结束。

其中清算开始界面：基金清算原因【下拉；本基金存续期满决定不展期、本基金展期协议期满，结束运作、本基金存续期间，所有投资者全部赎回、本基金触发合同约定的清算条件（包括止损机制等），导致本基金提前终止、依基金合同约定，基金合同当事人协商一致决定终止、份额持有人大会、股东大会、合伙人会议决议通过，决定终止（清算事由：指基金合同当事人协商决定、基金份额持有人大会、股东大会、合伙人会议决议的基金清算事由。例如由于市场环境发生重大变化，本基金投资策略不再适用等）、基金管理人依法解散、依法被撤销或依法宣告破产、基金管理人被依法取消私募基金管理人相关资质、托管人依法解散、被依法撤销或被依法宣告破产、托管人被依法取消基金托管资格、其他】、基金清算时间：清算开始日期【注：指“基金合同”或“清算报告”中约定的清算开始日期】、基金清算组（人）构成【注：指本基金清算组或清算人以及为清算提供服务的相关机构。如本基金聘请会计师事务所、律师事务所或其他服务机构组成清算组，请在文字框内填写相关服务机构全称】、本基金管理人、基金托管人（或类托管机构）、会计师事务所、律师事务所、投资者、其他。清算报告（上传）、基金清算承诺函（上传）。

其中清算结束界面：基金清算原因【下拉；本基金存续期满决定不展期、本基金展期协议期满，结束运作、本基金存续期间，所有投资者全部赎回、本基金触发合同约定的清算条件（包括止损机制等），导致本基金提前终止、依基金合同约定，基金合同当事人协商一致决定终止、份额持有人大会、股东大会、合伙人会议决议通过，决定终止（清算事由：指基金合同当事人协商决定、基金份额持有人大会、股东大会、合伙人会议决议的基金清算事由。例如，由于市场环境发生重大变化，本基金投资策略不再适用等）、基金管理人依法解散、依法被撤销或依法宣告破产、基金管理人被依法取消私募基金管理人相关资质、托管人依法解散、被依法撤销或被依法宣告破产、托管人被依法取消基金托管资格、其他】、清算开始日期（注：指“基金合同”或“清算报告”中约定的清算开始日期）、清算截止日期（注：指基金完成清算并将清算款支付给投资者的日期）、清算次数（部分基金可能难以一次清算完成，对于以上基金，请在此处填写从清算开始到清算结束的累计清算数。如果基金一次清算完成，此处填写1。如涉及多次清算，请在本基金清算全部完成后再提交清算申请）、基金清算组（人）构成【注：指本基金清算组或清算人以及为清算提供服务的相关机构。如本基金聘请会计师事务所、律师事务所或其他服务机构组成清算组，请在文字框内填写相关服务机构全称】：本基金管理人、基金托管人（或类托管机构）、会计师事务所、律师事务所、投资者、其他。基金清算报告（上传）、投资者信息更新、私募基金清算情况表、基金清算承诺函（上传）、管理人（投顾）需要说明问题的文件（可上传多个）。

（3）【××私募投资基金清算报告】模板

××私募投资基金清算报告

一、基本成立概况

1. 基金名称：××号××私募投资基金

2. 基金类型：契约型

3. 基金管理人：××股权投资管理有限公司

4. 基金托管人：××北京分行；基金监管人：××北京分行

5. 基金募集规模：××亿元

6. 基金投资时间：××年

7. 基金投资范围：××

8. 基金成立时间：××年××月××日

9. 基金备案时间：××年××月××日

10. 基金募集机构：××

二、基金运行概况

1. 基金投资项目：××

2. 投资项目阶段：××

3. 项目投资时间：××年××月××日

4. 项目退出时间：××年××月××日

5. 项目退出方式：××退出

6. 基金财务报表：××

三、基金清算概况

1. 清算原因

基金投资期限届满且决定不展期。

2. 清算组组成

基金管理人××与××共同组成清算小组，负责本基金的财产清算工作。

3. 公告情况

根据《合伙企业法》，基金管理人于××年××月××日通知债权人并在××报上进行公告。

4. 清算概况

按照法律规定，清算组已经进行公告并通知债权人，并按照监管机关要求提交相关文件。

四、其他事项

1. 本报告由基金管理人××有限公司编制、托管银行××北京分行复核。

2. 除国家税收监管政策明确规定外，基金管理人不承担代扣代缴的义务。

3. 基金管理人将负责账户、工商注销工作，注销完成后基金管理人、基金托管人职责终止。

基金管理人（盖章）：
××年××月××日
基金托管人（盖章）：
××年××月××日

（4）【私募投资基金清算承诺函】模板

承诺函

本机构承诺在“本产品全称”（本基金产品编码）清算过程中，遵守《中华人民共和国证券投资基金法》《中华人民共和国公司法》《中华人民共和国合伙企业法》等相关法律法规，合规处理清算相关事宜，切实保障投资者利益。

本机构承诺遵守《私募投资基金监督管理暂行办法》《私募投资基金募集行为管理办法》等部门规章和自律规则，在本基金清算后不违规宣传本基金投资运作情况、不以本基金名义进行基金投资活动、不再以本基金为载体另行募集投资者资金。

机构签章
××年××月××日

第三章　私募投资基金管理人内部控制的合规管理

一、私募投资基金管理人内部控制合规概述

完善的、有效的、良好的内部控制体系是企业实现合规管理的有效手段。2008年5月22日，财政部、证监会、审计署、银监会、保监会发布的《企业内部控制基本规范》规定，内部控制是由企业董事会、监事会、经理层和全体员工实施的、旨在实现控制目标的过程，其目标是合理保证企业经营管理合法合规、资产安全、财务报告及相关信息真实完整，提高经营效率和效果、促进企业实现发展战略。2010年4月26日，财政部、证监会、审计署、银监会、保监会等五部委联合发布了企业内部控制配套指引（包括《企业内部控制应用指引》《企业内部控制评价指引》和《企业内部控制审计指引》），其中《企业内部控制应用指引》分组织架构、发展战略、人力资源、社会责任、企业文化、资金活动、采购业务、资产管理、销售业务、研究与开发、工程项目、担保业务、业务外包、财务报告、全面预算、合同管理、内部信息传递、信息系统18项详细阐述企业内部控制活动的基本原则和要求。鉴于私募投资基金管理公司业务活动与传统工业制造企业具有巨大的差别，因此本书将以私募投资基金标准业务流程（募、投、管、退）为切入点，详细阐述私募投资基金募集、投资、投后、退出的合规管理事宜。从近两年的私募基金专项合规检查的内容来看，在私募基金内部控制环节，组织架构、制度流程、人员配置、资格要求、职责分工、风险控制均是基金合规专项检查的对象和重点。

2016年2月1日，中基协发布的《私募投资基金管理人内部控制指引》第二条规定，私募基金管理人内部控制是指私募基金管理人为防范和化解风险，保证各项业务的合法合规运作，实现经营目标，在充分考虑内外部环境的基础上，对经营过程中的风险进行识别、评价和管理的制度安排、组织体系和控制措施。第三条规定，私募基金管理人应当按照本指引的要求，结合自身的具体情况，建立健全内部控制机制，明确内部控制职责，完善内部控制措施，强化内部控制保障，持续开展内部控制评价和监督。私募基金管理人最高权力机构对建立内部控制制度和维持其

有效性承担最终责任，经营层对内部控制制度的有效执行承担责任。第四条规定，私募基金管理人内部控制总体目标是：（一）保证遵守私募基金相关法律法规和自律规则。（二）防范经营风险，确保经营业务的稳健运行。（三）保障私募基金财产的安全、完整。（四）确保私募基金、私募基金管理人财务和其他信息真实、准确、完整、及时。第五条规定，私募基金管理人内部控制应当遵循以下原则：（一）全面性原则。内部控制应当覆盖包括各项业务、各个部门和各级人员，并涵盖资金募集、投资研究、投资运作、运营保障和信息披露等主要环节。（二）相互制约原则。组织结构应当权责分明、相互制约。（三）执行有效原则。通过科学的内控手段和方法，建立合理的内控程序，维护内控制度的有效执行。（四）独立性原则。各部门和岗位职责应当保持相对独立，基金财产、管理人固有财产、其他财产的运作应当分离。（五）成本效益原则。以合理的成本控制达到最佳的内部控制效果，内部控制与私募基金管理人的管理规模和员工人数等方面相匹配，契合自身实际情况。（六）适时性原则。私募基金管理人应当定期评价内部控制的有效性，并随着有关法律法规的调整和经营战略、方针、理念等内外部环境的变化同步适时修改或完善。第六条规定，私募基金管理人建立与实施有效的内部控制，应当包括下列要素：（一）内部环境：包括经营理念和内控文化、治理结构、组织结构、人力资源政策和员工道德素质等，内部环境是实施内部控制的基础。（二）风险评估：及时识别、系统分析经营活动中与内部控制目标相关的风险，合理确定风险应对策略。（三）控制活动：根据风险评估结果，采用相应的控制措施，将风险控制在可承受范围之内。（四）信息与沟通：及时、准确地收集、传递与内部控制相关的信息，确保信息在内部、企业与外部之间进行有效沟通。（五）内部监督：对内部控制建设与实施情况进行周期性监督检查，评价内部控制的有效性，发现内部控制缺陷或因业务变化导致内控需求有变化的，应当及时加以改进、更新。第七条规定，私募基金管理人应当牢固树立合法合规经营的理念和风险控制优先的意识，培养从业人员的合规与风险意识，营造合规经营的制度文化环境，保证管理人及其从业人员诚实信用、勤勉尽责、恪尽职守。

2018 年 12 月更新的《私募基金管理人登记须知》规定，申请机构应当按规定具备开展私募基金管理业务所需的从业人员、营业场所、资本金等运营基本设施和条件，并建立基本管理制度。根据《私募投资基金管理人内部控制指引》及私募基金登记备案相关问题解答相关要求，申请机构应当建立健全内部控制机制，明确内部控制职责，完善内部控制措施，强化内部控制保障，持续开展内部控制评价和监督。申请机构的工作人员应当具备与岗位要求相适应的职业操守和专业胜任能力。根据《私募投资基金监督管理暂行办法》《私募投资基金管理人内部控制指引》

《私募投资基金合同指引》等相关要求，为保证新登记私募基金管理人的公司治理、组织架构和管理团队的稳定性，确保私募基金管理人持续有效执行登记申请时所提出的商业运作计划和内部控制制度，自《私募基金登记备案相关问题解答（十四）》发布之日起，申请私募基金管理人登记的机构应当书面承诺：申请登记机构保证其组织架构、管理团队的稳定性，在备案完成第一只基金产品前，不进行法定代表人、控股股东或实际控制人的重大事项变更；不随意更换总经理、合规风控负责人等高管人员。法律法规另有规定或发生不可抗力情形的除外。已有管理规模的私募基金管理人在办理法定代表人、实际控制人或控股股东的重大事项变更申请时，除应按要求提交专项法律意见书外，还应当提供相关证明材料，充分说明变更事项缘由及合理性；已按基金合同、基金公司章程或者合伙协议的相关约定，履行基金份额持有人大会、股东大会或合伙人会议的相关表决程序；已按照《私募投资基金信息披露管理办法》相关规定和基金合同、基金公司章程或者合伙协议的相关约定，向私募基金投资者就所涉重大事项及时、准确、完整地进行了信息披露。

二、私募投资基金管理人组织体系的合规管理

健全的组织体系是实现公司有效内部控制的基础。《私募投资基金管理人内部控制指引》第九条规定，私募基金管理人应当健全治理结构，防范不正当关联交易、利益输送和内部人控制风险，保护投资者利益和自身合法权益。第十条规定，私募基金管理人组织结构应当体现职责明确、相互制约的原则，建立必要的防火墙制度与业务隔离制度，各部门有合理及明确的授权分工，操作相互独立。公司组织体系包括公司治理体系与运营体系。私募投资基金由于投资方向不同，投资范围不同，其组织架构也有很大差异。譬如私募证券投资基金与私募股权投资基金组织架构就有很大的不同。公司组织架构可以分为两个层次，一是公司的治理架构层面，这属于公司顶层设计的问题，这个层面对于不同类型的私募基金来说，差别不是很大，一般来说有股东（大）会、董事会（执行董事）、监事会以及投资决策委员会、风险管理委员会、关联交易委员会以及专家咨询委员会等；二是公司的运营层面，这个层面不同类型的私募投资基金差别很大，不同的公司规模、投资范围、投资方向、风险偏好不同，需要设置不同的职能部门。现以私募地产投资基金为例，介绍一下私募基金管理人具体的组织架构及其各部门的职责。

（一）私募投资基金管理公司治理体系

从私募投资基金公司的治理层面来说，公司的治理架构与一般公司并没有什么不同，可以分为股东（大）会、董事会（执行董事）、监事会（监事），同时可以根据需要设立投资决策委员会、风险管理委员会、关联交易委员会、专家咨询委员会等专门委员会。其中股东（大）会、董事会（执行董事）、监事会（监事）是公司法要求必须设置的权力机构；投资决策委员会、风险管理委员会、关联交易委员会、专家咨询委员会等专业委员会，每个公司可以根据自身业务特点与需要进行设置，当然也可以设置其他专业委员会。下面就上述委员会的权力设置以及运行制度进行介绍，供各私募基金管理人在实际工作中参考。

1. 股东（大）会的权力设置及其议事规则

股东（大）会是公司的最高权力机构，依据公司法和公司章程的规定，依法行使下列职权：决定公司经营方针和投资计划；选举和更换非由职工代表担任的董事、监事，决定有关董事、监事的报酬事项；审议批准董事会的报告；审议批准监事会的报告；审议批准公司的年度财务预算方案、决算方案；审议批准公司利润分配政策的制定、调整或变更；审议批准公司的利润分配方案和弥补亏损方案；对公司增加或者减少注册资本作出决议；对发行公司债券作出决议；对公司合并、分立、解散和清算或者变更公司形式作出决议；修改公司章程；对公司聘用、解聘会计师事务所作出决议；审议经董事会审议通过后提交的对外担保事项，包括但不限于下列情形：①本公司及本公司控股子公司的对外担保总额，达到或超过最近一期经审计净资产的50%以后提供的任何担保；②公司的对外担保总额，达到或超过最近一期经审计总资产的30%以后提供的任何担保；③单笔担保额超过最近一期经审计净资产10%的担保；④对股东、实际控制人及其关联方提供的担保；审议公司在一年内购买出售重大资产超过公司最近一期经审计总资产30%的事项；审议批准变更募集资金用途事项；审议股权激励计划；审议法律、行政法规、部门规章和公司章程规定应当由股东大会决定的其他事项；公司为股东或者实际控制人提供担保的，必须经股东大会决议，股东大会在审议为股东、实际控制人及其关联方提供的担保议案时，该股东或受该实际控制人支配的股东，不得参与该项表决，该项表决由出席股东大会的其他股东所持表决权的半数以上通过。上述股东大会的职权不得通过授权的形式由董事会或其他机构和个人代为行使。股东（大）会可以根据自身公司的状况，增加或缩减股东（大）会的职责权限，并在公司章程中进行明确规定。

(1)【股东会议事规则】模板

××投资控股股份有限公司股东大会议事规则

第一章　总　　则

第一条　为了完善××投资控股股份有限公司（以下简称公司或本公司）的法人治理结构，维护广大投资者的合法权益，保证股东大会能够依法行使职权，确保公司股东大会的正常秩序，提高议事效率，根据《中华人民共和国公司法》（以下简称《公司法》）、《中华人民共和国证券法》（以下简称《证券法》）和《公司章程》的有关规定，特制定本规则。

第二条　公司应当严格按照法律、行政法规、本规则及《公司章程》的相关规定召开股东大会，保证股东能够依法行使权利。公司董事会应当切实履行职责，认真、按时组织股东大会。公司全体董事应当勤勉尽责，确保股东大会正常召开和依法行使职权。

第三条　股东大会应当在《公司法》、《证券法》和《公司章程》规定的范围内行使职权。

第四条　股东大会分为年度股东大会和临时股东大会。年度股东大会每年召开一次，应当于上一会计年度结束后的六个月内举行。临时股东大会不定期召开，出现本规则第九条规定的应当召开临时股东大会的情形时，临时股东大会应当在两个月内召开。公司在上述期限内不能召开股东大会的，应当报告公司所在地中国证监会派出机构和上海证券交易所，说明原因并公告。

第五条　公司召开股东大会，应当聘请律师对以下问题出具法律意见并公告：（一）会议的召集、召开程序是否符合法律、行政法规、本规则和公司章程的规定；（二）出席会议人员的资格、召集人资格是否合法有效；（三）会议的表决程序、表决结果是否合法有效；（四）应公司要求对其他有关问题出具的法律意见。

第六条　本规则自生效之日起，即成为对公司股东、董事、监事、经理及其他高级管理人员等均具有法律约束力的规范性文件。

第七条　如遇因国家法律、法规颁布和修订以及《公司章程》修改，致使本议事规则的内容与上述法律、法规、章程的规定相抵触，公司董事会应及时召开会议修订议事规则，并召开股东大会审议。在股东大会正式审议修订议事规则之前，议事规则中前述涉及相抵触内容的条款自动失效，并按国家有关法律、法规和《公司章程》的规定执行。

第二章　股东大会的职权和召集

第八条　股东大会是公司的权力机构，依法行使下列职权：（一）决定公司经营方针和投资计划；（二）选举和更换非由职工代表担任的董事、监事，决定有关董事、监事的报酬事项；（三）审议批准董事会的报告；（四）审议批准监事会的报告；（五）审议批准公司的年度财务预算方案、决算方案；（六）审议批准公司利润分配政策的制定、调整或变更；（七）审议批准公司的利润分配方案和弥补亏损方案；（八）对公司增加或者减少注册资本作出决议；（九）对发行公司债券作出决议；（十）对公司合并、分立、解散和清算或者变更公司形式作出决议；（十一）修改公司章程；（十二）对公司聘用、解聘会计师事务所作出决议；（十三）审议批准第十条规定的担保事项；（十四）审议公司在一年内购买、出售重大资产超过公司最近一期经审计总资产30%的事项；（十五）审议批准变更募集资金用途事项；（十六）审议股权激励计划；（十七）审议法律、行政法规、部门规章和公司章程规定应当由股东大会决定的其他事项；上述股东大会的职权不得通过授权的形式由董事会或其他机构和个人代为行使。

第九条　有下列情形之一的，公司在事实发生之日起两个月以内召开临时股东大会：（一）董事人数不足《公司法》规定的法定最低人数5人，或者少于本规则所规定人数的三分之二时；（二）公司未弥补的亏损达实收股本总额的三分之一时；（三）单独或者合并持有公司有表决权股份总数10%（不含投票代理权）以上的股东书面请求时；（四）董事会认为必要时；（五）监事会提议召开时；（六）法律、行政法规、部门规章或公司章程规定的其他情形。前述第（三）项持股股数按股东提出书面要求日计算。

第十条　审议经董事会审议通过后提交的对外担保事项，包括但不限于下列情形：（一）本公司及本公司控股子公司的对外担保总额，达到或超过最近一期经审计净资产的50%以后提供的任何担保；（二）公司的对外担保总额，达到或超过最近一期经审计总资产的30%以后提供的任何担保；（三）单笔担保额超过最近一期经审计净资产10%的担保；（四）对股东、实际控制人及其关联方提供的担保。公司为股东或者实际控制人提供担保的，必须经股东大会决议，股东大会在审议为股东、实际控制人及其关联方提供的担保议案时，该股东或受该实际控制人支配的股东，不得参与该项表决，该项表决由出席股东大会的其他股东所持表决权的半数以上通过。

第十一条　董事会应当在本规则第四条规定的期限内按时召集股东大会。

第十二条　独立董事有权向董事会提议召开临时股东大会。对独立董事要求召开临时股东大会的提议，董事会应当根据法律、行政法规和本规则的规定，在收到提议后十日内提出同意或不同意召开临时股东大会的书面反馈意见。董事会同意召开临时股东大会的，将在作出董事会决议后的五日内发出召开股东大会的通知；董事会不同意召开临时股东大会的，将说明理由并公告。

第十三条　监事会有权向董事会提议召开临时股东大会，并应当以书面形式向董事会提出。董事会应当根据法律、行政法规和本规则的规定，在收到提案后十日内提出同意或不同意召开临时股东大会的书面反馈意见。董事会同意召开临时股东大会的，将在作出董事会决议后的五日内发出召开股东大会的通知，通知中对原提议的变更，应征得监事会的同意。董事会不同意召开临时股东大会，或者在收到提案后十日内未作出反馈的，视为董事会不能履行或者不履行召集股东大会会议职责，监事会可以自行召集和主持。

第十四条　单独或者合计持有公司10%以上股份的股东有权向董事会请求召开临时股东大会，并应当以书面形式向董事会提出。董事会应当根据法律、行政法规和本规则的规定，在收到请求后十日内提出同意或不同意召开临时股东大会的书面反馈意见。董事会同意召开临时股东大会的，应当在作出董事会决议后的五日内发出召开股东大会的通知，通知中对原请求的变更，应当征得相关股东的同意。董事会不同意召开临时股东大会，或者在收到请求后十日内未作出反馈的，单独或者合计持有公司10%以上股份的股东有权向监事会提议召开临时股东大会，并应当以书面形式向监事会提出请求。

监事会同意召开临时股东大会的，应在收到请求后五日内发出召开股东大会的通知，通知中对原提案的变更，应当征得相关股东的同意。监事会未在规定期限内发出股东大会通知的，视为监事会不召集和主持股东大会，连续90日以上单独或者合计持有公司10%以上股份的股东可以自行召集和主持。

第十五条　监事会或股东决定自行召集股东大会的，须书面通知董事会，同时向公司所在地中国证监会派出机构和上海证券交易所备案。在股东大会决议公告前，召集股东持股比例不得低于10%。召集股东应在发出股东大会通知及股东大会决议公告时，向公司所在地中国证监会派出机构和上海证券交易所提交有关证明材料。

第十六条　对于监事会或股东自行召集的股东大会，董事会和董事会秘书将予以配合。董事会应当提供股权登记日的股东名册。

第十七条　监事会或股东自行召集的股东大会，会议所必需的费用由本公司承担。

第三章 股东大会的提案与通知

第十八条 提案的内容应当属于股东大会职权范围，有明确议题和具体决议事项，并且符合法律、行政法规和本规则的有关规定。

第十九条 公司召开股东大会，董事会、监事会以及单独或者合并持有公司3%以上股份的股东，有权向公司提出提案。单独或者合计持有公司3%以上股份的股东，可以在股东大会召开十日前提出临时提案并书面提交召集人。召集人应当在收到提案后两日内发出股东大会补充通知，公告临时提案的内容。除前款规定的情形外，召集人在发出股东大会通知公告后，不得修改股东大会通知中已列明的提案或增加新的提案。股东大会通知中未列明或不符合前款规定的提案，股东大会不得进行表决并作出决议。

第二十条 董事会决定不将股东大会提案列入会议议程的，应当在该次股东大会上进行解释和说明，并将提案内容和董事会的说明在股东大会结束后与股东大会决议一并公告。

第二十一条 提出提案的股东对董事会不将其提案列入股东大会会议议程的决定持有异议的，可以按照《公司章程》第五十二条的规定程序要求召集临时股东大会。

第二十二条 召集人将在年度股东大会召开20日前（不包括会议召开当日）以公告方式通知各股东，临时股东大会将于会议召开15日前（不包括会议召开当日）以公告方式通知各股东。

第二十三条 股东大会会议的通知包括以下内容：（一）会议的时间、地点、召开方式和会议期限；（二）提交会议审议的事项；（三）以明显的文字说明：全体股东均有权出席股东大会，并可以书面委托代理人出席会议和参加表决，该股东代理人不必是公司的股东；（四）有权出席股东大会股东的股权登记日，且股权登记日与会议日期之间的间隔应当不多于七个工作日；（五）投票代理委托书的送达时间和地点；（六）会务常设联系人姓名，电话号码。股东大会通知和补充通知中应当充分、完整披露所有提案的全部具体内容。拟讨论的事项需要独立董事发表意见的，发布股东大会通知或补充通知时将同时披露独立董事的意见及理由。

第二十四条 股东大会拟讨论董事、监事选举事项的，股东大会通知中将充分披露董事、监事候选人的详细资料，至少包括以下内容：（一）教育背景、工作经历、兼职等个人情况；（二）与本公司或本公司的控股股东及实际控制人是否存在关联关系；（三）披露持有本公司股份数量；（四）是否受过中国证监会及其他有关部门的处罚和证券交易所惩戒。

除采取累积投票制选举董事、监事外，每位董事、监事候选人应当以单项提案提出。

第二十五条　发出股东大会通知后，无正当理由，股东大会不应延期或取消，股东大会通知中列明的提案不应取消。一旦出现延期或取消的情形，召集人应当在原定召开日前至少两个工作日公告并说明原因。

第四章　股东大会的召开

第二十六条　本公司召开股东大会的地点为公司住所地或董事会认为便于股东参加会议的地点，具体召开股东大会的地点以股东大会会议通知为准。股东大会应当设置会场，以现场会议形式召开，并应当根据相关规定，采用安全、经济、便捷的网络和其他方式为股东参加股东大会提供便利。股东通过上述方式参加股东大会的，视为出席。股东可以亲自出席股东大会并行使表决权，也可以委托他人代为出席和在授权范围内行使表决权。

第二十七条　公司股东大会采用网络或其他方式的，应当在股东大会通知中明确载明网络或其他方式的表决时间以及表决程序。股东大会网络或其他方式投票的开始时间，不得早于现场股东大会召开前一日下午3：00，并不得迟于现场股东大会召开当日上午9：30，其结束时间不得早于现场股东大会结束当日下午3：00。

第二十八条　本公司董事会和其他召集人将采取必要措施，保证股东大会的正常秩序。对于干扰股东大会、寻衅滋事和侵犯股东合法权益的行为，将采取措施加以制止并及时报告有关部门查处。

第二十九条　股权登记日登记在册的所有股东或其代理人，均有权出席股东大会。并依照有关法律、法规及本规则行使表决权。股东可以亲自出席股东大会，也可以委托代理人代为出席和表决。

第三十条　个人股东亲自出席会议的，应出示本人身份证或其他能够表明其身份的有效证件、证券账户卡及持股证明；受托代理他人出席会议的，应出示本人有效身份证件、股东授权委托书、委托方的证券账户卡及持股证明。法人股东应由法定代表人或者法定代表人委托的代理人出席会议。法定代表人出席会议的，应出示本人身份证、能证明其具有法定代表人资格的有效证明、证券账户卡及持股证明；委托代理人出席会议的，代理人应出示本人身份证、法人股东单位的法定代表人依法出具的书面委托书和法人股东单位的证券账户卡及持股证明。

第三十一条　股东出具的委托他人出席股东大会的授权委托书应当载明下列内容：（一）代理人的姓名；（二）是否具有表决权；（三）分别对列入股东大会议程的每一审议事项投赞成、反对或弃权票的指示；（四）对可能纳入股东大会议程的临时提案是否有表决权，如果有表决权，应有行使何种表决权的具体指示；（五）委托书签发日期和有效期限；（六）委托人签名（或盖章）。委托人为法人股东的，应加盖法人单位印章。

第三十二条 委托书应当注明如果股东不作具体指示，股东代理人是否可以按自己的意思表决。

第三十三条 投票代理委托书至少应当在有关会议召开前24小时备置于公司住所，或者召集会议的通知中指定的其他地方。代理投票授权委托书由委托人授权他人签署的，授权签署的授权书或者其他授权文件应当经过公证。经公证的授权书或者其他授权文件，和投票代理委托书均需备置于公司住所或者召集会议的通知中指定的其他地方。委托人为法人的，由其法定代表人或者董事会、其他决策机构决议授权的人作为代表出席公司的股东大会。

第三十四条 出席会议人员的签名册由公司负责制作。签名册载明参加会议人员姓名（或单位名称）、身份证号码、住所地址、持有或者代表有表决权的股份数额、被代理人姓名（或单位名称）等事项。

第三十五条 召集人和公司聘请的律师将依据证券登记结算机构提供的股东名册共同对股东资格的合法性进行验证，并登记股东姓名（或名称）及其所持有表决权的股份数。在会议主持人宣布现场出席会议的股东和代理人人数及所持有表决权的股份总数之前，会议登记应当终止。

第三十六条 股东大会召开时，本公司全体董事、监事和董事会秘书应当出席会议，经理和其他高级管理人员应当列席会议。

第三十七条 股东大会由董事长主持。董事长不能履行职务或不履行职务时，由半数以上董事共同推举一名董事主持。监事会自行召集的股东大会，由监事会主席主持。监事会主席不能履行职务或不履行职务时，由半数以上监事共同推举的一名监事主持。股东自行召集的股东大会，由召集人推举代表主持。召开股东大会时，会议主持人违反议事规则使股东大会无法继续进行的，经现场出席股东大会有表决权过半数的股东同意，股东大会可推举一人担任会议主持人，继续开会。

第三十八条 在年度股东大会上，董事会、监事会应当就其过去一年的工作向股东大会作出报告。每名独立董事也应作出述职报告。

第三十九条 董事、监事、高级管理人员在股东大会上就股东的质询和建议作出解释和说明。

第四十条 会议主持人应当在表决前宣布现场出席会议的股东和代理人人数及所持有表决权的股份总数，现场出席会议的股东和代理人人数及所持有表决权的股份总数以会议登记为准。

第四十一条　公司召开股东大会应坚持朴素从简的原则，不得给予出席会议的股东（或股东代理人）额外的经济利益。

第四十二条　在年度股东大会上，注册会计师对公司财务报告出具解释性说明、保留意见、无法表示意见或否定意见的审计报告的，公司董事会应当将导致会计师出具上述意见的有关事项及对公司财务状况和经营状况的影响向股东大会做出说明。如果该事项对当期利润有直接影响，公司董事会应当根据孰低原则确定利润分配预案或者公积金转增股本预案。

第四十三条　出席股东大会的股东（或股东代理人）需要在股东大会上发言的，应当遵守以下规定：（一）事先填写发言单，发言单应当载明发言人姓名、出席证号码、股东代码、代表股份数额（含受托股份数额）等内容，股东代表发言的先后顺序由会议主持人确定；（二）每一发言人发言，原则上每次不得超过五分钟，但经会议主持人同意可以适当延长；（三）针对同一议案，每一发言人的发言不得超过两次。

第四十四条　股东大会讨论议案时，会议主持人可视情况决定是否终止讨论。在股东大会进行过程中，会议主持人可以决定中途休息。

第四十五条　董事会应当严格遵守《公司法》及相关法律、法规、规范性文件和公司章程关于召开股东大会的各项规定，认真、按时组织好股东大会。公司全体董事对股东大会的正常召开负有诚信责任，不得阻碍股东大会依法行使职权。

第五章　股东大会的表决和决议

第四十六条　股东大会决议分为普通决议和特别决议。股东大会作出普通决议，应当由出席股东大会的股东（包括股东代理人）所持表决权的二分之一以上通过。股东大会作出特别决议，应当由出席股东大会的股东（包括股东代理人）所持表决权的三分之二以上通过。

第四十七条　下列事项由股东大会以普通决议通过：（一）董事会和监事会的工作报告；（二）董事会拟定的利润分配方案和弥补亏损方案；（三）董事会和监事会成员的任免及其报酬和支付方法；（四）公司年度预算方案、决算方案；（五）公司年度报告；（六）除法律、行政法规规定或者公司章程规定应当以特别决议通过以外的其他事项。

第四十八条　下列事项由股东大会以特别决议通过：（一）公司增加或者减少注册资本；（二）公司的分立、合并、解散和清算；（三）公司章程的修改；（四）公司在一年内购买、出售重大资产或者担保金额超过公司最近一期经审计总资产30%的；（五）股权激励计划；（六）利润分配政策的制定、调整或变更；（七）法律、行政法规或本章程规定的，以及股东大会以普通决议认定会对公司产生重大影响的、需要以特别决议通过的其他事项。

第四十九条 股东（包括股东代理人）以其所代表的有表决权的股份数额行使表决权，每一股份享有一票表决权。股东大会审议影响中小投资者利益的重大事项时，对中小投资者表决应当单独计票。单独计票结果应当及时公开披露。公司持有的本公司股份没有表决权，且该部分股份不计入出席股东大会有表决权的股份总数。公司董事会、独立董事和符合相关规定条件的股东可以公开征集股东投票权。征集股东投票权应当向被征集人充分披露具体投票意向等信息。禁止以有偿或者变相有偿的方式征集股东投票权。公司不得对征集投票权提出最低持股比例限制。

第五十条 股东大会审议有关关联交易事项时，关联股东不应当参与投票表决，其所代表的有表决权的股份数不计入有效表决总数；股东大会决议的公告应当充分披露非关联股东的表决情况。

第五十一条 公司应在保证股东大会合法有效的前提下，通过各种方式和途径，优先提供网络形式的投票平台等现代信息技术手段，为股东参加股东大会提供便利。

第五十二条 除公司处于危急等特殊情况外，非经股东大会以特别决议批准，公司将不与董事、经理和其他高级管理人员以外的人订立将公司全部或者重要业务的管理交与该人负责的合同。

第五十三条 董事、监事候选人名单以提案的方式提请股东大会表决。股东大会就选举董事、非职工监事进行表决时，根据本规则的规定或者股东大会的决议，可以实行累积投票制。前款所称累积投票制是指股东大会选举董事或者监事时，每一股份拥有与应选董事或者监事人数相同的表决权，股东拥有的表决权可以集中使用。董事会应当向股东公告候选董事、监事的简历和基本情况。累积投票制实施的方式与程序详见公司制定的《累积投票制度实施细则》。

第五十四条 董事、监事候选人名单以提案的方式提请股东大会决议。董事会应当向股东提供候选董事、监事的简历和基本情况。董事、监事提名的方式和程序为：1. 公司董事会、单独或者合并持有公司已发行股份3%以上的股东可以向公司董事会提名委员会提出董事候选人名单，由提名委员会审核并经董事会审议通过后，提交股东大会选举产生；2. 监事会、单独或者合并持有公司已发行股份3%以上的股东可以提出非职工监事候选人名单，经监事会审议通过后，提交股东大会选举产生；职工监事由工会提名，职工代表大会选举产生；3. 独立董事的提名方式和程序，遵循《公司章程》第五章第二节之规定。

第五十五条 股东大会审议提案时，不得对提案进行修改，否则，有关变更应当被视为一个新的提案，不能在本次股东大会上进行表决。

第五十六条　同一表决权只能选择现场、网络或其他表决方式中的一种。同一表决权出现重复表决的以第一次投票结果为准。

第五十七条　股东大会采取记名方式投票表决。

第五十八条　股东大会对提案进行表决前，应当推举两名股东代表参加计票和监票。审议事项与股东有利害关系的，相关股东及代理人不得参加计票、监票。股东大会对提案进行表决时，应当由律师、股东代表与监事代表共同负责计票、监票，并当场公布表决结果，决议的表决结果载入会议记录。通过网络或其他方式投票的上市公司股东或其代理人，有权通过相应的投票系统查验自己的投票结果。

第五十九条　股东大会现场结束时间不得早于网络或其他方式，会议主持人应当宣布每一提案的表决情况和结果，并根据表决结果宣布提案是否通过。在正式公布表决结果前，股东大会现场、网络方式中所涉及的公司、计票人、监票人、主要股东、网络服务方等相关各方对表决情况均负有保密义务。

第六十条　出席股东大会的股东，应当对提交表决的提案发表以下意见之一：同意、反对或弃权。未填、错填、字迹无法辨认的表决票、未投的表决票均视为投票人放弃表决权利，其所持股份数的表决结果应计为“弃权”。

第六十一条　会议主持人如果对提交表决的决议结果有任何怀疑，可以对所投票数组织点票；如果会议主持人未进行点票，出席会议的股东或者股东代理人对会议主持人宣布结果有异议的，有权在宣布表决结果后立即要求点票，会议主持人应当立即组织点票。

第六十二条　股东大会决议应当及时公告，公告中应列明出席会议的股东和代理人人数、所持有表决权的股份总数及占公司有表决权股份总数的比例、表决方式、每项提案的表决结果和通过的各项决议的详细内容。

第六十三条　提案未获通过，或者本次股东大会变更前次股东大会决议的，应当在股东大会决议公告中作特别提示。

第六十四条　股东大会通过有关董事、监事选举提案的，新任董事、监事就按公司章程的规定就任。

第六十五条　股东大会通过有关派现、送股或资本公积转增股本提案的，公司将在股东大会结束后两个月内实施具体方案。

第六十六条　公司股东大会决议内容违反法律、行政法规的无效。公司控股股东、实际控制人不得限制或者阻挠中小投资者依法行使投票权，不得损害公司和中小投资者的合法权益。股东大会的会议召集程序、表决方式违反法律、行政法规或者公司章程，或者决议内容违反公司章程的，股东可以自决议作出之日起60日内，请求人民法院撤销。

第六章 会议记录

第六十七条 股东大会应有会议记录，由董事会秘书负责。会议记录记载以下内容：（一）会议时间、地点、议程和召集人姓名或名称；（二）会议主持人以及出席或列席会议的董事、监事、董事会秘书、经理和其他高级管理人员姓名；（三）出席会议的股东和代理人人数、所持有表决权的股份总数及占公司股份总数的比例；（四）对每一提案的审议经过、发言要点和表决结果；（五）股东的质询意见或建议以及相应的答复或说明；（六）律师及计票人、监票人姓名；（七）公司章程规定应当载入会议记录的其他内容。

第六十八条 召集人应当保证会议记录内容真实、准确和完整。出席会议的董事、监事、董事会秘书、召集人或其代表、会议主持人应当在会议记录上签名。会议记录应当与现场出席股东的签名册及代理出席的委托书、网络及其他方式表决情况的有效资料一并保存，作为公司档案保存期限为20年。

第六十九条 召集人应当保证股东大会连续举行，直至形成最终决议。因不可抗力等特殊原因导致股东大会中止或不能作出决议的，应采取必要措施尽快恢复召开股东大会或直接终止本次股东大会，并及时公告。同时，召集人应向公司所在地中国证监会派出机构及证券交易所报告。

第七章 监管措施

第七十条 在本规则规定期限内，公司无正当理由不召开股东大会的，证券交易所有权对该公司挂牌交易的股票及衍生品种予以停牌，并要求董事会作出解释并公告。

第七十一条 股东大会的召集、召开和相关信息披露不符合法律、行政法规、本规则和公司章程要求的，中国证监会及其派出机构有权责令公司或相关责任人限期改正，并由证券交易所予以公开谴责。

第七十二条 董事、监事或董事会秘书违反法律、行政法规、本规则和公司章程的规定，不切实履行职责的，中国证监会及其派出机构有权责令其改正，并由证券交易所予以公开谴责；对于情节严重或不予改正的，中国证监会可对相关人员实施证券市场禁入。

第八章 附 则

第七十三条 本规则所称公告或通知，是指在中国证监会指定报刊上刊登有关信息披露内容。公告或通知篇幅较长的，公司可以选择在中国证监会指定报刊上对有关内容作摘要性披露，但全文应当同时在中国证监会指定的网站上公布。本规则所称的股东大会补充通知应当在刊登会议通知的同一指定报刊上公告。

第七十四条　本规则所称“以上”“内”，含本数；“过”“低于”“多于”，不含本数；“经审计的财务指标”所涉及的数据如为负值，取绝对值计算。

第七十五条　本规则未尽事宜，应当依照有关法律、法规、规范性文件和《公司章程》的规定执行。

第七十六条　本规则由董事会负责解释。

第七十七条　本规则经股东大会审议通过后生效，修改时亦同。

2. 董事会（执行董事）权力设置及其议事规则

董事会是股东（大）会的执行机构，负责公司的经营决策，依据公司法和公司章程规定，董事会行使下列职权：召集股东大会，并向股东大会报告工作；执行股东大会的决议；决定公司的经营计划和投资方案；制订公司的年度财务预算方案、决算方案；制订公司的利润分配方案和弥补亏损方案；制订公司增加或者减少注册资本、发行债券或其他证券及上市方案；拟订公司重大收购、回购本公司股票或者合并、分立和解散及变更公司形式的方案；在股东大会授权范围内，决定公司的对外投资、收购出售资产、资产抵押、对外担保事项、委托理财、关联交易等事项；决定公司内部管理机构的设置；聘任或者解聘公司经理、董事会秘书；根据经理的提名，聘任或者解聘公司副经理、财务负责人等高级管理人员，并决定其报酬事项和奖惩事项；制订公司的基本管理制度；制订公司章程的修改方案；管理公司信息披露事项；向股东大会提请聘请或更换为公司审计的会计师事务所；听取公司经理的工作汇报并检查经理的工作；法律、行政法规、部门规章或公司章程规定，以及股东大会授予的其他职权。董事会职权也可以根据公司自身的情况，增加或减少并在公司章程中进行规定。

（2）【董事会议事规则】模板

××投资控股股份有限公司董事会议事规则

第一章　总　　则

第一条　为了进一步规范××投资控股股份有限公司（以下简称公司）董事会的议事方式和决策程序，促使董事和董事会有效地履行其职责，提高董事会规范运作和科学决策水平，根据《中华人民共和国公司法》（以下简称《公司法》）、《中华人民共和国证券法》（以下简称《证券法》）、《上市公司治理准则》和《上海证券交易所股票上市规则》等有关规定，特制定本规则。

第二条 本议事规则由公司董事会拟订，并经公司股东大会通过后实施。

第三条 本议事规则一经实施，对全体董事（包括独立董事）和董事会的运作具有约束力。

第四条 如遇因国家法律、法规及规范性文件颁布和修订以及《公司章程》的修改，致使本议事规则的内容与上述法律、法规、规范性文件及《公司章程》的规定相抵触，公司董事会应及时召开会议修订议事规则。在董事会召开正式会议修订议事规则之前，议事规则中前述涉及相抵触内容的条款自动失效，按国家有关法律、法规、规范性文件和《公司章程》的规定执行。

第二章 董事会

第五条 公司董事会是股东大会的常设机构，是公司经营决策机构，对股东大会负责，在股东大会闭会期间，董事会依照《公司法》等法律、法规、规范性文件和《公司章程》的有关规定履行职权。董事会由九名董事组成，设董事长一人，独立董事三人。董事长由公司董事担任，以全体董事的过半数选举产生和罢免。董事长不能履行职权时，应当指定一名董事代行其职权。

第六条 董事长行使下列职权：（一）主持股东大会和召集、主持董事会会议；（二）督促、检查董事会决议的执行；（三）签署公司股票、公司债券及其他有价证券；（四）签署董事会重要文件和其他应由公司法定代表人签署的文件；（五）行使法定代表人的职权；（六）在发生特大自然灾害等不可抗力的紧急情况下，对公司事务行使符合法律规定和公司利益的特别处置权，并在事后向公司董事会和股东大会报告；（七）董事会授予的其他职权。董事会秘书负责处理董事会日常事务，并可以指定证券事务代表等有关人员协助其工作。

第七条 董事会行使下列职权：（一）召集股东大会，并向股东大会报告工作；（二）执行股东大会的决议；（三）决定公司的经营计划和投资方案；（四）制订公司的年度财务预算方案、决算方案；（五）制订公司的利润分配方案和弥补亏损方案；（六）制订公司增加或者减少注册资本、发行债券或其他证券及上市方案；（七）拟订公司重大收购、回购本公司股票或者合并、分立和解散及变更公司形式的方案；（八）在股东大会授权范围内，决定公司的对外投资、收购出售资产、资产抵押、对外担保事项、委托理财、关联交易等事项；（九）决定公司内部管理机构的设置；（十）聘任或者解聘公司经理、董事会秘书；根据董事长的提名，聘任或者解聘公司副经理、财务负责人等高级管理人员，并决定其报酬事项和奖惩事项；（十一）制订公司的基本管理制度；（十二）制订公司章程的修改方案；（十三）管理公司信息披露事项；（十四）向股东大会提请聘请或更换为公司审计的会计师事务所；（十五）听取公司经理的工作汇报并检查经理的工作；（十六）法律、行政法规、部门规章或公司章程规定，以及股东大会授予的其他职权。

第八条　公司董事会应当就注册会计师对公司财务报告出具的非标准审计意见向股东大会作出说明。

第九条　董事会应当在股东大会授权范围内决定公司的经营事宜，董事会对外投资和处置公司资产的权限如下，超过此权限的对外投资和资产处置，须经公司股东大会批准：1. 对外投资、资产购置及处置，不超过公司资产总额（以公司最近一期经审计的数额计算，下同）40%。2. 对外担保：单笔担保额不得超过公司净资产总额的10%；公司及其控股子公司的对外担保总额，不得超过公司净资产的50%；不得为资产负债率超过70%担保对象提供担保；按照连续12个月内累计计算原则，担保金额不超过公司总资产30%的担保。对于上述担保事项，除应当经全体董事的过半数通过外，还应当经出席董事会会议的三分之二以上董事同意。上述董事会权限事项，如法律法规或部门规章中有较严规定的，从其规定。

第十条　董事会依据《上市公司治理准则》的规定，可以根据实际需要设立战略、审计、提名、薪酬与考核等专门委员会。专门委员会成员全部由董事组成，其中审计委员会、提名委员会、薪酬与考核委员会中独立董事应占多数并担任召集人，审计委员会中至少应有一名独立董事是会计专业人士。（一）战略发展委员会的主要职责是对公司长期发展战略和重大投资决策进行研究并提出建议。（二）审计委员会的主要职责是：（1）提议聘请或更换外部审计机构；（2）监督公司的内部审计制度及其实施；（3）负责内部审计与外部审计之间的沟通；（4）审核公司的财务信息及其披露；（5）审查公司的内控制度。（三）提名委员会的主要职责是：（1）研究董事、经理人员的选择标准和程序并提出建议；（2）广泛搜寻合格的董事和经理人员的人选；（3）对董事候选人和经理人选进行审查并提出建议。（四）薪酬与考核委员会的主要职责是：（1）研究董事与经理人员考核的标准，进行考核并提出建议；（2）研究和审查董事、高级管理人员的薪酬政策与方案。

第三章　会议召开程序

第十一条　董事会会议分为定期会议和临时会议。董事会每年应当至少在上下两个半年度各召开一次定期会议，于会议召开十日以前书面通知全体董事和监事、高级管理人员。定期会议由董事长召集，董事长不能履行职责时，由二分之一以上的董事共同推举一名董事负责召集会议。

第十二条　在发出召开董事会定期会议的通知前，董事会办公室应当逐一征求各董事的意见，初步形成会议提案后交董事长拟定。董事长在拟定提案前，应当视需要征求经理和其他高级管理人员的意见。

第十三条 有下列情形之一的，董事会应当召开临时董事会会议：（一）董事长认为必要时；（二）三分之一以上董事联名提议时；（三）监事会提议时；（四）代表十分之一以上有表决权的股东提议时；（五）证券监管部门要求召开时。

第十四条 按照前条规定提议召开董事会临时会议的，应当通过董事会秘书或者直接向董事长提交经提议人签字（盖章）的书面提议。书面提议中应当载明下列事项：（一）提议人的姓名或者名称；（二）提议理由或者提议所基于的客观事由；（三）提议会议召开的时间或者时限、地点和方式；（四）明确和具体的提案；（五）提议人的联系方式和提议日期等。提案内容应当属于本公司《公司章程》规定的董事会职权范围内的事项，与提案有关的材料应当一并提交。董事会秘书在收到上述书面提议和有关材料后，应当于当日转交董事长。董事长认为提案内容不明确、具体或者有关材料不充分的，可以要求提议人修改或者补充。董事长应当自接到提议或者证券监管部门的要求后十日内，召集董事会会议并主持会议。

第十五条 董事会召开临时董事会会议，应于会议召开五日前，以书面通知的方式通知全体董事。如有本规则第十三条除第（一）项规定的情形，董事长不能履行职责时，由二分之一以上的董事共同推举一名董事负责召集会议。

第十六条 召开董事会定期会议和临时会议，董事会办公室应当分别提前十日和五日将盖有董事会办公室印章的书面会议通知，通过直接送达、传真、电子邮件或者其他方式，提交全体董事和监事以及高级管理人员。情况紧急，需要尽快召开董事会临时会议的，可以随时通过电话或者其他口头方式发出会议通知，但召集人应当在会议上做出说明。

第十七条 董事会书面会议通知应当至少包括以下内容：（一）会议的时间、地点；（二）会议的召开方式；（三）拟审议的事项（会议提案）；（四）会议召集人和主持人、临时会议的提议人及其书面提议；（五）董事表决所必需的会议材料；（六）董事应当亲自出席或者委托其他董事代为出席会议的要求；（七）联系人和联系方式。口头会议通知至少应包括上述第（一）项、第（二）项内容，以及情况紧急需要尽快召开董事会临时会议的说明。

第十八条 董事会应向董事提供足够的资料，包括会议议题的相关背景材料和有助于董事理解公司业务进展的信息和数据。当2名或2名以上独立董事认为资料不充分或论证不明确时，可联名以书面形式向董事会提出延期召开董事会会议或延期审议该事项，董事会应予以采纳。

第十九条 董事会定期会议的书面会议通知发出后，如果需要变更会议的时间、地点等事项或者增加、变更、取消会议提案的，应当在原定会议召开日之前三日发出书面变更通知，说明情况和新提案的有关内容及相关材料。不足三日的，会议日期应当相应顺延或者取得全体与会董事的书面认可后按原定日期召开。董事会临时会议的会议通知发出后，如果需要变更会议的时间、地点等事项或者增加、变更、取消会议提案的，应当事先取得全体与会董事的认可并做好相应记录。

第二十条 董事会会议应当有过半数的董事出席方可举行。有关董事拒不出席或者怠于出席会议导致无法满足会议召开的最低人数要求时，董事长和董事会秘书应当及时向监管部门报告。监事可以列席董事会会议；经理和董事会秘书应当列席董事会会议；非董事经营班子成员以及与所议议题相关的人员根据需要列席会议；会议主持人认为有必要的，可以通知其他有关人员列席董事会会议。列席会议人员有权就相关议题发表意见，但没有投票表决权。

第二十一条 董事原则上应当亲自出席董事会会议。因故不能出席会议的，应当事先审阅会议材料，形成明确的意见，书面委托其他董事代为出席。委托书应当载明：（一）委托人和受托人的姓名、身份证号码；（二）委托人不能出席会议的原因；（三）委托人对每项提案的简要意见；（四）委托人的授权范围和对提案表决意向的指示；（五）委托人和受托人的签字、日期等。受托董事应当向会议主持人提交书面委托书，在会议签到簿上说明受托出席的情况。代为出席会议的董事应当在授权范围内行使董事的权利。董事未出席董事会会议，亦未委托代表出席的，视为放弃该次会议上的投票权。

第二十二条 委托和受托出席董事会会议应当遵循以下原则：（一）在审议关联交易事项时，非关联董事不得委托关联董事代为出席；关联董事也不得接受非关联董事的委托；（二）独立董事不得委托非独立董事代为出席，非独立董事也不得接受独立董事的委托；（三）董事不得在未说明其本人对提案的个人意见和表决意向的情况下全权委托其他董事代为出席，有关董事也不得接受全权委托和授权不明确的委托；（四）一名董事不得接受超过两名董事的委托，董事也不得委托已经接受两名其他董事委托的董事代为出席。

第二十三条 董事会会议以现场召开为原则。必要时，在保障董事充分表达意见的前提下，也可以通过通信方式召开与表决，并由参会董事签字。

第四章 审议与表决

第二十四条 会议主持人应当逐一提请出席董事会会议的董事对各项提案发表明确的意见。对于根据规定需要独立董事事前认可的提案，会议主持人应当在讨论有关提案前，指定一名独立董事宣读独立董事达成的书面认可意见。董事就同一提案重复发言，发言超出提案范围，以致影响其他董事发言或者阻碍会议正常进行的，会议主持人应当及时制止。除征得全体与会董事的一致同意外，董事会会议不得就未包括在会议通知中的提案进行表决。

第二十五条 董事应当认真阅读有关会议材料，在充分了解情况的基础上独立、审慎地发表意见。董事可以在会前向董事会秘书、会议召集人、经理和其他高级管理人员、各专门委员会、会计师事务所和律师事务所等有关人员和机构了解决策所需要的信息，也可以在会议进行中向主持人建议请上述人员和机构代表与会解释有关情况。

第二十六条 提案经过充分讨论后，主持人应当适时提请与会董事对提案逐一分别进行表决。会议表决实行一人一票，可以采取举手表决的方式，也可以采取投票表决的方式。

董事的表决意向分为同意、反对和弃权。与会董事应当从上述意向中选择其一，未做选择或者同时选择两个以上意向的，会议主持人应当要求有关董事重新选择，拒不选择的，视为弃权；中途离开会场不回而未做选择的，视为弃权。

第二十七条 与会董事表决完成后，证券事务代表和其他有关工作人员应当及时收集董事的表决票，交董事会秘书在一名独立董事或者其他董事的监督下进行统计。现场召开会议的，会议主持人应当当场宣布统计结果；其他情况下，会议主持人应当要求董事会秘书在规定的表决时限结束后下一工作日之前，通知董事表决结果。董事在会议主持人宣布表决结果后或者规定的表决时限结束后进行表决的，其表决情况不予统计。

第二十八条 除本规则第三十条规定的情形外，董事会审议通过会议提案并形成相关决议，必须有超过公司全体董事人数之半数的董事对该提案投赞成票。法律、行政法规和本公司《公司章程》规定董事会形成决议应当取得更多董事同意的，从其规定。

第二十九条 对下列议案，除公司全体董事过半数同意外，还须经出席会议的三分之二以上董事通过：（一）修改《公司章程》；（二）改变公司类型、公司上市地点的议案；（三）公司合并、分立、终止和清算的议案；（四）对外投资、资产购置及处置，不超过公司资产总额（以公司最近一期经审计的数额计算，下同）40%；（五）对外担保：单笔担保额不得超过公司净资产总额的10%；公司及其控股子公司的对外担保总额，不得超过公司净资产的50%；不得为资产负债率超过70%担保对象提供担保；按照连续12个月内累计计算原则，担保金额不超过公司总资产30%的担保。

第三十条 出现下述情形的，董事应当对有关提案回避表决：（一）《上海证券交易所股票上市规则》规定董事应当回避的情形；（二）董事本人认为应当回避的情形；（三）本公司《公司章程》规定的因董事与会议提案所涉及的企业有关联关系而须回避的其他情形。在董事回避表决的情况下，有关董事会会议由过半数的无关联关系董事出席即可举行，形成决议须经无关联关系董事过半数通过。出席会议的无关联关系董事人数不足三人的，不得对有关提案进行表决，而应当将该事项提交股东大会审议。

第三十一条　董事会应当严格按照股东大会和本公司《公司章程》的授权行事，不得越权形成决议。

第三十二条　董事会会议需要就公司利润分配、资本公积金转增股本事项做出决议，但注册会计师尚未出具正式审计报告的，会议首先应当根据注册会计师提供的审计报告草案（除涉及利润分配、资本公积金转增股本之外的其他财务数据均已确定）做出决议，待注册会计师出具正式审计报告后，再就相关事项做出决议。

第三十三条　提案未获通过的，在有关条件和因素未发生重大变化的情况下，董事会会议在一个月内不应当再审议内容相同的提案。

第三十四条　二分之一以上的与会董事或两名以上独立董事认为提案不明确、不具体，或者因会议材料不充分等其他事由导致其无法对有关事项作出判断时，会议主持人应当要求会议对该议题进行暂缓表决。提议暂缓表决的董事应当对提案再次提交审议应满足的条件提出明确要求。

第三十五条　董事会会议主持人可根据情况，作出董事会休会决定和续会安排。

第三十六条　董事议事，非经会议主持人同意中途不得退出，否则视同放弃本次董事权利。

第三十七条　董事会通过的决议在会议结束后，如决议涉及信息披露义务的，即应在董事会会议结束后一个工作日内将董事会决议和会议纪要由公司董事会秘书报送上海证券交易所备案，并根据上海证券交易所的要求进行公告。在决议公告披露之前，与会董事和会议列席人员、记录和服务人员等负有对决议内容保密的义务。

第五章　董事会会议记录

第三十八条　董事会应当对会议所议事项的决定作成会议记录、董事会决议，与会董事应当代表其本人和委托其代为出席会议的董事对会议记录、董事会决议进行签字确认。董事对会议记录、董事会决议有不同意见的，可以在签字时作出书面说明。必要时，应当及时向监管部门报告，也可以发表公开声明。董事不按前款规定进行签字确认，不对其不同意见作出书面说明或者向监管部门报告、发表公开声明的，视为完全同意会议记录、董事会决议的内容。董事会会议记录、董事会决议作为公司档案由董事会秘书保存。董事会会议记录、董事会决议作为公司档案保存，保存期限为20年。

第三十九条 董事会会议记录包括以下内容：（一）会议届次和召开的时间、地点、方式；（二）会议通知的发出情况；（三）会议召集人和主持人；（四）董事亲自出席和受托出席的情况；（五）关于会议程序和召开情况的说明；（六）会议审议的提案、每位董事对有关事项的发言要点和主要意见、对提案的表决意向；（七）每项提案的表决方式和表决结果（说明具体的同意、反对、弃权票数）；（八）与会董事认为应当记载的其他事项。

第四十条 董事应当在董事会决议上签字并对董事会的决议承担责任。董事会决议违反法律、法规或者《公司章程》，致使公司遭受损失的，参与决议的董事对公司负赔偿责任。但经证明在表决时曾表明异议并记载于会议记录的，该董事可以免除责任。

第四十一条 董事长应当督促有关人员落实董事会决议，检查决议的实施情况，并在以后的董事会会议上通报已经形成的决议的执行情况。

第四十二条 董事会会议记录属公司机密文件，由董事会秘书负责保存。参加会议当事人应当遵守国家证券监管部门关于上市公司信息披露的有关规定，在会议内容未向公众公告前，负有保密责任。

第六章 附 则

第四十三条 本规则所称公告或通知，是指在中国证券监督管理委员会指定报刊上刊登有关信息披露内容。公告或通知篇幅较长的，公司可以选择在中国证券监督管理委员会指定报刊上对有关内容作摘要性披露，但全文应当同时在中国证券监督管理委员会指定的网站上公布。

第四十四条 本规则所称“以上”“内”，含本数；“过”“低于”“多于”，不含本数；“最近一期经审计的财务指标”所涉及的数据如为负值，取绝对值计算。

第四十五条 本规则未尽事宜，应当依照有关法律、法规、规范性文件和《公司章程》的规定执行。

第四十六条 本规则由董事会负责解释。

第四十七条 本规则经股东大会审议通过后生效，修改时亦同。

3. 监事会（监事）权力设置及其议事规则

监事会是公司的日常监督机构，一般来说行使下列职权：选举监事会主席；检查公司财务；应当对董事会编制的公司定期报告进行审核并提出书面审核意见；对董事、高级管理人员执行公司职务的行为进行监督，对违反法律、行政法规、公司章程或者股东大会决议的董事、高级管理人员提出罢免的建议；当董事、高级管理人员的行为损害公司的利益时，要求董事、高级管理人员予以纠正；提议召开临时股东大会，在董事会不履行《公司法》规定的召集和主持股东大会职责时召集和主持股东大会；向股东大会提出议案；提议召开董事会临时会议；监事会成员列席董事会会议；依照《公司法》第一百五十二条的规定，对董事、高级管理人员提起诉讼；发现公司经营情况异常，可以进行调查；必要时，可以聘请会计师事务所、律师事务所等专业机构协助其工作，费用由公司承担；公司章程规定或股东大会授予的其他职权。

(3)【监事会议事规则】模板

××股份有限公司监事会议事规则

第一条　宗旨

为进一步规范××股份有限公司（以下简称公司）监事会的议事方式和表决程序，促使监事和监事会有效地履行监督职责，完善公司法人治理结构，根据《中华人民共和国公司法》《中华人民共和国证券法》《上市公司治理准则》《上海证券交易所股票上市规则（2014 年修订）》等有关法律、法规、规章、规范性文件及《××有限公司章程》（以下简称《公司章程》），制定本规则。

第二条　监事会的组成和职权

公司设监事会。监事会由 3 名监事组成，其中 2 名监事由股东大会选举和罢免；1 监事由公司职工代表出任，由公司职工通过职工代表大会、职工大会或者其他形式民主选举产生。最近两年内曾担任过公司董事或者高级管理人员的监事人数不得超过公司监事总数的 1/2。

监事会行使下列职权：

（一）应当对董事会编制的公司定期报告进行审核并提出书面审核意见；（二）检查公司的财务；（三）对董事、高级管理人员执行公司职务的行为进行监督，对违反法律、行政法规、《公司章程》或者股东大会决议的董事、高级管理人员提出罢免的建议；（四）当董事、高级管理人员的行为损害公司的利益时，要求董事、高级管理人员予以纠正；（五）提议召开临时股东大会，在董事会不履行《公司法》规定的召集和主持股东大会会议职责时召集和主持股东大会会议；（六）向股东大会会议提出提案；（七）依照《公司法》第一百五十二条的规定，对董事、高级管理人员提起诉讼；（八）发现公司经营情况异常，可以进行调查；必要时，可以聘请会计师事务所、律师事务所等专业机构协助其工作，费用由公司承担。

监事应当对独立董事履行职责的情况进行监督，充分关注独立董事是否持续具备应有的独立性，是否有足够的时间和精力有效履行职责，履行职责时是否受到公司主要股东、实际控制人或非独立董事、监事、高级管理人员的不当影响等。监事应当对董事会专门委员会的执行情况进行监督，检查董事会专门委员会成员是否按照董事会专门委员会议事规则履行职责。

第三条 监事会办公室

监事会设监事会办公室，处理监事会日常事务。

监事会主席兼任监事会办公室负责人，保管监事会印章。监事会主席可以要求公司证券事务代表或者其他人员协助其处理监事会日常事务。

第四条 监事会定期会议和临时会议

监事会会议分为定期会议和临时会议。

监事会定期会议应当每半年至少召开一次。出现下列情况之一的，监事会应当在10日内召开临时会议：

（一）任何监事提议召开时；（二）股东大会、董事会会议通过了违反法律、法规、规章、监管部门的各种规定和要求、《公司章程》、公司股东大会决议和其他有关规定的决议时；（三）董事和高级管理人员的不当行为可能给公司造成重大损害或者在市场中造成恶劣影响时；（四）公司、董事、监事、高级管理人员被股东提起诉讼时；（五）公司、董事、监事、高级管理人员受到证券监管部门处罚或者被证券交易所公开谴责时；（六）证券监管部门要求召开时；（七）《公司章程》规定的其他情形。

第五条 定期会议的提案

在发出召开监事会定期会议的通知之前，监事会办公室应当向全体监事征集会议提案，并至少用2天的时间向公司全体员工征求意见。在征集提案和征求意见时，监事会办公室应当说明监事会重在对公司规范运作和董事、高级管理人员职务行为的监督而非公司经营管理的决策。

第六条 临时会议的提议程序

监事提议召开监事会临时会议的，应当通过监事会办公室或者直接向监事会主席提交经提议监事签字的书面提议。书面提议中应当载明下列事项：

（一）提议监事的姓名；（二）提议理由或者提议所基于的客观事由；（三）提议会议召开的时间或者时限、地点和方式；（四）明确和具体的提案；（五）提议监事的联系方式和提议日期等。

在监事会办公室或者监事会主席收到监事的书面提议后3日内，监事会办公室应当发出召开监事会临时会议的通知。监事会办公室怠于发出会议通知的，提议监事应当及时向监管部门报告。

第七条　会议的召集和主持

监事会设主席1名。监事会主席由全体监事过半数选举产生。监事会主席召集和主持监事会会议；监事会主席不能履行职务或者不履行职务的，由半数以上监事共同推举1名监事召集和主持监事会会议。

第八条　会议通知

召开监事会定期会议和临时会议，监事会办公室应当分别提前十日和五日将盖有监事会印章的书面会议通知，通过专人送出、传真、电子邮件或者其他方式，提交全体监事。非直接送达的，还应当通过电话进行确认并做相应记录。

情况紧急，需要尽快召开监事会临时会议的，可以随时通过口头或者电话等方式发出会议通知，但召集人应当在会议上做出说明。

第九条　会议通知的内容

监事会会议通知应当至少包括以下内容：

（一）会议日期、地点和会议期限；（二）会议的召开方式；（三）拟审议的事项（会议提案）；（四）会议召集人和主持人、临时会议的提议人及其书面提议；（五）监事表决所必需的会议材料；（六）监事应当亲自出席会议的要求；（七）联系人和联系方式；（八）发出通知的日期。

口头会议通知至少应包括上述第（一）项、第（二）项、第（三）项内容，以及情况紧急需要尽快召开监事会临时会议的说明。

第十条　会议召开方式

监事会会议应当以现场方式召开。

紧急情况下，监事会会议可以通信方式进行表决，但监事会召集人（会议主持人）应当向与会监事说明具体的紧急情况。在通信表决时，监事应当将其对审议事项的书面意见和投票意向在签字确认后传真至监事会办公室。监事不应当只写明投票意见而不表达其书面意见或者投票理由。

第十一条　会议的召开

监事会会议应当由全体监事的半数以上出席方可举行。相关监事拒不出席或者怠于出席会议导致无法满足会议召开的最低人数要求的，其他监事应当及时向监管部门报告。

董事会秘书和证券事务代表应当列席监事会会议。

第十二条 会议审议程序

会议主持人应当逐一提请与会监事对各项提案发表明确的意见。

会议主持人应当根据监事的提议，要求董事、高级管理人员、公司其他员工或者相关中介机构业务人员到会接受质询。

第十三条 监事会决议

监事会会议的表决实行一人一票，以记名和书面方式进行。

监事的表决意向分为同意、反对和弃权。与会监事应当从上述意向中选择其一，未做选择或者同时选择两个以上意向的，会议主持人应当要求该监事重新选择，拒不选择的，视为弃权；中途离开会场不回而未做选择的，视为弃权。

监事会形成决议应当经半数以上监事通过。

第十四条 会议记录

监事会办公室工作人员应当对现场会议做好记录。会议记录应当包括以下内容：

（一）会议届次和召开的时间、地点、方式；（二）会议通知的发出情况；（三）会议召集人和主持人；（四）会议出席情况；（五）会议审议的提案、每位监事对有关事项的发言要点和主要意见、对提案的表决意向；（六）每项提案的表决方式和表决结果（说明具体的同意、反对、弃权票数）；（七）与会监事认为应当记载的其他事项。

对于以通信方式召开的监事会会议，监事会办公室应当参照上述规定，整理会议记录。记录人应当在会议记录上签字。

第十五条 监事签字

与会监事应当对会议记录、会议纪要或者决议记录进行签字确认。监事对会议记录、会议纪要或者决议记录有不同意见的，可以在签字时作出书面说明。必要时，应当及时向监管部门报告，也可以发表公开声明。

监事不按前款规定进行签字确认，不对其不同意见做出书面说明或者向监管部门报告、发表公开声明的，视为完全同意会议记录、会议纪要和决议记录的内容。

第十六条 决议公告

监事会决议公告事宜，由董事会秘书根据《上海证券交易所股票上市规则》（2012 年修订）的有关规定办理。

第十七条 决议的执行

监事应当督促有关人员落实监事会决议。监事会主席应当在以后的监事会会议上通报已经形成的决议的执行情况。

第十八条　会议档案的保存

监事会会议档案，包括会议通知和会议材料、会议签到簿、会议录音资料、表决票、经与会监事签字确认的会议记录、会议纪要、决议记录、决议公告等，由监事会主席指定专人负责保管。

监事会会议档案的保存期限不少于10年。

第十九条　附则

本规则未尽事宜，参照《公司章程》的有关规定执行。

在本规则中，“以上”“以下”，都含本数；“超过”，不含本数。

本规则由监事会负责解释。

本规则经监事会审议通过并提交公司股东大会批准后生效，其中涉及上市后适用的部分自公司于境内首次公开发行股票并上市之日起适用。如遇国家法律和行政法规修订，规则内容与之抵触时，应及时进行修订，由监事会提交股东大会审议批准。

××股份有限公司

××年××月××日

4. 投资决策委员会的职权及其议事规则

私募基金管理人投资决策委员会是公司的投资决策机构，负责公司关于投资的重大事项，一般来说具有下列职权：审议批准公司投资战略、投资方向、投资范围、投资方式、投资标准、投资策略、投资限制；审定公司投资管理、投后管理、投资退出的体系、制度、流程、标准；持续监督、检查、评估公司整体投资的运营态势、风险状况、合规状况，及时提出意见和建议；对投资团队操作的具体投资项目遇到的问题提供专业性的意见和建议以及日常的常规性咨询，供投资团队参考。

私募投资基金投资决策委员会是基金的投资决策机构，一般来说具有下列职权：审议批准私募投资项目、投资方案及其调整等；对基金拟投资项目及投资方案提出明确的投资决策意见（含增信措施）；审议批准投资项目投后管理方案及其调整；提出投后管理过程中风险的防范指导意见和方案；审议批准投资项目退出方案及其调整；对公司投资项目退出提出明确的操作意见和指导方案；监督检查已投项目投资运作情况，对投资项目风险进行动态分析和评估以及其他事宜。私募投资基金投资决策委员会由基金管理人委派的人组成，但实践中投资人为加强对基金管理人以及基金的监督，往往要求加入投资决策委员会并拥有一票否决权，而基金管理人迫于资金募集的压力，也不得不同意上述要求。但根据相关法律规定，如果投资人加入投资决策委员会并赋予决策权力，在司法实践中往往被认为是实质的基金管理人，要承担无限连带责任，这对于投资人来说风险较大，需要投资人慎重予以考虑。实际工作中，政府引导基金一般采取在投资决策委员会中派驻观察员这一角色，观察员并不参与私募投资基金的决策，但是对于不符合合同约定和法律规定的投资决策具有一票否决权，被观察员否决的事项，基金管理人不能再执行，这种操作合规，相对风险较小，可供在实际工作中参考。

实践中要注意区分私募基金管理人的投资决策委员会和私募投资基金的投资决策委员会，私募基金管理人的投资决策委员会负责的是私募基金管理人公司本身投资事项的决策事宜，而私募投资基金的投资决策委员会负责的是投资基金本身决策事项的决策事宜。实际工作中，私募基金管理人往往基于便捷和经济的需要，公司本身投资决策委员会（有的基金管理公司本身不设投资决策委员会）和基金投资决策委员会合二为一，直接由基金公司投资决策委员会作出决策，这其实不符合私募投资基金内控合规的要求。

（4）【投资决策委员会议事规则（试行）】模板

××管理有限公司投资决策委员会议事规则（试行）

第一章　总　　则

第一条　为规范××管理有限公司（以下简称公司）投资决策程序，提高投资决策的效率，有效控制投资风险，根据《公司章程》《××管理有限公司投资管理办法（试行）》及其他有关规定，特制定本规则。

第二条　投资决策委员会是公司设立的投资决策机构，主要负责公司对外投资决策事宜，对公司执行董事负责。未经投资决策委员会决策，公司不得对外投资。

第三条　投资决策委员会应坚持独立、客观、公正的原则，依法行使相关权利，履行相关义务，不得越权作出投资决策。

第二章　人员组成及任期

第四条　投资决策委员会由5名委员组成，委员由投资、法律、财务、风控、金融等方面的人员构成并由执行董事任命，其中投资决策委员会主任由公司总经理担任。委员的任期为每届3年，可以连任。

第五条　投资决策委员会主任根据投资项目的需要，可以聘请投资、财务、金融法律等有关专业人员列席投资决策委员会会议。

第六条　投资决策委员应勤勉尽责、公正廉洁、忠于职守、遵纪守法，并按照独立性原则就项目投资或退出作出实质判断，并在会议上审慎发表意见。

第七条　投资决策委员会因委员辞职、免职或其他原因而导致人数低于规定人数时，应尽快任命新的委员以达到本规则的要求。在投资决策委员会委员人数达到规定人数之前，投资决策委员会应暂停行使本规则规定的职权。

第三章　职责权限

第八条　投资决策委员会的主要职责：

（一）确立投资方向、方式、范围、投资标准、投资策略；审定公司投资的制度和流程；

（二）审议批准投资项目及投资方案等；审议批准项目投后管理方案和投资退出方案；

（三）对公司拟投资项目及投资方案提出明确的投资决策意见（含增信措施）；

（四）提出投资项目管理过程中防范风险的指导意见，提出指导方案；

（五）监督检查已投项目投资运作情况，对投资项目风险进行动态分析和评估；

（六）董事会授权的其他事宜。

第四章　议事规则

第九条　投资决策委员会会议由投资业务部门向风险管理部门提出申请，风险管理部门负责组织召开。会议召开前3日内，业务部门应将在会议中讨论的项目背景资料、可研报告、项目测算以及其他资料提供给风险管理部门。

第十条　投资决策委员会会议由主任委员主持；主任委员因故不能出席，则应授权相关委员代为主持。投资决策委员会会议应由委员本人出席，委员因故不能出席，可以书面全权委托代理人代为出席行使权利。授权委托书应载明具体授权范围、授权权限、授权期限等事项。

第十一条　投资决策委员会会议应当由全体成员出席方可举行，每一名成员享有一票表决权。会议作出决议时，必须经投资决策委员会全体成员三分之二以上（不含）通过方为有效，主任委员对投资议案具有一票否决权。附条件通过的，必须具备和达到所有委员提出的条件才可进行投资。

第十二条　投资决策委员会会议采取记名投票的表决方式。投资决策委员会委员应当根据项目情况作出独立判断，并在表决票上说明相关理由。

第十三条　投资决策委员会会议表决后应形成会议决议并制作会议记录，出席会议的委员应在会议决议和会议记录上签字。

第十四条　投资决策委员会会议决议包括如下内容：

（一）会议召开的日期、地点和召集人姓名；

（二）会议应到委员人数、实到人数；

（三）经会议审议并经表决的议案的内容和表决结果。

第十五条 对于投资委员会委员所属业务部门承办的本部门的投资项目，投资决策委员会委员应予回避项目决策。

第十六条 出席会议的人员均对会议所议事项有保密义务，不得擅自披露有关投资项目信息和投资决策信息。

第五章 附 则

第十七条 本规则由公司董事会制定并负责解释。

第十八条 本规则自颁布之日起实施。

5. 风险控制（管理）委员会职权及其议事规则

风险控制（管理）委员会是公司风险管理与控制的机构，一般来说具有下列职权：审议公司风险管理及合规管理总体目标，拟定风险偏好等重大风险管理政策；审议批准公司风险管理的制度、流程、标准；提出公司经营管理或项目投资过程中防范风险的指导意见；对公司或项目风险状况和风险管理能力及水平进行评价；负责对公司或投资项目的风险控制工作进行审议和评价；提出完善公司或投资项目风险管理和内部控制的建议；监督公司经营层及管理层职责履行情况并确保及时向董事会汇报任何与公司风险管理、合规管理及内部审计有关的重大风险讯息；定期对公司风险管理系统的有效性进行评价评估，督促经营层采取整改措施；审议风险管理部门年度工作计划和年度报告；董事会授权的其他事宜。对金融行业来说，风控和合规是管理的重中之重。但在实际工作中，如何针对不同公司的实际情况，设计符合公司本身的风险合规治理架构和实施机构，是需要花费时间和精力仔细考虑的一个问题。

（5）【风险管理委员会议事规则（试行）】模板

××管理有限公司风险管理委员会议事规则（试行）

第一章 总 则

第一条 为建立和规范××管理有限公司（以下简称公司）风险管理委员会的议事程序和决策程序，提高风险管理委员会的工作效率和科学决策的水平，保证风险管理委员会工作的顺利开展，特制定本规则。

第二条 风险管理委员会是执行董事专门工作机构，对执行董事负责。风险管理委员会根据《公司章程》《××管理有限公司风险管理办法（试行）》以及本规则的规定履行职责，并监督公司全面风险管理体系的建设和运行。

第二章 风险管理委员会的组成

第三条 风险管理委员会由不少于5名人员组成，其中2名委员分别由集团公司风险管理中心和战略管理中心人员担任，3名委员由总经理担任或任命，其中风险管理委员会主任由总经理担任。风险管理委员会任期3年，委员任期届满，可以连选连任。

第四条 风险管理委员会因委员辞职、免职或其他原因而导致人数低于规定人数时，应任命新的委员。在风险管理委员人数达到规定人数之前，风险管理委员会暂停行使本规则规定的职权。

第三章 风险管理委员会职责

第五条 风险管理委员会对执行董事负责，向执行董事报告，履行下列职责：

（一）提出公司经营管理或项目投资过程中防范风险的指导意见；

（二）对公司或项目风险状况和风险管理能力及水平进行评价；

（三）提出完善公司或投资项目风险管理和内部控制的建议；

（四）审议风险管理年度工作计划和年度报告；

（五）负责对公司或投资项目的风险控制制度进行审议和评价；

（六）负责对公司投资项目的有关风险作出决策；

（七）对执行董事授权的其他风险管理事项进行审议和评价。

第四章 会议的召集程序、议事表决程序

第六条 风险管理委员会会议至少每半年定期召开一次，总经理认为必要时或三分之一以上成员提议时，可以召开临时会议。对投资项目有关风险进行决策的风险管理委员会会议应在该项目投资决策之前召开。风险管理委员会召开会议，原则上应于会议召开五日前书面通知风险管理委员会各位成员；特殊情况下，也可采用电子邮件、传真、特快专递、挂号邮寄或经专人送达等方式通知全体成员。

第七条 风险管理委员会会议通知包括以下内容：

（一）会议日期和地点；（二）会议期限；（三）事由及议题；（四）发出通知的日期。

委员会成员收到会议通知后，应及时予以确认并反馈相关信息。

第八条 风险管理委员会会议应当由全体成员出席方可举行，每一名成员享有一票表决权。作出决议时，必须经风险管理委员会全体成员三分之二以上通过方为有效，主任对议案具有一票否决权。

第九条 风险管理成员应亲自出席会议。遇特殊情况，成员不能亲自出席会议的，可提交由该成员签字的授权委托书，委托委员会其他成员代为出席并行使有关职权。授权委托书应载明具体授权范围、授权权限、授权期限等事项。

第十条 风险管理委员会会议由风险管理委员会主任主持。风险管理委员会主任因故不能主持会议时，由风险管理委员会主任指定其他委员主持。

第十一条 各委员应依据其自身职业判断，明确、独立地发表意见，不应受到其他不当因素的影响。

第十二条 根据会议议程和需要，风险管理委员会可以要求与会议议题有关的其他人员到会介绍有关情况或听取有关意见。列席会议人员不具有表决权，不得影响会议进程、会议表决和决议。

第十三条 风险管理委员会会议原则上不审议未在会议通知上列明的议题或事项。特殊情况下需增加新的议题或事项时，应当由三分之二以上成员同意方可对临时增加的会议议题或事项进行审议和作出决议。

第十四条 风险管理委员会会议表决后应形成会议决议并制作会议记录，各出席会议的风险管理委员会成员应在会议决议和会议记录上签字。

第十五条 风险管理委员会会议决议包括如下内容：

（一）会议召开的日期、地点和召集人姓名；

（二）会议应到委员人数、实到人数；

（三）经会议审议并经表决的议案的内容和表决结果；

（四）其他应当在决议中说明和记载的事项。

第十六条 出席会议的委员会成员及列席人员对会议所议事项负有保密的责任和义务。

第五章 附 则

第十七条 本规则由公司董事会制定并解释。

第十八条 本规则自颁布之日起实施。

6. 关联交易委员会职权及其议事规则

关联交易委员会是公司关联交易的管理和控制机构，一般来说具有下列职权：负责关联方信息的收集、整理、更新并向董事会和监事会报告；负责整理、确认公司关联交易的类型并向董事会和监事会报告；向公司董事会提出对公司关联交易的管理制度进行修改或完善的建议；负责关联交易的管理，及时审查和批准关联交易，控制关联交易的风险；对公司重大关联交易进行审查，形成书面意见，提交董事会审议和批准；聘请独立中介机构对关联交易客观性、公允性及合理性出具意见，或对公司关联交易的发生及执行情况进行审核；在公司拟发生或已经发生的关联交易事项违反相关法律法规或公司内部管理制度的规定，或者存在损害公司或非关联股东利益的情形或可能时，向董事会提出修正或调整意见并抄送监事会；在股东大会、董事会及监事会依照公司章程及相关制度规定提出修正或调整意见后，监督落实整改情况并向董事会做出报告及抄送监事会；有关法律、法规、公司章程规定的及董事会授权的其他事宜。对于私募投资基金来说，关联交易并不是法律法规绝对禁止的事项，但是关联交易的发生必须基于必要性、公开性、公正性、公平性的原则，并且私募基金管理人必须履行关联交易决策程序以及必须对私募基金投资人及时进行信息披露，严禁私募基金管理人通过关联交易非法向私募基金管理人及其管理的其他基金输送利益。

（6）【关联交易控制委员会工作规则】模板

关联交易控制委员会工作规则

第一章　总　　则

第一条　为完善××有限公司（以下简称公司）治理结构，根据《中华人民共和国公司法》、公司章程及其他有关规定，公司特设关联交易控制委员会，并制定本规则。

第二条　关联交易控制委员会主要负责对涉及基金关联交易事项的客观性、公允性及合理性进行审核并对批准的关联交易的执行情况进行监督管理。

第二章　人员组成

第三条　关联交易控制委员会成员由五名人员组成，委员中至少有一名人员为专业会计人士，一名为法律专业人士。

第四条　关联交易控制委员会委员由董事长或者全体董事的三分之一提名，并由董事会选举产生。

第五条　关联交易控制委员会设主任委员（召集人）一名，由董事会选举产生，负责主持委员会工作；主任委员在委员内选举，并报请董事会批准产生。

第六条　关联交易控制委员会任期三年，可以连选连任。

第七条　关联交易控制委员会下设秘书一名，负责日常工作联络和会议组织等工作。

第三章 职责权限

第八条 关联交易控制委员会的主要职责权限:

(一)对涉及公司或基金的关联交易事项进行审议;

(二)根据客观标准对关联交易是否必要、是否合理做出判断;

(三)决定聘请独立中介机构对关联交易客观性、公允性及合理性出具意见,或对关联交易的发生及执行情况进行审核,作为关联交易控制委员会做出决议的基础;

(四)向公司董事会提出对公司关联交易的管理制度进行修改或完善的建议;

(五)对公司已经取得批准的关联交易的协议订立及履行情况进行审核和监督管理;

(六)在公司拟发生或已经发生的关联交易事项违反相关法律法规或公司内部管理制度的规定,或者存在损害公司、基金的情形时,向董事会提出修正或调整意见;监督落实整改情况并向董事会做出报告及抄送监事会;

(七)与公司监事会就公司关联交易的必要性、客观性、公允性和合理性进行沟通;

(八)公司董事会授予的与审核、监管关联交易有关的其他职权或委托的其他事宜。

第九条 关联交易控制委员会对董事会负责,委员会的提案提交董事会审议决定。

第四章 决策程序

第十条 关联交易控制委员会下设的工作秘书负责做好关联交易控制委员会决策的前期准备工作,提供公司有关方面的书面资料:

(一)交易概述及交易标的的基本情况;

(二)交易各方的关联关系说明和关联人基本情况;

(三)交易的定价政策及定价依据,包括成交价格与交易标的账面值、评估值以及明确、公允的市场价格之间的关系以及因交易标的特殊而需要说明的与定价有关的其他特定事项;若成交价格与账面值、评估值或者市场价格差异较大的,应当说明原因;如交易有失公允的,还应当说明本次关联交易所产生的利益转移方向;

(四)交易协议的主要内容,包括交易价格、交易结算方式、关联人在交易中所占权益的性质和比重,协议生效条件、生效时间、履行期限等;

(五)交易目的及对公司的影响,包括进行此次关联交易的必要性和真实意图,对本期和未来财务状况和经营成果的影响等;

（六）其他相关资料。

第十一条　关联交易控制委员会会议，对报告进行评议并将相关书面决议材料呈报董事会讨论。

第五章　议事规则

第十二条　关联交易控制委员会会议分为定期会议和临时会议，定期会议每年至少召开二次，临时会议依据项目情况召开。会议召开前七日须通知全体委员，会议由主任委员主持，主任委员不能出席时可委托其他一名委员主持。

第十三条　关联交易控制委员会会议应由三分之二以上的委员出席方可举行；每一名委员有一票的表决权；会议做出的决议，必须经全体委员的过半数通过。

第十四条　关联交易控制委员会会议表决方式为举手表决或投票表决；临时会议可以采取通信表决的方式召开。

第十五条　秘书可列席关联交易控制委员会会议，必要时亦可邀请公司董事、监事及其他高级管理人员列席会议。

第十六条　如有必要，关联交易控制委员会可以聘请中介机构为其决策提供专业意见，费用由公司支付。

第十七条　关联交易控制委员会会议的召开程序、表决方式和会议通过的议案必须遵循有关法律、法规、公司章程及本规则的规定。

第十八条　关联交易控制委员会会议应当有记录，出席会议的委员应当在会议记录上签名；会议记录由秘书保存。

第十九条　关联交易控制委员会会议通过的议案及表决结果，应以书面形式报公司董事会。

第二十条　出席会议的委员均对会议所议事项有保密义务，不得擅自披露有关信息。

第六章　附　　则

第二十一条　本规则自发布之日起施行。

第二十二条　本规则未尽事宜，按国家有关法律、法规和公司章程的规定执行。

第二十三条　本规则解释权归属公司董事会。

7. 专家咨询（顾问）委员会职权及其议事规则

专家咨询（顾问）委员会是由特定行业的专家组成的决策咨询机构，但并不是每个基金公司都设立这个机构，一般来说具有下列职权：就公司投资业务提供战略性的决策建议、政策支持以及趋势分析；就公司投资项目中的重大、疑难问题提供建议和意见以及解决方案；定期对公司投资人员、投后人员以及公司管理层进行培训和指导；就公司的战略发展方向提供咨询建议、提出系统的解决方案。实际工作中，有的管理人赋予专家咨询（顾问）实质性权利，对投资决策委员会通过事项具有否决权，鉴于投资决策委员会的定位和性质，建议专家咨询（顾问）委员会不具有否决权较为妥当。专家咨询（顾问）委员会议事规则比较简单，参考其他议事规则即可，不再详述。

（二）私募投资基金管理公司运营体系及各部门职责

从公司的运营层面来说，私募投资基金管理公司的职能部门一般可以分为募集管理部、投资管理部、投后管理部、法律事务部、风险管理部、财务管理部、人力行政部、信息管理部、客户服务部等。部门设置与基金管理公司规模、发展阶段、企业文化、领导风格、风险偏好、业务规模、运行机制等密切相关，不同的公司部门设置以及部门职责大不相同。可能一个部门只行使一个职能，也可能一个部门行使两三个职能。严格来讲，不同的部门设置没有绝对的正确错误之分，关键要看能否满足企业特定阶段的发展需求、部门职责是否正常运转，各部门之间是否配合流畅，运营成本是否合理，不必过于拘束于部门的专业化划分从而给企业带来经济上以及精力上的负担。

1. 募集管理部部门职责

主导私募投资基金的募集推介工作。对接银行等金融机构、非银行金融机构以及私募基金的宣传推介；对接高净值客户以及私募基金的宣传推介；制定基金产品募集方案，参与投资方案的讨论与设计；主导基金管理公司的对外宣传与推介工作；主导私募投资基金宣传资料设计和私募基金路演；对合格投资者进行资格审查、风险评级、前期私募基金信息披露、风险揭示及其辅助工作；对私募基金产品的风险评级以及适当性匹配工作；进行反洗钱审查；开展冷静期回访工作；负责私募投资基金合同的签署与沟通工作。

2. 投资管理部部门职责

主导私募投资基金对外投资工作。拟订公司年度和季度投资计划；负责投资行业研究；寻找和对接投资项目；主导拟投资项目的前期分析；聘请外部第三方机构进行尽职调查、财务审计、资产评估、项目估值等；主导投资项目的谈判与协议签署工作；编制拟投资项目的投资方案、立项报告、投决报告；落实项目立项会、投决会要求落实的事项；项目表决通过后落实项目审批方案中确定的各项管控条件和措施；具备放款前置条件后申请对外投资付款并取得相关证明；将投资项目与投后管理团队进行交接；协调对接被投企业与投后管理团队；持续协助投后管理团队与被投企业进行沟通。

3. 投后管理部部门职责

主导私募投资基金的投后管理工作。拟订投资项目的投后管理计划和方案；投资完成后负责对接与沟通被投资项目及其团队；参与被投资项目的公司治理和运营管理；向被投资项目委派相关人员进行监管；持续跟踪、监控和更新被投项目的进展；项目出现风险时进行压力测试与风险预警；协助被投资项目对接外部资源进行价值提升、管理提升、资源整合；负责项目退出方案的设计与项目退出工作；主导问题项目的处置工作；向投资人进行信息披露和向中基协进行信息报送。

4. 法律事务部部门职责

主导私募基金的法律与合规管理工作。负责法务风控管理体系的搭建，协助优化投资决策流程；对公司日常运营和业务开展过程中所涉及的法律风险事项进行审查和控制，对基金业务做出决策提供全面法律风险审查意见或建议；负责参与基金业务的法律尽职调查工作；为公司各业务部门的业务方案设计和论证提供法律方面的优化方案；为基金业务的交易提供法律上的支持；负责为公司各职能部门的日常工作提供法律服务；负责定期开展与公司运营和基金业务相关的各类法律培训；负责公司资产以及知识产权的保护。

5. 风险管理部部门职责

《私募投资基金管理人内部控制指引》第十二条规定，私募基金管理人应当设置负责合规风控的高级管理人员。负责合规风控的高级管理人员，应当独立地履行对内部控制监督、检查、评价、报告和建议的职能，对因失职渎职导致内部控制失效造成重大损失的，应承担相关责任。风险管理部主要负责设计公司风险管理架构以及权利设置；制定风险管理和内部控制政策、制度、流程；参与设计公司业务流程以及管理制度；负责公司经营活动和投资项目的经营风险识别、评估工作并提供解决和缓释方案；及时发现和定期报告公司业务和经营风险并提出应对措施；公司或项目出现风险时，组织实施或协助组织实施风险化解工作。

6. 财务管理部部门职责

主导公司财务管理工作。负责搭建公司财务制度体系，财务核算体系，制定相关制度；负责组织公司年度预算编制，跟踪公司及各部门预算完成情况；制定公司财务分析报告，分析经营状况，为领导宏观决策提供依据；负责审核记账凭证，审核各财务测算，合同台账等；负责编制公司合并报表；负责控制成本费用，适度降低成本费用；负责公司整体纳税筹划工作。

7. 人力行政部部门职责

主导公司人力行政工作。负责公司的人力和行政规划工作；负责人员招聘、培训、人事档案管理、劳资、考勤、社保等事务的管理；负责主导公司各项制度的制定、修改工作；负责公司的档案管理工作；负责公司各种证件、印章的管理工作；负责公司各种非专业会议的组织工作；负责公司的对外联系和日常接待工作；负责公司财产的日常采买、登记造册以及废物处置工作。

8. 信息管理部部门职责

主导公司信息化建设工作。拟订公司信息化建设的规划和计划，编制公司信息化管理的制度、流程；开发公司项目募集管理、投资管理、投后管理、风险管理以及其他管理所需的信息系统；负责公司网站、微信、自媒体的信息设计、开发、建设、推广活动；负责公司所有信息化设备的采购、维护、登记、调配、核销等工作；负责公司信息化建设和设备软硬件使用的培训工作等。

9. 客户服务部部门职责

主导公司客户服务工作。及时、持续与客户沟通，反馈与解决客户提出的问题，维护与客户良好的合作关系；及时了解客户需求，协助改善公司的产品或服务，提供客户的黏合度；不断了解和感知客户的投资偏好和分享好恶，为客户推介或提供适格的产品或服务；利用客户资源，开发新的客户，推动公司业务的不断拓展；协助推广公司的品牌建设，为公司品牌建设添砖加瓦。

（三）私募投资基金管理公司人员配置及其资质要求的合规管理

2018 年 12 月，中基协更新的《私募基金管理人登记须知》，对基金管理人高管人员及其一般员工的资质要求进行了规定，同时对兼职和竞业禁止问题进行了明确。其中规定，“申请机构应当按规定具备开展私募基金管理业务所需的从业人员、营业场所、资本金等运营基本设施和条件，并建立基本管理制度（一）【内控基本要求】根据《私募投资基金管理人内部控制指引》及私募基金登记备案相关问题解答相关要求，申请机构应当建立健全内部控制机制，明确内部控制职责，完善内部控制措施，强化内部控制保障，持续开展内部控制评价和监督。申请机构的工作人员应当具备与岗位要求相适应的职业操守和专业胜任能力。”“三、高管人员及其他从业人员相关要求（一）【高管定义】根据《关于进一步规范私募基金管理人登记若干事项的公告》等的要求，从事私募证券投资基金业务的各类私募基金管理人，其高管人员（包括法定代表人/执行事务合伙人（委派代表）、总经理、副总经理、合规/风控负责人等）均应当取得基金从业资格。从事非私募证券投资基金业务的各类私募基金管理人，至少 2 名高管人员应当取得基金从业资格，其法定代表人/执行事务合伙人（委派代表）、合规/风控负责人应当取得基金从业资格。各类私募基金管理人的合规/风控负责人不得从事投资业务……（三）【竞业禁止】私募基金管理人的从业人员、出资人应当遵守竞业禁止原则，恪尽职守、勤勉尽责，不应当同时从事与私募业务可能存在利益冲突的活动。（四）【高管任职要求】根据《私募基金登记备案相关问题解答（十二）》，为维护投资者利益，严格履行“受人之托、代人理财”义务，防范利益输送及道德风险，私募基金管理人的高管人员应当勤勉尽责、恪尽职守，合理分配工作精力，在私募基金管理人登记及相关高管人员提出变更申请时，应当遵守以下要求：1. 不得在非关联的私募机构兼职；2. 不得在与私募业务相冲突业务的机构兼职；3. 除法定代表人外，私募基金管理人的其他高管人员原则上不应兼职；若有兼职情形，应当提供兼职合理性相关证明材料（包括但不限于兼职的合理性、胜任能力、如何公平对待服务对象、是否违反竞业禁止规定等材料），同时兼职高管人员数量应不高于申请机构全部高管人员数量的 1/2；4. 私募基金管理人的兼职高管人员应当合理分配工作精力，协会将重点关注在多家机构兼职的高管人员任职情况；5. 对于在一年内变更 2 次以上任职机构的私募高管人员，协会将重点关注其变更原因及诚信情况；6. 私募基金管理人的高管人员应当与任职机构签署劳动合同。在私募基金管理人登记、提交高管人员重大事项变更申请时，应上传所涉高管的劳动合同及社保证明。已登记机构应当按照上述规定自查私募基金管理人相关高管人员的兼职情况。协会将按照有关规定对私募基金管理人高管人员的兼职情况进行核查，逐步要求不符合规范的机构整改。（五）【专业胜任能力】根据《私募投资基金管理人内部控制指引》，从事私募基金管理业务相关工作人员应具备与岗位要求相适应的职业操守和专业胜任能力。负责私募合规/风控的高管人员，应当独立地履行对内部控制监督、检查、评价、报告和建议的职能，对因失职渎职导致内部控制失效造成重大损失的，应当承担相关责任。申请机构负责投资的高管人员，应当具备相应的投资能力。（六）【员工人数】根据《私募投资基金管理人内部控制指引》，申请机构员工总人数不应低于 5 人，申请机构的一般员工不得兼职。”

需要注意的是，基金经理离职后要遵守静默期的规定。2015 年 1 月 6 日，中基协发布的《私募基金登记备案相关问题解答（四）》，问：《基金管理公司投资管理人员管理指导意见》（证监会公告〔2009〕3 号）关于基金经理“静默期”的要求是否适用私募基金行业？答：是。根据《基金管理公司投资管理人员管理指导意见》（证监会公告〔2009〕3 号）中第三十四条的规定：“公司不得聘用从其他公司离任未满 3 个月的基金经理从事投资、研究、交易等相关业务。”根据该规定，基金经理变更就职的公募基金公司，需要有 3 个月的“静默期”，在这 3 个月内该基金经理不得在其他公募基金管理公司从事投资、研究、交易等相关业务。为维护基金行业的公平、公正，统一监管标准，对从公募基金管理公司离职，转而在私募投资基金管理公司任职的基金经理实行同样 3 个月的“静默期”要求，即私募基金管理人不得聘用从其他公募基金公司离职未满 3 个月的基金经理从事投资、研究、交易等相关业务。基金业协会将在私募基金管理人申请登记及高管人员持续定期信息更新中予以落实。

三、私募投资基金管理人管理制度体系与流程的合规管理

内控制度建设是内控治理的基本组成部分。公司治理结构和组织机构解决了公司的架构问题，搭建了公司的骨骼框架，但要这些组织机构能够正常、有序、流畅地运转，还必须建立组织机构之间的“游戏规则”，为组织机构设定权力边界，保证组织在可控的范围内有序运行，这就需要确定各职能、各板块以及各环节的运行制度和流程。下面就结合公司的职能分工对私募投资基金管理公司的主要制度进行介绍。

（一）日常管理制度体系

1. 行政管理制度

私募投资基金管理公司行政管理制度与其他公司行政管理制度区别不大，涉及行政资产管理、车辆管理、电脑管理、办公用品管理、会议管理、印章管理、证照

管理、办公区域管理、采购管理、差旅管理、档案管理等方方面面，本书不一一对上述制度进行列举，仅以行政资产管理制度、档案管理制度为例，供各私募基金管理人在实际工作中参考，其余行政管理制度各基金管理人可以根据公司的具体需要进行制定。

(7)【××基金管理公司行政资产管理规定】模板

××基金管理公司行政资产管理规定

第一章　总　　则

第一条　目的

为加强××基金管理公司行政资产管理，保证公司资产安全、完整，明确各岗位人员职责，充分发挥资产使用效能，特制定本规定。

第二条　释义

根据公司资产使用标准，依据资产使用类型可分为行政资产及经营性资产；依据资产价格、使用年限可分为固定资产及低值资产。

（一）按使用类型分类：

1. 行政资产：主要指企业为员工因必要办公需求配备的资产，包括办公家具、电脑、电子设备、厨房设备。

2. 经营性资产：主要指企业在生产和流通活动中具有盈利性质的并且达到公司正常业务运行需求的资产。

（二）按资产价格及使用年限分类：

1. 固定资产：使用年限在一年以上的房屋、建筑物、机器设备、运输设备以及其他与生产经营有关的设备、器具、工具等；不属于生产经营主要设备的物品，单位价值在1000元以上，并且使用年限在一年以上，也作为固定资产。

2. 低值资产：100元≤单位价值<1000元，使用期限超过1年的各种物品，应列为低值资产。

特别说明：因外部单位及公司其他所服务的委托方赠与的资产定义为外来资产。

第三条　管理原则

（一）提高资产利用率；（二）减少资产流失率；（三）充分利用闲置资产。

第四条　适用范围

（一）本规定明确公司资产分类、购置、使用管理、维修与报废管理等内容，适用于单位价值在300元以上，并且使用期限超过1年的资产。

（二）本规定适用于公司行政资产管理工作；本规定对行政资产的全流程管理及经营性资产台账管理、交接调配管理、盘点管理过程。

第五条　管理职责

（一）行政负责人：

1. 组织或指导制定资产管理规定并监督行政资产管理工作；

2. 定期组织公司范围内的资产盘点和账物核对；

3. 制定行政类资产配置标准、使用规范，审核提出的购置、维修、报废申请；

4. 资产调配管理，各部门按时提交资产变动明细，公司行政负责人统一调配。

（二）财务部门：

1. 负责资产的价值管理、各项账务处理工作；

2. 协同行政管理部进行行政资产盘点、报废工作；

3. 审核行政资产报销票据是否真实、有效、合格、完备。

（三）IT 负责人：

1. 负责公司范围内采购的电脑维修、报废检测工作；

2. 负责电脑配置及相关型号更新通知工作。

第二章　方法与过程控制

第六条　资产购置

（一）购置原则

1. 先调配后购置原则：出现资产购置需求时，应优先考虑内部调配，如确实无闲置资产，方可申请购置；

2. 严格按照资产购置标准配备原则：购置部门应严格按照行政部门下发的《行政资产配置标准》进行配备购置；

3. 预算控制原则：资产的购置应控制在部门整体行政预算范围内。

（二）具体要求及操作说明

1. 供应商选择：日常资产采购要求使用已经备案的集采供方/合格供应商/电商供方，如非以上合格供方，需进行招投标。

2. 在同一供应商处购置行政资产批量总额在 1 万元以上费用，需签订采购合同进行审批。

第七条　资产登记审核

（一）资产购置审批通过且资产到货后，可进行线下资产编号并进行资产购入审核。

（二）资产登记审核需全面记录相关资产的名称、所属部门、编号（含财务编号）、品牌、规格型号、责任人（使用人）、管理人、登记时间、部门、单价、存放地点、颜色、单位、资产状态14项资产基础信息，便于进行资产盘点。

（三）行政车辆在进行资产登记时，除登记上述信息外，还需登记车牌号码、车辆用途、行驶里程、发动机型号、保险到期时间。

特殊说明：对于单品价值低于100元但可以独立使用的资产（如办公椅）应同时进行资产登记审核，但对于特殊类配件单品价值大于100元但不可独立使用的资产（如锅炉配件）无需进行登记。

第八条　资产验收

（一）行政负责人负责资产验收，验收时应查验外观是否有损坏，同时对供应商送货单、购物合同、发票、收据等资料进行核对，填写《入库单》（三联纸质单据）、《资产审核单》、《资产到货证明》、《验收单》并经审批后交财务部门作为财务报销依据；

（二）验收不合格时，部门行政负责人应及时与供应商联系退、换、索赔等相关事宜。

第九条　资产使用和维护

（一）公共区域资产：每项公共区域资产配备一名资产责任人。资产责任人每月负责对名下的公用区域资产情况进行盘查，做好日常维护和保管工作，保证账实相符。其他员工需按照资产使用说明进行操作，不得对公司资产进行损坏或丢失。

（二）车辆作为公共资产的一部分，在涉及维修时，需与车辆所在保险公司进行对接投保，以减少资产因人为事故或自然灾害等造成的损失。

（三）个人所属资产：每项个人所属资产对应一名资产使用人。资产使用人在领取个人资产时，应详细记录领用时间、使用年限、配置标准等信息，由所在行政负责人对上述资料进行保管登记，使用人负责资产的维护和保管。

（四）发生丢失或毁损应追究相关人员责任，按照资产账面折旧值赔偿相应经济损失。

第十条　资产交接调配

（一）资产调配由所在行政部门负责，并进行调配手续确认。

（二）调配形式

1. 一级调配：主要覆盖至本职能部门范围内各部门调配，审批权限至职能部门负责人；

2. 二级调配：主要覆盖跨职能部门各层级/部门间调配，审批权限至行政负责人。

第十一条　资产维修

1. 资产在使用过程中出现故障需维修时，需要提前自查资产质保期限，如在质保期内，需自行联系采购时的供应商进行检测，如超过质保期，且确需更换相关配件或硬件时，需依据硬件设备采购的单价进行询价/招投标形式采购。

2. 资产在使用期间，如发生因个人原因（例如焚烧、摔砸等）导致资产损坏或丢失的情况，则相关责任人应按照残值承担赔偿责任，赔偿后损坏资产归个人所有。

第十二条　离职或调岗人员资产归还

（一）离职人员：在办理离职手续前需按照登记情况归还所有公司资产（个人补贴电脑除外）。

（二）公司内部调岗：按照人力资源部门的员工异动流程进行工作及岗位资产交接。

第十三条　资产使用年限及报废

（一）使用年限划分

按照不同种类的资产确定，具体另定。

（二）报废规定

1. 资产达到报废年限但仍能正常使用的，暂不做报废处理；

2. 资产达到报废年限且不能正常使用的，可通过流程申请报废；

3. 资产未达到报废年限，但已无维修价值的，需提供外部供应商提供的维修单作为报废审批依据，且保证维修单价高于单品采购价值量方可进行报废处理。①办公家具、电子设备、厨房设备报废鉴定人为行政部门；②办公电脑报废鉴定人为公司 IT 部门负责人；③经营性资产报废鉴定人为各业务部门。

（三）报废规定

1. 处理人要求：由各部门进行报废流程申请，审核通过后由职能部门、行政部及财务管理部共同进行报废处理及残值确认。

2. 供方要求：在进行资产报废过程中，应优先选择具有回收资质的供方进行回收，并提供三家以上报价，选择回收价格最高的单位进行回收，如因地理位置等因素限制，可将回收供方资质调整为个人供方，相关供方资质不做严格限定。

3. 报废申报周期：各部门以批量形式报废资产，且在当季度内无后续采购需求的，需以半年度为最短周期申请资产报废，其他时间不予审批；各部门因个别业务需求，且在当季度内确有采购需求的，可进行即时性报废流程审批，审批通过后执行二次采购。但变卖处理需在半年度及年度盘点时间统一进行。

（四）报废处理：职能部门的资产由所在行政部门同财务共同处理，回收的资金和报废资产的收入统一上交至所在职能部门财务处，财务提供收费票据作为收款依据，由所在部门负责保管并详细记录当次报废残值与报废资产明细的匹配关系。

第十四条　资产台账编制

（一）资产台账建立

1. 资产台账类型

1.1 自有资产台账：行政类资产台账、经营性资产台账。

1.2 外来资产台账：外来资产对于原值一项可进行价格预估，并于台账中标注说明“约××元”，品牌及规格型号可参照实物标签进行比对说明。

2. 经营类资产需登记资产的名称、所属部门、编号（含财务编号）、品牌、规格型号、责任人（使用人）、管理人、登记时间、部门、单价、存放地点、颜色、单位、资产状态14项资产基本信息。

3. 资产编号

3.1 资产编号：按照“所在区域代码—所在项目编码—资产分类编码—序号编码”进行编写。

3.2 资产报废处理后，如同期内采购同类型资产，不得沿用原资产编号进行登记，需依次向下顺延，原报废资产信息继续保留备查。

第十五条　资产盘点

（一）人员说明：所有资产盘点工作均由所在部门负责人负责，由财务条线人员配合监盘，统一为线下手工盘点。

（二）时间说明：1. 定期盘点：原则上每年年中及年末进行两次资产盘点工作。2. 不定期盘点：根据公司规划发展安排不定期盘点，以确保资产账实相符。

（三）盘点要求

1. 资产的盘点依据为指定时间段内的《资产台账》，盘点人员需将以上文件中资产相关信息与实物详细核对，做到账实相符；

2. 在盘点开始前，应将资产明细与财务固定资产明细账目进行核对，确保资产信息的准确性；

3. 资产盘点结束后，由职能部门行政负责人分析盘点数据，明确盈亏原因和责任人，并制定盘点报告。将相应的盈亏数据上报人力资源中心及公司负责人进行审批，审批结束后，交由财务中心进行相应的账务调整。

第三章　罚　则

第十六条　出现以下情况，将追究资产责任人、资产使用人、行政负责人的责任：

（一）未按照本管理规定的要求和审批流程私自购置、调配、维修、报废资产的；

（二）未按照本管理规定的要求及时更新资产台账，导致出现漏登、误登、资产台账混乱的；

（三）由于保管不善，造成资产遗失或损坏的。

第十七条 出现以上情况的具体惩罚方式：

由于保管不善，造成资产遗失或损坏的，由资产责任人和资产使用人各承担一半的经济损失。经济损失＝资产原值－（资产原值×折旧率×年限）。

第四章 附 则

第十八条 本规定由公司人力资源中心负责制定、修订和解释。

第十九条 本规定自下发之日起执行。

第二十条 有违反本规定有关规定的，需经公司负责人审批。

依据《私募投资基金管理人内部控制指引》第二十六条规定，私募基金管理人应当保存私募基金内部控制活动等方面的信息及相关资料，确保信息的完整、连续、准确和可追溯，保存期限自私募基金清算终止之日起不得少于10年。

（8）【××基金管理有限公司私募基金档案管理办法（试行）】模板

××基金管理有限公司私募基金档案管理办法（试行）

第一章 总 则

第一条 为规范××基金管理有限公司（以下简称公司或本公司）档案管理工作，根据《中华人民共和国证券投资基金法》《私募投资基金监督管理暂行办法》《私募投资基金管理人内部控制指引》等法律法规、规范性法律文件及相关监管要求，特制定本办法。

第二条 公司档案是公司及各业务部门和职能部门在日常工作中形成的，具有参考利用价值、可以进行分类集中保管的所有纸质、电子文档材料。

第三条 公司档案是公司运营活动的历史的、客观的、真实的、连续的记录，也是公司治理的重要的过程文件，具有重要的参考、利用价值，保管、整理好公司档案是行政人事部和其他各部门的重要职责。

第四条 公司承办部门或承办人员应保证档案文件的完整性，因工作变动或因故离职时应将经办的文件材料向接办人员交接清楚，不得擅自带走或销毁。

第二章 公司归档文件的类型

第五条 公司档案文件类型如下：

（一）公司证照：营业执照正副本；组织机构代码证正副本（如有）；税务登记证正副本（如有）；开户许可证（如有）；机构信用代码证（如有）等。

（二）公司重大决议：股东会、董事会、监事会等决议及会议材料。

（三）公司对外收、发文：即公司收到的外部发送给公司的文件以及公司回复；以公司名义发出的对外函件。

（四）公司内部函件：即以公司名义下发的各类通知、通报、制度，以及公司相关部门的请示、报告、函件及其他需要立卷归档的材料。

（五）人事行政档案：履历、资质证书、劳动合同、考核资料、公司制度等。

（六）会计档案：会计凭证、账簿、财务报表、审计报告等。

（七）影音资料：公司重大活动的影音资料；按照监管机构要求采制的录音录像资料。

（八）公司合同：以公司名义对外签署的各种合同（代表基金签署的除外）。

（九）基金资料：

1. 基金募集文件：基金募集过程中涉及的文件，如募集说明书、基金路演资料、投资者评级资料、基金或产品评估资料、基金合同、风险揭示函、合规投资者证明、合格投资者确认函、资金募集监管协议、托管协议、募集服务协议、成立公告、备案证明等。

2. 基金投资文件：基金投资过程中涉及的文件，如项目立项申请书、立项报告、立项决议、商业计划书、可研报告、保密协议、投资意向书、尽调委托协议、尽调清单、尽调报告、投决申请书、投决决议、投资协议、股权转让合同、增资合同、股东协议、借款协议、抵押合同、质押合同等。

3. 基金投后管理文件：投后管理方案、股东会、董事会、监事会决议、日常运营会签资料、日常运营沟通函件、信息披露资料、信息报送资料、项目复盘、日常巡检记录和报告、风险预警资料等。

4. 基金退出文件：退出方案、退出决策文件、退出时签署的协议（如回购协议、股权转让合同、投资终止协议等）、股权价值评估报告以及非正常情况下退出时可能涉及的诉讼、仲裁资料等。

第三章 公司档案的收发和归档

第六条 行政人事部为档案管理的归口管理部门，负责对公司档案的入库、保管、借阅、销毁等进行管理，档案应入库在公司档案室。各部门指定专门人员，负责本部门档案的收集、整理、交接等工作，并对资料的真实、准确、完整负责，编制文件归档清单。

第七条 公司文件的归档管理，原则上以纸质文件形式存储（A4纸），并以电子文件的形式进行备份。对于已经接收的纸质文件，接收人员应进行扫描并存入公司电子资料库。公司文件的归档，应按照合理、有序、符合逻辑、便于查找的原则进行。

第四章 公司档案的借调与查阅

第八条 行政人事部应建立档案借阅制度和档案借阅登记簿。公司内部人员借阅档案必须履行审批和登记手续，并限定借阅期限。因特殊情况不能按期归还的，应办理延期手续。借阅人应对所借档案的安全、保密负责，不得损坏、丢失、擅自转借。

第九条 凡涉及公司机密或公司客户、公司员工个人隐私的档案，一般不得借阅和查阅。特殊情况必须查阅的，相关人员应说明理由并报公司行政人事部负责人批准。凡经批准允许查阅的公司绝密、机密档案，不得摘抄或复印所查阅的内容。

第十条 对查阅或借出的公司档案，相关人员要及时归还。如发现公司档案被拆、材料短缺、涂改、增删、污损等情况，应立即向领导汇报并及时追查。

第十一条 档案管理人员必须严格遵守保密制度，保守公司机密和当事人隐私。不得向任何人提供档案和扩大利用范围，不得向他人泄露档案的内容。

第五章 公司档案的保管与保护

第十二条 纸质档案应防火、防盗、防潮、防高温、防鼠、防虫、防光、防污染，防止被不当损坏。电子档案应制作备份，防止因技术原因导致电子文件遗失或损坏，从而不能被恢复。公司档案应采取严格的安全保护措施，防止遗失、被盗、被窃以及泄露，给公司造成损失。

第十三条 公司档案的保管期限规定为永久、长期和短期三种，法律和公司制度另有规定的，按照法律和公司制度规定执行。法律事务档案的保管期限，从该项法律事务存档时起算。

凡属于需要长期利用的法律事务档案，列为永久保管。凡属于在长期内需要查考、利用，作为证据保存的法律事务档案，列为长期保管，保管期限为20年。凡属于在一般时间内需要查考、利用，作为证据保存的法律事务档案，列为短期保管，保管期限为10年。

第六章 公司档案的鉴定和销毁

第十四条 对于超过保管期限的档案应定期进行过期鉴定。过期鉴定工作由行政人事部进行。经鉴定，对仍有保存价值的档案，应采取提高保管期限档次的办法延长保管期限。对确无保存价值的档案应登记造册，经公司主管领导书面批准后予以销毁。

第十五条　档案销毁时，应由两人在指定地点负责销毁档案，监销人应在销毁清册上签字。

第七章　附　　则

第十六条　本办法由公司行政人事部负责解释。

第十七条　本办法自发布之日起实施。

2. 人力管理制度

《私募投资基金管理人内部控制指引》第十一条规定，私募基金管理人应当建立有效的人力资源管理制度，健全激励约束机制，确保工作人员具备与岗位要求相适应的职业操守和专业胜任能力。私募基金管理人应具备至少2名高级管理人员。鉴于私募投资基金管理公司人力资源制度与其他公司人力资源管理制度区别不大，涉及劳动用工、考勤休假、猎头管理、人员调动、内部招聘、绩效考核、外部招聘、薪酬福利、员工培训等方方面面，在此仅以对外招聘制度为例进行列举，供各基金管理人在实际工作中参考，各基金管理人可以根据公司的具体需要制定其余制度。

(9)【××基金管理公司招聘管理规定】模板

××基金管理公司招聘管理规定

第一条　适用范围

本管理规定适用于××基金管理有限公司所有岗位招聘。

第二条　目的

优化公司人力资源配置，通过系统化的招聘管理提高公司招聘质量，为公司选拔出合格、优秀的人才。根据招聘流程规定人员需求的申请、招聘渠道的评估、面试程序及录用程序，以保证招聘工作满足公司需要并有效控制成本。

第三条　主责部门

本程序由人力资源部归口管理，负责编制、更新、修订和解释。

第四条　程序/文件内容

4.1 招聘原则

4.1.1 明确选拔标准。在岗位分析的基础上，清楚界定并理解招聘岗位所需的知识、技能、能力等方面要求，以此作为选聘的标准。

4.1.2 优先考虑内部员工。公司选聘员工按照“公开、公正、平等”的原则，对公司内符合招聘岗位要求及表现优秀的员工，优先给予选拔、晋升，另外再考虑面向社会公开招聘。

4.1.3 机会均等。所有应聘者机会均等，不因应聘者的性别、民族、宗教信仰、年龄和推荐人不同而给予不同的考虑。

4.1.4 适配性原则。文化的适配性、岗位技能的适配性以及性格的适配性。

4.2 招聘依据

4.2.1 年度人才规划的确定：人力资源部推动公司根据年度工作发展状况，核查各岗位人员配置情况，于每年年底根据公司下一年度的整体业务计划，拟定人才储备规划和人员配置计划。

4.2.2 年度招聘计划的确定：人力资源部根据业务计划、人员配置计划、人才储备计划，制订公司的年度招聘计划，由人力资源业务合作伙伴结合业务发展变化及区域计划实施动态制订或调整季度招聘计划。

4.2.3 年度招聘计划内增员的申请与审批：用人部门负责人发起年度招聘计划申请表，由人力资源部负责人及 CEO 审批。

4.2.4 年度招聘计划外增员的申请与审批：人力资源部负责人负责计划外招聘需求的审批。

4.3 招聘渠道管理

4.3.1 网络渠道

综合类网络渠道。公司与专业人才招聘网站建立长期合作关系，此类招聘网站将为公司提供职位发布、简历下载、页面 button 等服务。

4.3.2 专业猎头服务公司

对于通过常规渠道难以选聘到的中高层管理人员、行业稀缺人员可以通过专业猎头服务公司招募，即职级在高级经理级以上的岗位。

4.3.3 内部推荐渠道

员工推荐候选人应本着对公司负责的态度如实推荐，并且要对候选人的工作能力和个人品质有相当的熟悉度。如果员工推荐的候选人得到录用，将获得公司给予的奖金。

4.3.4 行业积累、直接猎聘

在对同行业竞争公司人员比较了解的基础上，同时又无法通过专业猎头公司等渠道选聘，人力资源部人力资源业务合作伙伴可以通过合理、合法的方式直接招聘相关人员，在这一过程中，需要充分考察招聘对象的职业道德、薪酬要求、企业价值观等指标是否与公司的实际情况符合。

4.4 招聘渠道管理

4.4.1 招聘需求分析

人力资源部在收到用人部门招聘需求后，要针对职位同业务部门负责人进行访谈，完善职位 JD，形成适岗人员画像。

4.4.2 招聘信息发布

招聘信息发布的文字规范，一般按照如下规范发布：

职位描述；任职要求；教育背景；知识技能/语言；经验；能力；其他。

4.4.3 发布招聘信息注意事项

在招聘过程中，公司秉承不拘一格选人才的原则，不把学历作为硬性限制的门槛，可以结合简历情况综合考虑应聘者的素质。避免出现学历歧视、性别歧视、种族歧视等现象，尤其注意不要在招聘通知中出现违背国家或地区劳动法律、法规、政策的语言。

4.4.4 审阅应聘者简历

人力资源部根据招聘岗位的要求审阅简历，并向用人部门推荐。在审阅简历过程中，应关注以下几个方面：浏览外观与行文（内容逻辑性、条理性如何）。注意应聘者与其所应聘职位或行业相关的工作经历。注意应聘者工作变动的频率。注意应聘者工作经历中时间上的间断或重叠。注意候选人教育背景与工作经历的相关性。注意候选人对薪酬的要求。

4.4.5 初试

初试一般由人力资源部各对接人力资源业务合作伙伴组织实施。在初试中，应就公司的企业文化、发展历程、公司目前的组织架构、此次招聘岗位的岗位职责、工作要求等相关信息进行相关的介绍说明。在初试过程中，面试官对应聘者的综合素质、业务能力、工作经历的真实性等素质指标进行考察，并将初试合格人选推荐进入下一轮面试。初试结束后，人力资源业务合作伙伴应及时填写《面试评估表》，并以邮件形式发送给用人部门负责人。

4.4.6 复试

复试一般由空缺岗位直接上级或用人部门负责人担任主要面试官，重点考核其业务知识、工作能力和经验等是否符合岗位要求。总监级以上及直接向 CEO 汇报的候选人由人力资源部负责人进行初试，通过初试的候选人由 CEO 或 CEO 指定人选进行复试。

4.5 录用管理

4.5.1 定薪流程

（1）用人部门同意录用后，由人力资源业务合作伙伴启动定薪流程。（2）定薪材料：身份证原件扫描件、毕业证及学位证原件扫描件、半年内工资银行流水原件扫描件。对于工资、年终奖、补助等以现金或其他形式发放的部分，需提供相关证明。

4.5.2 录用审批流程

（1）人力资源业务合作伙伴将候选人简历、《录用审批表》、《面试评价表》等文档发邮件给用人部门总经理进行薪酬审批，确认后将上述文档发邮件给人力资源部总经理进行二次审批、备档。（2）中高层管理岗人选，由人力资源部总经理将候选人简历、《录用审批表》、《面试评价表》发邮件给 CEO 进行薪酬审批。

4.5.3 Offer 沟通

（1）人力资源业务合作伙伴同候选人就《录用审批表》内所定岗位、岗位职级、年薪、职级薪酬配比、年底浮动奖金、月固定工资、基本工资、补助等进行沟通。（2）如若候选人对薪酬不认同，可就实际情况与用人部门总经理进行反馈，看是否进行薪酬特批。

4.5.4 Offer 发放

（1）人力资源业务合作伙伴将候选人简历、《录用审批表》、身份证原件扫描件、毕业证及学位证原件扫描件、薪酬审批邮件一并打包发给人力资源部后台支持同事存档，确认信息准确性后由后台支持统一发送《聘用及薪酬通知书》。（2）《聘用及录用通知书》由候选人按要求邮件回复后，人力资源部后台支持同事会将公司统一入职体检账号及入职所需填写个人信息模板发邮件给候选人。

4.6 招聘相关问题

4.6.1 面试内容的确定

面试内容可分为两部分：一是综合素质，二是专业知识和技能，前者由人力资源部人力资源业务合作伙伴主试，后者由用人部门主试。二者以《职位说明书》中的有关要求作为依据。

（1）综合素质包括：正直诚信、语言理解和表达能力、压力承受能力、客户服务意识、主动性、分析能力等。（2）专业知识和技能：以其岗位职责中关键项目作为考核点。

4.6.2 可录用人员的基本条件

与其他单位没有劳动关系；符合国家及当地政府相关用人政策法规；能适应公司管理方式，认同公司企业文化；通过公司的入职体检。

4.6.3 重要岗位的背景调查

对于总监级以上和直接向 CEO 汇报的候选人需要根据岗位性质，由人力资源中心负责人审批进行背景调查，目前委托第三方进行。

第五条 附则

5.1 本规定由人力资源部门负责制定、修订和解释。

5.2 本规定自下发之日起执行。

3. 财务管理制度

2018 年 12 月更新的《私募基金管理人登记须知》规定，根据《私募投资基金管理人内部控制指引》规定，申请机构应建立健全财务制度。申请机构提交私募登记申请时，不应存在到期未清偿债务、资产负债比例较高、大额或有负债等可能影响机构正常运作情形。申请机构与关联方存在资金往来的，应保证资金往来真实合理。基金管理公司财务制度涉及费用报销、账户管理、资金管理、票据管理、预算管理、对外担保、财务印鉴等方方面面，现仅以现金管理制度、基金财产分离管理办法（试行）为例进行列举，供各基金管理人在实际工作中参考，其余财务管理制度各基金管理人可以根据公司的具体需要进行制定。

(10)【××基金管理公司现金管理规定】模板

××基金管理公司现金管理规定

第一章 总 则

第一条 目的

为了加强对公司货币资金的内部控制和管理，保证货币资金的安全，提高货币资金的使用效率，根据《中华人民共和国会计法》《现金管理暂行条例》等法律法规，结合公司的实际情况，制定本规定。

第二条 适用范围

本规定适用于公司及各业务部门和职能部门。

第三条 定义

本规定所指货币资金是指公司所拥有的现金、银行存款和其他货币资金。

第二章 现金管理

第四条 现金管理的基本原则

（一）各公司现金管理应严格执行人民银行颁布的《现金管理暂行条例》，合理核定各公司现金的库存限额。

（二）库存现金限额以公司1天至3天的日常零星开支为基准，总部一般以5万元为限，分公司或子公司一般以3万元为限。超额部分应于当日送存银行。

（三）禁用未经授权人批准的凭证、不符合规定的凭证或白条顶替库存现金。

（四）禁用公司银行账户代其他单位和个人存入或支取现金。

（五）禁用个人账户将收入的现金存储。

（六）现金收入不得直接用于公司日常支出，严禁坐支现金。

（七）现金收付和保管应由出纳负责，其他人员不得接触。

（八）公司现金收付业务必须通过出纳人员，由出纳人员根据审核后的原始凭证，进行收付款操作。核算会计录入凭证后，由系统自动生成现金日记账。月末现金日记账的余额应与现金总账的余额核对相符。

（九）出纳不得同时兼任同一账套的记账工作。

（十）出纳应与现金报销审批人员、现金监盘人员、会计档案保管人员相分离。现金报销审批、现金监盘、会计档案保管工作一般由会计负责。

第五条　现金保管

（一）出纳对其保管控制下的实物现金负有安全保管的责任。限额内的库存现金当日核对清楚后，一律放在符合规定的保险柜内，不得放置他处。私人现钞不得存放在保险柜中。

（二）保险柜一般配备两把钥匙，一把由出纳保管，供出纳日常工作开启使用；另一把由财务负责人或其指定专人负责保管，以备特殊情况下经有关领导批准后开启使用。保险柜密码只能由出纳保管，不得告知他人，出纳人员变更必须及时变更保险柜密码。

第六条　现金提取

（一）各部门如需临时支付大额现金（2万元及以上），必须至少提前1天通知相关出纳人员，说明大额现金支付的事由及金额，以便出纳人员做好提取现金的准备。

（二）出纳需要提取现金时，应填制《现金提取申请单》，注明现金的用途及金额，交财务负责人审批；财务负责人根据账面金额审核现金提取用途、金额是否合理。

（三）出纳负责开具现金支票，并在支票正反面加盖法定代表人名章；核算负责人复核现金支票，在支票正反面加盖财务章，并进行印鉴使用登记。

（四）出纳持现金支票至银行提取现金。公司10万元以上大额现金的存取，应陪同办理。

（五）签发现金支票应认真填写支票的有关内容，如款项用途，取款金额，签发单位账号，收款人名称，加盖财务章和法定代表人名章。

（六）出纳在提取现金后，应及时入库保管，并将票根与《现金提取申请单》作为付款凭证，交核算会计入账，登记现金支票使用登记簿以作备查。

第七条　现金盘点

（一）现金盘点的时间：

1. 出纳每日清点库存现金；

2. 核算负责人每周至少一次监督当天的现金盘点，并在库存现金盘点表签字；

3. 财务负责人每月至少两次不定期抽查现金盘点，并在库存现金盘点表签字，在库存现金无余额并且无发生额的情况下，可不对现金进行盘点；

4.《库存现金盘点表》由核算负责人统一保存，按月装订成册，归档备查。

（二）现金盘点的一般步骤：

1. 将现金日记账上的余额填入《库存现金盘点表》；

2. 将当日已发生收付，尚未计入现金日记账的凭证金额填入《库存现金盘点表》；

3. 计算出库存现金应存余额；

4. 盘点保险柜的现金实存数，《库存现金盘点表》上分币种面值列示盘点金额，计算出库存现金实存余额；

5. 计算库存现金账实差异；

6. 将盘点金额与系统总账上现金日记账余额进行核对，如有差异，查明原因并调整现金日记账，对重大问题及时报告财务负责人；

7. 盘点结束后，在现金盘点表上签字（包括盘点人与监盘人）；

8. 根据差异原因及经财务负责人审批的处理方法，进行盘盈盘亏的账务处理。

第八条　现金收款

（一）公司现金收款情况主要包括：

1. 客户现金支付业务款；

2. 员工退回多余的预借款；

3. 长期备用金年底清账；

4. 押金、保证金退款；

5. 赔偿款、罚款；

6. 其他需以现金方式收取的款项。

（二）不超库存现金限额的部分可暂时留存，超库存限额的现金收入必须于当日送存开户银行。当日送存确有困难的，于次日上午及时送存开户银行。遇法定节假日，于节前送存银行。

（三）出纳在现金收款时，应出具收据，注明为现金收款，并加盖单位财务章。

第九条　现金付款

（一）公司现金支出的范围包括：

1. 支付职工工资津贴；

2. 支付个人劳务报酬；

3. 支付出差人员必须随身携带的差旅费；

4. 业务活动的零星支出备用金；

5. 在结算起点（1000 元）以下的零星支出；

6. 各种劳保、福利费用以及国家规定的其他支出；

7. 经批准需现金支付的其他支出。

（二）公司购置固定资产、办公用品、劳保及其他工作用品必须采用转账结算方式，不得使用现金，异地购置除外。

（三）对于个人费用报销款，原则上均应通过银行划转的形式支付，特殊情况需要现金支付的，需经财务负责人审批通过方可支付。

（四）出纳在现金支付前检查报销凭证是否经过必要的审批程序，复核报销金额是否正确。复核正确后，根据经审批的付款凭证支付现金，加盖"现金付讫"章，同时要求收款人在收款人名下签字确认，如因特殊原因需要代领的，需出具由收款人及代领人签字确认的委托收款证明，并提供身份证复印件，由代领人签字确认后方可支付。原则上报销款不允许代领。

第三章　银行业务管理

有关银行管理的具体规定详见《中国人民银行支付结算管理办法》，以下按照公司实务对常规的银行业务进行说明。

第十条　支票

（一）支票是出票人签发的，委托办理存款业务的银行或其他金融机构，在见票时无条件支付确定的金额给收款人或者持票人的票据。有关支票结算的具体规定详见《中国人民银行支付结算管理办法》第二章第五节的有关内容。

（二）收到支票，首先审核支票签发的规范性和完整性。如果所收支票签发不规范，出纳应拒收支票，并告知拒收原因。支票不规范的情况包括但不限于：

1. 日期签发不规范；

2. 付款单位名称不完整或不准确；

3. 金额大小写不符；

4. 金额有涂写痕迹；

5. 金额大写不规范；

6. 没有或缺损支票印章；

7. 支票印章不清晰；

8. 支票有折痕；

9. 签发支票用笔不规范等。

（三）如果所收支票签发信息不完整，出纳了解缺损信息，需在送存银行前填写完整。支票信息不完整包括：

1. 没有签发日期；

2. 没有付款单位名称；

3. 没有大小写金额；

4. 没有用途说明等。

（四）支票审核无误后，出纳作支票收入签收，登记支票收入登记簿，并在收到支票当日或次日将支票送存公司指定银行。

（五）如果发生银行退支票，出纳应立即与相关经办人员取得联系，告知相关信息，将支票退回开票单位。

（六）签发支票，支票分为现金、转账两种。现金支票只能用于公司内部支取现金，不能对外签发；转账支票只能用于转账，不能支取现金。一般同城结算采用支票转账进行结算。跨区域支票面额不能超过人民币伍拾万元整。出纳对外开具转账支票时必须正确填写如下内容：

1. 收款单位的全称；

2. 签发日期（大写）；

3. 付款行名称；

4. 出票行账号（小写）；

5. 支付金额（大小写）；

6. 支票开具用途。

（七）财务经理或主管会计应对支票填写情况进行复核，包括：

1. 原始凭证编制的准确性；

2. 印章的合法性；

3. 内容填写的完整性；

4. 业务情况说明的确切性；

5. 时间的有效性；

6. 审批程序的规范性等。

（八）签发支票要用墨汁或碳素墨水（或使用支票打印机）认真填写；支票不得涂改。

（九）支票正面盖财务专用章和法人章，缺一不可，印泥为红色，印章必须清晰，印章模糊需将本张支票作废，重新填写盖章。

（十）支票的签发额度不得超过银行实际存款余额，即不得签发空头支票。空头支票是指签发的支票金额超过银行实际存款余额。

（十一）支票的支付有效期自出票日起10日，超过提示有效期限，出票人开户银行不予受理。

（十二）支票签发的一般步骤：

1. 出纳根据经审批的付款凭证填写支票要件，在支票正面加盖法定代表人名章；

2. 核算负责人对出纳填写的支票要件进行审核，对符合支票签发要求的支票在正面加盖财务章，并进行印鉴使用登记；

3. 出纳将填写好的支票交经办人，经办人核对无误后于支票存根上签字确认；

4. 出纳将支票签发情况登记支票领用登记簿以作备查；

5. 出纳将支票存根、付款凭证及发票等原始凭证交核算会计入账。

第十一条 电汇，有关电汇结算的具体规定详见《中国人民银行支付结算管理办法》第四章第二节的有关内容。

（一）办理电汇一般用于异地结算或跨行业务。一般联行操作完毕，实时到账。

（二）办理电汇的一般步骤：

1. 出纳根据经审批的付款凭证填写电汇申请单，在指定位置加盖法定代表人名章，交核算负责人审核，并进行印鉴使用登记；

2. 核算负责人对出纳填写的电汇单要件进行审核，对符合要求的电汇单加盖预留印鉴，并进行印鉴使用登记；

3. 出纳到开户行办理电汇业务，取得盖有银行章的回单联，登记电汇凭证使用登记簿；

4. 出纳将取得的银行回单、付款凭证及发票等原始凭证交核算会计入账。

第十二条 票据背书转让，有关银行汇票结算的具体规定详见《中国人民银行支付结算管理办法》第二章第一节第二十五条到第三十四条的有关内容。

票据背书的一般规定

1. 公司开出的票据，背面必须注明不得转让字样，以减少票据流转过程中的风险。特殊情况下，经上级财务负责人同意后，可以背书。

2. 公司收到的票据，如无以下不得背书转让的情况，可以以背书转让作为结算方式。不得背书转让的情况主要包括：

2.1 填明“现金”字样的银行汇票、银行本票和用于支取现金的支票不得背书转让。

2.2 区域性银行汇票仅限于在本区域内背书转让。银行本票、支票仅限于在其票据交换区域内背书转让。不得跨区域转让。

2.3 票据出票人在票据正面记载“不得转让”字样的，票据不得转让；其直接后手再背书转让的，出票人对其直接后手的被背书人不承担保证责任，对被背书人提示付款或委托收款的票据，银行不予受理。

2.4 票据背书人在票据背面背书人栏记载“不得转让”字样的，其后手再背书转让的，记载“不得转让”字样的背书人对其后手的被背书人不承担保证责任。

2.5 票据被拒绝承兑、拒绝付款或者超过付款提示期限的，不得背书转让。背书转让的，背书人应当承担票据责任。

2.6 出纳在进行背书转让时，应按照正常的付款业务操作流程进行支付，在支付票据后，登记相关的备查登记簿。

第十三条 银行票据管理

（一）空白支票购买、保管与盘点

1. 出纳负责空白支票的保管和购买工作。

2. 出纳应根据空白支票存余，及时购买补充空白支票。在需购买空白支票时，应填写《购买支票审批单》，交核算负责人审核，经批准后到指定银行购买空白支票。

3. 在支票购回后，出纳应清点支票数量，并确保每册支票应连续编号，同时分别按转账支票和现金支票，在支票登记表上登记册数和每册的起止编号，交核算负责人审核后，双方共同签字确认。

4. 空白支票必须存放在符合规定的保险柜中，有密码的支票，不得将密码和空白支票存放在同一地点，也不得提前将密码填写在支票上，不得提前将空白支票加盖银行预留印鉴。

5. 出纳每月第一个工作周必须检查一次有关空白支票数量、支票使用登记记录、作废支票登记保管情况，出具支票盘点表，并由核算负责人审核签字。

（二）支票作废与注销

1. 未经银行处理的因故作废支票应加盖“作废章”，出纳应在支票登记簿上登记，且票据联与存根联应一起保存备查。

2. 银行退回的作废支票，登记《支票领用登记簿》作废字样，作废支票存档保管。

3. 需撤销公司开具的银行账户时，按照公司规定的银行账户撤销流程审批后，需注销空白支票的，出纳填写《空白支票注销审批单》，财务负责人审核《空白支票注销审批单》并签字后，由出纳将剩余空白支票全部交回银行注销。

第十四条　票据备查簿

（一）各级财务部门应建立各类票据备查簿，逐笔及时登记各类银行票据的购买、填制、传入、传出、背书转让、质押、作废注销、收回注销等情况，以及每张票据的号数、出票日期、票面金额、交易合同号、付款人、承兑人、被背书人的姓名或单位名称、到期日期、贴现日期、贴现净额以及收款日期和收回金额等详细资料。

（二）对于收到的各类票据，财务部门应当指定专人设置“应收票据备查簿”，逐笔登记每一应收票据的种类、编号、出票日期、票面金额、票面利率、交易合同号、付款人、承兑人、背书人的姓名或单位名称、到期日、背书转让日、贴现日期、贴现率和贴现净额、未计提的利息，以及收款日期和收回金额、退票情况等资料，应收票据到期结清票款或退票后，应当在备查簿内逐笔注销。

（三）对于公司签发的各类票据，公司应当设置“应付票据备查簿”，详细登记每一应付票据的种类、编号、签发日期、到期日、票面金额、票面利率、合同交易号、收款人姓名或单位名称，以及付款日期和金额等资料。应付票据到期结清时，应当在备查簿内逐笔注销。

第十五条　银行余额调节表

各公司财务部门应在每月15日前由出纳到银行拿取银行对账单，由核算会计将上月银行存款日记账同银行对账单进行逐笔勾对，编制《银行存款余额调节表》（出纳编制账户信息统计表，详细记录各账户信息。业务发生较少的银行账户和余额调节表可以按季度获取和编制）。在调节表中对上月的未达账项要注明已到达情况，对本月发生的所有未核对一致的项目进行逐一分析，查找原因。未核对一致的项目具体处理如下：

（一）属于企业或银行对银行存款的收入、支出、结存额的计算错误或记账错漏的，应予以及时更正或查明原因。

（二）对于未达账项，应督促有关人员办理结算手续或记账手续，并通过“银行存款余额调节表”进行调整，使银企双方调节后的银行存款余额相符。

（三）如经本月未达账项的调整后，仍存在差额的，应查明原因，告知财务负责人，并对未达账项及时处理。

（四）核算负责人应每月审核银行存款余额调节表并签署意见。在审核余额调节表时应特别关注大额未达账项及一个月以上的未达账项。

第四章　银行账户管理

第十六条　详见《公司银行账户管理规定》。

第五章　网银制度管理

第十七条　网银管理准则

（一）确保资金安全：利用多级授权的网银安全机制，确保资金安全。

（二）讲求效益：在资金安全的前提下，讲求结算效率与资金效益的最大化。

（三）专人专管：由专门授权人负责网银结算工作。

（四）财务部开通网银办理资金支付查询业务，由经办人办妥申请手续，由申请公司财务部指派专人在指定银行结算账户进行办理，其余部门人员一律不得兼办。

第十八条　网银业务范畴

（一）账户查询：账户状态、账户余额、历史交易、交易单据等。

（二）银行收支结算：内部往来款、工程款支付、费用支出等。

（三）交易限额：单笔限额、日累计限额等。

（四）账户管理：账户挂失、账户密码修改等。

第十九条　网银业务权限

（一）网银业务权限本着高效与强化资金安全的原则，公司支出账户网银按三级权限进行管理，即出纳制单（一级）、核算主管以上职级人员授权100万元（含）以下（二级）、财务总监以上级别人员授权100万元以上（三级）的模式，非支出账户可按二级权限进行管理。

（二）网银一级操作员（出纳），对拨付款计划的原始票据，要认真核对，杜绝付款手续不全的款项付出，并进行网上银行制单处理；网银二级操作员（核算主管以上职级人员）按照拨付计划对收款单位、账号、开户行及付款金额大小写等进行审核，并且对网上银行业务进行复核指令授权；网银三级操作员（财务总监以上级别人员）按照拨付款计划对收款信息是否与审批流程一致，金额是否正确等进行审核，并且对网上银行业务进行复核指令授权。

（三）网银一级操作员（出纳）、核算主管以上职级人员授权（二级）、财务总监以上级别人员授权（三级）发生人事变动时，网银系统内相关信息要及时变更。

第二十条　U盾及密码管理

（一）安装U盾的计算机为专用计算机，非网银操作人员禁止使用，出纳对网银专用计算机进行日常维护。不得在除公司财务内部电脑以外其他任何电脑下载证书、使用公司网银办理业务。

（二）网银操作人员离开岗位时必须退出网银系统，并将U盾从电脑中拔出，一经发现未退出，将严肃处理。

（三）U盾管理人员，应将U盾视为财务章管理，U盾密码与U盾应分开保管，必须将网银密匙放入保险柜内或锁入抽屉存放。

（四）U盾操作员必须做好个人进入U盾密码的保密工作，防止其他人员了解掌握密码，U盾操作员每个月必须自行更换一次密码。

（五）出纳人员要对每天拨付的款项进行逐笔查询并确认是否交易成功。

（六）要充分利用网上银行查询功能，掌握银行账户的资金余额，要及时对账，做到日清月结。熟知网上银行交易中的权利和义务，严格按照网银的操作规程操作，避免交易风险。在网上银行出现故障，无法通过网上付款时，必须采取应急措施，通过其他途径办理拨付事宜。对网上银行出现的故障做好记录，并及时报业务主管领导，以免造成业务受阻和经济损失。

（七）做好网银U盾管理，U盾是网上银行的通行证，要做好U盾使用登记表，开通时间、具体使用人、变更记录、注销信息等。如有丢失及时挂失，并重新补办U盾。

（八）因特殊原因请假的，U盾必须书面授权并交接，同时上报财务负责人，出现问题由授权人承担责任。未经财务负责人同意，不得更换各公司网银操作员，其间要对U盾密码进行修改。

第六章 银行业务印鉴管理及交接

第二十一条 财务印鉴管理

（一）财务部是财务印鉴的归口管理部门，负责各公司财务印鉴的保管。

（二）财务部对财务印鉴应按照专人保管分别存放的原则妥善保管，并在保险柜中存放。

第二十二条 出纳负责法人手章的管理及使用

（一）出纳办理的银行柜台业务应尽量在公司内先盖预留印鉴后再到银行办理。

（二）出纳临时外出时，应将印鉴临时交接给指定人员保管使用；出纳离开超过3天及以上的，应填写《财务印鉴交接单》，报上级主管批准后，将印鉴交接给指定人员保管。印鉴交接仍应符合分别保管的要求。

（三）出纳人员离任时，交接人员应尽早做好印鉴交接准备。

第七章 罚 则

第二十三条 对违反本规定的行为，视情节轻重追究业务部门负责人、财务负责人和直接责任人的责任，由公司给予相应的行政处分或经济处罚；给公司造成经济损失的，应承担全部或部分赔偿责任。

第八章　附　　则

第二十四条　本规定由财务部门制定、修订及解释。

第二十五条　本规定自下发之日起生效执行。

依据《私募投资基金管理人内部控制指引》第十八条规定，私募基金管理人应当建立完善的财产分离制度，私募基金财产与私募基金管理人固有财产之间、不同私募基金财产之间、私募基金财产和其他财产之间要实行独立运作，分别核算。

（11）【××基金管理有限公司基金财产分离管理办法（试行）】模板

××基金管理有限公司基金财产分离管理办法（试行）

第一章　总　　则

第一条　为规范××基金管理有限公司（以下简称公司）私募基金财产与私募基金管理人固有财产之间、不同私募基金财产之间、私募基金财产和其他财产之间的独立运作，切实有效隔离上述财产之间的财产风险，保护私募基金投资者以及私募投资基金的合法权益，依据《证券投资基金法》《私募投资基金监督管理暂行办法》《私募投资基金管理人内部控制指引》等法律法规及相关自律规则，制定本办法。

第二条　本办法所指财产分离管理是指私募基金财产与私募基金管理人固有财产之间、不同私募基金财产之间、私募基金财产和其他财产之间分别建账、分别核算、独立运作，互不干涉的运作机制。

第三条　基金管理人与基金进行财产分离的原则：

（一）独立性原则

私募基金财产与公司固有财产之间、不同私募基金财产之间、私募基金财产和其他财产之间要实行独立建账，独立运作，分别核算，互不干涉。

（二）有效性原则

私募基金财产与公司固有财产之间、不同私募基金财产之间、私募基金财产和其他财产之间应建立有效防范的机制，防止出现混用或资金互相调用。

（三）保密性原则

私募基金财产与公司固有财产之间、不同私募基金财产之间、私募基金财产和其他财产之间的财务账户信息属于机密信息，负责人负有保密义务。

（四）合法性原则

国家以及行业协会要求募集资金必须开立特定账户进行监管的，基金管理人必须按照相关规定进行开立，不得私自设立账户。

第四条 公司应建立有效的组织架构、人员配置以及运行机制以保证私募基金财产与公司固有财产之间、不同私募基金财产之间、私募基金财产和其他财产之间实行独立运作，分别核算，确保不同基金之间在份额登记、账户设置、资金划拨、账簿记录等方面相互独立。

第五条 公司应建立健全投资决策机制、关联交易机制、利益冲突防范机制、内幕信息报告机制等，防范管理的各私募基金之间的利益输送和利益冲突，公平对待管理的各私募基金，保护投资者利益。

第六条 国家行政主管机关以及行业协会在基金募集以及投资运作过程中要求必须开立资金募集监管账户的，必须按照相关规定开立资金募集监管账户；国家行政主管机关以及行业协会在基金募集以及投资运作过程中倡导开立其他账户（如托管账户）的，公司应积极开立其他账户。

第七条 基金管理人不得将所管理的基金财产归入其固有财产。基金管理人因基金财产管理、运用或者其他情形而取得的财产和收益，归入基金财产。基金管理人因依法解散、被依法撤销或者被依法宣告破产等原因进行清算的，所管理的基金不属于其清算财产。

第八条 本办法适用于公司、公司下属各基金管理人以及旗下的私募股权投资基金。

第二章　职责与分工

第九条 公司财务管理部门是负责基金管理人与基金财产分离的主要管理部门，其主要职责是：

（一）认真贯彻执行基金管理人与基金有关的财务管理法律、规章制度；

（二）分别管理基金管理人及基金各项经济业务收支情况；

（三）分别编制及审核基金管理人及基金有关财务报表；

（四）负责为基金管理人及基金分别进行纳税管理，依法纳税，合理避税；

（五）负责基金管理人及基金账户各自的日常银行业务，包括但不限于开立账户、办理网银、办理账户变更、办理账户注销等；

（六）负责为基金管理公司以及基金进行独立的日常财务核算；

（七）负责基金管理人及基金各自的财务会计凭证、账簿、报表等财务档案的整理、装订、保管工作；

（八）公司交办的涉及基金管理人及基金的其他工作。

第十条　公司财务核算系统以及财务核算应独立于基金财务核算系统以及基金的财务核算，不同基金之间的财务核算应相互独立，互不干扰。

第十一条　公司财务部门应该严格按照本办法的规定，区分、管理、运作、清收、分配基金管理人、基金各自的财产，非经公司规定的程序，不得以任何形式进行混同、调用、借用、挂账等。

第十二条　公司鼓励财务管理部门在适当的情形下为基金管理人、基金独立配置专门的人员，分别负责基金管理人以及基金的财务管理。

第三章　附　　则

第十三条　本办法由董事会负责解释。

第十四条　本办法自颁布之日起施行。

4. 法务管理制度

实际工作中，公司法律相关制度也比较多，如法律事务管理办法、法律合同管理办法、外聘律师管理办法、法律纠纷管理办法、法律绩效考核管理办法、合规管理办法等，鉴于公司发展阶段、管理的颗粒度不同，上述制度并不是每个公司都迫切需要和制定的，因此仅以法律事务管理办法、合规管理办法为例，供各基金管理人在实际工作中参考，其余法务制度各基金管理人可以根据公司的具体需要进行制定。

（12）【××基金管理有限公司法律事务管理办法】模板

××基金管理有限公司法律事务管理办法

第一章　总　　则

第一条　为加强和规范××基金管理有限公司（以下简称公司）法律事务管理，建立健全法律风险防范机制，确保合法、合规经营，最大限度地防范和减少法律纠纷和公司损失，切实维护公司的合法权益，根据中华人民共和国法律、法规、规章并结合公司实际情况，制定本办法。

第二条　本办法所称法律事务包括公司法律发展规划的设计与制定、公司法律机构的设置与岗位职责的设定、公司法律合同（含重大决策）的审查履行、公司规章制度的制定和修改、公司法律纠纷的预防和处理、外聘法律顾问机构的选择管理、法务事务的咨询指导、宣传培训援助、法律工作的监督检查、考核奖惩等诉讼和非诉讼法律事务工作。

第三条 公司应遵循事前法律风险防范、事中法律风险控制为主，事后法律风险救济为辅的指导思想，按照统一管理、分级负责、分工协作的原则，促进依法决策、依法经营管理，依法维护权益，确保公司经营管理行为合法合规，维护公司最大利益。

第四条 公司应当建立科学、规范的法律事务工作制度，明确内聘法律总监、法律事务部、法律工作人员、外聘法律机构处理法律事务的具体权限、程序等内容，提供法律事务工作条件，提高法律事务工作的质量和效率。

第二章 组织机构和岗位设置

第一节 法律事务部门

第五条 本办法所称的法律事务部门，是指公司设置的专门承担法律事务工作的职能部门，是法律工作人员的工作机构。

第六条 公司法律事务工作由法律事务部负责，其工作职责为：

（一）参与公司重大投资活动的法律论证，为重大经营决策提供法律依据；设计并落实法律架构操作方案，防范企业的法律风险；

（二）参与公司重大合同活动的谈判工作，审查、修改合同、协议，提出减少、防范法律风险的措施和法律意见；

（三）协助公司其他部门对合作伙伴和合作项目的尽职调查，起草尽职调查清单，撰写尽职调查报告，系统分析项目风险；

（四）协助和指导公司其他部门建立、完善各项规章制度，建立完善风险防范机制；

（五）协助公司其他部门办理投资事务所需行政许可、备案、审批事宜，保证项目的合法合规；协助公司其他部门办理公司注册、变更、注销、合并、分立、收购、清算、破产、公证等法律事务并审查相关法律文件；

（六）负责办理或委托律师事务所专业律师处理和解决公司的诉讼、仲裁案件及其他诉讼、非诉讼法律事务；

（七）归集、整理公司涉及的有关法律、法规、政策的文件资料和法律事务资料；跟踪国家法律法规的变化、发展，提出制定或修改公司相关规章制度的建议；

（八）负责组织开展公司法律的宣传、教育、培训等工作；

（九）协助公司职能部门办理商标、标识、域名、专利等知识产权管理事务并审查相关文件；

（十）对公司具体的合规事项或重大违规情况展开独立或联合调查，识别、评估、监测和报告公司合规风险，提出有效的风险处置方案或整改意见；

（十一）完成公司交办的其他法律事务工作。

第七条　法律事务部应当加强与人事、财务、资管、投资等部门的沟通、协调配合，建立健全公司法律风险防范机制和各项内部监督机制。

第八条　公司应当支持法律事务部及法律工作人员依法履行职责，应提供履行职责所必需的组织、制度和经费保障。

第九条　法律事务部及法律工作人员在工作中不得有下列行为：

（一）明知咨询人的动机或行为违反法律法规、政策或者本公司的规章制度，仍然为其提供违法违规帮助；

（二）故意曲解法律法规、政策或者本公司规章制度的规定以迎合和勾结咨询人的不正当要求，损害公司的利益；

（三）对所办理的法律事务工作故意拖延或草率处理；严重违反公司内部工作流程或程序，不适当处理事务；

（四）泄露在执行职务中获悉的公司商业秘密；利用所知悉的公司商业信息，为他人或自己谋取不当利益；

（五）超越代理权限处理事务或利用代理身份从事与本职工作无关的活动。

第二节　法律总监

第十条　本办法所称法律总监，是指由公司和所属公司聘任，全面负责公司法律事务工作的高级管理人员。法律总监应当同时具备下列条件：

（一）熟悉国家和地方有关法律、法规、规章以及其他规范性文件的规定，严于律己、秉公尽责，严守法纪；

（二）熟悉公司经营管理事务，具有较高的理论政策水平、较高的事务执行能力和较强的组织协调能力；

（三）精通公司业务领域的法律业务，具有处理复杂或者疑难法律事务的工作经验和综合能力；

（四）具有法律专业研究生以上的学历，具有国家规定的公司法律顾问执业资格或国家法律职业资格（含律师资格）。

第十一条　公司和所属公司法律总监分别对本级主管领导负责，具体履行下列职责：

（一）负责公司法律规划建设工作，组织建立健全公司法律事务机构；

（二）参与公司重大决策，设计法律方案，对相关法律风险提出防范意见；

（三）参与公司重要规章制度的制定和实施，规范公司事务审批程序；

（四）参与公司重大纠纷的处理工作，设计和实施重大纠纷的解决方案；

（五）参与公司重大合同的谈判工作，协调处理重大合同的分歧问题；

（六）领导法制宣传教育和培训工作，组织建立公司法律业务培训制度；

（七）对违反法律、法规的行为提出纠正意见，并监督或协助有关部门予以整改；

（八）协调总公司和所属公司的法律事务，指导所属公司法律事务工作。

第十二条 法律总监应当履行法律法规和公司规章制度赋予的职责，列席涉及重要决策的会议，保障和促进公司依法经营和决策，依法维护公司权益。

第三节 法律工作人员

第十三条 本办法所称法律工作人员，是指由公司聘任，在本公司法律事务部专职从事法律事务工作的公司内部人员。法律工作人员应当同时具备下列条件：

（一）熟悉国家和地方有关法律、法规、规章以及其他规范性文件的规定，严于律己、秉公尽责，严守法纪；

（二）熟悉公司经营管理事务，具有一定的理论政策水平、一定的事务执行能力和一定的组织协调能力；

（三）熟悉公司业务领域的法律业务，具有处理复杂或者疑难法律事务的工作经验和综合能力；

（四）具有法律专业本科以上的学历，具有国家规定的公司法律顾问执业资格或国家法律职业资格（含律师资格）。

第十四条 法律工作人员享有下列权利：

（一）负责处理公司经营、管理的法律事务，对公司重大经营决策提出独立法律意见；

（二）对公司经营、管理中可能存在和出现的问题，提出风险预警和整改意见、建议；

（三）对可能的违法违规行为，依法向有关公司、部门或者个人调查情况、收集证据；

（四）对违反法律、法规和规章制度的行为，独立进行调查并发表独立法律意见；

（五）法律、法规、规章和公司制度授予的其他权利。

第十五条 法律工作人员应当履行下列义务：

（一）遵守国家法律、法规和公司规章、制度，恪守职业道德、遵守公司纪律；

（二）忠于职守，秉公执法，切实维护公司合法权益，为公司提供优质的法律服务；

（三）对所办理的法律事务、参与工作过程中所知悉的内容负有必要的保密义务。

第三章　法律合同的签订、履行、终止

第十六条　各部门应按照公司制定的《合同管理办法》的有关规定，做好合同起草、谈判、修改、签订、履行、变更、终止、存档等基础资料的收集、保管、使用、归档以及合同监督检查等工作。

第十七条　合同送法律事务部审核之前，合同承办部门应提前对合同另一方当事人的主体资格、主体资信、主体信誉和项目社会、经济环境进行充分了解和调查，并进行资信评估以及对法律事务部进行告知。

公司应建立由承办部门和承办人牵头、其他职能部门分工评审（含分管领导审查）、法律事务部综合审核、主管领导审批的合同审签制度。业务主办部门在业务范围内对合同的经济性、合理性、可行性负责，法律事务部对合同的合法性、有效性进行审查并发表独立的法律意见。

第十八条　对外签署合同实行法律审核会签制度，经承办部门合同初审（含分管领导审查）、其他职能部门评审、法律事务部发表意见、主管领导批准后方可签订和执行。合同签署时，承办人及其分管领导必须签字。

第四章　经营管理行为合规性审查

第十九条　公司在经营管理过程中，应当建立完善本公司经营管理行为合规性审核制度，以确保本公司各项经营管理行为合法、合规。公司应按照《合规管理办法》有关规定，规范公司规章制度制定程序，严格执行有关规章制度，推动公司经营的法制化、流程化、合规化管理，促进依法治理。

第二十条　公司法律事务部应对本公司规章制度的制定及执行情况进行协查，审查下列主要内容：

（一）规章制度是否符合国家政策、法律法规、行业规则有关规定；

（二）新制定的规章制度是否与公司现行规章制度相衔接；

（三）在规章制度的落实和实施过程中，业务部门及人员的行为是否有违规操作；

（四）对已经确定的违规操作行为，相关业务部门和人员是否进行整改并报告。

第二十一条　法律事务部对发现的违法违规风险，有权向相关部门进行调查取证，对相关人员质询，并提出风险预警和整改意见。

第五章　法律纠纷的预防和处理

第二十二条　公司应当按照《法律纠纷案件管理办法》建立与完善法律纠纷

预警和解决机制，相关业务和职能部门应对合同履行情况进行定期汇总，对发现的问题与法律事务部进行沟通，预防和减少法律纠纷的发生。

第二十三条 公司应当积极、主动预防、处理和化解各种法律纠纷，尽量避免法律纠纷转为诉讼和仲裁以及行政处罚。案件发生后，应当由本公司业务部门和法律部门成立法律纠纷专案组负责法律纠纷的处理工作。

第二十四条 公司法律事务部是处理本公司法律案件纠纷的主管部门。公司收到法院和仲裁机构的法律文书或律师函件，应及时转交法律事务部处理。

法律纠纷案件涉及的业务部门有收集和提供有关法律纠纷的原始证据及相关依据，配合、协助法律事务部处理法律纠纷相关问题的义务。

第二十五条 公司应将诉讼、仲裁、行政处罚案件按照性质、标的进行分级分类管理，规范案件的接收、调查、处理、结案、归档、备案等程序。

第二十六条 公司员工在经营活动中发现潜在法律风险，有义务及时向所在部门及公司负责人反映；部门及公司负责人应当及时向法律事务部征询意见，或根据情况采取必要措施及时有效处理。

第六章 外聘法律事务机构的管理

第二十七条 公司在充分发挥本公司法律人才资源的基础上，应按照《外聘法律顾问管理办法》聘请外部法律事务机构协助处理有关法律事务。

第二十八条 公司聘请外部法律事务机构，应当由本公司法律事务部择优选择，报请公司领导同意后聘用。所聘请的外部法律事务机构和律师作为法律事务工作的重要补充，由法律事务部归口协调管理。

第二十九条 外聘法律事务机构应具有良好的社会声誉和强大的综合实力，外聘律师应具有丰富的执业经验和良好的职业道德。受聘的外部法律事务机构应当做出如下承诺：

（一）不得接受与公司及其子公司、所出资公司进行仲裁或诉讼的对方当事人的委托业务；

（二）不得接受与公司及所属公司具有行业竞争、合同相对方或其他利害冲突关系者的业务委托。

第三十条 公司可以聘请外部法律事务机构和律师担任专项事务的法律总监并签署专项法律事务顾问合同。公司应当规范外聘律师的聘请、管理、考核工作，建立相关外聘法律事务机构管理制度。

第七章 法律咨询指导、教育培训、援助交流

第三十一条 公司法律事务部门应积极为公司各部提供咨询指导服务，积极协

调处理本公司涉及的法律事务，确保公司经营管理活动合法、合规。

第三十二条　公司法律事务的咨询、指导一般以书面形式进行，法律事务部门一般应在二个工作日内做出解答并对所咨询的事项出具法律意见。

涉及公司重要决策的法律论证、咨询等法律事务，承办部门可以主动商请法律事务部提前介入，并将有关材料提前送法律事务部审核、研究。

第三十三条　公司应当高度重视法律宣传、教育培训工作，科学制订年度、半年度宣传、教育、培训计划，收集具有警醒作用的重大案例，制作分发具有警醒作用的宣传教育材料，增强公司法律风险防范能力。

第三十四条　公司员工是公司最为宝贵的财富，公司应积极为员工及其家庭提供生活方面的法律援助服务，切实解决员工生活中遇到的法律问题，增强员工对企业的归属感，增强员工的内聚力。

第三十五条　公司要积极支持公司法律工作人员之间和外部机构的经验交流和学习工作，定期组织企业法律工作人员的内部经验交流。

公司要积极支持公司法律工作人员的业务能力外部培训工作，鼓励法律工作人员进行外部学习，逐步提高公司法律工作人员的专业水平和执业能力。

第三十六条　公司应加大对法律事务工作的投入，将法律事务费用支出列入年度预算，为法律事务工作的顺利开展提供经费支持和各种保障。

第八章　法律事务监督检查与考核奖惩

第三十七条　公司要积极做好法律事务的监督检查工作，定期或不定期、常规或专项地监督检查公司的法律事务的执行情况。公司应当在本年度结束前将法律事务工作总结，以书面方式报公司。

第三十八条　公司应当对工作勤勉，成绩突出，为公司避免或者挽回重大经济损失或做出其他重大贡献的法律事务部和法律工作人员及其他相关部门和人员给予表彰奖励。

第三十九条　凡未按照国家和公司有关规定建立健全法律事务工作部门、工作机制，导致出现重大经营决策失误、发生重大法律风险、造成重大经济损失的，将依照有关规定对所在部门主要负责人进行处罚。

第九章　附　　则

第四十条　本办法由公司法律事务部负责解释。

第四十一条　本办法自发布之日起生效，凡以前公司规定与本办法不一致的，以本办法为准。

（13）【××基金管理有限公司合规管理办法】模板

××基金管理有限公司合规管理办法

第一章　总　　则

第一条　为健全××基金管理有限公司（以下简称公司）治理结构，有效识别、提前防范、主动管理、合理处置合规风险，确保公司依法经营、有序管理、高效决策、良性发展，根据国家有关法律法规和公司有关规定，并结合公司实际，制定本办法。

第二条　本办法所称合规，是指公司及其工作人员的经营管理和执业行为符合法律、法规、规章及规范性文件、行业规范和自律规则、公司内部规章制度及程序，以及行业普遍遵守的职业道德和行为准则。

本办法所称合规管理，是指公司制定和执行合规管理制度，建立合规管理机制，防范因公司或其工作人员的经营管理或执业行为违反法律法规和准则而使公司被依法追究法律责任、采取监管措施、给予纪律处分、出现财产损失或商业信誉损失的风险的行为。

第三条　公司合规管理的目标是通过建立健全合规管理机制，制定和执行合规管理制度，推动合规文化建设，实现对合规风险的有效识别和主动管理，增强自我约束能力，促进全面风险管理体系建设，保障公司的经营管理和所有员工的执业行为符合法律、法规和准则，切实防范合规风险，确保依法合规经营，促进公司的可持续发展，实现公司内部合规与外部监管的有效互动。

第四条　公司合规管理应遵循以下原则：

（一）健全性原则：公司在制度建设和业务流程设计上，通过完善相关合规管理制度与机制，使合规管理体系覆盖公司所有业务、各个部门和分支机构、公司所有员工，贯穿决策、执行、监督、反馈等各个环节。

（二）有效性原则：合规管理应服从于公司发展的最高目标，合规管理的实施应从公司的业务规模、组织结构、发展状况、公司文化等实际出发，兼顾成本与效率，强化相关合规管理制度、流程设计的可操作性，提高合规管理的有效性。

（三）独立性原则：公司合规管理从制度、组织和人员安排上保证合规管理的独立性，并按照制衡的模式，使合规管理部门与其他内控部门一起积极促进与经营管理的有效制衡。

第五条　公司应当树立全员合规、合规从管理层做起、合规创造价值的理念，倡导和推进合规文化建设，培育全体工作人员合规意识，提升合规管理人员专业化、职业化水平。

第六条　本办法适用于公司职能部门和所属的业务单元以及下属公司（以下简称业务单元）。

第二章　合规管理部门及其职责

第七条　法律事务部是公司合规管理的主要部门，其在合规管理中的主要职责：

（一）组织搭建公司合规管理体系，拟定公司的合规管理制度，选聘合规管理人员，制订并执行合规管理工作计划，进行合规管理培训，推动合规管理事务的执行和开展。

（二）对公司内部管理制度、重大决策、经营行为等进行合规审查，出具书面的合规审查意见，对监管机构要求对公司报送的申请材料或报告进行合规审查，并对此发表意见。

（三）实施合规风险评估和监控，对公司的合规状况以及内部控制的有效性进行监测和检查，对各部门及工作人员的执业行为的合规性进行监督检查，发现公司存在违法违规行为或合规风险隐患。

（四）根据法律法规和准则的变化督导相关部门修改、完善有关管理制度和业务流程，以适应新的监管要求；分析法律法规和监管政策，为公司高级管理人员、各部门及员工提供合规咨询和建议。

（五）保持与监管机构和自律组织的联系沟通，配合监管机构和自律组织的工作，及时处理监管机构和自律组织要求调查的事项，配合监管机构和自律组织对公司的检查和调查，跟踪和评估监管意见和监管要求的落实情况。

第八条　公司各业务单元在合规管理中的主要职责：

（一）执行法律、法规和准则，执行公司合规管理制度以及公司的其他管理制度，遵守公司管控流程，自行或根据合规管理部门的督导，评估、制定、修改和完善本单位内部管理制度和业务流程；

（二）对本部门工作人员执业行为合规性进行监督、管理、控制、评估，对本部门合规管理制度及流程的有效性及合规管理的执行情况等进行自查和评价，并按规定向合规管理部门报告；

（三）发现本部门违法违规行为或合规风险隐患时，主动、及时向合规管理部门报告，积极妥善处理，落实责任追究，完善内部控制制度和业务流程；配合合规管理部门日常监督检查。

第三章　合规管理的主要风险及其管控

第九条　合规管理的主要风险：

（一）规章制度的合规风险：公司以及相关职能部门或业务单元制定相关规章制度时，未按照本办法以及公司相关规定，征求合规管理部门以及其他部门的意见，导致规章制度违反公司规定以及行业的监管规定。

（二）重大决策的合规风险：公司以及相关职能部门或业务单元在进行重大决策时，未按照本办法的规定，征求合规管理部门的意见，导致重大决策违反公司的章程、其他规章制度以及公司的相关决策程序。

（三）重大业务的合规风险：公司以及相关职能部门或业务单元开展重大业务时，未按照本办法的规定，征求合规管理部门的意见，导致重大业务违反国家法律法规、产业政策、公司相关制度以及决策程序。

（四）执业行为的合规风险：公司职能部门或业务单元从事具体的职务行为时，未遵循国家法律法规、行业监管政策、行业有关行为准则以及公司的管理制度和相关程序，导致职务行为违法、违规。

第十条 公司或各部门制定或修订规章制度、进行重要决策、开展重大业务以及因合规事宜对接外部监管机构时，应征求合规管理部门意见，合规管理部门应及时出具合规意见。员工可对经营管理及执业过程中涉及的合规事项及时主动寻求合规咨询或合规审查等合规支持。

第十一条 合规管理部就业务部门会商事项进行评估，如认为有合规风险并将对公司的经营管理产生重要影响或风险的，应当及时制作合规风险意见，列明发现的缺陷和问题、提出相应的弥补措施和修改意见，如事项涉及比较重大的，应向公司主管领导汇报。

第四章 合规管理的监督和检查

第十二条 合规管理部可以定期对已经被识别的公司合规风险点进行收集和归类，查找风险根源，制订解决方案，并从中选择典型的合规风险事例进行发布、预警，供各部门在业务执行中进行参考。

第十三条 为履行合规管理职责，合规管理部可以组织内部有关机构部门以及相关人员，或者委托外部专业机构和人员协助开展专项合规审查工作，各部门应积极进行配合和协助并予以支持。

第十四条 合规管理部门可以定期或不定期地对各部门的合规管理情况进行检查，合规监督检查工作的内容主要包括各部门遵循法律、法规及准则的情况、各部门遵循公司制度的情况、违规事件的整改情况等。

第十五条 公司各部门负责人应定期或不定期地对本部门合规管理的有效性进行日常和定期的自我检查和评价，向合规管理部提供合规风险信息，在遇到合规问题或察觉潜在合规风险时应主动与合规管理部门联系。

第十六条　公司全体员工应积极配合合规管理部门对公司合规管理情况的检查，不得妨碍其履行职责，不得隐瞒真实情况，提供虚假信息，公司各部门应当及时向合规管理部门提供所需信息。

第十七条　对在检查过程中发现的合规风险，合规管理部应向有关部门发出书面整改通知，有关部门应及时整改并回复。公司业务单元应当根据合规检查情况和评价结果，及时进行整改和纠正，并对落实情况进行跟踪检查。

第十八条　公司建立有效的责任追究制度，对违法违规行为进行严格的责任追究。对已发现或已出现的违法违规行为或合规风险隐患不报告或报告不及时，或采取补救措施不力的，公司将对相关责任人员从严处罚。

第五章　附　　则

第十九条　本办法由法律事务部制定并解释。

第二十条　本办法自颁布之日起实施。

5. 风险管理制度

依据《私募投资基金管理人内部控制指引》第十三条规定，私募基金管理人应当建立科学的风险评估体系，对内外部风险进行识别、评估和分析，及时防范和化解风险。第二十二条规定，私募基金管理人开展业务外包应制定相应的风险管理框架及制度。私募基金管理人根据审慎经营原则制定其业务外包实施规划，确定与其经营水平相适宜的外包活动范围。

(14)【××基金管理有限公司风险管理办法（试行）】模板

××基金管理有限公司风险管理办法（试行）

第一章　总　　则

第一条　为防范、控制、处理××基金管理有限公司（以下简称公司）经营过程中发生或可能出现的风险，保障公司经营目标和发展战略得以实现，保证公司经营持续、稳定、健康发展，特制定本办法。公司实行全面风险管理战略，倡导务实高效的风险管理文化。

第二条　本办法中所称风险管理，是指为消除和减轻各种不确定性对公司实现经营目标的负面影响，通过建立、健全风险管理体系，针对各个部门在各个管理环节中执行风险控制流程，以便实现公司管理总体目标。

第三条 公司风险管理的总体目标是通过事前防范，规避和减少风险可能造成的损失，确保公司的持续健康发展。

第四条 风险管理应遵循以下原则：

（一）整体性原则

风险管理包括公司的所有部门和岗位，针对公司业务面临的所有风险类别，落实到各个部门、各项业务和操作环节。

（二）审慎性原则

风险控制的核心是有效防范各种风险，公司部门组织的构成、内部管理制度的建立要以防范风险、审慎经营为出发点。

（三）实效性原则

以公司主营业务为核心，建设全面反映公司实际风险状况的风险控制体系，确保该体系能有效指导业务，并能有效防范和化解风险。

（四）防范性原则

以事前防控为出发点，加强风险的事前预防、事中控制和事后处理，以便在风险发生时及时识别和处理。

（五）效益性原则

风险管理充分考虑投入成本与效益的关系，公司保持足够的风险投入，以降低风险损失，提高处理效率。

（六）制约性原则

各部门和岗位的设置应当适用不相容职务分离控制，相互制衡、相互监督，任何部门或个人都不能拥有单独控制关键流程及业务的权力，每项业务都要实现交叉检查或交叉控制。

第五条 公司所面临的风险分为战略风险、管理风险、信用风险、合规风险、法律风险、财务风险和市场风险等。公司应根据集团公司制度的战略方向和公司具体的实际情况，设计具体的体系和制度，预防可能出现的上述风险。

第六条 公司根据内外部环境及公司发展战略，确定风险偏好、风险承受度、风险管理有效性标准，选择风险承担、风险规避、风险转移、风险转换、风险对冲、风险补偿、风险控制等风险管理策略。

第二章 组织体系与职责分工

第七条 公司风险管理组织体系包括：执行董事、风险管理委员会、风险管理部以及其他各职能部门。

公司所有的部门均应在其职责范围内承担风险管理的职责，对各部门的业务流程和操作流程进行日常维护和管理，对本部门所面临的主要风险点进行识别、自我检查和实施关键控制程序。

第八条　执行董事是风险管理的最高决策机构，负责管理和监控公司的整体风险以及风险管理总体目标，制定风险管理战略和确定风险管理原则，主要职责为审批风险管理委员会提交的风险管理事项，决定有关风险管理的其他重大事项。

第九条　风险管理委员会是公司的风险管理机构，负责提出公司经营管理过程中防范风险的指导意见，对公司风险状况和风险管理能力及水平进行评价，提出完善公司风险管理和内部控制的建议，负责具体对公司的风险控制制度、应对和处置重大突发事件的方案及执行董事授权的其他风险管理事项进行审议和评价。

第十条　风险管理部作为风险管理委员会的执行机构，在公司内部具体实施风险管理工作，负责设计公司风险管理组织架构并提交批准，制定风险管理和内部控制政策、制度或规定，参与设计公司业务流程和管理制度，审核公司经营活动的合法合规性以及经营风险，及时发现和定期报告业务风险并提出应对措施，组织实施公司日常风险管理和监督工作。同时负责就风险管理事宜与集团公司风险管理中心进行对接和沟通。

第十一条　各部门负责本部门事务的风险管理，公司各部门负责制定或协助制定本部门的管理制度，建立权责明确、相互制衡的组织架构，制定规范的业务操作流程。公司各部门的负责人为本部门风险责任人，风险责任人对本部门职能范围内的经营活动承担风险管理责任。

第十二条　公司在实施风险管理策略的过程中，应建立和不断完善授权体系，公司所有部门必须在公司授权范围内开展工作，建立有效的信息沟通机制，使风险信息能够及时传递到相关的部门和公司领导。

第三章　风险管理工作流程

第十三条　风险管理的工作流程由风险识别、风险分析、风险评估、风险控制和风险报告五个步骤组成。各业务部门的投资方案应包含业务部门自身对于计划、方案的风险判断和采取的风险管理措施，并对各种风险进行分析，对风险发生的概率及其产生结果的影响程度进行评估，对计划、方案中相应的风险管理措施是否充分有效等进行分析。

第十四条　风险识别指对经营活动中存在的内部及外部风险的来源进行辨别。各级风险管理组织在经营管理过程中应定期对其所获取的信息资料进行系统了解，识别公司存在的各种风险因素，进而确定公司面临的风险及其性质，并把握其发展趋势。

第十五条 风险分析主要对风险的产生因素进行归因分析，并评估其影响，预测变化趋势，提出避险建议和措施。公司应运用合理的方法对经营管理中所产生的或可能产生的各种风险进行分析，并对风险的影响程度进行判断。

第十六条 风险评估是指在信息收集的基础上根据公司内外部环境的变化，对公司所面临的风险进行分析和评价，尤其是对公司可能出现的影响，包括对公司各项管理制度、各项经营发展计划、经营与投资方案的事前风险评估。

第十七条 风险控制是对业务流程的各个环节制定风险防范措施以及项目出现问题后的处理措施。承担风险控制的部门应当结合风险评估结果，运用相应的控制措施，将风险控制在可承受范围之内。

第十八条 风险报告是指各部门根据职责范围和报告体系定期或不定期向主管领导提交的与风险评估分析相关的报告。公司建立重大事项报告和应急处置机制，对投资项目重大风险事项的处置进行决策。

第十九条 公司各级风险管理组织均应在日常经营管理活动中注意风险事项，并及时进行报告。

第四章 投资流程风险控制

第二十条 立项阶段的风险控制

项目团队所在投资部门对项目进行初步筛选后，项目团队负责人将其认为具有投资价值、符合公司投资范围和标准的项目向公司总经理提出立项申请，总经理审核通过后进入尽职调查过程。

第二十一条 尽职调查过程中的风险控制

对已批准立项的项目，由投资经理负责组织投资团队、财务人员、法律人员、风险人员（内部或外部）进行尽职调查，尽调人员对企业、项目的投资风险进行独立的风险因素的评估、判断，出具财务、法律、市场《尽职调查报告》以及风险分析报告。

第二十二条 投资决策阶段的风险控制

对于集团公司授权范围内公司可以自行决策的项目，在项目团队完成《可行性研究报告》之后，投资经理提请风险管理部报请投资决策委员会审议。投资决策委员会采用现场投票方式表决，投资项目应取得投资决策委员会三分之二以上（不含）委员的同意才可通过并形成决议。项目决策通过后，风险管理部将投资决议以及其他项目资料报集团公司风险管理中心备案。

提请投资决策委员会审议时，需将《可行性研究报告》（附投资测算）、财务、法律、市场《尽职调查报告》以及风险分析报告等一并发送。

对于超出授权范围需集团公司决策的事项，在公司内部投资决策委员会通过后，报集团公司进行审批。具体授权范围由集团公司确定。

第二十三条　投资合同签订中的风险控制

投资合同公司有模板的，必须按照公司的模板进行签订。所有投资合同必须提交风险管理部以及其他职能部门审核。如果投资合同对公司投资合同模板有重大变更，必须进行提示。经各部门审核无异议后，按照公司规定的程序进行合同审批和签订。合同签订完成后，及时交公司进行存档。

第二十四条　投资放款过程中的风险控制

对于投资交易款项的安排，由业务部门根据投资交易协议约定的付款条件和期限申请付款，各部门负责对付款条件进行协查，按公司款项支付规定逐级审批通过后交财务部进行划款。

第二十五条　投后管理过程中的风险控制

投资完成后，投资经理具体负责项目的跟踪管理，参与公司治理、监控项目或企业日常运营情况（尤其是执行偏差）并随时向公司投资决策委员会进行汇报，投资经理应积极为项目或企业提供策略性咨询增值服务。

第二十六条　投资退出过程中的风险控制

依据投资方案、可行性研究报告或投资协议的约定，投资经理制定退出方案，完成投资项目的投资退出事宜。如在项目退出过程中发生偏差，投资经理应及时告知风险管理部以及公司投资决策委员会更改或变动退出方案。

第五章　监督与考核

第二十七条　风险管理的监督与考核是指对风险管理的效果和效率进行持续监督与考核评价，对公司各部门的风险管理工作执行情况进行定期检查，对风险管理工作任务的完成情况进行考核，并根据监督或考核的结果，对公司风险管理工作进行改进与提升。在风险监控中发现问题时，公司可以决定进行风险专项检查。

第二十八条　公司应将风险管理文化建设作为发展战略的组成部分，培育和塑造良好的风险管理文化，促进全面风险管理目标的实现。公司应营造合规经营的制度文化环境，将风险管理文化融于公司文化建设的全过程中，在相关政策和制度文件中明确规定风险管理文化的建设要求和内容，在各层面营造风险管理文化的氛围。

第六章　附　　则

第二十九条　本办法由风险管理部制定并负责解释。

第三十条　本办法自颁布之日起实施。

6. 授权管理制度

依据《私募投资基金管理人内部控制指引》第十五条规定，授权控制应当贯穿于私募基金管理人资金募集、投资研究、投资运作、运营保障和信息披露等主要环节的始终。私募基金管理人应当建立健全授权标准和程序，确保授权制度的贯彻执行。

（15）【××基金管理有限公司授权管理合规操作指引（试行）】模板

××基金管理有限公司授权管理合规操作指引（试行）

第一章 总 则

第一条 为规范和完善××基金管理有限公司（以下简称公司）的治理结构，强化公司对业务单元（含所属独立法人子公司，下同）或职能部门的统一管理，达到集中决策与适当分权的合理平衡，健全内控和自我约束机制，增强防范和控制法律风险的能力，以满足公司高效管理的需要，结合本公司的实际情况，制定本指引。

第二条 本指引所称的授权，是指由公司或董事长代表公司（包括公司作为股东向所属公司或董事长代表公司向所属公司）向业务单元（经营管理层负责人岗位）或职能部门负责人岗位的基本授权以及特定情形下公司或董事长向相关人员进行特别授权，被授权人必须在授权范围内依法进行经营管理活动。

第三条 公司遵循统一管理、区别授权、权责明确、严格监管的宗旨，实行统一法人体制下的分类分级授权管理。

第四条 授权应遵循以下原则：

（一）有限行使原则

被授权人必须在授权的管理权限之内行使权力，严禁无权或越权进行活动。

（二）动态调整原则

公司或董事长对授权有权随时进行调整，有权随时终止和撤销对被授权人的授权。

（三）权责一致原则

被授权人须在被授权的范围内从事相关的活动，同时对其违反授权管理规定的行为承担相应的责任。

第五条 本指引适用于公司的业务单元或职能部门。

第二章 授权管理部门及其职责

第六条 公司运营管理部是公司授权管理工作的主管部门，在授权管理中的主要职责是：

（一）制定与调整授权管理相关制度，组织有关部门拟定授权方案；

（二）指导公司及所属机构按授权管理工作流程开展工作；

（三）具体办理基本授权及特别授权事宜；

（四）规范授权管理，对授权书等与授权有关的文书进行登记、使用、保管；

（五）负责、督导落实公司授权管理工作，检查授权执行效果；

（六）其他与公司授权管理相关的工作。

第七条 公司各职能部门和业务单元是授权的执行部门，根据职责分工及岗位责任说明书的相关规定，组织本部门的授权管理工作，具有以下执行职责：

（一）在各自业务管理范围实施规范授权管理，制定相关的制度、流程；

（二）按照公司相关规定，对本部门主管的授权范围内的事项组织实施；

（三）按照公司相关规定，对本部门主管的授权范围外的事项报送审批；

（四）定期自查授权运转管理情况，防范越权风险。

第八条 公司风险管理中心、法律事务中心、审计监察中心是公司授权体系管理的协同管理部门，主要履行以下职责：

（一）制作、修订和完善公司授权的格式文本并推动执行；

（二）审查公司授权管理文本的合法性、有效性、完备性；

（三）协助各职能部门和所属企业按照授权管理规定开展工作；

（四）对各职能部门和所属企业的授权事项进行合规及风险审查；

（五）对发现的越权风险进行提示并提出解决方案。

第三章 授权管理的类别、形式、要求

第九条 公司授权分为基本授权和特别授权两个类别：

（一）基本授权是指对公司人事管理、财务管理、基本业务以及其他职能部门的授权，基本授权内容以公司的各项规章制度以及岗位职责予以确定；如无相关规章制度或岗位职责的，以公司签发的授权书规定的内容为准。

（二）特别授权是指对超出基本授权范围的某一特定事项或某项特殊业务的临时性授权，经特别授权产生被授权人的特别权限。特别授权应采用书面授权形式，被授权人、权限范围以及授权期限应在特别授权书中注明。

第十条 除公司规章制度规定的权责范围外，公司授权原则上采用书面授权委托书的形式。在临时性、非重大事项或紧急情况下，董事长可以口头形式进行

授权。

第十一条 授权委托书是公司或董事长授权被授权人在授权范围内以公司或董事长名义行使职权或办理公司有关事务的法律文件，是被授权人的权利证明。

未经公司或董事长明确授权，任何职能部门、业务单元或个人不得以公司名义进行经济活动。授权书必须有明确的授权对象、事项、期限、责任并应该统一编号。

第十二条 公司根据经营需要进行的基本授权，被授权岗位的负责人可以再向其所属部门中的其他个人进行转授权，但转授权范围不得超过基本授权范围。被授权岗位的负责人及接受转授权的人共同对转授权的行为负责并承担后果。

第十三条 公司或董事长根据特定需要进行的特别授权，接受特别授权的被授权人不得再向其他机构和个人进行转授权。

第四章　授权的基本程序、授权终止或撤销

第十四条 公司基本授权的范围包括人事授权、财务授权和业务授权以及其他职能部门的授权，各部门应该结合本部门或业务单元的职能定位和岗位职责，制定本部门或业务单元的管理制度并在制度中列明部门负责人岗位的职责权限，提请公司或董事长批准后执行，作为部门负责人或业务单元行使权力的基本依据。

第十五条 超出本部门或业务单元基本授权范围以外的特殊职能或专项性业务或者超出项目审批权限，或超出基本授权对外订立合同、协议和其他法律文件，以及公司出现临时性、紧急性、突发性重大事件需要处理时，被授权人可向公司或董事长临时申请特别授权；公司或董事长也可以根据实际情况自行决定向被授权人签发特别授权。特别授权相关事项处理完毕后，被授权人应及时向公司董事长汇报授权的使用情况，该特别授权即行终止。

第十六条 发生下列情况，公司可撤销授权或终止授权：

（一）岗位负责人或被授权人发生违法、违纪或重大越权行为；

（二）因岗位负责人或被授权人的失职造成重大经营风险；

（三）公司进行内部岗位调整或被授权人被解除或辞去职务；

（四）授权书中规定期限届满或授权事项完成；

（五）公司认为其他必要的情况，授权应予终止或撤销。

第五章　授权管理主要风险以及管控要求

第十七条　授权管理的主要风险

无权代理风险：是指在没有代理权、超越代理权或者代理权终止后，以公司或董事长的名义实施的行为所带来的法律风险。无权代理可能形成表见代理，从而使

公司对行为人的行为承担责任，并可能给公司造成损失。

第十八条　授权风险的管控要求

（一）基本授权

各部门或业务单元应该结合本部门或业务单元的职能定位和岗位职责，制定本部门或业务单元的管理制度并在制度中列明部门负责人岗位的职责权限，经人力资源部审查后，提请公司或董事长批准后执行。公司人力资源部也可以制定职能部门或业务单元的管理制度并在制度中列明部门负责人岗位的职责权限，经会商职能部门或业务单元负责人无异议后，提请公司或董事长批准执行。

（二）特别授权

当发生需要特别授权的情形时，被授权人可通过运营管理部向公司或董事长临时申请特别授权，公司或董事长也可以根据实际情况自行决定向被授权人签发特别授权。授权书须经风险管理中心、法律事务中心负责人审查，并在通过审查后由运营管理中心交付被授权人执行。

第六章　授权管控的监督检查以及法律责任

第十九条　各授权管理的职能或业务部门应当定期或不定期对被授权人行使授权权限的情况进行自行检查。

公司风险管理中心、法律事务中心、审计监察中心应当定期或不定期对被授权人行使授权权限的情况进行检查和监督。

第二十条　公司风险管理中心、法律事务中心、审计监察中心在监督检查过程中若发现被授权人有一般越权行为的，应督促其限期改正；有重大越权行为的，应提交公司按照公司相关规定对其作出处罚决定。

第二十一条　被授权人应在授权权限内进行活动，超越代理权、没有代理权或代理权终止后的代理行为均属无权代理，公司不承担责任，被授权人必须承担无权代理的法律后果，并承担由此引起的一切法律责任。

第七章　附　　则

第二十二条　本指引由运营管理部制定并负责解释。

第二十三条　本指引自下发之日起实施。

（二）日常运营制度

1. 募集管理制度

依据《私募投资基金管理人内部控制指引》第十六条规定，私募基金管理人自行募集私募基金的，应设置有效机制，切实保障募集结算资金安全；私募基金管理人应当建立合格投资者适当性制度。私募基金募集合规是监管机构的监管重点，历次证监会和中基协的检查中，资金募集都是检查的重点内容，因此基金管理公司应该把募集工作当作内控合规管理的重中之重，制定完善的募集制度和流程，防止募集违规，尤其不能触犯非法集资的红线，导致公司和相关人员承担刑事责任。

（16）【××基金管理有限公司基金宣传推介与募集行为管理办法】模板

××基金管理有限公司基金宣传推介与募集行为管理办法

第一章　总　　则

第一条　为了规范××基金管理有限公司（以下简称公司）的基金宣传推介和基金募集行为，保护投资者、公司及相关当事人的合法权益，根据《证券投资基金法》《私募投资基金监督管理暂行办法》《私募投资基金募集行为管理办法》等法律法规的规定，制定本办法。

第二条　公司可以自行募集其设立的私募基金，也可以委托在中国证监会注册取得基金销售业务资格并已成为中国基金业协会会员的机构（以下简称基金销售机构）募集私募基金。

第三条　从事私募基金募集业务的人员应当具有基金从业资格（包含原基金销售资格），应当遵守法律、行政法规和中国基金业协会的自律规则，恪守职业道德和行为规范，应当参加后续执业培训。

第二章　一般规定

第四条　募集机构应当恪尽职守、诚实信用、谨慎勤勉，防范利益冲突，履行说明义务、反洗钱义务等相关义务，承担特定对象确定、投资者适当性审查、私募基金推介及合格投资者确认等相关责任。

募集机构及其从业人员不得从事侵占基金财产和客户资金、利用私募基金相关的未公开信息进行交易等违法活动。

第五条　公司应当履行受托人义务，承担基金合同、公司章程或者合伙协议

（以下统称基金合同）的受托责任。委托基金销售机构募集私募基金的，不得因委托募集免除公司依法承担的责任。

第六条 公司委托基金销售机构募集私募基金的，应当以书面形式签订基金销售协议，并将协议中关于公司与基金销售机构权利义务划分以及其他涉及投资者利益的部分作为基金合同的附件。基金销售机构负责向投资者说明相关内容。基金销售协议与作为基金合同附件的关于基金销售的内容不一致的，以基金合同附件为准。

第七条 任何机构和个人不得为规避合格投资者标准，募集以私募基金份额或其收益权为投资标的的金融产品，或者将私募基金份额或其收益权进行非法拆分转让，变相突破合格投资者标准。募集机构应当确保投资者已知悉私募基金转让的条件。投资者应当以书面方式承诺其为自己购买私募基金，任何机构和个人不得以非法拆分转让为目的购买私募基金。

第八条 募集机构应当对投资者的商业秘密及个人信息严格保密。除法律法规和自律规则另有规定的，不得对外披露。

第九条 募集机构应当妥善保存投资者适当性管理以及其他与私募基金募集业务相关的记录及相关资料，保存期限自基金清算终止之日起不得少于10年。

第十条 募集机构或相关合同约定的责任主体应当开立私募基金募集结算资金专用账户，用于统一归集私募基金募集结算资金、向投资者分配收益、给付赎回款项以及分配基金清算后的剩余基金财产等，确保资金原路返还。

本办法所称私募基金募集结算资金是指由募集机构归集的，在投资者资金账户与私募基金财产账户或托管资金账户之间划转的往来资金。募集结算资金从投资者资金账户划出，到达私募基金财产账户或托管资金账户之前，属于投资者的合法财产。

第十一条 募集机构应当与监督机构签署账户监督协议，明确对私募基金募集结算资金专用账户的控制权、责任划分及保障资金划转安全的条款。监督机构应当按照法律法规和账户监督协议的约定，对募集结算资金专用账户实施有效监督，承担保障私募基金募集结算资金划转安全的连带责任。

取得基金销售业务资格的商业银行、证券公司等金融机构，可以在同一私募基金的募集过程中同时作为募集机构与监督机构。符合前述情形的机构应当建立完备的防火墙制度，防范利益冲突。

本办法所称监督机构是指中国证券登记结算有限责任公司、取得基金销售业务资格的商业银行、证券公司以及中国基金业协会规定的其他机构。监督机构应当成为中国基金业协会的会员。

公司应当向中国基金业协会报送私募基金募集结算资金专用账户及其监督机构信息。

第十二条 涉及私募基金募集结算资金专用账户开立、使用的机构不得将私募基金募集结算资金归入其自有财产。禁止任何单位或者个人以任何形式挪用私募基金募集结算资金。公司、基金销售机构、基金销售支付机构或者基金份额登记机构破产或者清算时，私募基金募集结算资金不属于其破产财产或者清算财产。

第三章 私募基金募集程序

第十三条 私募基金募集应当履行下列程序：

（一）特定对象确定；

（二）投资者适当性匹配；

（三）私募基金推介；

（四）基金风险揭示；

（五）合格投资者确认；

（六）签署基金合同；

（七）投资冷静期；

（八）回访确认。

第十四条 募集机构应当向特定对象宣传推介私募基金。未经特定对象确定程序，不得向任何人宣传推介私募基金。

第十五条 在向投资者推介私募基金之前，募集机构应当采取问卷调查等方式履行特定对象确定程序，对投资者风险识别能力和风险承担能力进行评估。投资者应当以书面形式承诺其符合合格投资者标准。

投资者的评估结果有效期最长不得超过3年。募集机构逾期再次向投资者推介私募基金时，需重新进行投资者风险评估。同一私募基金产品的投资者持有期间超过3年的，无需再次进行投资者风险评估。投资者风险承担能力发生重大变化时，可主动申请对自身风险承担能力进行重新评估。

第十六条 募集机构应建立科学有效的投资者问卷调查评估方法，确保问卷结果与投资者的风险识别能力和风险承担能力相匹配。募集机构应当在投资者自愿的前提下获取投资者问卷调查信息。问卷调查主要内容应包括但不限于以下方面：

（一）投资者基本信息，其中个人投资者基本信息包括身份信息、年龄、学历、职业、联系方式等信息；机构投资者基本信息包括工商登记中的必备信息、联系方式等信息；

（二）财务状况，其中个人投资者财务状况包括金融资产状况、最近三年个人年均收入、收入中可用于金融投资的比例等信息；机构投资者财务状况包括净资产状况等信息；

（三）投资知识，包括金融法律法规、投资市场和产品情况、对私募基金风险的了解程度、参加专业培训情况等信息；

（四）投资经验，包括投资期限、实际投资产品类型、投资金融产品的数量、参与投资的金融市场情况等；

（五）风险偏好，包括投资目的、风险厌恶程度、计划投资期限、投资出现波动时的焦虑状态等。

《私募基金投资者问卷调查内容与格式指引（个人版）》依据公司范本执行。

第十七条　募集机构通过互联网媒介在线向投资者推介私募基金之前，应当设置在线特定对象确定程序，投资者应承诺其符合合格投资者标准。前述在线特定对象确定程序包括但不限于：

（一）投资者如实填报真实身份信息及联系方式；

（二）募集机构应通过验证码等有效方式核实用户的注册信息；

（三）投资者阅读并同意募集机构的网络服务协议；

（四）投资者阅读并主动确认其自身符合《私募投资基金募集行为管理办法》第三章关于合格投资者的规定；

（五）投资者在线填报风险识别能力和风险承担能力的问卷调查；

（六）募集机构根据问卷调查及其评估方法在线确认投资者的风险识别能力和风险承担能力。

第十八条　募集机构应当自行或者委托第三方机构对私募基金进行风险评级，建立科学有效的私募基金风险评级标准和方法。募集机构应当根据私募基金的风险类型和评级结果，向投资者推介与其风险识别能力和风险承担能力相匹配的私募基金。

第十九条　在投资者签署基金合同之前，募集机构应当向投资者说明有关法律法规，说明投资冷静期、回访确认等程序性安排以及投资者的相关权利，重点揭示私募基金风险，并与投资者签署风险揭示书。风险揭示书的内容包括但不限于：

（一）私募基金的特殊风险，包括基金合同与中国基金业协会合同指引不一致所涉风险、基金未托管所涉风险、基金委托募集所涉风险、外包事项所涉风险、聘请投资顾问所涉风险、未在中国基金业协会登记备案的风险等；

（二）私募基金的一般风险，包括资金损失风险、基金运营风险、流动性风险、募集失败风险、投资标的的风险、税收风险等；

（三）投资者对基金合同中投资者权益相关重要条款的逐项确认，包括当事人权利义务、费用及税收、纠纷解决方式等。

《私募投资基金风险揭示书内容与格式指引》依据公司范本执行。

第二十条 在完成私募基金风险揭示后，募集机构应当要求投资者提供必要的资产证明文件或收入证明。募集机构应当合理审慎地审查投资者是否符合私募基金合格投资者标准，依法履行反洗钱义务，并确保单只私募基金的投资者人数累计不超过《证券投资基金法》《公司法》《合伙企业法》等法律规定的特定数量。

第二十一条 各方应当在完成合格投资者确认程序后签署私募基金合同。

基金合同应当约定给投资者设置不少于24小时的投资冷静期，募集机构在投资冷静期内不得主动联系投资者。

（一）私募证券投资基金合同应当约定，投资冷静期自基金合同签署完毕且投资者交纳认购基金的款项后起算；

（二）私募股权投资基金、创业投资基金等其他私募基金合同关于投资冷静期的约定可以参照前款对私募证券投资基金的相关要求，也可以自行约定。

第二十二条 募集机构应当在投资冷静期满后，指令本机构从事基金销售推介业务以外的人员以录音电话、电邮、信函等适当方式进行投资回访。回访过程不得出现诱导性陈述。募集机构在投资冷静期内进行的回访确认无效。

回访应当包括但不限于以下内容：

（一）确认受访人是否为投资者本人或机构；

（二）确认投资者是否为自己购买了该基金产品以及投资者是否按照要求亲笔签名或盖章；

（三）确认投资者是否已经阅读并理解基金合同和风险揭示的内容；

（四）确认投资者的风险识别能力及风险承担能力是否与所投资的私募基金产品相匹配；

（五）确认投资者是否知悉投资者承担的主要费用及费率，投资者的重要权利、私募基金信息披露的内容、方式及频率；

（六）确认投资者是否知悉未来可能承担投资损失；

（七）确认投资者是否知悉投资冷静期的起算时间、期间以及享有的权利；

（八）确认投资者是否知悉纠纷解决安排。

第二十三条 投资者在募集机构回访确认成功前有权解除基金合同。出现前述情形时，募集机构应当按合同约定及时退还投资者的全部认购款项。未经回访确认成功，投资者交纳的认购基金款项不得由募集账户划转到基金财产账户或托管资金账户，公司不得投资运作投资者交纳的认购基金款项。

第二十四条 私募基金投资者属于以下情形的，可以不适用本办法第十四条至

第二十三条的规定：

（一）社会保障基金、企业年金等养老基金，慈善基金等社会公益基金；

（二）依法设立并在中国基金业协会备案的私募基金产品；

（三）受国务院金融监督管理机构监管的金融产品；

（四）投资于所管理私募基金的公司及其从业人员；

（五）法律法规、中国证监会和中国基金业协会规定的其他投资者。

投资者为专业投资机构的，可不适用本办法第二十一条至第二十三条的规定。专业投资机构按照《证券期货投资者适当性管理办法》进行认定。

第四章　私募基金推介

第二十五条　募集机构仅可以通过合法途径公开宣传公司的品牌、发展战略、投资策略、管理团队、高管信息以及由中国基金业协会公示的已备案私募基金的基本信息。公司应确保前述信息真实、准确、完整。

第二十六条　私募基金推介材料应由公司制作并使用。公司应当对私募基金推介材料内容的真实性、完整性、准确性负责。除公司委托募集的基金销售机构可以使用推介材料向特定对象宣传推介外，其他任何机构或个人不得使用、更改、变相使用私募基金推介材料。

第二十七条　募集机构应当采取合理方式向投资者披露私募基金信息，揭示投资风险，确保推介材料中的相关内容清晰、醒目。私募基金推介材料内容应与基金合同主要内容一致，不得有任何虚假记载、误导性陈述或者重大遗漏。如有不一致的，应当向投资者特别说明。私募基金推介材料内容包括但不限于：

（一）私募基金的名称和基金类型；

（二）公司名称、公司登记编码、基金管理团队等基本信息；

（三）中国基金业协会公司以及私募基金公示信息（含相关诚信信息）；

（四）私募基金托管情况（如无，应以显著字体特别标注）、其他服务提供商（如律师事务所、会计师事务所、保管机构等），是否聘用投资顾问等；

（五）私募基金的外包情况；

（六）私募基金的投资范围、投资策略和投资限制概况；

（七）私募基金收益与风险的匹配情况；

（八）私募基金的风险揭示；

（九）私募基金募集结算资金专用账户及其监督机构信息；

（十）投资者承担的主要费用及费率，投资者的重要权利（如认购、赎回、转让等限制、时间和要求等）；

（十一）私募基金承担的主要费用及费率；

（十二）私募基金信息披露的内容、方式及频率；

（十三）明确指出该文件不得转载或给第三方传阅；

（十四）私募基金采取合伙企业、有限责任公司组织形式的，应当明确说明入伙（股）协议不能替代合伙协议或公司章程，说明根据《合伙企业法》或《公司法》，合伙协议、公司章程依法应当由全体合伙人、股东协商一致，以书面形式订立，申请设立合伙企业、公司或变更合伙人、股东的，并应当向企业登记机关履行申请设立及变更登记手续；

（十五）中国基金业协会规定的其他内容。

第二十八条 募集机构及其从业人员推介私募基金时，禁止有以下行为：

（一）公开推介或者变相公开推介；

（二）推介材料虚假记载、误导性陈述或者重大遗漏；

（三）以任何方式承诺投资者资金不受损失，或者以任何方式承诺投资者最低收益，包括宣传“预期收益”“预计收益”“预测投资业绩”等相关内容；

（四）夸大或者片面推介基金，违规使用“安全”“保证”“承诺”“保险”“避险”“有保障”“高收益”“无风险”等可能误导投资人进行风险判断的措辞；

（五）使用“欲购从速”“申购良机”等片面强调集中营销时间限制的措辞；

（六）推介或片面节选少于6个月的过往整体业绩或过往基金产品业绩；

（七）登载个人、法人或者其他组织的祝贺性、恭维性或推荐性的文字；

（八）采用不具有可比性、公平性、准确性、权威性的数据来源和方法进行业绩比较，任意使用“业绩最佳”“规模最大”等相关措辞；

（九）恶意贬低同行；

（十）允许非本机构雇佣的人员进行私募基金推介；

（十一）推介非本机构设立或负责募集的私募基金；

（十二）法律、行政法规、中国证监会和中国基金业协会禁止的其他行为。

第二十九条 募集机构不得通过下列媒介渠道推介私募基金：

（一）公开出版资料；

（二）面向社会公众的宣传单、布告、手册、信函、传真；

（三）海报、户外广告；

（四）电视、电影、电台及其他音像等公共传播媒体；

（五）公共、门户网站链接广告、博客等；

（六）未设置特定对象确定程序的募集机构官方网站、微信朋友圈等互联网媒介；

（七）未设置特定对象确定程序的讲座、报告会、分析会；

（八）未设置特定对象确定程序的电话、短信和电子邮件等通信媒介；

（九）法律、行政法规、中国证监会规定和中国基金业协会自律规则禁止的其他行为。

第五章 附 则

第三十条 本办法由公司董事会负责制定、解释和修改。

第三十一条 本办法自发布之日起执行。

依据《私募投资基金管理人内部控制指引》第十七条规定，私募基金管理人委托募集的，应当委托获得中国证监会基金销售业务资格且成为中基协会员的机构募集私募基金，并制定募集机构遴选制度，切实保障募集结算资金安全；确保私募基金向合格投资者募集以及不变相进行公募。第二十一条规定，除基金合同另有约定外，私募基金应当由基金托管人托管，私募基金管理人应建立健全私募基金托管人遴选制度，切实保障资金安全。基金合同约定私募基金不进行托管的，私募基金管理人应建立保障私募基金财产安全的制度措施和纠纷解决机制。私募基金管理人根据审慎经营原则制定其业务外包实施规划，确定与其经营水平相适宜的外包活动范围。

（17）【××基金管理有限公司托管、销售以及外包服务机构遴选管理办法】模板

××基金管理有限公司托管、销售以及外包服务机构遴选管理办法

第一章 总 则

第一条 为了规范××基金管理有限公司（以下简称公司或本公司）托管、销售以及外包服务机构遴选，根据《中华人民共和国证券投资基金法》《私募投资基金监督管理暂行办法》《私募投资基金管理人内部控制指引》《私募投资基金服务业务管理办法（试行）》等法律法规、规范性法律文件及相关监管要求制定本办法。

第二条 公司委托私募基金服务机构（以下简称服务机构），为私募基金提供基金托管、基金募集、投资顾问、份额登记、估值核算、信息技术系统等服务业务，适用本办法。公司应当委托在中基协完成登记并已成为协会会员的服务机构提供私募基金服务业务。

第三条 公司人力行政部门负责牵头组织对服务机构的选择、询价、评估、确

认以及后续管理工作，其他职能部门予以配合。

第二章 服务机构的遴选

第四条 公司人力行政部门遴选服务机构并纳入公司的服务机构供应商名单，服务机构必须符合下列要求：

1. 属地管理：原则上应选择基金管理人办公地址所在的商业银行或其他机构。

2. 资质要求：必须具有国家金融监管机构要求的服务资质。

3. 机构要求：必须具有健全的治理架构、组织机构、制度体系、工作人员。

4. 办公场所：必须具有独立的、适格的办公场所及其服务设施设备。

5. 团队要求：必须具有与提供的服务相匹配的、具有相关经验的人员队伍。

6. 风控机制：必须具有相应的风控体系、风控制度以及风控人员。

7. 经验要求：必须具有3年以上拟提供服务的行业经验，服务过大型企业客户。

8. 企业信誉：必须良好，不存在社会负面信息和社会不良影响。

9. 信息系统：必须具有独立的、完整的、适用的信息操作系统以及相关支持人员。

10. 交易条件：必须具有良好的、对等的交易条件，费率适格、合理。

11. 其他要求：必须满足《私募投资基金服务业务管理办法（试行）》等法律规定要求。

第五条 公司人力行政部可以采取公开招标、邀请招标、竞争性谈判、单一来源采购、询价等多种方式进行第三方服务的采购。为保证第三方服务采购的公开、公正以及公平性，公司鼓励通过公开招标的方式进行采买服务，招投标事宜按照招投标法的规定进行。

第六条 公司人力行政部和其他职能部门应当按照客观、公正、审慎的原则，根据采购文件规定的评审程序、评审方法和评审标准进行独立评审，不应受其他任何部门和员工的控制、约束和影响。

第七条 对于公司拟确定的服务机构，在签署采购服务协议之前，公司应当对服务机构开展尽职调查，了解其人员储备、业务隔离措施、软硬件设施、专业能力、诚信状况等情况以及是否符合本办法规定的其他要求。

第八条 经人力行政部和其他职能部门综合评定并确定最终的采购服务对象后2日内，公司人力行政部对拟确定的对象发出通知书，书面告知服务提供商采买服务对象确定事宜，并与服务商签署服务采买协议。

第九条 服务采买协议签署完毕后，人力行政部应及时通知公司其他职能部门，并对采买服务对象确定过程中的资料、文件进行归档，保存完整的业务痕迹资料。

第三章　附　　则

第十条　本办法由人力资源部制定并负责解释。

第十一条　本办法自颁布之日起施行。

依据《私募投资基金管理人内部控制指引》第十六条规定，私募基金管理人自行募集私募基金的，应设置有效机制，切实保障募集结算资金安全；私募基金管理人应当建立合格投资者适当性制度。

（18）【××基金管理有限公司私募基金投资者适当性管理办法（试行）】模板

××基金管理有限公司私募基金投资者适当性管理办法（试行）

第一章　总　　则

第一条　为规范公司私募基金销售行为，落实投资者适当性管理制度，维护投资者和公司合法权益，依据《证券投资基金法》、《私募投资基金监督管理暂行办法》、《证券期货投资者适当性管理办法》、《私募投资基金募集行为管理办法》、《基金募集机构投资者适当性管理实施指引（试行）》及其他相关法律法规，特制定本办法。

第二条　公司向投资者销售非公开募集的股权投资基金，适用本办法。

第三条　投资者适当性是指公司在销售私募基金产品过程中，根据投资者风险承受能力的不同销售不同风险等级的私募基金产品，把合适的私募基金产品卖给合适的投资者。

第四条　公司在实施投资者适当性管理的过程中遵循以下原则：

（一）投资者利益优先原则。当公司或销售人员的利益与投资者的利益发生冲突时，应优先保障投资者的合法利益。

（二）客观性原则。建立科学合理的方法，设置必要的标准和流程，保证适当性管理的实施。对基金募集机构、基金产品和投资者的调查和评价，尽力做到客观准确，并作为销售人员向投资者推介合适私募基金产品的重要依据。

（三）有效性原则。通过建立科学的投资者适当性管理制度与方法，确保投资者适当性管理的有效执行。

（四）差异性原则。对投资者进行分类管理，对普通投资者和专业投资者实施差别适当性管理，履行差别适当性义务。

第五条 公司在选择基金募集机构时，应当对基金募集机构按照本办法及相关法律法规的要求进行审慎调查，了解基金募集机构的内部控制情况、信息管理平台建设、账户管理制度、销售人员能力和持续营销能力，并可将调查结果作为选择基金募集机构的重要依据。

第六条 对本公司销售人员从事基金销售工作，公司应当建立对销售人员的考核、监督问责、培训等机制，规范销售人员履行投资者适当性工作职责的情况。销售人员的考核、监督问责、培训等制度另行制定。公司及其各部门不得采取鼓励销售人员向投资者销售不适当私募基金产品的考核、激励机制或措施。

第七条 公司应当为销售人员建立管理档案，对销售人员行为、诚信、奖惩等方面进行记录。

第八条 公司全体员工要对履行投资者适当性管理职责过程中获取的投资者信息、投资者风险承受能力评价结果等信息和资料严格保密，防止该等信息和资料泄露或被不当利用。

第九条 公司应当建立健全普通投资者回访制度，设置专门回访人员，对购买私募基金产品的普通投资者每年抽取不低于3%进行回访；对持有R5等级私募基金产品的普通投资者每半年抽取不低于5%进行回访。回访内容按照《基金募集机构投资者适当性管理实施指引（试行）》第十三条的规定进行。回访人员对回访时发现的异常情况进行持续跟踪，对异常情况进行核查，存在风险隐患的及时排查，并定期整理总结，并向公司负责人报告，公司相关部门对反馈问题进行分析并提出优化方案，以不断完善公司投资者适当性管理制度。

第十条 公司设置专门人员负责投资者投诉处理，准确记录投资者投诉内容并留痕。公司根据投资者投诉内容，及时妥善处理因履行投资者适当性职责引起的投资者投诉，及时发现业务风险，完善内控制度。

第十一条 公司每半年开展一次投资者适当性管理自查。自查可以采取现场、非现场及暗访相结合的方式进行，并形成自查报告留存备查。自查内容包括但不限于投资者适当性管理制度建设及落实情况，人员考核及培训情况，投资者投诉处理情况，发现业务风险及时整改情况，以及其他需要报告的事项。

第十二条 公司行政人事部门负责投资者适当性档案的管理工作，其应妥善保存投资者适当性管理业务资料。投资者适当性管理制度、投资者信息资料、告知警示投资者资料、录音录像资料、自查报告等至少保存20年。

第二章 合格投资者

第十三条 私募基金的合格投资者是指具备相应风险识别能力和风险承担能

力，投资于单只私募基金的金额不低于100万元且符合下列相关标准的单位和个人：

（一）净资产不低于1000万元的单位；

（二）金融资产不低于300万元或者最近三年个人年均收入不低于50万元的个人。

前款所称金融资产包括银行存款、股票、债券、基金份额、资产管理计划、银行理财产品、信托计划、保险产品、期货权益等。

第十四条 下列投资者视为合格投资者：

（一）社会保障基金、企业年金等养老基金，慈善基金等社会公益基金；

（二）依法设立并在基金业协会备案的投资计划；

（三）投资于所管理私募基金的私募基金管理人及其从业人员；

（四）中国证监会规定的其他投资者。

以合伙企业、契约等非法人形式，通过汇集多数投资者的资金直接或者间接投资于私募基金的，私募基金管理人或者私募基金销售机构应当穿透核查最终投资者是否为合格投资者，并合并计算投资者人数。但是，符合本条第（一）项、第（二）项、第（四）项规定的投资者投资私募基金的，不再穿透核查最终投资者是否为合格投资者和合并计算投资者人数。

第三章 投资者分类

第十五条 公司要根据自然人投资者、机构投资者、金融机构理财产品的各自特点，向投资者提供具有针对性的《投资者基本信息表》；公司销售人员应当要求投资者准确完整填写《投资者基本信息表》。《投资者基本信息表》包括但不限于以下内容：

（一）自然人的姓名、出生日期、性别、国籍住址、职业、年龄、联系方式等信息，法人或者其他组织的名称、注册地址、办公地址、性质、资质及经营范围、负责人或者法定代表人信息、经办人身份信息等；

（二）收入来源和数额、资产、债务等财务状况；

（三）与投资相关的学习、工作经历及投资经验；

（四）投资期限、品种、期望收益等投资目标；

（五）风险偏好及可承受的损失；

（六）诚信记录；

（七）实际控制投资者的自然人和交易的实际受益人；

（八）法律法规、自律规则规定的投资者准入要求相关信息；

（九）其他必要信息。

第十六条 投资者除填写《投资者基本信息表》外，还应当提供下列证明资料：

自然人应提供有效身份证件；本办法第十九条第（一）项所述机构作为投资者的，提供营业执照、开展金融相关业务资格证明、经办人授权委托书等资料；本办法第十九条第（二）项所述产品作为投资者的，提供产品成立、备案证明文件、营业执照、开展金融相关业务资格证明、经办人授权委托书等资料。社会保障基金、企业年金等养老基金，慈善基金等社会公益基金，合格境外机构投资者（QFII）、人民币合格境外机构投资者（RQFII），提供基金会登记证明、证券投资业务许可证、外汇登记证、备案证明、经办人授权委托书等资料。

第十七条 本办法第十九条第（四）项、第（五）项规定条件的专业投资者，除提供《投资者基本信息表》《专业投资者申请书》之外，还应当提供下列资料：法人或其他组织，提供符合本办法第十九条第（四）项的证明文件；自然人提供本办法第十九条第（五）项的证明文件等。

第十八条 公司在为投资者开立账户时，要以纸质或者电子文档的形式，向投资者提供《投资者基本信息表》，要求其填写相关信息和提供相应证明资料，并遵循以下程序：

（一）核查投资者的投资资格，切实履行反洗钱等法律义务；

（二）根据投资者的主体不同，提供相应的《投资者基本信息表》；

（三）核查自然人投资者本人或者代表金融机构及其产品的工作人员身份，并要求其如实填写《投资者基本信息表》《专业投资者申请书》；

（四）对投资者身份信息进行核查，并在核查工作结束之日起5个工作日内，将结果以及投资者类型告知投资者。

第十九条 符合下列条件之一的是专业投资者：

（一）经有关金融监管部门批准设立的金融机构，包括证券公司、期货公司、基金管理公司及其子公司、商业银行、保险公司、信托公司、财务公司等；经行业协会备案或者登记的证券公司子公司、期货公司子公司、私募基金管理人。

（二）上述机构面向投资者发行的理财产品，包括但不限于证券公司资产管理产品、基金管理公司及其子公司产品、期货公司资产管理产品、银行理财产品、保险产品、信托产品、经行业协会备案的私募基金。

（三）社会保障基金、企业年金等养老基金，慈善基金等社会公益基金，合格境外机构投资者（QFII）、人民币合格境外机构投资者（RQFII）。

（四）同时符合下列条件的法人或者其他组织：

1. 最近1年末净资产不低于2000万元；

2. 最近1年末金融资产不低于1000万元；

3. 具有2年以上证券、基金、期货、黄金、外汇等投资经历。

（五）同时符合下列条件的自然人：

1. 金融资产不低于500万元，或者最近3年个人年均收入不低于50万元；

2. 具有2年以上证券、基金、期货、黄金、外汇等投资经历，或者具有2年以上金融产品设计、投资、风险管理及相关工作经历，或者属于本条第（一）项规定的专业投资者的高级管理人员、获得职业资格认证的从事金融相关业务的注册会计师和律师。

前款所称金融资产，是指银行存款、股票、债券、基金份额、资产管理计划、银行理财产品、信托计划、保险产品、期货及其他衍生产品等。

第二十条 专业投资者之外的，符合法律、法规要求，可以从事私募基金交易活动的投资者为普通投资者。公司应当通过《投资者风险测评问卷》，对普通投资者进行风险测评，测评人员应与销售人员相分离。

公司按照风险承受能力，将普通投资者由低到高分为C1保守型（含风险承受能力最低类别）、C2稳健型、C3平衡型、C4成长型、C5进取型五种类型。普通投资者风险承受能力等级按照《投资者风险测评问卷》评分结果确定，具体如下表所示：

普通投资者风险评分标准（自然人）	
风险承受能力等级	分值区间
C1保守型（含风险承受能力最低类别）	0≤C1<30分
C2稳健型	30≤C2<45分
C3平衡型	45≤C3<60分
C4成长型	60≤C4<75分
C5进取型	75≤C5<100分
普通投资者风险评分标准（机构）	
风险承受能力等级	分值区间
C1保守型（含风险承受能力最低类别）	0≤C1<20分
C2稳健型	20≤C2<40分
C3平衡型	40≤C3<60分
C4成长型	60≤C4<80分
C5进取型	80≤C5<100分

第二十一条 公司或其指定募集机构应向普通投资者［包括符合本办法第十九条第（四）项、第（五）项规定的专业投资者条件，但未提出专业投资者认定申请的投资者或专业投资者转换的普通投资者］以纸质或者电子文档形式提供《投资者风险测评问卷》，对其风险承受能力进行测试，并遵循以下程序：

（一）核查参加风险测评的投资者或机构经办人员的身份信息；

（二）销售人员在测试过程中，不得有提示、暗示、诱导、误导等行为对测试人员进行干扰，影响测试结果；

（三）《投资者风险测评问卷》要在填写完毕后5个工作日内，按照《投资者风险测评问卷评分表》得出相应评估分数。

第二十二条 公司要根据《投资者基本信息表》《投资者风险测评问卷》评估分数以及其他相关材料，参照《普通投资者风险承受能力等级与产品风险等级匹配表》对普通投资者风险等级进行综合评估，并在评估工作结束之日起5个工作日内，告知投资者风险等级评估结果，向其出具《投资者类型及风险匹配告知书》，并由投资者签章确认。

第二十三条 公司可以将C1中符合下列情形之一的自然人，作为风险承受能力最低类别投资者：

（一）不具有完全民事行为能力；

（二）没有风险容忍度或者不愿承受任何投资损失；

（三）法律、行政法规规定的其他情形。

第二十四条 符合本办法第十九条规定的专业投资者、普通投资者可以进行转化。

第二十五条 符合本办法第十九条第（四）项、第（五）项规定的专业投资者，可以书面形式向公司申请选择成为普通投资者，上述机构应当对其履行相应的适当性义务。符合下列条件之一的普通投资者可以申请转化成为专业投资者，但公司有权自主决定是否同意其转化：

（一）最近1年末净资产不低于1000万元，最近1年末金融资产不低于500万元，且具有1年以上证券、基金、期货、黄金、外汇等投资经历的除专业投资者外的法人或其他组织；

（二）金融资产不低于300万元或者最近3年个人年均收入不低于30万元，且具有1年以上证券、基金、期货、黄金、外汇等投资经历或者1年以上金融产品设计、投资、风险管理及相关工作经历的自然人投资者。

第二十六条 专业投资者转化为普通投资者的，要遵循以下程序：

（一）符合转化条件的专业投资者，通过纸质或者电子文档形式提交《投资者转化表》；

（二）公司在收到《投资者转化表》5个工作日内，对投资者的转化资格进行核查；

（三）公司在核查工作结束之日起5个工作日内，以纸质或者电子文档形式，告知投资者核查结果。

第二十七条　普通投资者转化为专业投资者的，要遵循以下程序：

（一）符合转化条件的普通投资者，要通过纸质或者电子文档形式向公司提交《投资者转化表》，同时还要向公司做出了解相应风险并自愿承担相应不利后果的意思表示；

（二）公司要在收到《投资者转化表》之日起5个工作日内，对投资者的转化资格进行核查；

（三）对于符合转化条件的，公司要在5个工作日内，通知投资者以纸质或者电子文档形式补充提交相关信息、参加投资知识或者模拟交易等测试；

（四）公司根据以上情况，结合投资者的风险承受能力、投资知识、投资经验、投资偏好等要素，对申请者进行谨慎评估，并以纸质或者电子文档形式，告知投资者是否同意其转化的决定以及理由。

第二十八条　公司建立投资者评估数据库，为投资者建立信息档案，并对投资者风险等级进行动态管理。公司及销售人员，应当充分了解评估数据库情况，避免重复采集投资者信息。

第二十九条　投资者评估数据库应当包括但不限于以下内容：

（一）投资者填写信息表及历次变动的内容；

（二）普通投资者过往风险测评结果；

（三）投资者风险承受能力及对应风险等级变动情况；

（四）投资者历次申请转化为专业投资者或普通投资者情况及审核结果；

（五）公司风险评估标准、程序等内容信息及调整、修改情况；

（六）协会及公司认为必要的其他信息。

第三十条　公司及销售人员要告知投资者，其重要信息发生变更时要及时告知公司。公司及销售人员还应当通过短信、微信、电子邮件、公司网站等方式，提醒投资者及时告知重大信息变更事项。

第四章　私募基金产品风险等级划分

第三十一条　公司可以自行对私募基金产品的风险等级划分，也可以委托第三方机构完成。委托第三方机构提供私募基金产品风险等级划分的，公司应当要求其提供私募基金产品风险等级划分方法及其说明。

公司应当将私募基金产品风险等级划分方法及其说明，通过书面信函、微信、电子邮件、网站公告等适当方式向投资者告知。

第三十二条 公司私募基金产品按照风险等级由低到高的顺序，划分为 R1 低风险、R2 中低风险、R3 中风险、R4 中高风险、R5 高风险五个等级。公司可以根据实际情况在前款所列等级的基础上进一步进行风险细分。

第三十三条 私募基金产品风险等级划分应当综合考虑以下因素：

（一）公司作为基金管理人成立时间，治理结构，资本金规模，管理基金规模，投研团队稳定性，资产配置能力、内部控制制度健全性及执行度，风险控制完备性，是否有风险准备金制度安排，从业人员合规性，股东、高级管理人员及基金经理的稳定性等；

（二）私募基金产品的结构（母子基金、平行基金），投资方向、投资范围和投资比例，募集方式及最低认缴金额，运作方式，存续期限，过往业绩及净值的历史波动程度，成立以来有无违规行为发生，基金估值政策、程序和定价模式，申购和赎回安排，杠杆运用情况等。

第三十四条 私募基金产品存在下列因素的，公司要审慎评估其风险等级：

（一）私募基金产品存在特殊免责条款、结构性安排、投资标的具有衍生品性质等导致普通投资者难以理解的；

（二）私募基金产品不存在公开交易市场，或因参与投资者少等因素导致难以在短期内以合理价格顺利变现的；

（三）私募基金产品的投资标的流动性差、存在非标准资产投资导致不易估值的；

（四）私募基金产品投资杠杆达到相关要求上限、投资单一标的集中度过高的；

（五）基金管理人、实际控制人、高管人员涉嫌重大违法违规行为或正在接受监管部门或自律管理部门调查的；

（六）影响投资者利益的其他重大事项；

（七）中国基金业协会认定的高风险私募基金产品。

第三十五条 公司可以通过定量和定性相结合的方法对私募基金产品进行风险分级。公司可以根据私募基金产品风险因素与风险等级的相关性，确定各项评估因素的分值和权重，建立评估分值与基金产品风险等级的对应关系。

公司通过定量分析对私募基金产品进行风险分级时，可以运用贝塔系数、标准差、风险在险值等风险指标体系，划分基金的期限风险、流动性风险、波动性风险等。

现公司发行的私募基金产品风险等级划分方法参照中基协《产品风险等级划分参考标准》划定。

第五章　适当性匹配

第三十六条　公司募集部门应当根据《投资者基本信息表》、《投资者风险测评问卷》、《普通投资者风险承受能力等级与产品风险等级匹配表》、中基协《产品风险等级划分参考标准》及相关证明文件等相关信息，对每名投资者提出适当性匹配意见，并经过公司风控法务部门审查。根据适当性匹配意见，向投资者出具《投资者类型及风险匹配告知书》，并由投资者签章确认。

第三十七条　公司应当根据普通投资者风险承受能力和私募基金产品的风险等级建立以下适当性匹配原则：

《普通投资者风险承受能力等级与产品风险等级匹配表》

	适合购买私募基金产品风险等级				
普通投资者分类	R1 低风险	R2 中低风险、	R3 中风险	R4 中高风险	R5 高风险
C1 保守型	√				
C2 稳健型	√	√			
C3 平衡型	√	√	√		
C4 成长型	√	√	√	√	
C5 进取型	√	√	√	√	√

第三十八条　公司及销售人员向投资者销售私募基金产品时，禁止出现以下行为：

（一）向不符合准入要求的投资者销售基金产品或者服务；

（二）向投资者就不确定的事项提供确定性的判断，或者告知投资者有可能使其误认为具有确定性的判断；

（三）向普通投资者主动推介风险等级高于其风险承受能力的基金产品或者服务；

（四）向普通投资者主动推介不符合其投资目标的基金产品或者服务；

（五）向风险承受能力最低类别的普通投资者销售风险等级高于其风险承受能力的基金产品或者服务；

（六）其他违背适当性要求，损害投资者合法权益的行为。

第三十九条　最低风险承受能力类别的普通投资者不得购买高于其风险承受能力的私募基金产品。除因遗产继承等特殊原因产生的基金份额转让之外，普通投资者主动购买高于其风险承受能力私募基金产品的行为，不得突破相关准入资格的限制。

第四十条 公司向普通投资者销售私募基金产品前，应当告知下列信息：

（一）可能直接导致本金亏损的事项；

（二）可能直接导致超过原始本金损失的事项；

（三）因公司的业务或者财产状况变化，可能导致本金或者原始本金亏损的事项；

（四）因公司的业务或者财产状况变化，影响客户判断的重要事由；

（五）限制销售对象权利行使期限或者可解除合同期限等全部限制内容；

（六）适当性匹配意见。

第四十一条 公司及销售人员在向普通投资者销售R5风险等级的私募基金产品时，应向其完整揭示以下事项：

（一）私募基金产品的详细信息、重点特性和风险；

（二）私募基金产品的主要费用、费率及重要权利、信息披露内容、方式及频率；

（三）普通投资者可能承担的损失；

（四）普通投资者投诉方式及纠纷解决安排。

第四十二条 普通投资者主动要求购买与之风险承受能力不匹配的私募基金产品的，公司及销售人员应当遵循以下程序：

（一）普通投资者应主动提出书面申请，明确表示要求购买具体的、高于其风险承受能力的私募基金产品，并同时声明，公司及其工作人员没有在基金销售过程中主动推介该私募基金产品；

（二）对普通投资者资格进行审核，确认其不属于风险承受能力最低类别投资者，也没有违反投资者准入性规定；

（三）向普通投资者以纸质或电子文档的方式提供《风险不匹配警示函》，告知其该私募基金产品风险高于投资者承受能力；

（四）普通投资者对该《风险不匹配警示函》进行签章确认，表示已充分知晓该私募基金产品风险高于其承受能力，并明确做出愿意自行承担相应不利结果的意思表示；

（五）履行特别警示义务后，普通投资者仍坚持购买该私募基金产品的，可以向其销售相关产品。

第四十三条 投资者信息发生重大变化的，公司要及时更新投资者信息，重新评估投资者风险承受能力，并将调整后的风险承受能力告知投资者。

第四十四条 私募基金产品信息发生变化的，要及时依据私募基金产品风险等级划分参考标准，重新评估其风险等级。公司安排专门人员负责对私募基金产品的风险每半年进行评价更新。

第四十五条 由于投资者风险承受能力或私募基金产品风险等级发生变化，导致投资者所持有私募基金产品不匹配的，公司及销售人员要将不匹配情况告知投资者，并给出新的匹配意见。

第四十六条 投资者的评估结果有效期最长不得超过3年。逾期再次向投资者推介私募基金时，需重新进行投资者风险承受能力评估。同一私募基金产品的投资者持有期间超过3年的，无需再次进行投资者风险承受能力评估。

第六章 风险揭示、合格投资者确认、投资冷静期及回访

第四十七条 在投资者签署基金合同之前，销售人员应当向其说明有关法律法规，说明投资冷静期、回访确认等程序性安排以及投资者的相关权利，重点揭示私募基金风险，并与其签署《风险揭示书》。

第四十八条 在完成私募基金风险揭示后，销售人员应当要求投资者提供必要的资产证明文件或收入证明。审查通过后，公司及销售人员应当要求投资者签署《合格投资者承诺函》，承诺其为法律法规规定的合格投资者，不存在法律法规以及行业协会规定的限制投资的情形。

第四十九条 在完成合格投资者确认程序后，销售人员组织各方签署私募基金合同。基金合同应当约定给投资者设置不少于24小时的投资冷静期，公司及全体员工在投资冷静期内不得主动联系投资者。

第五十条 在投资冷静期届满后，公司指令本机构从事基金销售业务以外的回访人员以录音电话、电邮、信函等适当方式进行投资回访并签署《冷静期后回访确认函》。回访人员在回访过程中不得误导投资者。

第七章 警示、告知要求

第五十一条 公司通过营业网点等现场方式执行普通投资者申请成为专业投资者，向普通投资者销售高风险私募基金产品，调整投资者分类、私募基金产品分级以及适当性匹配意见，向普通投资者销售私募基金产品前对其进行风险提示的环节要进行录音或者录像；通过互联网等非现场方式执行的，公司及合作机构要完善信息管理平台留痕功能，记录投资者确认信息。

第五十二条 公司及销售人员对投资者进行告知、警示，内容应当真实、准确、完整，不存在虚假记载、误导性陈述或者重大遗漏，语言应当通俗易懂；告知、警示应当采用书面形式送达投资者，并由其确认已充分理解和接受。

第八章 附 则

第五十三条 本办法由公司董事会负责制定并进行解释。

第五十四条 本办法自颁布之日起实施。

2. 投资管理制度

依据《私募投资基金管理人内部控制指引》第二十条规定，私募基金管理人应当建立健全投资业务控制，保证投资决策严格按照法律法规规定，符合基金合同所规定的投资目标、投资范围、投资策略、投资组合和投资限制等要求。投资管理制度是基金管理公司最核心的制度，因为私募基金管理公司的主营业务就是投资业务，所以完善的投资管理制度体系是基金管理公司做好投资内控的关键。投资管理制度体系也包含众多的制度，如投资管理办法、投资决策委员会议事规则、项目尽职调查管理办法及其操作指引、投资项目预审管理办法等，下面仅以投资管理办法为例，供各基金管理人在实际工作中参考。

(19)【××基金管理有限公司投资管理办法（试行)】模板

××基金管理有限公司投资管理办法（试行)

第一章 总 则

第一条 为规范××基金管理有限公司（以下简称公司）的投资行为，提高投资决策的科学性，防范投资风险，促进公司投资业务持续、稳定、健康发展，根据《中华人民共和国公司法》及公司相关决议，制定本办法。

第二条 公司投资活动必须符合公司的发展规划，以核心业务为主，以经济效益为中心，以股东和投资人财富最大化为目标，实现资产的保值增值，全面维护股东利益。

第三条 集团公司在必要时可以直接介入公司投资决策和投资风险管理工作，在投前、投中、投后进行独立风险巡查、研判并提出风险管理建议，公司应当予以配合。

第四条 投资必须坚持如下原则：

（一）合法性原则：投资应遵守国家有关的法律、法规，符合国家的产业政策。

（二）审慎性原则：投资应进行充分的调研论证，根据市场情况及资金状况量力而行，在风险可控的条件下寻求收益的最大化，减少投资的机会成本。

（三）效益性原则：投资必须以获取效益为根本目的，选定的投资领域和投资项目要有良好的市场前景和合理的预期回报。

（四）战略性原则：投资项目符合集团的整体发展战略，有利于调整集团公司产业结构和战略布局，增强集团公司区位优势和竞争力。

第二章　投资范围、投资标准以及投资限制

第五条　投资范围

公司主要投资范围专注于房地产行业以及相关行业，依据产业市场的变化情况以及资金市场的变化情况，公司可以适时调整投资范围。

第六条　投资标准

公司投资业务范围内的投资标准将由公司制定并实行。业务部门应严格按照公司制定的投资标准进行项目筛选，其他部门严格按照投资标准进行协查。

第七条　投资限制

公司不得超越公司的投资范围进行投资，不得超越公司的投资权限进行投资（需报集团公司审批的，必须报集团公司审批），不得投资于股票、期货、期权以及其他金融衍生工具等高风险的投资产品。

第三章　投资管理程序

第八条　项目收集

投资经理应充分利用公司资源和自有资源，建立多元化的项目来源渠道。所有收集到的项目，投资经理要填写项目登记表。

第九条　项目初审

投资经理在接到商业计划书或项目介绍的三个工作日内，对项目进行初步调查，初步评估项目是否符合公司投资标准，是否具有投资潜力。

第十条　立项申请与立项

项目初审后认为需要对企业做进一步调查研究的，投资经理提出立项申请，报公司总经理批准立项。立项批准一般在两个工作日内完成，经批准的项目可以进行尽职调查工作。

第十一条　尽职调查

立项批准后，投资经理组织投资、财务、法律、风控（内部或外部）等部门对项目进行尽职调查（签署保密协议或投资意向书），完成项目财务、法律和市场《尽职调查报告》以及风险分析报告。

第十二条　可研报告

尽职调查后认为可以投资的项目，投资经理编写完整的《可研报告》，上述报告应包括但不限于投资方案、投资规模、投资方式、主要风险及应对措施、投后管

理事项及投资退出方式等。

第十三条　投资决策

业务部门完成尽职调查及可行性研究后，应将《可研报告》、相关《尽职调查报告》提交风险管理部，并向风险管理部提出投决申请。投资决策委员会采用现场投票方式表决，投资项目应取得投资决策委员会三分之二以上（不含）通过，并形成投资决策委员会会议决议。

在项目投资具体落实执行的过程中，若因客观原因遇到与投资决策委员会通过之相关投资决策不符的情况，应撰写书面报告并提交投资决策委员会重新决策。如果投资决策属于集团公司决定事项的，报集团公司审批。

第十四条　签订合同

投资决策委员会审查同意进行投资的项目，业务部门应及时准备合同文本及其他有关法律文件，并提交风险管理部以及其他职能部门审核。经各部门审核无异议后，按照公司规定的程序进行合同审批。

第十五条　投资放款

对于投资交易款项的安排，由业务部门根据投资交易协议约定的付款条件和期限申请付款，各部门负责对付款条件进行协查，按公司款项支付规定逐级审批后交财务部进行划款。

第十六条　投后管理

投资完成后，投资经理具体负责项目的跟踪管理，投资经理应依据投资交易合同的约定，监控项目或企业日常经营情况（尤其是执行偏差）并定期或不定期向公司风险管理部及投资决策委员会进行汇报，投资经理应积极为项目或企业提供策略性咨询增值服务。

第十七条　投资退出

依据投资方案、可行性研究报告或投资协议的约定，投资经理完成投资项目的投资退出事宜。如在项目投后过程中发生偏差，投资经理应及时告知风险管理部以及公司投资决策委员会，更改或变动退出方案并审批后执行。

第十八条　投后评估

投资结束后，业务部门需及时制作项目总结报告，对立项、决策、实施全过程进行系统的总结和回顾，对现实投资收益与原预期投资测算进行比对，对项目运营偏差进行分析，找出原因并提出解决措施，总结经验以供今后借鉴。

第四章　档案整理和管理

第十九条　对于投资过程中涉及的立项申请书、可研报告、尽调报告、投决意见以及投资相关的协议、合同、重要信函和投资审批文件、法律文件等相关文本，业务部门应及时整理原件和复印件，制作投资档案。

第二十条　对于投资过程中涉及的立项申请书、可研报告、尽调报告、投决意见以及投资相关的协议、合同、重要信函和投资审批文件、法律文件等相关文本的原件，须由公司行政管理部门存档。

第五章　附　　则

第二十一条　本办法由公司董事会负责解释。

第二十二条　本办法自颁布之日起实施。

3. 投后管理制度

完善的投后管理机制和有效的落地实施机制是投资项目顺利退出的保障。在“投管分离”的大势之下，投后管理的价值日益显现。投后管理的价值不再局限于为投资项目保驾护航，其存在的独立价值也日益成为许多基金管理公司管理服务的特色所在。投后管理部门不仅可以提供增值服务，整合资源，提升管理，更可以输出品牌，为公司创造利润，成为公司利润产生部门。投后管理部门也日益从中后台部门走向前台，成为公司品牌建设和推广的推动者。

（20）【××基金管理有限公司投后管理办法（试行）】模板

××基金管理有限公司投后管理办法（试行）

第一条　目的

为提升××基金管理有限公司（以下简称公司）投后管理水平，防范因信息不对称以及政策、市场、技术和已投公司经营管理发生不利变化，导致不能如期退出的风险，制定本办法。

第二条　原则

（一）目标导向：投后管理活动应围绕投资目标达成、风险防范有序开展。

（二）分类管理：应根据项目类型、风险暴露水平，进行分类管理。

（三）责任明确：投后管理的责任应明确到部门、具体工作到人。

（四）风险可知：应建立有效的沟通渠道，确保公司及时预知风险。

第三条　投后管理部

投后管理部对投后管理工作负主要责任，其主要职能包括：

1. 确定投资协议的投后权利条款，拟定投后管理方案；

2. 参与公司日常运营管理，按照投后管理方案进行审批；

3. 参加公司股东会、董事会、监事会和管理层会议；

4. 收集和分析已投公司的决策、经营、财务、市场、技术信息；

5. 日常巡检，定期复盘，风险预警，并牵头制定应对措施；

6. 为已投公司提供管理建议、资源整合、价值提升的增值型服务；

7. 定期编写投后管理报告、定期进行信息报送等；

8. 拟定退出方案，执行项目退出，进行投后评估。

第四条　投后管理方案审批

投后管理部在投决后的3个工作日内，完成投后管理方案，报由投资决策委员会审批。

第五条　投后管理方案主要内容

投后管理的具体工作及内容；投后管理人员安排及分工；投后信息报送、报批流程；投后事项的决策、预警、沟通协调机制；其他。

第六条　投后管理的具体工作

投后管理的具体工作可分为常规管理、决策及经营管理、增值服务管理等。

（一）常规管理

1. 信息收集

投后管理部门应通过参加已投公司会议、查看经营或财务报告、日常实地走访、访谈管理层、员工或利益相关方，掌握内部管理、经营现状和财务情况。定期查询网络公开信息，包括但不限于：媒体报道、征信信息、涉诉信息等。

2. 指标跟踪和报告

投后管理部应根据投后管理方案，对投后风险指标进行监测、预警。确定指标，以投资目标和决策要点为依据，为已投公司定制投后风险指标。指标分为定性和定量两部分，分别从投资性、经营性、财务性维度，综合考量已投公司内外部环境、经营管理和财务状况。跟踪监督，定期对投后风险指标进行监测，评估实际情况与投资预期的匹配程度。

3. 偏差（风险）预警

被投项目如出现实际与预期发生偏离的情况，投后管理部应及时预警，与已投公司沟通，分析原因，制定应对方案。

（二）决策及经营管理

1. 参与公司治理，根据协议派驻董事、监事、高管，并进行公司决策；

2. 参与重大经营决策，了解已投公司的最新变化，把控其经营风险；

3. 派驻管理人员开展日常经营工作，定期向投后管理单位汇报经营管理情况。

（三）增值服务管理

1. 帮助已投公司对接外部专业机构，提供专业意见；

2. 帮助已投公司提高管理能力和管理规范性；

3. 帮助已投公司完善商业模式，开发盈利增长点；

4. 帮助已投公司实现再融资和资本市场运作目标；

5. 帮助已投公司发掘资源协同机会，实现价值提升。

第七条　信息报送机制

与已投公司建立信息报送机制，明确对接人、报送内容、报送方式、报送时间，收集的信息包括但不限于：重大合同、重大投融资活动、公司经营范围变更、公司核心人员离职或人员异动、重要管理人员任免、新业务新产品新技术、其他可能对公司生产经营、业绩、资产等产生重大影响的事宜。

第八条　信息收集与分析

投后管理部门应通过部委官网、行业信息平台、竞争对手网站、搜索网站、媒体报道，关注已投公司的行业政策、技术趋势、市场变化、竞争对手动向、涉诉信息以及对已投公司声誉造成影响的舆情报道。

第九条　定期财务报表和经营月报

投后管理部应定期获取已投公司的财务报表和经营月报，关注企业经营活动的重大变化，以及投后管理风险监测指标，及时预警。

第十条　日常走访

投后管理部应定期走访已投公司、经营管理层和核心员工，有必要的应走访供应商和主要客户，对于生产制造型企业，还应现场观察生产情况。

第十一条　工作简报

投后管理部应每月形成已投公司的投后管理工作简报，对已投公司投后状况进行小结。

第十二条　涉诉事项处理

当发生侵害公司投资权益的涉诉事项，投后管理部应将相关信息和资料提报法务管理部，由法务管理部提供法律支持，或聘请外部律师代理案件。

第十三条　管理提升

投后管理部可协助已投公司全面提升已投公司的战略管理、财务管理、内控管理水平，从而帮助企业扩展规模和增强核心能力，降低成本，实现差异化经营和品牌提升。

第十四条　资源导入

投后管理部可为已投公司提供渠道资源、客户资源、政府资源等，优先导入关联公司资源。

第十五条　专项审计

投后管理部聘请会计师事务所对已投公司的财务、内控或其他特定事项进行审计。

第十六条　档案管理

获取如下公司资料，并存档管理：

（一）会议类文档：公司股东会、董事会、经营层各类会议的通知、议案、决议、纪要等；

（二）经营类文件：发展规划、年度计划、经营季报/月报等；

（三）财务类文件：已投公司的财务报表、总账、明细账、审计报告、预决算报告；

（四）内控类文件：公司章程、营业执照、授权文件、管理制度、办法和规程。

相关部门及人员对获取或知晓的已投公司的经营状况、财务状况，负有严格的保密义务。

第十七条　责任追究机制

对于投后管理工作中弄虚作假、发现风险隐患或重大变化情况隐瞒不报、未及时报告或未及时处理、内幕交易、利益输送、行贿、瞒报、私下承诺等行为，将按照公司有关规定进行问责，触犯国家法律法规，将移送司法机关追究刑事责任。

第十八条　本办法由投后管理部制定并负责解释。

第十九条　本办法自发布之日起施行。

4. 投资退出制度

（21）【××基金管理有限公司投资项目退出管理办法】模板

××基金管理有限公司投资项目退出管理办法

第一章　总　　则

第一条　为规范××基金管理有限公司（以下简称公司）私募投资基金投资项目退出行为，保护私募投资基金及其投资人的最大利益，保证公司在投资项目退出环节的合法合规，根据公司投资管理和内控合规的相关规定，特制定本办法。

第二条　本办法所称的投资项目的退出，是指公司作为私募投资基金管理人，发起设立的私募投资基金在基金投资到期后或触发私募投资基金投资约定的退出条件后，按照投资协议的约定以及公司管理规定从被投项目或公司退出的行为。

第三条 私募投资基金投资项目的退出，必须坚持契约至上的精神，遵守承诺必须信守的原则，严格按照“协议约定”的原则、价格、时间和方式退出，不允许任何机构和个人违反。特殊情况下需要变更退出方式的，需经股东大会（公司型基金）、合伙人大会（合伙型基金）、私募投资基金份额持有人大会（契约型基金）表决通过。

第四条 私募投资基金投资项目的退出，必须严格遵守公司项目投资退出规定，履行退出决策和审批程序，实施投资项目退出行为，严禁任何机构和个人公司违反公司规定，私自进行操作，危害公司利益导致合规风险，损害私募投资基金及其投资人的利益。

第五条 公司投后管理部是负责私募投资基金退出的主管部门，全权负责和主导公司私募投资基金投资项目的退出工作，制定、报批和实施投资退出方案，其他部门在其职责范围内予以配合。

第二章 私募投资基金退出程序

第六条 视投资项目的不同情形，私募投资基金投资项目退出方式可采用IPO、转让、回购、清算、减资以及其他退出方式，具体退出方式以基金投资协议的约定为准，投后管理部应严格执行协议约定的退出方式。

第七条 在基金投资到期前1个月内或触发私募投资基金投资约定的退出条件后1周内，投后管理部应及时会商投资管理部以及公司其他部门，拟定基金投资项目退出方案，退出方案具体格式和内容严格按照公司范本执行。

第八条 投资项目退出方案制定完毕后，应在2日之内提交投资决策委员会秘书，由其在3日之内组织召开基金投资决策委员会议进行审议。如果投资退出方案中涉及的事项已经超出投资决策委员会议职权范围，投资决策委员会秘书应在15日之内组织召开股东大会（公司型基金）、合伙人大会（合伙型基金）、私募投资基金份额持有人大会（契约型基金）进行审议。

第九条 投资项目退出方案经基金投资决策委员会议审议通过后或特殊情况下经股东大会（公司型基金）、合伙人大会（合伙型基金）、投资人大会（契约型基金）进行审议通过后，投后管理部严格按照审议通过的方案执行。未通过的投后管理方案，投后管理部应在3日之内按照会议决策意见进行修改，再次提报并在审议通过后执行。

第十条 投后管理部应每周一定时向公司总裁、投资管理部、投资决策委员会成员以及投资人汇报投资退出方案的执行进展情况、执行过程中出现的偏差情况以及被投方对投资退出方案的反馈意见。发生紧急情况的，应在24小时内报告相关事情进展。

第十一条 对于投资退出过程中需要进行评估、审计、鉴证、公证以及涉及行政审批、备案、进场交易等情形的，投后管理部应提前制定详细的时间进度计划表，预留充足的操作时间，防止出现基金退出延迟。

第十二条 投资退出后，如涉及其他需要处理事项的，投资管理部应及时完成或督促被投方完成退出扫尾工作，撤回相关人员、交接章证照、交接其他资料、完成工商变更、解除抵质押手续、办理银行销户等。

第十三条 投资退出并且收回投资收益后，投后管理部应及时会商募集管理部、财务管理部以及其他需要部门，制定基金收益分配方案并告知投资人收益分配方案关键内容，将投资收益分配给投资人。

第三章 投资项目后评价

第十四条 投资退出工作结束后5日内，投后管理部应及时对退出项目进行项目投资后评价，并出具投资项目后评价报告，报告格式和内容严格按照公司范本执行。

第十五条 项目后评价应当遵循独立、公正、客观、科学的原则，后评价结果将与投资和投后团队绩效挂钩，也为建立和完善公司投资体系和责任追究制度服务。

第十六条 公司将依据后评价的结果，并依据公司的绩效考核制度，对投资管理团队、投后管理团队以及其他协同辅助部门予以奖励或惩罚。

第十七条 任何部门对投资后评价结果以及绩效考核有异议的，应在3日之内向公司人力资源部提出书面异议，人力资源部应将上述异议提交公司总裁进行最后评定。

第四章 其　他

第十八条 本办法由投后管理部制定并负责解释。

第十九条 本办法自颁布之日起实施。

5. 基金跟投制度

(22)【××基金管理有限公司项目跟投管理暂行办法（试行）】模板

××基金管理有限公司项目跟投管理暂行办法（试行）

第一章　总　　则

第一条　为了充分地激励××基金管理有限公司（以下简称公司）投资团队和其他辅助部门的积极性，进一步提升获取项目的质量和项目运营效率，特制定本办法。

第二条　本办法所称跟投是指公司将投资项目的经营效益和跟投员工个人收益直接挂钩，实现收益共享、风险共担的投资机制。

第三条　跟投的原则

1. 风险共担。公司与个人按照投资比例分担投资风险，提高项目投资参与人员在项目操作中的主动风险管理意识。

2. 收益共享。公司与个人应按照投资比例享有投资收益，激励参与人员在项目操作中的主动性和积极性。

3. 倾斜原则。对于投资项目超出预期收益的部分，公司应按照个人投资比例进行适当的倾斜，加大激励的力度。

第二章　跟投人员和跟投比例

第四条　跟投人员分为必须跟投人和自愿跟投人。跟投人员必须为公司内部员工，其中公司业务领导和投资经理为必须跟投人，公司其他员工为自愿跟投人。对在投资决策过程中明确进行反对的人员，免除跟投义务。

第五条　投资项目进行跟投确定时，在跟投范围和额度内应首先满足必须跟投人的跟投要求，必须跟投人有优先跟投的权利；必须跟投人认购完成后，如有剩余跟投额度的，自愿跟投人才可以进行跟投。

第六条　跟投人员跟投资金额区间为人民币100万元至公司实际出资额的10%；如果跟投金额按照公司实际出资额10%折算后低于人民币100万元的，按照公司实际出资额的10%进行跟投。如果项目投资过程中追加项目投资，跟投员工可以不再承担追加投资的责任（员工自愿跟投除外）；如果项目投资过程中项目减少投资，跟投员工的跟投金额可以同比例减少。

第七条　必须跟投人员的投资比例不得低于项目跟投额度的50%，其中投资团队负责人的投资比例不得低于项目跟投额度的25%。

第三章 跟投工作安排

第八条 项目经适当决策程序决策通过后，投资团队负责人应将投资项目可研报告、尽职调查报告、投资协议、投资决策决议等发给公司跟投人员以及其他自愿跟投人，作为其进行跟投的参考。

第九条 如果其他员工自愿跟投的，需向投资团队负责人进行登记。在跟投期限截止日，投资团队负责人将确定的跟投人员及其跟投比例、金额提交给公司财务部，公司财务部审核后提交公司领导进行最终签批，作为进行跟投的依据。

第十条 依据公司总经理确定的跟投方案，跟投员工和公司签署相关跟投协议并按照协议的约定支付跟投款项，公司在收到跟投款项后及时向员工出具收款收据，作为员工跟投付款的依据。

第十一条 除公司业务领导及投资经理外，跟投员工不参与跟投项目的管理（对跟投员工利益有重大影响的事宜除外），但公司应该定期向跟投员工及时披露已投项目的具体运作情况尤其是跟投项目的财务状况。

第四章 分配管理

第十二条 项目运营过程中有资金回流的，在保证项目正常运营的前提下，公司可以将回流资金按照跟投比例（个人跟投实缴金额占全体跟投实缴金额加公司投资实缴金额的总和的比例）对跟投员工进行期间分配。

第十三条 项目退出后，公司将对项目进行清算，并对最终的清算财产按照跟投比例（个人跟投实缴金额占全体跟投实缴金额加公司投资实缴金额的总和的比例）对跟投员工进行清算分配。对于地产投资项目，当项目合同签约面积达到项目可售面积的90%时，跟投员工退出投资项目并由公司对员工进行投资分配；对于尚未出售的部分（项目剩余可售面积的10%），单位价格按照已售部分均价进行计算。

第十四条 在综合考虑以及计算期间分配的前提下，在项目退出并对项目进行最终投资清算后，对于公司投资收益超出项目投资测算预期收益的部分，公司将拿出公司超额预期收益的20%对跟投员工进行超额分配。

第十五条 跟投员工跟随投资之行为不因员工离职、解聘、退休等因素而受到影响，员工离职后跟随投资协议之相关法律文件继续有效，员工继续承担跟随投资的全部收益或风险。

第五章 附 则

第十六条 本办法由董事会制定并负责解释。

第十七条 本办法自颁布之日起实施。

（三）私募投资基金管理人申请登记时中基协要求必备的制度

中基协发布的《私募基金管理人登记法律意见书指引》，明确了管理人登记要求的必备制度。其中规定，申请机构是否已制定风险管理和内部控制制度。是否已经根据其拟申请的私募基金管理业务类型建立了与之相适应的制度，包括（视具体业务类型而定）运营风险控制制度、信息披露制度、机构内部交易记录制度、防范内幕交易、利益冲突的投资交易制度、合格投资者风险揭示制度、合格投资者内部审核流程及相关制度、私募基金宣传推介、募集相关规范制度以及（适用于私募证券投资基金业务的）公平交易制度、从业人员买卖证券申报制度等配套管理制度。上述制度中的运营风险控制制度、私募基金宣传推介、募集相关规范制度参考前面风险管理、募集管理制度即可。

1. 信息披露

（23）【××基金管理有限公司信息披露办法（试行）】模板

××基金管理有限公司信息披露办法（试行）

第一章　总　　则

第一条　为规范××基金管理有限公司（以下简称公司）私募投资基金的信息披露活动，保护私募基金投资者合法权益，根据《证券投资基金法》《私募投资基金监督管理暂行办法》《私募投资基金信息披露管理办法》等法律法规及相关自律规则，制定本办法。

第二条　公司应当按照中国基金业协会的规定以及基金合同、公司章程或者合伙协议（以下统称基金合同）约定向投资者进行信息披露。

第三条　公司应当保证所披露信息的真实性、准确性和完整性，公司作为信息披露义务人应当接受中国基金业协会的自律管理。

第四条　公司应当依法对所获取的私募基金非公开披露的全部信息、商业秘密、个人隐私等信息负有保密义务。

第五条　公司应当按照规定通过中国基金业协会指定的私募基金信息披露备份平台报送信息。公司过往业绩以及私募基金运行情况将以私募基金管理人向私募基金信息披露备份平台报送的数据为准。

第二章　一般规定

第六条　公司应当向投资者披露的信息包括：

（一）基金合同；

（二）招募说明书等宣传推介文件；

（三）基金销售协议中的主要权利义务条款（如有）；

（四）基金的投资情况；

（五）基金的资产负债情况；

（六）基金的投资收益分配情况；

（七）基金承担的费用和业绩报酬安排；

（八）可能存在的利益冲突；

（九）涉及私募基金管理业务、基金财产、基金托管业务的重大诉讼、仲裁；

（十）中国证监会以及中国基金业协会规定的影响投资者合法权益的其他重大信息。

第七条 私募基金进行托管的，公司应要求私募基金托管人按照相关法律法规、中国证监会以及中国基金业协会的规定和基金合同的约定，对私募基金管理人编制的基金资产净值、基金份额净值、基金份额申购赎回价格、基金定期报告和定期更新的招募说明书等向投资者披露的基金相关信息进行复核确认。

第八条 公司披露基金信息，不得存在以下行为：

（一）公开披露或者变相公开披露；

（二）虚假记载、误导性陈述或者重大遗漏；

（三）对投资业绩进行预测；

（四）违规承诺收益或者承担损失；

（五）诋毁其他基金管理人、基金托管人或者基金销售机构；

（六）登载任何自然人、法人或者其他组织的祝贺性、恭维性或推荐性的文字；

（七）采用不具有可比性、公平性、准确性、权威性的数据来源和方法进行业绩比较，任意使用“业绩最佳”“规模最大”等相关措辞；

（八）法律、行政法规、中国证监会和中国基金业协会禁止的其他行为。

第九条 向境内投资者募集的基金信息披露文件应当采用中文文本，应当尽量采用简明、易懂的语言进行表述。同时采用外文文本的，信息披露义务人应当保证两种文本内容一致。两种文本发生歧义时，以中文文本为准。

第三章 基金募集期间的信息披露

第十条 私募基金的宣传推介材料（如招募说明书）内容应当如实披露基金产品的基本信息，与基金合同保持一致。如有不一致，应当向投资者特别说明。

第十一条 私募基金募集期间，公司应当在宣传推介材料（如招募说明书）中向投资者披露如下信息：

（一）基金的基本信息：基金名称、基金架构、基金类型、基金注册地（如有）、基金募集规模、最低认缴出资额、基金运作方式（封闭式、开放式或者其他方式）、基金的存续期限、基金联系人和联系信息、基金托管人（如有）；

（二）基金管理人基本信息：基金管理人名称、注册地/主要经营地址、成立时间、组织形式、基金管理人在中国基金业协会的登记备案情况；

（三）基金的投资信息：基金的投资目标、投资策略、投资方向、业绩比较基准（如有）、风险收益特征等；

（四）基金的募集期限：应载明基金首轮交割日以及最后交割日事项（如有）；

（五）基金合同的主要条款：出资方式、收益分配和亏损分担方式、管理费标准及计提方式、基金费用承担方式、基金业务报告和财务报告提交制度等；

（六）基金的申购与赎回安排；

（七）其他事项。

第四章　基金运作期间的信息披露

第十二条　基金合同中应当明确公司向投资者进行信息披露的内容、披露频度、披露方式、披露责任以及信息披露渠道等事项。

第十三条　私募基金运行期间，公司应当在每季度结束之日起10个工作日以内向投资者披露基金净值、主要财务指标以及投资组合情况等信息。

第十四条　私募基金运行期间，公司应当在每年结束之日起4个月以内向投资者披露以下信息：

（一）报告期末基金净值和基金份额总额；

（二）基金的财务情况；

（三）基金投资运作情况和运用杠杆情况；

（四）投资者账户信息，包括实缴出资额、未缴出资额以及报告期末所持有基金份额总额等；

（五）投资收益分配和损失承担情况；

（六）基金管理人取得的管理费和业绩报酬，包括计提基准、计提方式和支付方式；

（七）基金合同约定的其他信息。

第十五条　发生以下重大事项的，公司应当按照基金合同的约定及时向投资者披露：

（一）基金名称、注册地址、组织形式发生变更的；

（二）投资范围和投资策略发生重大变化的；

（三）变更基金管理人或托管人的；

（四）管理人的法定代表人、执行事务合伙人（委派代表）、实际控制人发生变更的；

（五）触及基金止损线或预警线的（如有）；

（六）管理费率、托管费率发生变化的；

（七）基金收益分配事项发生变更的；

（八）基金触发巨额赎回的；

（九）基金存续期变更或展期的；

（十）基金发生清盘或清算的；

（十一）发生重大关联交易事项的；

（十二）基金管理人、实际控制人、高管人员涉嫌重大违法违规行为或正在接受监管部门或自律管理部门调查的；

（十三）涉及私募基金管理业务、基金财产、基金托管业务的重大诉讼、仲裁；

（十四）基金合同约定的影响投资者利益的其他重大事项。

第五章　信息披露事务管理

第十六条　公司指定专门的部门并设立信息披露负责人对信息披露工作负责，确保各种信息客观、公正、及时、准确地披露，无重大遗漏或严重误导性陈述，并对信息披露失实、失真承担相关责任。

第十七条　信息披露相关人员应遵守公司有关保密规定，保守信息秘密，如因信息披露泄密导致公司或基金相关损失的，应予赔偿。

第十八条　对于各类定期公告和需披露重大事项临时公告，信息披露负责人应在公告期前15日拟定公告草稿，提交相关业务和职能部门进行公告内容的确认，并报经公司董事长批准。涉及敏感或重大事宜的，应请外部法律顾问就公告内容进行预审。如需托管机构审核的，信息披露负责人协调相关机构确认公告内容后形成公司对外的最终文稿。

第十九条　公司可以通过公司网站、微信、短信、信函、电子邮件、传真等渠道向投资者披露相关信息。如果基金委托第三方销售机构的，公司可以委托第三方销售机构向投资者披露相关信息。

第二十条　中国基金业协会对公告有格式要求并且具有使用强制性规定的，应该按照上述协会要求的格式公开披露相关信息。

第二十一条　公司指定的信息披露部门应对信息披露文件、公告及时归档及备案，保存期限自基金清算终止之日起不得少于10年。

第六章　附　　则

第二十二条　本办法由董事会负责解释。

第二十三条　本办法自颁布之日起施行。

2. 内部交易记录及保存管理

（24）【××基金管理有限公司内部交易记录及保存管理办法（试行）】模板

××基金管理有限公司内部交易记录及保存管理办法（试行）

第一章　总　　则

第一条　为规范××基金管理有限公司（以下简称公司）及其旗下私募投资基金的内部交易记录的管理，完整记录和留存内部交易的文件和资料，根据《证券投资基金法》《私募投资基金监督管理暂行办法》《私募投资基金管理人内部控制指引》等法律法规及相关自律规则，特制定本办法。

第二条　本办法所称内部交易记录是指基金管理人对在日常基金管理和运作活动中形成的，根据有关规定需要归档保存的，并具有保存和利用价值的各种书面、电子、声像等不同载体的资料进行保存的活动。

第三条　各部门应在自身的职责范围内对各自负责收集和保存的资料的真实性、准确性和完整性负责，公司作为信息披露义务人应当接受中国基金业协会的自律管理并按照中国基金业协会的要求定期或不定期进行信息披露和报送。

第四条　公司内部交易记录档案是私募基金运作的重要资料和真实记载，公司各部门应当依法对其职责范围内所获取的客户信息、私募基金信息及其他交易记录等信息负有保密义务，未经公司允许不得对外披露或释放。

第二章　内部交易记录的部门职责分配

第五条　公司内部交易记录的档案资料分为基金的募集资料、投资资料、投后资料、财务资料、法律资料等。

第六条　基金募集资料包括募集说明书、宣传推介资料及上述资料的电子资料，客户资料（包括身份信息、合格投资者证明、风险调查问卷、风险评级确认函、私募基金合同、专业投资者确认函等），基金代理销售合同，基金合同，上述资料由资金募集部进行收集和整理，并交由公司行政人事部存档。

第七条 基金投资资料包括项目尽职调查资料和尽职调查报告（市场、财务、法律等报告）、项目风险审查报告、立项和投决申请报告（或可行性研究报告）、立项和投决的决议、投资协议及其因投资取得的权益资料等，上述资料由投资管理部进行收集和整理，并交由公司行政人事部存档。

第八条 基金投后资料包括投资交接记录、投后管理会签文件、投后管理定期报告、定期或不定期信息披露报告、项目评估报告、项目退出方案及其审批意见、项目后评估报告等，上述资料由投后管理部进行收集和整理，并交由公司行政人事部存档。

第九条 基金财务资料包括基金的账户信息、交易记录、分配记录、账套凭证、财务报表、审计报告等资料，上述资料由财务管理部进行收集和整理并存档，其中基金监管合同、基金托管合同由财务管理部进行收集和整理并交由公司行政人事部存档。

第十条 基金法务资料主要是监管机关的行政处罚资料以及涉及基金的诉讼、仲裁、调解等资料，上述资料由法律事务部收集和整理，并交由公司行政人事部存档。

第十一条 基金运作过程中如发生其他资料并且不属于本部门管理的，收到资料的部门应转交相关负责部门处理。不能确定归属部门的，应转交行政人事部报请公司董事长指定部门处理。

第三章 内部交易记录的保管

第十二条 公司内部交易记录档案的保存期限法律法规有规定的，按照法律法规的规定执行；法律法规无规定的，保存期限为20年。

第十三条 公司提倡将内部交易记录档案实行电子化管理，相关部门应及时将其负责的档案资料制作成电子文件，并发送行政人事部进行存档。

第十四条 客户身份资料和交易记录涉及被反洗钱调查或基金业协会、证监会等机构调查的可疑交易活动，公司相关部门应积极配合。

第十五条 各部门工作人员应当严格遵守本办法，违反本办法或有关规定，造成客户身份资料和交易记录的缺失、损毁或泄露客户身份信息和交易信息的，公司将依法对相关责任人员进行责任追究。

第四章 附　　则

第十六条 本办法由董事会负责解释。

第十七条 本办法自颁布之日起施行。

3. 内幕信息管理

(25)【××基金管理有限公司内幕信息管理制度】模板

××基金管理有限公司内幕信息管理制度

第一章　总　　则

第一条　为进一步规范××基金管理有限公司（以下简称本公司或公司）内幕信息管理，维护公司的合法权益，依据《中华人民共和国公司法》《中华人民共和国证券法》《私募投资基金监督管理暂行办法》《私募投资基金管理人内部控制指引》等相关法律、法规及部门规章的规定，制定本制度。

第二条　公司风险管理部负责公司本部员工及其直系亲属的个人投资情况的登记、备案、监测工作，并定期或不定期检查。

第三条　公司员工应当遵守法律法规的规定，不得泄露公司内幕信息，不得利用公司内幕消息进行内幕交易、不得进行任何形式的利益输送以及从事为自己或他人牟利的行为。

第四条　公司员工在职期间，不得利用因工作便利获知的公司未公开的相关内幕信息而采用直接以本人名义或者以化名、借他人名义方式持有、交易公司体系内的投资标的，也不得收受他人赠送的上述投资标的的权益。

第二章　内幕信息和公司员工的范围

第五条　本制度所称内幕信息是指涉及公司或拟投资标的的经营、财务、技术、市场或者对公司拟投资标的的交易价格有重大影响的尚未公开的信息。

第六条　本制度所称内幕信息的范围包括但不限于：

（一）公司或拟投资标的的经营方针和经营范围的重大变化；

（二）公司或拟投资标的拟进行重大的资产或业务重组；

（三）公司或拟投资标的的重大投资行为和重大购置财产的决定；

（四）公司或拟投资标的订立重要合同，可能对公司的资产、负债、权益和经营成果产生重要影响；

（五）公司或拟投资标的重大关联交易；

（六）公司或拟投资标的发生重大债务和未能清偿到期重大债务的违约情况，或者发生大额赔偿责任；

（七）公司或拟投资标的发生重大亏损或者重大损失；

（八）公司或拟投资标的生产经营的外部条件发生的重大变化；

（九）公司或拟投资标的的董事、三分之一以上监事或者总裁发生变动；董事长或者总裁无法履行职责；

（十）持有公司5%以上股份的股东或者实际控制人，其持有股份或者控制公司的情况发生较大变化；

（十一）公司或拟投资标的减资、合并、分立、解散及申请破产的决定；或者依法进入破产程序、被责令关闭；

（十二）涉及公司或拟投资标的的重大诉讼、仲裁，股东大会、董事会决议被依法撤销或者宣告无效；

（十三）公司或拟投资标的涉嫌违法违规被有权机关调查，或者受到刑事处罚、重大行政处罚；公司董事、监事、高级管理人员涉嫌违法违纪被有权机关调查或者采取强制措施；

（十四）公司或拟投资标的发行新股或者其他再融资计划、分配股利、股权激励方案；

（十五）公司或拟投资标的主要资产被查封、扣押、冻结或者被抵押、质押；

（十六）公司或拟投资标的对外提供重大担保；

（十七）公司或拟投资标的获得大额政府补贴等可能对公司资产、负债、权益或者经营成果产生重大影响的额外收益；

（十八）公司或拟投资标的股权结构的重大变化；

（十九）公司或拟投资标的债务担保的重大变更；

（二十）公司或拟投资标的营业用主要资产的抵押、出售或者报废一次超过该资产的30%；

（二十一）公司或拟投资标的的董事、监事、高级管理人员的行为可能依法承担重大损害赔偿责任；

（二十二）公司或拟投资标的收购的有关方案；

（二十三）公司或拟投资标的聘任或者解聘为公司审计的会计师事务所；

（二十四）公司或拟投资标的变更会计政策或者会计估计；

（二十五）公司或拟投资标的定期报告、财务业绩、业绩预告、业绩快报和盈利预测、利润分配及公积金转增资本及其修正；

（二十六）适用法律及公司章程规定的对公司有显著影响的其他重要信息。

第七条 本制度所称内幕人员的范围包括但不限于：

（一）公司的董事、监事及高级管理人员；

（二）公司各部门及由于所任公司职务可能获取公司有关内幕信息的工作人员；

（三）为公司提供服务审计报告、资产评估报告、法律意见书、尽职调查报告、财务顾问报告、资信评级报告等文件的各服务机构的法定代表人（负责人）和经办人，以及参与重大事件的咨询、制定、论证等各环节的相关单位的法定代表人（负责人）和经办人；

（四）法律、法规及相关监管规定的及公司认定的其他相关的人员。

第三章　申报、登记和备案

第八条　涉及内幕信息的人员需按照公司指定要求及方式申报个人及直系亲属投资情况信息，包括但不限于以下内容：姓名、身份证号、交易时间以及公司要求的其他内容等。

第九条　涉及内幕信息的人员如果准备买卖内幕信息涉及的上市公司股票的或拟对投资标的持有权益的，应该事前向风险管理部报备并取得公司同意；如果已经利用内幕信息买卖公司股票的或拟对投资标的持有权益的，应当在公司要求的时间内通过公司指定方式向公司风险管理部申报备案，公司有权要求其予以处理。

第十条　公司员工应当保证其向公司申报的信息真实、准确、完整，不得存在故意隐瞒、提供虚假信息。

第四章　监督检查

第十一条　公司风险管理部可以定期或不定期对员工进行宣贯，通过邮件、短信、微信等方式进行提示，不定期对公司员工个人投资情况进行检查，员工有义务配合公司的检查。若发现员工存在疑似违法违规行为时，有权要求员工对该行为进行合理性解释、提供必要的证明。

第十二条　公司对所掌握的上述人员个人投资情况备案信息予以严格保密，任何部门和个人均不得向他人进行提供或披露。

第十三条　公司员工将知晓的内幕信息对外泄露或利用内幕信息进行内幕交易、散布虚假信息或者进行欺诈等活动给公司造成影响或损失的，公司将依据有关规定对相关责任人处罚或要求其承担给公司以及下属造成的损失。

第五章　附　　则

第十四条　本制度由风险管理部负责制定、修改并解释。

第十五条　本制度自发布之日起施行。

4. 防范利益冲突管理

（26）【××基金管理有限公司防范利益冲突管理办法】模板

××基金管理有限公司防范利益冲突管理办法

第一章　总　　则

第一条　为完善公司内控管理，维护公司及其旗下基金以及投资人的合法权益，切实防范公司员工与公司、旗下基金以及投资人之间的利益冲突，根据《中华人民共和国证券投资基金法》《私募投资基金监督管理暂行办法》《私募投资基金管理人内部控制指引》等法律法规、规范性法律文件及相关监管要求制定本办法。

第二条　本办法所称的利益冲突是指当公司员工的个人利益在任何方面妨碍或可能妨碍公司、基金或投资人整体利益时将产生利益冲突。

第三条　利益冲突防范的目标主要是有效防范风险，促进公司诚信、合法、有效经营，保障基金持有人利益；引导员工主动积极避免任何可能影响公司或基金持有人利益的行为。

第四条　公司员工应公正地对待基金以及投资人，遵守投资人利益优先的原则，信守对投资人、监管机构和公司做出的承诺，不得从事损害基金财产和投资人利益的行为，不得从事任何与履行工作职责有利益冲突的活动。

第二章　利益冲突的具体情形

第五条　员工与公司、旗下基金以及投资人可能存在的利益冲突主要有以下情形：持有权益、担任职务、商业交易、财务资助、商业机会、商业贿赂等。

第六条　持有权益是指：员工及其直系亲属持有与公司业务竞争的公司、基金的股权、基金份额等所有者权益或财务利益。

第七条　担任职务是指：员工及其直系亲属在与公司业务竞争的公司、基金担任投资方向有关的职务或以其他名义进行合作。

第八条　财务资助是指：员工及其直系亲属在与公司业务竞争的公司、基金接受贷款、担保或其他无偿性资助措施。

第九条　商业交易是指：员工及其直系亲属及其关联人与公司及其旗下基金进行有偿性商业交易行为。

第十条　商业机会是指：员工及其直系亲属以公司资源、信息或其个人职位为条件攫取本应属于公司的商机而谋取个人利益。

第十一条　商业贿赂是指：员工及其直系亲属接受与公司业务竞争的公司、基金以及其他服务提供商的不当商业利益。

第十二条　对于上述未规定的可能存在利益冲突的其他情形，公司将按照实质重于形式的原则，对出现的可能是利益冲突的情况进行确认。

第三章　利益冲突处理机制

第十三条　发生本办法可能存在利益冲突的情形的，员工应主动向公司风险管理部披露可能存在利益冲突的情况，并就该事项对风险管理部进行解释和说明。

第十四条　公司风险管理部负责公司利益冲突识别、防范工作，对于员工提报的可能存在利益冲突的情形进行调查，公司相关部门和个人应积极配合。

第十五条　公司员工应按照风险管理部出具的审查意见，对可能涉及的利益冲突进行处理。如对此有异议的，可以提请公司执行董事进行处理。

第十六条　公司员工违反本办法未按照规定进行申报，或违反规定拒不解决利益冲突，则视情节轻重由公司分别给予训诫、通报批评、公开谴责、解除劳动合同等处分，并追究法律责任。

第四章　附　　则

第十七条　本办法由公司董事会负责制定、解释和修改。

第十八条　本办法自发布之日起执行。

5. 合格投资者审核校验管理

（27）【××基金管理有限公司合格投资者审核校验管理办法】模板

××基金管理有限公司合格投资者审核校验管理办法

第一章　总　　则

第一条　为了规范××基金管理有限公司（以下简称公司）的基金募集和销售行为，履行合格投资者识别义务，防止非法集资的风险，根据《中华人民共和国证券投资基金法》《私募投资基金监督管理暂行办法》《私募投资基金管理人内部控制指引》《私募投资基金募集行为管理办法》等法律法规、规范性法律文件及相关监管要求，制定本办法。

第二条　募集管理部负责合格投资者的识别工作，募集人员应当恪尽职守、诚实信用、谨慎勤勉，履行解释说明义务、反洗钱义务等相关义务，承担合格投资者确认等相关义务。

第二章　合规投资者的标准

第三条　私募基金应当向合格投资者募集，单只私募基金的投资者人数累计不得超过《证券投资基金法》《公司法》《合伙企业法》等法律规定的特定数量。投资者转让基金份额的，受让人应当为合格投资者且基金份额受让后投资者人数应当符合前款规定。

第四条　私募基金的合格投资者是指具备相应风险识别能力和风险承担能力，投资于单只私募基金的金额不低于100万元且符合下列相关标准的单位和个人：

（一）净资产不低于1000万元的单位；

（二）金融资产不低于300万元或者最近三年个人年均收入不低于50万元的个人。

前款所称金融资产包括银行存款、股票、债券、基金份额、资产管理计划、银行理财产品、信托计划、保险产品、期货权益等。

第五条　下列投资者视为合格投资者：

（一）社会保障基金、企业年金等养老基金，慈善基金等社会公益基金；

（二）依法设立并在基金业协会备案的投资计划；

（三）投资于所管理私募基金的私募基金管理人及其从业人员；

（四）中国证监会规定的其他投资者。

以合伙企业、契约等非法人形式，通过汇集多数投资者的资金直接或者间接投资于私募基金的，私募基金管理人或者私募基金销售机构应当穿透核查最终投资者是否为合格投资者，并合并计算投资者人数。但是，符合本条第（一）项、第（二）项、第（四）项规定的投资者投资私募基金的，不再穿透核查最终投资者是否为合格投资者和合并计算投资者人数。

第三章　合格投资者的审查校验

第六条　投资者申购基金份额或受让基金份额的，应保证其符合法律法规规定的合格投资者的要求，并向公司募集人员或代销机构销售人员提供如下材料：

个人：1. 身份证明；2. 金融资产证明或收入证明；

公司：1. 营业执照；2. 最新经审计财务报告；3. 金融资产证明。

上述文件由个人提供的，应由个人签字；由公司提供的，应由公司加盖公章。

第七条　公司募集人员将对投资者提供的资料进行审查并出具审查意见，上述审查意见应提交募集管理部负责人并由其签字确认。经募集管理部负责人签字确认后的资料交由公司风险管理部校验并出具审查意见，风险管理部对于合格投资者资质条件无异议的，出具无异议的确认意见。代销机构负责其受理的投资者的合格投资者资质的确认工作，并对审核结果承担法律责任。

第八条　经募集管理部和风险管理部审核无异议后，由投资者签署合格投资者确认函，对其为合格投资者的身份进行确认。

第四章　附　　则

第九条　本办法由公司董事会负责制定并解释。

第十条　本办法自发布之日起执行。

6. 合格投资者风险揭示管理办法

（28）【××基金管理有限公司合格投资者风险揭示管理办法】模板

××基金管理有限公司合格投资者风险揭示管理办法

第一章　总　　则

第一条　为了规范××基金管理有限公司（以下简称公司）的基金募集和销售行为，履行对合格投资者风险提示义务，充分贯彻“卖者有责，买者自负”的原则，根据《中华人民共和国证券投资基金法》《私募投资基金监督管理暂行办法》《私募投资基金管理人内部控制指引》《私募投资基金募集行为管理办法》等法律法规、规范性法律文件及相关监管要求，制定本办法。

第二条　募集管理部负责对合格投资者的风险提示工作，募集人员应当恪尽职守、诚实信用、谨慎勤勉，履行对合格投资者的风险提示等相关义务，使投资者充分认识到投资可能产生的风险与损失。

第二章　基金日常风险的主要类型

第三条　受投资项目不同特点的制约，每个基金项目暴露的风险及其程度也不一致。公司应根据具体项目的不同特点，按照项目的不同特质，分门别类地制定不同的风险揭示书，对基金进行差异化的风险提示。

第四条　对于公司管理的基金，一般存在如下风险：

（一）战略风险：战略选择与决策的不确定性对收益的影响，主要指对行业发展趋势、技术、资源、竞争态势判断失误导致损失。

（二）市场风险：市场供需导致的价格波动带来的损失，如利率、汇率、资产价格、股票价格和商品价格的波动等。

（三）运营风险：不遵守流程制度或者流程制度、机制未建立，因操作不当导致的人财物的损失，如公司治理、安全事故、人才流失、资产被盗、IT 系统瘫痪等。

（四）财务风险：因项目资金短缺风险、资产风险、融资风险、税务风险、账务操作等，导致公司损失或者持续经营风险。

（五）流动性风险：根据实际投资运作情况，基金有可能提前结束或延期结束，投资者可能因此面临委托资金不能按期退出等风险。

（六）信用风险：因交易对手违约而导致的损失，如客户付款延迟、借款方无还款，投资项目不执行等。

（七）募集失败风险：基金的成立需符合相关法律法规的规定，基金可能存在不能满足成立条件从而无法成立的风险。

（八）员工道德风险：员工腐败、职务侵占、责任过失导致的损失，如员工行贿、偷窃、欺诈、不作为、滥用职权、竞业违规等。

（九）法律与合规风险：被投企业不遵守所在地法律、法规而导致的损失与持续经营的风险，如环保、税务、劳动人事、上市监管等。

（十）税收风险：基金所适用的税收征管法律法规可能会由于国家相关税收政策调整而发生变化，投资者收益也可能因相关税收政策调整而受到影响。

（十一）特殊风险：由于基金合同与中国基金业协会合同指引不一致所涉风险、私募基金未托管所涉风险、私募基金委托募集所涉风险、私募基金外包事项所涉风险、私募基金聘请投资顾问所涉风险、私募基金未在中国基金业协会履行登记备案手续所涉风险等。

第五条 公司应为每个基金参照中基协的示范文本制定《风险揭示书》，由投资者签署，风险揭示书的内容包括但不限于：

（一）私募基金的特殊风险，包括基金合同与中国基金业协会合同指引不一致所涉风险、基金未托管所涉风险、基金委托募集所涉风险、外包事项所涉风险、聘请投资顾问所涉风险、未在中国基金业协会登记备案的风险等；

（二）私募基金的一般风险，包括资金损失风险、基金运营风险、流动性风险、募集失败风险、投资标的的风险、税收风险等；

（三）投资者对基金合同中投资者权益相关重要条款的逐项确认，包括当事人权利义务、费用及税收、纠纷解决方式等。

第六条 除第四条规定的风险之外，基金如果存在其他特殊风险的，基金管理人应对其他特殊风险对投资人予以重点提示，使投资人充分意识到基金的特殊风险以及可能带来的损失。

第三章 基金日常风险揭示的程序

第七条 公司募集管理部募集人员应在投资者签署基金合同（或委托基金销售

机构）就了解私募基金投资者的风险偏好、风险认知能力和承受能力，充分向投资者揭示、解释相关基金风险以及可能导致的损失，并由投资者签署《风险揭示书》。

第八条　公司募集管理部募集人员将投资者签署《风险揭示书》作为投资者签署的基金合同法律文件的一部分，一份交投资者留存，其余的交由公司档案管理部门存档，作为公司向投资者进行风险提示以及损失告知的依据。

第四章　附　　则

第九条　本办法由公司董事会负责制定并解释。

第十条　本办法自发布之日起执行。

第四章　私募投资基金募集的合规管理

一、私募投资基金募集合规管理概述

私募投资基金募集环节的合规管理，需要重点关注的是监管机构外部监管的合规管理，即募集行为应符合监管机关和自律组织的规定。鉴于私募基金在募集环节出现的种种乱象，尤其是非法集资和跑路现象严重，募集环节历来是监管机构关注和打击的重点。证监会和中基协颁布的规范性文件相当大的部分均是围绕着私募基金募集环节制定，募集违规也是证监会和中基协历次专项检查和自查的重点，行政处罚和纪律处分绝大部分发生在募集领域。鉴于监管机构和自律组织已对募集标准程序进行了明确的规定，对募集主体、募集对象、募集程序提出了具体的要求，因此私募基金管理人应在实际工作中重点关注、严格遵守、坚决执行，避免落入非法集资的陷阱从而招致各种行政处罚、纪律处分，甚至承担刑事责任。本章就结合证监会、中基协制定的各项募集规定，详细阐述私募基金募集环节涉及的流程以及需要签署的文本。当然需要注意的是，基金募集环节除了资金募集以外，还有一些其他工作需要完成，例如委托第三方财富机构、开立募集资金监管账户、开立募集资金托管账户、发布基金成立公告、办理工商变更（合伙型基金和公司型基金）、办理基金备案手续、进行募集资料交接、募集资料存档等，这些工作也必须严格按照公司内控制度和程序进行，防止出现纰漏和瑕疵。从近两年的私募基金专项合规检查的内容来看，在私募基金募集环节，特定对象确定程序、投资者信息采集、投资者的风险评级、基金产品或服务风险等级的评估、基金投资者与私募投资基金的适当性匹配、私募基金的宣传、推介资料（如募集说明书）、基金管理人宣传、推介资料、私募基金的风险揭示、基金合格投资者的确认、私募基金合同签署、基金投资冷静期以及冷静期后的回访确认、托管协议、监管协议、代销协议、受托管理协议、基金成立公告、投资者明细及缴款证明均是基金合规专项检查的对象和重点。

（一）私募投资基金的特定对象确定程序

私募投资基金不同于公募投资基金的本质区别就在于其非公开性，即私募投资基金不得公开募集资金，必须针对特定对象进行募集。2016 年 7 月 15 日施行的《私募投资基金募集行为管理办法》第十五条规定，私募投资基金募集应当履行下列程序：（一）特定对象确定；（二）投资者适当性匹配；（三）基金风险揭示；（四）合格投资者确认；（五）投资冷静期；（六）回访确认。第十七条规定，募集机构应当向特定对象宣传推介私募投资基金。未经特定对象确定程序，不得向任何人宣传推介私募投资基金。第十八条规定，在向投资者推介私募投资基金之前，募集机构应当采取问卷调查等方式履行特定对象确定程序，对投资者风险识别能力和风险承担能力进行评估。投资者应当以书面形式承诺其符合合格投资者标准。投资者的评估结果有效期最长不得超过 3 年。募集机构逾期再次向投资者推介私募投资基金时，需重新进行投资者风险评估。同一私募投资基金产品的投资者持有期间超过 3 年的，无需再次进行投资者风险评估。投资者风险承担能力发生重大变化时，可主动申请对自身风险承担能力进行重新评估。第二十条规定，募集机构通过互联网媒介在线向投资者推介私募投资基金之前，应当设置在线特定对象确定程序，投资者应承诺其符合合格投资者标准。前述在线特定对象确定程序包括但不限于：（一）投资者如实填报真实身份信息及联系方式；（二）募集机构应通过验证码等有效方式核实用户的注册信息；（三）投资者阅读并同意募集机构的网络服务协议；（四）投资者阅读并主动确认其自身符合《私募投资基金监督管理暂行办法》第三章关于合格投资者的规定；（五）投资者在线填报风险识别能力和风险承担能力的问卷调查；（六）募集机构根据问卷调查及其评估方法在线确认投资者的风险识别能力和风险承担能力。因此，特定对象确定程序是私募投资基金管理人推介私募投资基金并进行资金募集的第一道程序，鉴于该程序中基协的规定比较明确并且比较简单，在此就不再详述该道程序，调查问卷将在后面对投资者进行风险评估时进行提供。

（二）私募投资基金投资者信息表的制作

1. 私募投资基金投资者信息采集

《证券期货投资者适当性管理办法》第六条规定，经营机构向投资者销售产品或者提供服务时，应当了解投资者的下列信息：（一）自然人的姓名、住址、职业、年龄、联系方式，法人或者其他组织的名称、注册地址、办公地址、性质、资质及经营范围等基本信息；（二）收入来源和数额、资产、债务等财务状况；（三）投资相关的学习、工作经历及投资经验；（四）投资期限、品种、期望收益等投资目标；（五）风险偏好及可承受的损失；（六）诚信记录；（七）实际控制投资者的自然人和交易的实际受益人；（八）法律法规、自律规则规定的投资者准入要求相关信息；（九）其他必要信息。第三十三条规定，投资者购买产品或者接受服务，按规定需要提供信息的，所提供的信息应当真实、准确、完整。投资者根据本办法第六条规定所提供的信息发生重要变化、可能影响其分类的，应当及时告知经营机构。投资者不按照规定提供相关信息，提供信息不真实、不准确、不完整的，应当依法承担相应法律责任，经营机构应当告知其后果，并拒绝向其销售产品或者提供服务。

《基金募集机构投资者适当性管理实施指引（试行）》第十八条规定，基金募集机构要根据自然人投资者、机构投资者、金融机构理财产品的各自特点，向投资者提供具有针对性的投资者信息表。基金募集机构要设计风险测评问卷，并对普通投资者进行风险测评。第二十条规定，了解投资者信息要包含但不限于《证券期货投资者适当性管理办法》第六条所规定的内容。自然人投资者还要提供有效身份证件、出生日期、性别、国籍等信息。《证券期货投资者适当性管理办法》第八条第一款所述机构作为投资者的，还要向基金募集机构提供营业执照、开展金融相关业务资格证明、机构负责人或者法定代表人信息、经办人身份信息等资料。第八条第二款所述产品作为投资者的，要向基金募集机构提供产品成立、备案证明文件等资料及参照金融机构要求提交该产品管理人的机构信息。基金募集机构要告知投资者对其所填资料的真实性、有效性、完整性负责。第二十一条规定，基金募集机构在为投资者开立账户时，要以纸质或者电子文档的形式，向投资者提供信息表，要求其填写相关信息，并遵循以下程序：（一）基金募集机构要执行对投资者的身份认证程序，核查投资者的投资资格，切实履行反洗钱等法律义务；（二）基金募集机构要根据投资者的主体不同，提供相应的投资者信息表；（三）基金募集机构核查自然人投资者本人或者代表金融机构及其产品的工作人员身份，并要求其如实填写投资者信息表；（四）基金募集机构要对投资者身份信息进行核查，并在核查工作结束之日起 5 个工作日内，将结果以及投资者类型告知投资者。

如实提供个人真实信息是投资者的基本义务。为全面采集投资者的基本信息，中基协制定了投资者基本信息参考模板，供各基金管理人在实际工作中参考。实际工作中，为了解基金投资者的基本情况、投资者的投资经历、投资偏好以及其他信息，履行反洗钱义务，私募投资基金管理人应向投资者提供具有针对性的投资者信息表，采集投资者的相关个人信息，并依据上述已采集的信息对投资者作出基本的判断和了解。

（1）【投资者基本信息表（自然人）】模板

<table>
<tr><td>姓　　名</td><td></td><td>性　　别</td><td></td><td>年　　龄</td><td></td></tr>
<tr><td>证件类型</td><td></td><td>证件号码</td><td colspan="3"></td></tr>
<tr><td>国　　籍</td><td></td><td>职　　业</td><td colspan="3"></td></tr>
<tr><td>职　　务</td><td></td><td>联系方式</td><td>座　　机</td><td colspan="2">移动电话</td></tr>
<tr><td>邮　　编</td><td></td><td>电子邮箱</td><td colspan="3"></td></tr>
<tr><td>住　　址</td><td colspan="5"></td></tr>
<tr><td rowspan="2">资产规模</td><td colspan="2">金融资产不低于 500 万元人民币，或者最近 3 年个人年均收入不低于 50 万元人民币。</td><td colspan="2">□是</td><td>□否</td></tr>
<tr><td colspan="2">＊私募投资基金或者资产管理计划投资者，最近 20 个交易日金融资产均不低于人民币 300 万元，或者最近 3 年个人年均收入不低于人民币 50 万元。</td><td colspan="2">□是</td><td>□否</td></tr>
<tr><td>投资经历</td><td colspan="2">具有 2 年以上证券、基金、期货、黄金、外汇等投资经历，或者具有 2 年以上金融产品设计、投资、风险管理及相关工作经历的自然人投资者，或者属于《证券期货投资者适当性管理办法》第八条第一款所规定的专业投资者的高级管理人员、获得职业资格认证的从事金融相关业务的注册会计师和律师。</td><td colspan="2">□是</td><td>□否</td></tr>
<tr><td>是否存在实际控制关系</td><td colspan="5">否（　），是（　）请说明：</td></tr>
<tr><td>交易的实际受益人</td><td colspan="5">本人（　），他人（　）请说明：</td></tr>
<tr><td>是否有不良诚信记录</td><td colspan="5">否（　），是（　）请说明：</td></tr>
<tr><td colspan="6">本人保证资金来源的合法性和所提供资料的真实性、有效性、准确性、完整性，并对其承担责任。
投资者签字：　　　　年　　月　　日
经办人签章：　　　　募集机构盖章：
复核人签章：　　　　年　　月　　日</td></tr>
<tr><td colspan="6">＊注：私募投资基金投资者须符合《证券期货投资者适当性管理办法》第十四条“一定时期”的规定。</td></tr>
</table>

（2）【投资者基本信息表（机构）】模板

<table>
<tr><td>机构名称</td><td colspan="3"></td></tr>
<tr><td>*机构类型</td><td></td><td>机构证件类型</td><td></td></tr>
<tr><td>机构证件编号</td><td></td><td>有效期</td><td></td></tr>
<tr><td>机构资质证明</td><td></td><td>资质证书编号</td><td></td></tr>
<tr><td>经营范围</td><td colspan="3"></td></tr>
<tr><td>注册地址</td><td colspan="3"></td></tr>
<tr><td>办公地址</td><td colspan="3"></td></tr>
<tr><td>注册资本</td><td></td><td>控股股东或实际控制人</td><td></td></tr>
</table>

续表

<table>
<tr><td rowspan="5">法定代表人或负责人</td><td>姓名</td><td></td><td>性别</td><td></td><td>年龄</td><td colspan="2"></td></tr>
<tr><td>证件类型</td><td></td><td>证件号码</td><td colspan="4"></td></tr>
<tr><td>职务</td><td></td><td>电子邮箱</td><td colspan="4"></td></tr>
<tr><td>证件有效期</td><td></td><td>联系方式</td><td>座机</td><td colspan="3">移动电话</td></tr>
<tr><td>办公邮编</td><td></td><td>办公地址</td><td colspan="4"></td></tr>
<tr><td rowspan="6">指定授权经办人</td><td>姓名</td><td></td><td>性别</td><td></td><td>年龄</td><td colspan="2"></td></tr>
<tr><td>证件类型</td><td></td><td>证件号码</td><td colspan="4"></td></tr>
<tr><td>职务</td><td></td><td>电子邮箱</td><td colspan="4"></td></tr>
<tr><td>证件有效期</td><td></td><td>联系方式</td><td>座机</td><td colspan="3">移动电话</td></tr>
<tr><td>办公邮编</td><td></td><td>办公地址</td><td colspan="4"></td></tr>
<tr><td>与该机构关系</td><td colspan="6"></td></tr>
<tr><td>是否为下列机构</td><td colspan="5">符合《证券期货投资者适当性管理办法》第八条第（一）项所规定的证券公司、期货公司、基金管理公司及其子公司、商业银行、保险公司、信托公司、财务公司；或在中基协登记或者备案的证券公司子公司、期货公司子公司、私募投资基金管理人；或者第（三）项所规定的合格境外机构投资者（QFII），人民币合格境外机构投资者（RQFII）；或者第（四）项的规定，最近1年末净资产不低于2000万元，最近1年末金融资产不低于1000万元，具有2年以上证券、基金、期货、黄金、外汇等投资经历。</td><td>□是</td><td>□否</td></tr>
<tr><td>资产规模</td><td colspan="5">*私募投资基金或者资产管理计划投资者，最近三个月月末资产均超过（含）人民币1000万元</td><td>□是</td><td>□否</td></tr>
</table>

续表

是否存在实际控制关系	否（ ），是（ ）请说明：
交易的实际受益人	本机构（ ），其他机构或个人（ ）请说明：
是否有不良诚信记录	否（ ），是（ ）请说明：
本机构保证资金来源的合法性和所提供资料的真实性、有效性、准确性、完整性，并对其承担责任。 机构指定授权经办人签字： ××年××月××日 经办人签章： 募集机构盖章： 复核人签章： ××年××月××日	
＊注1：“机构类型”参照协会《基金行业数据集中备份接口规范（试行）》的规则适用。＊注2：私募投资基金投资者须符合《证券期货投资者适当性管理办法》第十四条“一定时期”的规定。	

（3）【投资者基本信息表（产品）】模板

产品名称			
产品类型		产品备案机构	
成立时间		备案时间	
产品备案编号		产品存续期	

续表

<table>
<tr><td>产品类别</td><td colspan="2"></td><td>产品规模</td><td colspan="3"></td></tr>
<tr><td>产品托管人</td><td colspan="6"></td></tr>
<tr><td rowspan="6">指定授权经办人</td><td>姓名</td><td></td><td>性别</td><td></td><td>年龄</td><td></td></tr>
<tr><td>证件类型</td><td></td><td>证件号码</td><td colspan="3"></td></tr>
<tr><td>职务</td><td></td><td>电子邮箱</td><td colspan="3"></td></tr>
<tr><td>证件有效期</td><td></td><td>联系方式</td><td>座机</td><td colspan="2">移动电话</td></tr>
<tr><td>办公邮编</td><td></td><td>办公地址</td><td colspan="3"></td></tr>
<tr><td colspan="2">与该机构/产品关系</td><td colspan="4"></td></tr>
<tr><td>管理人名称</td><td colspan="6"></td></tr>
<tr><td>*机构类型</td><td colspan="2"></td><td>机构证件类型</td><td colspan="3"></td></tr>
<tr><td>机构证件编号</td><td colspan="2"></td><td>有效期</td><td colspan="3"></td></tr>
</table>

续表

机构资质证明		资质证书编号		
经营范围				
注册地址				
办公地址				
注册资本		控股股东或实际控制人		
是否为下列产品	为《证券期货投资者适当性管理办法》第八条第（一）项机构面向投资者发行的证券公司资产管理产品、基金管理公司及其子公司产品、期货公司资产管理产品、银行理财产品、保险产品、信托产品、经行业协会备案的私募投资基金，及第（一）项规定机构发行的其他理财产品；或者为第（三）项规定的社会保障基金、企业年金等养老基金、慈善基金等社会公益基金		□是	□否
资产规模	＊私募投资基金或者资产管理计划投资者，成立规模不得低于（含）人民币 1000 万元。		□是	□否
是否存在实际控制关系	否（ ），是（ ）请说明：			
交易的实际受益人	本人（ ），他人（ ）请说明：			

续表

<table>
<tr><td>是否有不良诚信记录</td><td>否（ ），是（ ）请说明：</td></tr>
<tr><td colspan="2">本管理人保证该产品资金来源的合法性和所提供资料的真实性、有效性、准确性、完整性，并对其承担责任。
机构/产品指定授权经办人签字： ××年××月××日
经办人签章： 募集机构盖章：
复核人签章： ××年××月××日</td></tr>
<tr><td colspan="2">*注1：“机构类型”参照协会《基金行业数据集中备份接口规范（试行）》的规则适用。*注2：私募投资基金投资者须符合《证券期货投资者适当性管理办法》第十四条“一定时期”的规定。</td></tr>
</table>

2. 私募投资基金投资者分类

《证券期货投资者适当性管理办法》第七条规定，投资者分为普通投资者与专业投资者。普通投资者在信息告知、风险警示、适当性匹配等方面享有特别保护。第八条规定，符合下列条件之一的是专业投资者：（一）经有关金融监管部门批准设立的金融机构，包括证券公司、期货公司、基金管理公司及其子公司、商业银行、保险公司、信托公司、财务公司等；经行业协会备案或者登记的证券公司子公司、期货公司子公司、私募投资基金管理人。（二）上述机构面向投资者发行的理财产品，包括但不限于证券公司资产管理产品、基金管理公司及其子公司产品、期货公司资产管理产品、银行理财产品、保险产品、信托产品、经行业协会备案的私募投资基金。（三）社会保障基金、企业年金等养老基金，慈善基金等社会公益基金，合格境外机构投资者（QFII）、人民币合格境外机构投资者（RQFII）。（四）同时符合下列条件的法人或者其他组织：1. 最近1年末净资产不低于2000万元；2. 最近1年末金融资产不低于1000万元；3. 具有2年以上证券、基金、期货、黄金、外汇等投资经历。（五）同时符合下列条件的自然人：1. 金融资产不低于500万元，或者最近3年个人年均收入不低于50万元；2. 具有2年以上证券、基金、期货、黄金、外汇等投资经历，或者具有2年以上金融产品设计、投资、风险管理及相关工作经历，或者属于本条第（一）项规定的专业投资者的高级管理人员、获得职业资格认证的从事金融相关业务的注册会计师和律师。前款所称金融资产，是指银行存款、股票、债券、基金份额、资产管理计划、银行理财产品、信托计划、保险产品、期货及其他衍生产品等。第九条规定，经营机构可以根据专业投资者的业务资格、投资实力、投资经历等因素，对专业投资者进行细化分类和管理。第十条规定，专业投资者之外的投资者为普通投资者。经营机构应当按照有效维护投资者合法权益的要求，综合考虑收入来源、资产状况、债务、投资知识和经验、风险偏好、诚信状况等因素，确定普通投资者的风险承受能力，对其进行细化分类和管理。《基金募集机构投资者适当性管理实施指引》第二十二条规定，符合《证券期货投资者适当性管理办法》第八条要求的投资者为专业投资者。第二十三条规定，基金募集机构要根据《证券期货投资者适当性管理办法》第八条规定，结合投资者信息表内容，对专业投资者资格进行认定。第二十四条规定，基金募集机构可以根据专业投资者的业务资格、投资实力、投资经历等因素，对专业投资者进行细化分类和管理。第二十五条规定，基金募集机构对专业投资者进行细化分类的，要向投资者提供风险测评问卷，对专业投资者的投资知识、投资经验、风险偏好进行评估，并得出相对应的风险等级。第二十六条规定，专业投资者之外的，符合法律、法规要求，可以从事基金交易活动的投资者为普通投资者。基金募集机构要按照风险承受能力，将普通投资者由低到高至少分为 C1（含风险承受能力最低类别）、C2、C3、C4、C5 五种类型。

私募基金管理人收集完毕投资人信息后，应对投资者进行分类，区分专业投资者与普通投资者，按照《私募投资基金募集行为管理办法》以及其他规定，基金管理人对二者的审慎义务是不同的，需要进行的工作也有所区别。在区分完毕普通投资者和专业投资者后，如果投资者是专业投资者，建议基金管理人要求专业投资者出具确认函，确认其符合专业投资者的资格条件。

（4）【专业投资者确认函】模板

专业投资者确认函

本人/本机构谨在此承诺：

本人/本机构为符合《证券期货投资者适当性管理办法》第八条规定的专业投资者。

本机构符合《证券期货投资者适当性管理办法》第八条的规定，即

1. 最近 1 年末净资产不低于 2000 万元；

2. 最近 1 年末金融资产不低于 1000 万元；

3. 具有 2 年以上证券、基金、期货、黄金、外汇等投资经历。

本人符合《证券期货投资者适当性管理办法》第八条的规定，即

1. 金融资产不低于 500 万元，或者最近 3 年个人年均收入不低于 50 万元；

2. 具有 2 年以上证券、基金、期货、黄金、外汇等投资经历，或者具有 2 年以

上金融产品设计、投资、风险管理及相关工作经历，或者属于《证券期货投资者适当性管理办法》第八条第（一）项规定的专业投资者的高级管理人员、获得职业资格认证的从事金融相关业务的注册会计师和律师。

本人/本机构对上述内容予以确认并自愿接受由此产生的任何法律后果及风险。

客户签名/机构盖章

日期：××年××月××日

3. 私募投资基金投资者转化

《证券期货投资者适当性管理办法》第十一条规定，普通投资者和专业投资者在一定条件下可以互相转化。符合本办法第八条第（四）项、第（五）项规定的专业投资者，可以书面告知经营机构选择成为普通投资者，经营机构应当对其履行相应的适当性义务。符合下列条件之一的普通投资者可以申请转化成为专业投资者，但经营机构有权自主决定是否同意其转化：（一）最近1年末净资产不低于1000万元，最近1年末金融资产不低于500万元，且具有1年以上证券、基金、期货、黄金、外汇等投资经历的除专业投资者外的法人或其他组织；（二）金融资产不低于300万元或者最近3年个人年均收入不低于30万元，且具有1年以上证券、基金、期货、黄金、外汇等投资经历或者1年以上金融产品设计、投资、风险管理及相关工作经历的自然人投资者。第十二条规定，普通投资者申请成为专业投资者应当以书面形式向经营机构提出申请并确认自主承担可能产生的风险和后果，提供相关证明材料。经营机构应当通过追加了解信息、投资知识测试或者模拟交易等方式对投资者进行谨慎评估，确认其符合前条要求，说明对不同类别投资者履行适当性义务的差别，警示可能承担的投资风险，告知申请的审查结果及其理由。第十三条规定，经营机构应当告知投资者，其根据本办法第六条规定所提供的信息发生重要变化、可能影响分类的，应及时告知经营机构。经营机构应当建立投资者评估数据库并及时更新，充分使用已了解信息和已有评估结果，避免重复采集，提高评估效率。第十四条规定，中国证监会、自律组织在针对特定市场、产品或者服务制定规则时，可以考虑风险性、复杂性以及投资者的认知难度等因素，从资产规模、收入水平、风险识别能力和风险承担能力、投资认购最低金额等方面，规定投资者准入要求。投资者准入要求包含资产指标的，应当规定投资者在购买产品或者接受服务前一定时期内符合该指标。现有市场、产品或者服务规定投资者准入要求的，应当符合前款规定。

《基金募集机构投资者适当性管理实施指引》第三十条规定，符合《证券期货投资者适当性管理办法》第十一条规定的专业投资者、普通投资者可以进行转化。投资者转化效力范围仅适用于所告知、申请的基金募集机构。其他基金募集机构不得以此作为参考依据，将投资者自行转化。第三十一条规定，专业投资者转化为普通投资者的，要遵循以下程序：（一）符合转化条件的专业投资者，通过纸质或者电子文档形式告知基金募集机构其转化为普通投资者的决定；（二）基金募集机构要在收到投资者转化决定5个工作日内，对投资者的转化资格进行核查；（三）基金募集机构要在核查工作结束之日起5个工作日内，以纸质或者电子文档形式，告知投资者核查结果。第三十二条规定，普通投资者转化为专业投资者的，要遵循以下程序：（一）符合转化条件的普通投资者，要通过纸质或者电子文档形式向基金募集机构提出转化申请，同时还要向基金募集机构做出了解相应风险并自愿承担相应不利后果的意思表示；（二）基金募集机构要在收到投资者转化申请之日起5个工作日内，对投资者的转化资格进行核查；（三）对于符合转化条件的，基金募集机构要在5个工作日内，通知投资者以纸质或者电子文档形式补充提交相关信息、参加投资知识或者模拟交易等测试；（四）基金募集机构要根据以上情况，结合投资者的风险承受能力、投资知识、投资经验、投资偏好等要素，对申请者进行谨慎评估，并以纸质或者电子文档形式，告知投资者是否同意其转化的决定以及理由。第三十三条规定，基金募集机构要建立投资者评估数据库，为投资者建立信息档案，并对投资者风险等级进行动态管理。基金募集机构要充分使用已了解信息和已有评估结果，避免投资者信息重复采集，提高评估效率。第三十四条规定，投资者评估数据库要包含但不限于以下内容：（一）投资者填写信息表及历次变动的内容；（二）普通投资者过往风险测评结果；（三）投资者风险承受能力及对应风险等级变动情况；（四）投资者历次申请转化为专业投资者或普通投资者情况及审核结果；（五）基金募集机构风险评估标准、程序等内容信息及调整、修改情况；（六）协会及基金募集机构认为必要的其他信息。第三十五条规定，基金募集机构要告知投资者，其重要信息发生变更时要及时告知基金募集机构。基金募集机构还要通过明确的公开方式，提醒投资者及时告知重大信息变更事项。

依据上述规定，具备相应的条件的，普通投资者和专业投资者是可以相互转化的，普通投资者可以转化为专业投资者，专业投资者也可以转化为普通投资者，但是私募投资基金管理人应审慎审查两者转化需要具备的条件，防止出现不当转化，从而承担募集合规风险。

(5)【普通投资者转为专业投资者申请表】模板

普通投资者转为专业投资者申请表

<table>
<tr><td colspan="2">投资者姓名/名称</td><td colspan="3"></td></tr>
<tr><td colspan="2">证件类型</td><td></td><td>证件号码</td><td></td></tr>
<tr><td colspan="2">授权经办人</td><td></td><td>职　　务</td><td></td></tr>
<tr><td colspan="2">经办人身份证号码</td><td></td><td></td><td></td></tr>
<tr><td>转化申请内容</td><td colspan="4">尊敬的××（机构名称）：
本人/本机构于××年××月××日经贵司认定为普通投资者，经本人/本机构审慎考虑，现决定自愿申请转化为贵司的专业投资者。本人/本机构已充分理解专业投资者与普通投资者的区别，转化为专业投资者后，将自主承担可能产生的风险和后果。本人/本机构承诺所提供材料真实、准确、完整。
特此申请
投资者（自然人签字/机构签章、授权代表人签字）
××年××月××日</td></tr>
<tr><td rowspan="8">基金销售机构复核内容</td><td>专业投资者类型</td><td>复核内容</td><td colspan="2">是否符合</td></tr>
<tr><td rowspan="3">机构投资者</td><td>最近1年末净资产不低于1000万元人民币</td><td>□是</td><td>□否</td></tr>
<tr><td>最近1年末金融资产不低于500万元人民币</td><td>□是</td><td>□否</td></tr>
<tr><td>为具有1年以上证券、基金、期货、黄金、外汇等投资经历的除专业投资者外的法人或其他组织</td><td>□是</td><td>□否</td></tr>
<tr><td rowspan="2">自然人投资者</td><td>金融资产不低于300万元人民币，或者最近3年个人年均收入不低于30万元人民币</td><td>□是</td><td>□否</td></tr>
<tr><td>为具有1年以上证券、基金、期货、黄金、外汇等投资经历，或者具有1年以上金融产品设计、投资、风险管理及相关工作经历的自然人投资者</td><td>□是</td><td>□否</td></tr>
<tr><td rowspan="2">补充材料</td><td>是否补充提交材料，对以往投资经历、投资经验以及投资知识相关情况进行说明</td><td>□是</td><td>□否</td></tr>
<tr><td>是否参加本销售机构举办的投资知识测试或者模拟交易</td><td>□是</td><td>□否</td></tr>
<tr><td>复核结论</td><td colspan="4">我司于××年××月××日依据相关规定将该投资者认定为普通投资者。经复核，该投资者符合《证券期货投资者适当性管理办法》第十一条规定的转化条件，并履行了该办法第十二条的规则要求，且无其他不得转化情况，我司经过审慎考虑，现批准将其转化为专业投资者（可注明对应等级）。
复核人（一）：　　　　复核人（二）：
募集机构签章：　　　　主管领导签字：
××年××月××日</td></tr>
</table>

（6）【专业投资者转为普通投资者申请表】模板

专业投资者转为普通投资者申请表

<table>
<tr><td>投资者姓名/名称</td><td colspan="3"></td></tr>
<tr><td>证件类型</td><td></td><td>证件号码</td><td></td></tr>
<tr><td>授权经办人</td><td></td><td>职务</td><td></td></tr>
<tr><td>经办人身份证号码</td><td colspan="3"></td></tr>
<tr><td>转化告知内容</td><td colspan="3">尊敬的××（机构名称）：
本人/本机构于××年××月××日经贵司认定为专业投资者，经本人/本机构审慎考虑，现决定自愿转化为贵司的普通投资者。该转化效力自贵司确认之日起及于所有在贵司销售的、匹配该等级普通投资者的基金产品或服务。
本人/本机构自贵司确认转化为普通投资者之日起，适用普通投资者相关规则从事基金交易活动。
投资者（自然人签名/机构签章、授权代表人签名）
××年××月××日</td></tr>
<tr><td>复核结论</td><td colspan="3">我司于××年××月××日依据《证券期货投资者适当性管理办法》第八条第（四）项或第（五）项将该投资者认定为专业投资者。经复核，该投资者符合相关转化规定条件，且无其他不得转化情况，现对其转化为普通投资者（可注明对应等级）决定予以核准、确认。
复核人（一）：　　复核人（二）：
主管领导签字：　　募集机构签章：
××年××月××日</td></tr>
</table>

（三）私募投资基金投资者的风险评级

《私募投资基金募集行为管理办法》第十七条规定，募集机构应当向特定对象宣传推介私募投资基金。未经特定对象确定程序，不得向任何人宣传推介私募投资基金。第十八条规定，在向投资者推介私募投资基金之前，募集机构应当采取问卷调查等方式履行特定对象确定程序，对投资者风险识别能力和风险承担能力进行评估。投资者应当以书面形式承诺其符合合格投资者标准。投资者的评估结果有效期最长不得超过3年。募集机构逾期再次向投资者推介私募投资基金时，需重新进行投资者风险评估。同一私募投资基金产品的投资者持有期间超过3年的，无需再次进行投资者风险评估。投资者风险承担能力发生重大变化时，可主动申请对自身风险承担能力进行重新评估。第十九条规定，募集机构应建立科学有效的投资者问卷调查评估方法，确保问卷结果与投资者的风险识别能力和风险承担能力相匹配。募集机构应当在投资者自愿的前提下获取投资者问卷调查信息。问卷调查主要内容应包括但不限于以下方面：（一）投资者基本信息，其中个人投资者基本信息包括身份信息、年龄、学历、职业、联系方式等信息；机构投资者基本信息包括工商登记中的必备信息、联系方式等信息；（二）财务状况，其中个人投资者财务状况包括金融资产状况、最近三年个人年均收入、收入中可用于金融投资的比例等信息；机构投资者财务状况包括净资产状况等信息；（三）投资知识，包括金融法律法规、投资市场和产品情况、对私募投资基金风险的了解程度、参加专业培训情况等信息；（四）投资经验，包括投资期限、实际投资产品类型、投资金融产品的数量、参与投资的金融市场情况等；（五）风险偏好，包括投资目的、风险厌恶程度、计划投资期限、投资出现波动时的焦虑状态等。

《私募投资基金监督管理暂行办法》第十六条规定，私募投资基金管理人自行销售私募投资基金的，应当采取问卷调查等方式，对投资者的风险识别能力和风险承担能力进行评估，由投资者书面承诺符合合格投资者条件；应当制作风险揭示书，由投资者签字确认。私募投资基金管理人委托销售机构销售私募投资基金的，私募投资基金销售机构应当采取前款规定的评估、确认等措施。投资者风险识别能力和承担能力问卷及风险揭示书的内容与格式指引，由基金业协会按照不同类别私募投资基金的特点制定。第十八条规定，投资者应当如实填写风险识别能力和承担能力问卷，如实承诺资产或者收入情况，并对其真实性、准确性和完整性负责。填写虚假信息或者提供虚假承诺文件的，应当承担相应责任。

《基金募集机构投资者适当性管理实施指引》第二十六条规定，专业投资者之外的，符合法律、法规要求，可以从事基金交易活动的投资者为普通投资者。基金募集机构要按照风险承受能力，将普通投资者由低到高至少分为 C1（含风险承受能力最低类别）、C2、C3、C4、C5 五种类型。第二十七条规定，基金募集机构向普通投资者以纸质或者电子文档形式提供风险测评问卷，对其风险承受能力进行测试，并遵循以下程序：（一）基金募集机构要核查参加风险测评的投资者或机构经办人员的身份信息；（二）基金募集机构以及工作人员在测试过程中，不得有提示、暗示、诱导、误导等行为对测试人员进行干扰，影响测试结果；（三）风险测评问卷要在填写完毕后 5 个工作日内，得出相应结果。第二十八条规定，基金募集机构要根据投资者信息表、风险测评问卷以及其他相关材料，对普通投资者风险等级进行综合评估，并在评估工作结束之日起 5 个工作日内，告知投资者风险等级评估结果。第二十九条规定，基金募集机构可以将 C1 中符合下列情形之一的自然人，作为风险承受能力最低类别投资者：（一）不具有完全民事行为能力；（二）没有风险容忍度或者不愿承受任何投资损失；（三）法律、行政法规规定的其他情形。

为保护投资者权益，避免投资者进行不适当投资从而承担不适当的风险，私募投资基金管理人应对投资者进行风险测评，借以了解投资者的风险承受能力。风险测评问卷是私募基金管理人对投资者的风险承受能力进行评估的基本工具，通过问卷调查最终确认投资者可以承受的风险等级，以便私募投资基金募集机构为投资者是否符合所购买的基金风险等级作出判断，或者为投资者寻找符合其风险承受等级的产品。值得注意的是，中基协发布的风险测评问卷只是提供了测评事项，并没有设定分值区间以及对应投资者风险承受类型，因此需要基金管理人在实际工作中自行进行设定（具体可以参见本书的适当性管理办法）。

（7）【私募投资基金投资者风险测评问卷（个人版）】模板

私募投资基金投资者风险测评问卷（个人版）

投资者姓名：____________填写日期：____________

风险提示：基金投资需承担各类风险，本金可能遭受损失。同时，还要考虑市场风险、信用风险、流动风险、操作风险等各类投资风险。您在基金认购过程中应当注意核对自己的风险识别能力和风险承受能力，选择与自己的风险识别能力和风险承受能力相匹配的私募投资基金。

1. 您的主要收入来源是：

A. 工资、劳务报酬

B. 生产经营所得

C. 利息、股息、转让等金融性资产收入

D. 出租、出售房地产等非金融性资产收入

E. 无固定收入

2. 您的家庭可支配年收入为（折合人民币）：

A. 50 万元以下

B. 50—100 万元

C. 100—500 万元

D. 500—1000 万元

E. 1000 万元以上

3. 在您每年的家庭可支配收入中，可用于金融投资（储蓄存款除外）的比例为：

A. 小于 10%

B. 10% 至 25%

C. 25%至50%

D. 大于50%

4. 您是否有尚未清偿的数额较大的债务，如有，其性质是：

A. 没有

B. 有，住房抵押贷款等长期定额债务

C. 有，信用卡欠款、消费信贷等短期信用债务

D. 有，亲戚朋友借款

5. 您的投资知识可描述为：

A. 有限：基本没有金融产品方面的知识

B. 一般：对金融产品及其相关风险具有基本的知识和理解

C. 丰富：对金融产品及其相关风险具有丰富的知识和理解

6. 您的投资经验可描述为：

A. 除银行储蓄外，基本没有其他投资经验

B. 购买过债券、保险等理财产品

C. 参与过股票、基金等产品的交易

D. 参与过权证、期货、期权等产品的交易

7. 您有多少年投资基金、股票、信托、私募证券或金融衍生产品等风险投资品的经验？

A. 没有经验

B. 少于2年

C. 2年至5年

D. 5年至10年

E. 10年以上

8. 您计划的投资期限是多久？

A. 1年以下

B. 1年至3年

C. 3年至5年

D. 5年以上

9. 您打算重点投资于哪些种类的投资品种？

A. 债券、货币市场基金、债券基金等固定收益类投资品种

B. 股票、混合型基金、股票型基金等权益类投资品种

C. 期货、期权等金融衍生品

D. 其他产品或者服务

10. 以下哪项描述最符合您的投资态度？

A. 厌恶风险，不希望本金损失，希望获得稳定回报

B. 保守投资，不希望本金损失，愿意承担一定幅度的收益波动

C. 寻求资金的较高收益和成长性，愿意为此承担有限本金损失

D. 希望赚取高回报，愿意为此承担较大本金损失

11. 假设有两种投资：投资A预期获得10%的收益，可能承担的损失非常小；投资B预期获得30%的收益，但可能承担较大亏损。您会怎么支配您的投资：

A. 全部投资于收益较小且风险较小的A

B. 同时投资于A和B，但大部分资金投资于收益较小且风险较小的A

C. 同时投资于A和B，但大部分资金投资于收益较大且风险较大的B

D. 全部投资于收益较大且风险较大的B

12. 您认为自己能承受的最大投资损失是多少？

A. 10%以内

B. 10%—30%

C. 30%—50%

D. 超过50%

本人已如实填写，并了解了自己的风险承受类型和适合购买的产品类型。

投资者签字：××

日期：××

经办员签字：××

日期：××

募集机构（盖章）：××

日期：××

（8）【基金投资者风险测评问卷（机构版）】模板

基金投资者风险测评问卷（机构版）

投资者名称：____________填写日期：____________

本问卷旨在了解贵单位可承受的风险程度等情况，借此协助贵单位选择合适的金融产品或金融服务类别，以符合贵单位的风险承受能力。

风险承受能力评估是本公司向客户履行适当性职责的一个环节，其目的是使本

公司所提供的金融产品或金融服务与贵单位的风险承受能力等级相匹配。

本公司特别提醒贵单位：本公司向客户履行风险承受能力评估等适当性职责，并不能取代贵单位自己的投资判断，也不会降低金融产品或金融服务的固有风险。同时，与金融产品或金融服务相关的投资风险、履约责任以及费用等将由贵单位自行承担。

本公司提示贵单位：本公司根据贵单位提供的信息对贵单位进行风险承受能力评估，开展适当性工作。贵单位应当如实提供相关信息及证明材料，并对所提供的信息和证明材料的真实性、准确性、完整性负责。

本公司建议：当贵单位的各项状况发生重大变化时，需对贵单位所投资的金融产品及时进行重新审视，以确保贵单位的投资决定与贵单位可承受的投资风险程度等实际情况一致。

本公司在此承诺，对于贵单位在本问卷中所提供的一切信息，本公司将严格按照法律法规要求承担保密义务。除法律法规规定的有权机关依法定程序进行查询以外，本公司保证不会将涉及贵单位的任何信息提供、泄露给任何第三方，或者将相关信息用于违法、不当用途。

1. 贵单位的性质：

A. 国有企事业单位

B. 非上市民营企业

C. 外资企业

D. 上市公司

2. 贵单位的净资产规模为：

A. 500 万元以下

B. 500 万—2000 万元

C. 2000 万—1 亿元

D. 超过 1 亿元

3. 贵单位年营业收入为：

A. 500 万元以下

B. 500 万—2000 万元

C. 2000 万—1 亿元

D. 超过 1 亿元

4. 贵单位证券账户资产为：

A. 300 万元以内

B. 300 万—1000 万元

C. 1000万—3000万元

D. 超过3000万元

5. 贵单位是否有尚未清偿的数额较大的债务？如有，主要是：

A. 银行贷款

B. 公司债券或企业债券

C. 通过担保公司等中介机构募集的借款

D. 民间借贷

E. 没有数额较大的债务

6. 对于金融产品投资工作，贵单位打算配置怎样的人员力量？

A. 一名兼职人员（包括负责人自行决策）

B. 一名专职人员

C. 多名兼职或专职人员，相互之间分工不明确

D. 多名兼职或专职人员，相互之间有明确分工

7. 贵单位所配置的负责金融产品投资工作的人员是否符合以下情况？

A. 现在或此前曾从事金融、经济或财会等与金融产品投资相关的工作超过两年

B. 已取得金融、经济或财会等与金融产品投资相关专业学士以上学位

C. 取得证券从业资格、期货从业资格、注册会计师证书（CPA）或注册金融分析师证书（CFA）中的一项及以上

D. 本单位所配置的人员不符合以上任何一项描述

8. 贵单位是否建立了与金融产品投资相关的管理制度？

A. 没有。因为要保证操作的灵活性

B. 已建立。包括了分工和授权的要求，但未包括投资风险控制的规则

C. 已建立。包括了分工与授权、风险控制等一系列与金融产品投资有关的规则

9. 贵单位的投资经验可以被概括为：

A. 有限：除银行活期账户和定期存款外，基本没有其他投资经验

B. 一般：除银行活期账户和定期存款外，购买过基金、保险等理财产品，但还需要进一步的指导

C. 丰富：本单位具有相当投资经验，参与过股票、基金等产品的交易，并倾向于自己做出投资决策

D. 非常丰富：本单位对于投资非常有经验，参与过权证、期货或创业板等高风险产品的交易

10. 有一位投资者一个月内做了 15 笔交易（同一品种买卖各一次算一笔），贵单位认为这样的交易频率：

A. 太高了

B. 偏高

C. 正常

D. 偏低

11. 过去一年时间内，您购买的不同金融产品（含同一类型的不同金融产品）的数量是：

A. 5 个以下

B. 6 个至 10 个

C. 11 个至 15 个

D. 16 个以上

12. 以下金融产品，贵单位投资经验在两年以上的有：

A. 银行存款

B. 债券、货币市场基金、债券型基金或其他固定收益类产品

C. 股票、混合型基金、偏股型基金、股票型基金等权益类投资品种

D. 期货、融资融券

E. 复杂金融产品或其他产品

（注：本题可多选，但评分以其中最高分值选项为准。）

13. 如果贵单位曾经从事过金融产品投资，在交易较为活跃的月份，平均月交易额大概是多少？

A. 100 万元以内

B. 100 万元—300 万元

C. 300 万元—1000 万元

D. 1000 万元以上

E. 从未投资过金融产品

14. 贵单位用于证券投资的大部分资金不会用作其他用途的时间段为：

A. 短期——0 年到 1 年

B. 中期——1 年到 5 年

C. 长期——5 年以上

15. 贵单位进行投资时的首要目标是：

A. 资产保值，我不愿意承担任何投资风险

B. 尽可能保证本金安全，不在乎收益率比较低

C. 产生较多的收益，可以承担一定的投资风险

D. 实现资产大幅增长，愿意承担很大的投资风险

16. 贵单位打算重点投资于哪个种类的投资品种？

A. 债券、货币市场基金、债券基金等固定收益类投资品种

B. 股票、混合型基金、偏股型基金、股票型基金等权益类投资品种

C. 期货、融资融券

D. 复杂金融产品

E. 其他产品

17. 贵单位认为自己能承受的最大投资损失是多少？

A. 10% 以内

B. 10%—30%

C. 30%—50%

D. 超过 50%

18. 假设有两种不同的投资：投资 A 预期获得 5% 的收益，有可能承担非常小的损失；投资 B 预期获得 20% 的收益，但有可能面临 25% 甚至更高的亏损。您将您的投资资产分配为：

A. 全部投资于 A

B. 大部分投资于 A

C. 两种投资各一半

D. 大部分投资于 B

E. 全部投资于 B

19. 贵单位参与金融产品投资的主要目的是什么？

A. 闲置资金保值增值

B. 获取主营业务以外的投资收益

C. 现货套期保值、对冲主营业务风险

D. 减持已持有的股票

本机构已经了解并愿意遵守国家有关证券市场管理的法律、法规、规章及相关业务规则，本机构在此郑重承诺以上填写的内容真实、准确、完整。若本机构提供的信息发生任何重大变化，本机构将及时书面通知贵公司。

经办人签字：××

日期：××

机构投资者盖章：××

日期：××

募集机构（盖章）：××

日期：××

（四）私募投资基金产品或服务风险等级的评估

《私募投资基金募集行为管理办法》第二十一条规定，募集机构应当自行或者委托第三方机构对私募投资基金进行风险评级，建立科学有效的私募投资基金风险评级标准和方法。募集机构应当根据私募投资基金的风险类型和评级结果，向投资者推介与其风险识别能力和风险承担能力相匹配的私募投资基金。第十七条规定，私募投资基金管理人自行销售或者委托销售机构销售私募投资基金，应当自行或者委托第三方机构对私募投资基金进行风险评级，向风险识别能力和风险承担能力相匹配的投资者推介私募投资基金。《私募投资基金监督管理暂行办法》第三条规定，向投资者销售证券期货产品或者提供证券期货服务的机构（以下简称经营机构）应当遵守法律、行政法规、本办法及其他有关规定，在销售产品或者提供服务的过程中，勤勉尽责，审慎履职，全面了解投资者情况，深入调查分析产品或者服务信息，科学有效评估，充分揭示风险，基于投资者的不同风险承受能力以及产品或者服务的不同风险等级等因素，提出明确的适当性匹配意见，将适当的产品或者服务销售或者提供给适合的投资者，并对违法违规行为承担法律责任。

《证券期货投资者适当性管理办法》第十五条规定，经营机构应当了解所销售产品或者所提供服务的信息，根据风险特征和程度，对销售的产品或者提供的服务划分风险等级。第十六条规定，划分产品或者服务风险等级时应当综合考虑以下因素：（一）流动性；（二）到期时限；（三）杠杆情况；（四）结构复杂性；（五）投资单位产品或者相关服务的最低金额；（六）投资方向和投资范围；（七）募集方式；（八）发行人等相关主体的信用状况；（九）同类产品或者服务过往业绩；（十）其他因素。涉及投资组合的产品或者服务，应当按照产品或者服务整体风险等级进行评估。第十七条规定，产品或者服务存在下列因素的，应当审慎评估其风险等级：（一）存在本金损失的可能性，因杠杆交易等因素容易导致本金大部分或者全部损失的产品或者服务；（二）产品或者服务的流动变现能力，因无公开交易市场、参与投资者少等因素导致难以在短期内以合理价格顺利变现的产品或者服务；（三）产品或者服务的可理解性，因结构复杂、不易估值等因素导致普通人难以理解其条款和特征的产品或者服务；（四）产品或者服务的募集方式，涉及面广、影响力大的公募产品或者相关服务；（五）产品或者服务的跨境因素，存在市场差异、适用境外法律等情形的跨境发行或者交易的产品或者服务；（六）自律组织认定的高风险产品或者服务；（七）其他有可能构成投资风险的因素。

《基金募集机构投资者适当性管理实施指引》第三十六条规定，基金募集机构对基金产品或者服务的风险等级划分，可以由基金募集机构完成，也可以委托第三方机构提供。委托第三方机构提供基金产品或者服务风险等级划分的，基金募集机构应当要求其提供基金产品或者服务风险等级划分方法及其说明。基金募集机构落实适当性义务不因委托第三方而免除。第三十七条规定，基金募集机构所使用的基金产品或者服务风险等级划分方法及其说明，通过适当途径向投资者告知。第三十八条规定，基金产品或者服务的风险等级要按照风险由低到高顺序，至少划分为：R1、R2、R3、R4、R5 五个等级。基金募集机构可以根据实际情况在前款所列等级的基础上进一步进行风险细分。第三十九条规定，基金募集机构对基金产品或者服务进行风险等级划分，要了解以下信息：（一）基金管理人的诚信状况、经营管理能力、投资管理能力、内部控制情况、合法合规情况；（二）基金产品或者服务的合法合规情况，发行方式，类型及组织形式，托管情况，投资范围、投资策略和投资限制概况，业绩比较基准，收益与风险的匹配情况，投资者承担的主要费用及费率。第四十条规定，基金产品或者服务风险等级划分要综合考虑以下因素：（一）基金管理人成立时间，治理结构，资本金规模，管理基金规模，投研团队稳定性，资产配置能力、内部控制制度健全性及执行度，风险控制完备性，是否有风险准备金制度安排，从业人员合规性，股东、高级管理人员及基金经理的稳定性等；（二）基金产品或者服务的结构（母子基金、平行基金），投资方向、投资范围和投资比例，募集方式及最低认缴金额，运作方式，存续期限，过往业绩及净值的历史波动程度，成立以来有无违规行为发生，基金估值政策、程序和定价模式，申购和赎回安排，杠杆运用情况等。第四十一条规定，基金产品或者服务存在下列因素的，要审慎评估其风险等级：（一）基金产品或者服务合同存在特殊免责条款、结构性安排、投资标的具有衍生品性质等导致普通投资者难以理解的；（二）基金产品或者服务不存在公开交易市场，或因参与投资者少等因素导致难以在短期内以合理价格顺利变现的；（三）基金产品或者服务的投资标的流动性差、存在非标准资产投资导致不易估值的；（四）基金产品或者服务投资杠杆达到相关要求上限、投资单一标的集中度过高的；（五）基金管理人、实际控制人、高管人员涉嫌重大违法违规行为或正在接受监管部门或自律管理部门调查的；（六）影响投资者利益的其他重大事项；（七）协会认定的高风险基金产品或者服务。第四十二条规定，基金募集机构可以通过定量和定性相结合的方法对基金产品或者服务进行风险分级。基金募集机构可以根据基金产品或者服务风险因素与风险等级的相关性，确定各项评估因素的分值和权重，建立评估分值与基金产品风险等级的对应关系。基金募集机构通过定量分析对基金产品进行风险分级时，可以运用贝塔系数、标准差、风险在险值等风险指标体系，划分基金的期限风险、流动性风险、波动性风险等。

为真实反映私募投资基金的风险等级，防止投资者购买不适合其风险等级的产品，从而导致出现适当性不匹配的问题，以及承受不能承受的投资风险，私募投资基金管理人应该客观、公正地对私募投资基金产品或服务进行等级评估，确定产品或服务的风险高低或大小，并根据产品或服务的风险等级，向适格的投资者进行推介，防止投资者购买与自己风险能力不匹配的产品或服务。需要注意的是，在正式发布的《基金募集机构投资者适当性管理实施指引（试行）》中，中基协只是提供了基金产品或者服务风险等级划分参考标准，并没有为基金管理人提供具体类型的基金的风险等级（但在上述实施指引征求意见时，中基协曾发布《基金产品或者服务风险等级名录》），需要各基金管理人在实际工作中自行进行评定。

（9）【中基协基金产品或服务风险等级划分参考标准】模板

中基协基金产品或服务风险等级划分参考标准

风险等级	产品参考因素
R1	产品结构简单，过往业绩及净值的历史波动率低，投资标的流动性很好、不含衍生品，估值政策清晰，杠杆不超监管部门规定的标准。
R2	产品结构简单，过往业绩及净值的历史波动率较低，投资标的流动性好、投资衍生品以套期保值为目的，估值政策清晰，杠杆不超监管部门规定的标准。
R3	产品结构较简单，过往业绩及净值的历史波动率较高，投资标的流动性较好、投资衍生品以对冲为目的，估值政策清晰，杠杆不超监管部门规定的标准。
R4	产品结构较复杂，过往业绩及净值的历史波动率高，投资标的流动性较差，估值政策较清晰，一倍（不含）以上至三倍（不含）以下杠杆。
R5	产品结构复杂，过往业绩及净值的历史波动率很高，投资标的流动性差，估值政策不清晰，三倍（含）以上杠杆。
注： 1. 上述风险划分标准为参考因素，基金募集机构可以根据实际情况，确定评估因素和各项因素的分值和权重，建立评估分值与具体产品风险等级的对应关系，基金服务的风险等级应按照服务涵盖的产品组合的风险等级划分。	
2. 基金服务指以销售基金产品为目的开展的基金推介、基金组合投资建议等活动。	
3. 产品或服务的风险等级至少为五级，风险等级名称可以结合实际情况进行调整。	
4. R4、R5 杠杆水平是指无监管部门明确规定的产品杠杆水平。	

基金产品或服务风险等级名录

（征求意见稿时发布，未正式实施，仅供参考）

风险等级	基金产品等级表
R1	货币市场基金、短期理财债券型基金
R2	普通债券基金
R3	股票基金、混合基金、可转债基金、分级基金 A 份额
R4	债券基金分级 B 份额
R5	可转债基金分级 B 份额、股票分级基金 B 份额、大宗商品基金、私募股权基金、私募创投基金

（五）私募投资基金投资者与私募投资基金的适当性匹配

《私募投资基金募集行为管理办法》第二十一条规定，募集机构应当自行或者委托第三方机构对私募投资基金进行风险评级，建立科学有效的私募投资基金风险评级标准和方法。募集机构应当根据私募投资基金的风险类型和评级结果，向投资者推介与其风险识别能力和风险承担能力相匹配的私募投资基金。《私募投资基金监督管理暂行办法》第三条规定，向投资者销售证券期货产品或者提供证券期货服务的机构（以下简称经营机构）应当遵守法律、行政法规、本办法及其他有关规定，在销售产品或者提供服务的过程中，勤勉尽责，审慎履职，全面了解投资者情况，深入调查分析产品或者服务信息，科学有效评估，充分揭示风险，基于投资者的不同风险承受能力以及产品或者服务的不同风险等级等因素，提出明确的适当性匹配意见，将适当的产品或者服务销售或者提供给适合的投资者，并对违法违规行为承担法律责任。

《证券期货投资者适当性管理办法》第十八条规定，经营机构应当根据产品或者服务的不同风险等级，对其适合销售产品或者提供服务的投资者类型作出判断，根据投资者的不同分类，对其适合购买的产品或者接受的服务作出判断。第十九条规定，经营机构告知投资者不适合购买相关产品或者接受相关服务后，投资者主动要求购买风险等级高于其风险承受能力的产品或者接受相关服务的，经营机构在确认其不属于风险承受能力最低类别的投资者后，应当就产品或者服务风险高于其承受能力进行特别的书面风险警示，投资者仍坚持购买的，可以向其销售相关产品或者提供相关服务。第二十条规定，经营机构向普通投资者销售高风险产品或者提供相关服务，应当履行特别的注意义务，包括制定专门的工作程序，追加了解相关信息，告知特别的风险点，给予普通投资者更多地考虑时间，或者增加回访频次等。第二十一条规定，经营机构应当根据投资者和产品或者服务的信息变化情况，主动调整投资者分类、产品或者服务分级以及适当性匹配意见，并告知投资者上述情况。第二十二条规定，禁止经营机构进行下列销售产品或者提供服务的活动：（一）向不符合准入要求的投资者销售产品或者提供服务；（二）向投资者就不确定事项提供确定性的判断，或者告知投资者有可能使其误认为具有确定性的意见；（三）向普通投资者主动推介风险等级高于其风险承受能力的产品或者服务；（四）向普通投资者主动推介不符合其投资目标的产品或者服务；（五）向风险承受能力最低类别的投资者销售或者提供风险等级高于其风险承受能力的产品或者服务；（六）其他违背适当性要求，损害投资者合法权益的行为。第二十三条规定，经营机构向普通投资者销售产品或者提供服务前，应当告知下列信息：（一）可能直接导致本金亏损的事项；（二）可能直接导致超过原始本金损失的事项；（三）因经营机构的业务或者财产状况变化，可能导致本金或者原始本金亏损的事项；（四）因经营机构的业务或者财产状况变化，影响客户判断的重要事由；（五）限制销售对象权利行使期限或者可解除合同期限等全部限制内容；（六）本办法第二十九条规定的适当性匹配意见。第二十四条规定，经营机构对投资者进行告知、警示，内容应当真实、准确、完整，不存在虚假记载、误导性陈述或者重大遗漏，语言应当通俗易懂；告知、警示应当采用书面形式送达投资者，并由其确认已充分理解和接受。第二十五条规定，经营机构通过营业网点向普通投资者进行本办法第十二条、第二十条、第二十一条和第二十三条规定的告知、警示，应当全过程录音或者录像；通过互联网等非现场方式进行的，经营机构应当完善配套留痕安排，由普通投资者通过符合法律、行政法规要求的电子方式进行确认。第二十六条规定，经营机构委托其他机构销售本机构发行的产品或者提供服务，应当审慎选择受托方，确认受托方具备代销相关产品或者提供服务的资格和落实相应适当性义务要求的能力，应当制定并告知代销方所委托产品或者提供服务的适当性管理标准和要求，代销方应当严格执行，但法律、行政法规、中国证监会其他规章另有规定的除外。第二十七条规定，经营机构代销其他机构发行的产品或者提供相关服务，应当在合同中约定要求委托方提供的信息，包括本办法第十六条、第十七条规定的产品或者服务分级考虑因素等，自行对该信息进行调查核实，并履行投资者评估、适当性匹配等适当性义务。委托方不提供规定的信息、提供信息不完整的，经营机构应当拒绝代销产品或者提供服务。第二十八条规定，对在委托销售中违反适当性义务的行为，委托销售机构和受托销售机构应当依法承担相应法律责任，并在委托销售合同中予以明确。第二十九条规定，经营机构应当制定适当性内部管理制度，明确投资者分类、产品或者服务分级、适当性匹配的具体依据、方法、流程等，严格按照内部管理制度进行分类、分级，定期汇总分类、分级结果，并对每名投资者提出匹配意见。经营机构应当制定并严格落实与适当性内部管理有关的限制不匹配销售行为、客户回访检查、评估与销售隔离等风控制度，以及培训考核、执业规范、监督问责等制度机制，不得采取鼓励不适当销售的考核激励措施，确保从业人员切实履行适当性义务。第三十条规定，经营机构应当每半年开展一次适当性自查，形成自查报告。发现违反本办法规定的问题，应当及时处理并主动报告住所地中国证监会派出机构。第三十一条规定，鼓励经营机构将投资者分类政策、产品或者服务分级政策、自查报告在公司网站或者指定网站进行披露。第三十二条规定，经营机构应当按照相关规定妥善保存其履行适当性义务的相关信息资料，防止泄露或者被不当利用，接受中国证监会及其派出机构和自律组织的检查。对匹配方案、告知警示资料、录音录像资料、自查报告等的保存期限不得少于20年。第三十四条规定，经营机构应当妥善处理适当性相关的纠纷，与投资者协商解决争议，采取必要措施支持和配合投资者提出的调解。经营机构履行适当性义务存在过错并造成投资者损失的，应当依法承担相应法律责任。经营机构与普通投资者发生纠纷的，经营机构应当提供相关资料，证明其已向投资者履行相应义务。第三十五条规定，中国证监会及其派出机构在监管中应当审核或者关注产品或者服务的适当性安排，对适当性制度落实情况进行检查，督促经营机构严格落实适当性义务，强化适当性管理。第三十六条规定，证券期货交易场所应当制定完善本市场相关产品或者服务的适当性管理自律规则。行业协会应当制定完善会员落实适当性管理要求的自律规则，制定并定期更新本行业的产品或者服务风险等级名录以及本办法第十九条、第二十二条规定的风险承受能力最低的投资者类别，供经营机构参考。经营机构评估相关产品或者服务的风险等级不得低于名录规定的风险等级。证券期货交易场所、行业协会应当督促、引导会员履行适当性义务，对备案产品或者相关服务应当重点关注高风险产品或者服务的适当性安排。

《基金募集机构投资者适当性管理实施指引》第三条规定，投资者适当性是指基金募集机构在销售基金产品或者服务的过程中，根据投资者的风险承受能力销售不同风险等级的基金产品或者服务，把合适的基金产品或者服务卖给合适的投资者。本指引所称的专业投资者，为符合本指引第二十二条规定的投资者；普通投资者，为符合本指引第二十六条规定的投资者；风险承受能力最低类别投资者，为符合本指引第二十九条规定的投资者。第四条规定，基金募集机构按照本指引，建立健全投资者适当性管理制度。在销售基金产品或者服务过程中，勤勉尽责，诚实信用深入调查分析基金管理人、基金产品或者服务及投资者信息，充分揭示基金产品或者服务风险，降低投诉风险。第五条规定，协会依据法律法规和自律规则，对基金募集机构投资者适当性制度建立及实施情况进行自律管理。第六条规定，基金募集机构在实施投资者适当性的过程中遵循以下指导原则：（一）投资者利益优先原则。当基金募集机构或基金销售人员的利益与投资者的利益发生冲突时，优先保障投资者的合法利益。（二）客观性原则。建立科学合理的方法，设置必要的标准和流程，保证适当性管理的实施。对基金管理人、基金产品或者服务和投资者的调查和评价，尽力做到客观准确，并作为基金销售人员向投资者推介合适基金产品或者服务的重要依据。（三）有效性原则。通过建立科学的投资者适当性管理制度与方法，确保投资者适当性管理的有效执行。（四）差异性原则。对投资者进行分类管理，对普通投资者和专业投资者实施差别适当性管理，履行差别适当性义务。第七条规定，基金募集机构建立适当性管理制度，至少包括以下内容：（一）对基金管理人进行审慎调查的方式和方法；（二）对基金产品或者服务的风险等级进行设置、对基金产品或者服务进行风险评价的方式或方法；（三）对投资者进行分类的方法和程序、投资者转化的方法和程序；（四）对普通投资者风险承受能力进行调查和评价的方式和方法；（五）对基金产品或者服务和投资者进行匹配的方法；（六）投资者适当性管理的保障措施和风控制度。第十二条规定，基金募集机构要建立健全普通投资者回访制度，对购买基金产品或者服务的普通投资者定期抽取一定比例进行回访，对持有 R5 等级基金产品或者服务的普通投资者增加回访比例和频次。基金募集机构对回访时发现的异常情况进行持续跟踪，对异常情况进行核查，存在风险隐患的及时排查，并定期整理总结，以完善投资者适当性制度。第十三条规定，回访内容包括但不限于以下信息：（一）受访人是否为投资者本人；（二）受访人是否已知晓基金产品或者服务的风险以及相关风险警示；（三）受访人是否已知晓自己的风险承受能力等级、购买的基金产品或者接受的服务的风险等级以及适当性匹配意见；（四）受访人是否知晓承担的费用以及可能产生的投资损失；（五）基金募集机构及其工作人员是否存在办法第二十二条规定的禁止行为。第十四条规定，基金募集机构要建立完备的投资者投诉处理体系，准确记录投资者投诉内容。基金募集机构要妥善处理因履行投资者适当性职责引起的投资者投诉，及时发现业务风险，完善内控制度。第十五条规定，基金募集机构每半年开展一次投资者适当性管理自查。自查可以采取现场、非现场及暗访相结合的方式进行，并形成自查报告留存备查。自查内容包括但不限于投资者适当性管理制度建设及落实情况，人员考核及培训情况，投资者投诉处理情况，发现业务风险及时整改情况，以及其他需要报告的事项。第十六条规定，基金募集机构通过营业网点等现场方式执行普通投资者申请成为专业投资者，向普通投资者销售高风险产品或者服务，调整投资者分类、基金产品或者服务分级以及适当性匹配意见，向普通投资者销售基金产品或者服务前对其进行风险提示的环节要录音或者录像；通过互联网等非现场方式执行的，基金募集机构及合作平台要完善信息管理平台留痕功能，记录投资者确认信息。第十七条规定，基金募集机构要建立完善的档案管理制度，妥善保存投资者适当性管理业务资料。投资者适当性管理制度、投资者信息资料、告知警示投资者资料、录音录像资料、自查报告等至少保存20年。第四十三条规定，基金募集机构要制定普通投资者和基金产品或者服务匹配的方法、流程，明确各个岗位在执行投资者适当性管理过程中的职责。匹配方法至少要在普通投资者的风险承受能力类型和基金产品或者服务的风险等级之间建立合理的对应关系，同时在建立对应关系的基础上将基金产品或者服务风险超越普通投资者风险承受能力的情况定义为风险不匹配。第四十四条规定，基金募集机构要根据普通投资者风险承受能力和基金产品或者服务的风险等级建立以下适当性匹配原则：（一）C1型（含最低风险承受能力类别）普通投资者可以购买R1级基金产品或者服务；（二）C2型普通投资者可以购买R2级及以下风险等级的基金产品或者服务；（三）C3型普通投资者可以购买R3级及以下风险等级的基金产品或者服务；（四）C4型普通投资者可以购买R4级及以下风险等级的基金产品或者服务；（五）C5型普通投资者可以购买所有风险等级的基金产品或者服务。第四十五条规定，基金募集机构向投资者销售基金产品或者服务时，禁止出现以下行为：（一）向不符合准入要求的投资者销售基金产品或者服务；（二）向投资者就不确定的事项提供确定性的判断，或者告知投资者有可能使其误认为具有确定性的判断；（三）向普通投资者主动推介风险等级高于其风险承受能力的基金产品或者服务；（四）向普通投资者主动推介不符合其投资目标的基金产品或者服务；（五）向风险承受能力最低类别的普通投资者销售风险等级高于其风险承受能力的基金产品或者服务；（六）其他违背适当性要求，损害投资者合法权益的行为。第四十六条规定，最低风险承受能力类别的普通投资者不得购买高于其风险承受能力的基金产品或者服务。除因遗产继承等特殊原因产生的基金份额转让之外，普通投资者主动购买高于其风险承受能力基金产品或者服务的行为，不得突破相关准入资格的限制。第四十七条规定，基金募集机构在向普通投资者销售R5风险等级的基金产品或者服务时，应向其完整揭示以下事项：（一）基金产品或者服务的详细信息、重点特性和风险；（二）基金产品或者服务的主要费用、费率及重要权利、信息披露内容、方式及频率；（三）普通投资者可能承担的损失；（四）普通投资者投诉方式及纠纷解决安排。第四十八条规定，普通投资者主动要求购买与之风险承受能力不匹配的基金产品或者服务的，基金销售要遵循以下程序：（一）普通投资者主动向基金募集机构提出申请，明确表示要求购买具体的、高于其风险承受能力的基金产品或服务，并同时声明，基金募集机构及其工作人员没有在基金销售过程中主动推介该基金产品或服务的信息；（二）基金募集机构对普通投资者资格进行审核，确认其不属于风险承受能力最低类别投资者，也没有违反投资者准入性规定；（三）基金募集机构向普通投资者以纸质或电子文档的方式进行特别警示，告知其该产品或服务风险高于投资者承受能力；（四）普通投资者对该警示进行确认，表示已充分知晓该基金产品或者服务风险高于其承受能力，并明确做出愿意自行承担相应不利结果的意思表示；（五）基金募集机构履行特别警示义务后，普通投资者仍坚持购买该产品或者服务的，基金募集机构可以向其销售相关产品或者提供相关服务。第四十九条规定，投资者信息发生重大变化的，基金募集机构要及时更新投资者信息，重新评估投资者风险承受能力，并将调整后的风险承受能力告知投资者。第五十条规定，基金募集机构销售的基金产品或者服务信息发生变化的，要及时依据基金产品或者服务风险等级划分参考标准，重新评估其风险等级。基金募集机构还要建立长效机制，对基金产品或者服务的风险定期进行评价更新。第五十一条规定，由于投资者风险承受能力或基金产品或者服务风险等级发生变化，导致投资者所持有基金产品或者服务不匹配的，基金募集机构要将不匹配情况告知投资者，并给出新的匹配意见。第五十二条规定，协会对基金募集机构履行适当性义务进行自律管理，对违反适当性管理规定的基金募集机构及人员依法采取自律惩戒措施。

投资者适当性管理是现代金融服务的基本原则和基本要求，是让“适合的投资者购买恰当的产品”，避免在金融产品创新过程中，将金融产品提供给风险不匹配的投资群体，导致投资者由于误解产品而发生较大风险。如果经营机构没能充分履行适当性管理的义务，投资者的合法权益受到侵害的时候，投资者就可以拿起法律的武器保护自己。

（10）【投资者风险匹配告知书及投资者确认函】模板

投资者风险匹配告知书及投资者确认函

<table>
<tr><td colspan="2">投资者姓名/名称</td><td colspan="4"></td></tr>
<tr><td colspan="2">证件类型</td><td colspan="2"></td><td>证件编号</td><td></td></tr>
<tr><td>投资者风险匹配告知书</td><td colspan="5">尊敬的投资者：
根据您/贵机构填写的《投资者基本信息表》，依据相关法律、法规的规定，我司将您认定为专业投资者/普通投资者。结合您/贵机构填写的《风险测评问卷》以及其他相关信息，我司对您的风险承受能力进行了综合评估，现得到评估结果如下：
您/贵机构的风险承受能力为：（　），依据我司的投资者与产品、服务风险等级匹配规则，您/贵机构的风险承受能力等级与我司（产品、服务风险等级）相匹配。
我司在此郑重提醒，我司向您/贵机构销售的产品或提供的服务将以您的风险承受能力等级和投资品种、期限为基础，若您/贵机构提供的信息发生任何重大变化，您/贵机构应当及时以书面方式通知我司。我司建议您/贵机构审慎评判自身风险承受能力、结合自身投资行为，认真填写投资品种、期限，并做出审慎的投资判断。
如同意我司评估结果，请在投资者确认函中签字，以示同意。
募集机构签章
××年××月××日</td></tr>
<tr><td rowspan="4">投资者确认函</td><td colspan="5">尊敬的（募集机构）：
本人/本机构已仔细阅读贵司的《投资者类型及风险匹配告知书》，已充分知晓并理解贵司对本人/本机构的风险承受能力评估及产品、服务风险等级匹配结果。
本人/本机构对该《投资者类型及风险匹配告知书》内容没有异议，愿意遵守法律、法规及贵司有关规定，通过贵司购买产品或者服务。
本人/本机构承诺，将及时以书面方式如实地向贵司告知本人/本机构的重大信息变更。
本确认函系本人/本机构独立、自主、真实的意思表示。特此确认。
投资者签字/签章
××年××月××日</td></tr>
<tr><td rowspan="3">授权经办人信息</td><td>经办人</td><td></td><td>职务</td><td></td></tr>
<tr><td>证件类型</td><td></td><td>证件号码</td><td></td></tr>
<tr><td colspan="4">经办人签字：
××年××月××日</td></tr>
</table>

（11）【风险不匹配警示函及投资者确认书】模板

风险不匹配警示函及投资者确认书

<table>
<tr><td>风险不匹配警示函</td><td colspan="5">尊敬的投资者（姓名/机构名称）：
资金账号：
经核实，您/贵机构申请购买的产品或服务风险等级为（　），您当前风险等级为（　），不属于最低风险承受能力的普通投资者，不存在违反准入性要求的情况。根据适当性匹配原则，该产品或者服务高于您/贵机构风险承受能力，我司特此向您/贵机构书面警示：购买该产品/服务，可能导致您/贵机构承担超出自身承受能力损失以及不利后果。
请您认真考虑相应风险，审慎决定购买该产品或服务，并签署投资者确认书。
募集机构盖章：××年××月××日</td></tr>
<tr><td rowspan="4">投资者确认书</td><td colspan="5">尊敬的（募集机构）：
本人/本机构已收到贵司出具的《风险不匹配警示函》，对于本人/本机构申请购买产品/服务风险等级高于本人/本机构风险承受能力情况已知悉，并且已充分了解该产品/服务的风险特征和可能的不利后果。经本人/本机构审慎考虑，仍坚持申请购买该产品/服务，并自愿承担由此可能产生的一切不利后果和损失。该销售机构及工作人员在销售过程中，不存在直接或间接主动向本人/本机构推介该产品/服务的行为。请抄写本确认书中字体加粗部分：
投资者签字/签章：
××年××月××日</td></tr>
<tr><td rowspan="3">授权经办人信息</td><td>经办人</td><td></td><td>职务</td><td></td></tr>
<tr><td>证件类型</td><td></td><td>证件号码</td><td></td></tr>
<tr><td colspan="4">经办人签字：
××年××月××日</td></tr>
</table>

（六）私募投资基金的宣传、推介

《私募投资基金募集行为管理办法》第二十二条规定，私募投资基金推介材料应由私募投资基金管理人制作并使用。私募投资基金管理人应当对私募投资基金推介材料内容的真实性、完整性、准确性负责。除私募投资基金管理人委托募集的基金销售机构可以使用推介材料向特定对象宣传推介外，其他任何机构或个人不得使用、更改、变相使用私募投资基金推介材料。第二十三条规定，募集机构应当采取合理方式向投资者披露私募投资基金信息，揭示投资风险，确保推介材料中的相关内容清晰、醒目。私募投资基金推介材料内容应与基金合同主要内容一致，不得有任何虚假记载、误导性陈述或者重大遗漏。如有不一致的，应当向投资者特别说明。私募投资基金推介材料内容包括但不限于：（一）私募投资基金的名称和基金类型；（二）私募投资基金管理人名称、私募投资基金管理人登记编码、基金管理团队等基本信息；（三）中基协私募投资基金管理人以及私募投资基金公示信息（含相关诚信信息）；（四）私募投资基金托管情况（如无，应以显著字体特别标注）、其他服务提供商（如律师事务所、会计师事务所、保管机构等），是否聘用投资顾问等；（五）私募投资基金的外包情况；（六）私募投资基金的投资范围、投资策略和投资限制概况；（七）私募投资基金收益与风险的匹配情况；（八）私募投资基金的风险揭示；（九）私募投资基金募集结算资金专用账户及其监督机构信息；（十）投资者承担的主要费用及费率，投资者的重要权利（如认购、赎回、转让等限制、时间和要求等）；（十一）私募投资基金承担的主要费用及费率；（十二）私募投资基金信息披露的内容、方式及频率；（十三）明确指出该文件不得转载或给第三方传阅；（十四）私募投资基金采取合伙企业、有限责任公司组织形式的，应当明确说明入伙（股）协议不能替代合伙协议或公司章程，说明根据《合伙企业法》或《公司法》，合伙协议、公司章程依法应当由全体合伙人、股东协商一致，以书面形式订立，申请设立合伙企业、公司或变更合伙人、股东的，并应当向企业登记机关履行申请设立及变更登记手续；（十五）中基协规定的其他内容。

《私募投资基金信息披露管理办法》第九条规定，信息披露义务人应当向投资者披露的信息包括：（一）基金合同；（二）招募说明书等宣传推介文件；（三）基金销售协议中的主要权利义务条款（如有）；（四）基金的投资情况；（五）基金的资产负债情况；（六）基金的投资收益分配情况；（七）基金承担的费用和业绩报酬安排；（八）可能存在的利益冲突；（九）涉及私募投资基金管理业务、基金财产、基金托管业务的重大诉讼、仲裁；（十）中国证监会以及中基协规定的影响投资者合法权益的其他重大信息。第十条规定，私募投资基金进行托管的，私募投资基金托管人应当按照相关法律法规、中国证监会以及中基协的规定和基金合同的约定，对私募投资基金管理人编制的基金资产净值、基金份额净值、基金份额申购赎回价格、基金定期报告和定期更新的招募说明书等向投资者披露的基金相关信息进行复核确认。第十三条规定，私募投资基金的宣传推介材料（如招募说明书）内容应当如实披露基金产品的基本信息，与基金合同保持一致。如有不一致，应当向投资者特别说明。第十四条规定，私募投资基金募集期间，应当在宣传推介材料（如招募说明书）中向投资者披露如下信息：（一）基金的基本信息：基金名称、基金架构（是否为母子基金、是否有平行基金）、基金类型、基金注册地（如有）、基金募集规模、最低认缴出资额、基金运作方式（封闭式、开放式或者其他方式）、基金的存续期限、基金联系人和联系信息、基金托管人（如有）；（二）基金管理人基本信息：基金管理人名称、注册地/主要经营地址、成立时间、组织形式、基金管理人在中基协的登记备案情况；（三）基金的投资信息：基金的投资目标、投资策略、投资方向、业绩比较基准（如有）、风险收益特征等；（四）基金的募集期限：应载明基金首轮交割日以及最后交割日事项（如有）；（五）基金估值政策、程序和定价模式；（六）基金合同的主要条款：出资方式、收益分配和亏损分担方式、管理费标准及计提方式、基金费用承担方式、基金业务报告和财务报告提交制度等；（七）基金的申购与赎回安排；（八）基金管理人最近三年的诚信情况说明；（九）其他事项。

《私募投资基金募集行为管理办法》也规定了在推介私募投资基金时的禁止行为，第二十四条规定，募集机构及其从业人员推介私募投资基金时，禁止有以下行为：（一）公开推介或者变相公开推介；（二）推介材料虚假记载、误导性陈述或者重大遗漏；（三）以任何方式承诺投资者资金不受损失，或者以任何方式承诺投资者最低收益，包括宣传“预期收益”“预计收益”“预测投资业绩”等相关内容；（四）夸大或者片面推介基金，违规使用“安全”“保证”“承诺”“保险”“避险”“有保障”“高收益”“无风险”等可能误导投资人进行风险判断的措辞；（五）使用“欲购从速”“申购良机”等片面强调集中营销时间限制的措辞；（六）推介或片面节选少于6个月的过往整体业绩或过往基金产品业绩；（七）登载个人、法人或者其他组织的祝贺性、恭维性或推荐性的文字；（八）采用不具有可比性、公平性、准确性、权威性的数据来源和方法进行业绩比较，任意使用“业绩最佳”“规模最大”等相关措辞；（九）恶意贬低同行；（十）允许非本机构雇佣的人员进行私募投资基金推介；（十一）推介非本机构设立或负责募集的私募投资基金；（十二）法律、行政法规、中国证监会和中基协禁止的其他行为。第二十五条规定，募集机构不得通过下列媒介渠道推介私募投资基金：（一）公开出版资料；（二）面向社会公众的宣传单、布告、手册、信函、传真；（三）海报、户外广告；（四）电视、电影、电台及其他音像等公共传播媒体；（五）公共、门户网站链接广告、博客等；（六）未设置特定对象确定程序的募集机构官方网站、微信朋友圈等互联网媒介；（七）未设置特定对象确定程序的讲座、报告会、分析会；（八）未设置特定对象确定程序的电话、短信和电子邮件等通信媒介；（九）法律、行政法规、中国证监会规定和中基协自律规则禁止的其他行为。

《私募投资基金信息披露管理办法》第十一条规定，信息披露义务人披露基金信息，不得存在以下行为：（一）公开披露或者变相公开披露；（二）虚假记载、误导性陈述或者重大遗漏；（三）对投资业绩进行预测；（四）违规承诺收益或者承担损失；（五）诋毁其他基金管理人、基金托管人或者基金销售机构；（六）登载任何自然人、法人或者其他组织的祝贺性、恭维性或推荐性的文字；（七）采用不具有可比性、公平性、准确性、权威性的数据来源和方法进行业绩比较，任意使用“业绩最佳”“规模最大”等相关措辞；（八）法律、行政法规、中国证监会和中基协禁止的其他行为。第十二条规定，向境内投资者募集的基金信息披露文件应当采用中文文本，应当尽量采用简明、易懂的语言进行表述。同时采用外文文本的，信息披露义务人应当保证两种文本内容一致。两种文本发生歧义时，以中文文本为准。

为宣传推介私募投资基金产品，基金管理人需要制作必要的基金宣传材料并进行基金推介和路演（当然不是公开进行）。虽然基金管理人的核心能力在于各资产管理机构的管理能力，但是酒香也怕巷子深。通过基金推介这个环节，一方面让投资者了解了基金管理人，另一方面也让投资者了解了基金产品。

（12）【私募投资基金募集说明书】模板

××私募投资基金募集说明书

声　明

1. 本募集说明书仅供您评估参与××投资基金之用。未经××股权投资基金管理有限公司同意，本招募说明书的内容仅限于您及您的专业顾问审阅，严禁复制或披露或转载给任何其他人士。

2. 投资在获得高额回报的同时，也伴随着一定的风险。

3. 根据国家相关法规，本合伙企业有限合伙人应是合格的、具有完全民事行为能力的自然人或依法成立并有效存续的法人或其他组织，符合中国法律法规对合格投资者资格的界定，并且必须具备本募集说明书所附认购协议所述的其他资格。

4. 本募集说明书仅提供一般性指引和参考，所有内容以合伙协议及入伙协议的相关条款为准。本募集说明书的各部分内容应综合阅读，以获得完整、准确的理解。

5. 监督管理部门对本股权投资企业和/或受托管理机构的备案，不表明其对本股权投资企业的价值和收益做出实质性判断或保证，也不表明投资于本股权投资企业不存在风险。

第一部分　基金概要

基金名称	××私募投资基金
基金类型	××式私募投资基金
基金注册地	××
基金架构	非子母基金，无平行基金
基金形式	有限合伙
基金管理人	××股权基金管理有限公司；登记编码：××
募集监管银行	××银行
资金托管银行	××银行
会计师事务所	××会计师事务所
律师事务所	××律师事务所
服务外包情况	无
募集规模	××万元人民币，其中普通合伙人（GP，认购不超过当期规模的××%）
合伙人规模	不超过50人
投资期限	××年
募集期限及方式	××年××月××日开始，不超过30个工作日，非公开募集
最低出资额	××万元（人民币），按××万的整数倍增加
出资方式	货币，人民币
投资范围	××
投资限制	××
退出方式	××
增信措施	××

第二部分　基金管理人概要

名称	××
类型	××
住所	××
成立时间	××
法定代表人	××
注册资本	××

续表

经营期限	××
经营范围	××
联系人及联系信息	××
基金管理人登记编码	××
基金管理人登记时间	××
基金管理人诚信情况	××

第三部分　××股权投资基金管理公司及其团队简介

3.1 ××股权投资基金管理公司简介

3.2 ××投资基金管理人团队简介

总裁：××

CEO：××

CFO：××

CRO：××

PM：××

第四部分　基金服务机构

4.1 募集监管银行和资金托管银行：

4.1.1 募集账户信息：

开户名：××

开户银行：××

银行账号：××

4.1.2 托管账户信息：

开户名：××

开户银行：××

银行账号：××

4.2 律师事务所：××

4.3 会计师事务所：××

4.4 其他服务机构：××

第五部分　基金的募集、申购和赎回

5.1 基金的募集

5.1.1 募集规模××

5.1.2 募集期限××

5.1.3 募集方式××

5.1.4 募集费用××

5.2 基金的申购××

5.3 基金的赎回××

第六部分　权利和义务

6.1 基金管理人权利和义务××

6.2 投资人权利和义务××

6.3 募集监管银行的权利和义务××

6.4 托管银行的权利和义务××

第七部分　基金投资

7.1 投资目标××

7.2 投资范围××

7.3 投资策略××

7.4 投资限制××

7.5 投资程序××

7.6 投资期限××

7.7 投资方式××

第八部分　基金估值政策、程序和定价模式

8.1 估值目的××

8.2 估值时间××

8.3 估值方法××

8.4 估值对象××

8.5 估值程序××

8.6 估值错误的处理××

8.7 暂停估值的情形××

8.8 基金份额净值的确认××

8.9 特殊情况的处理××

第九部分　基金的费用

9.1 管理费××

9.2 托管费××

9.3 申购费××

9.4 赎回费××

9.5 运营费××

9.6 其他费用××

第十部分　基金的收益分配和亏损分担

10.1 基金的收益分配

10.1.1 基金的收益内容××

10.1.2 基金的收益分配方式××

10.1.3 基金的收益分配形式××

10.1.4 基金的收益分配频率××

10.2 基金的亏损分担××

第十一部分　基金的财产、会计与审计

11.1 基金的财产××

11.2 基金的会计××

11.3 基金的审计××

第十二部分　基金的信息披露

12.1 基金信息披露的内容××

12.2 基金信息披露的方式××

第十三部分　基金的风险揭示

13.1 市场风险××

13.2 信用风险××

13.3 违约风险××

13.4 其他风险××

第十四部分　基金的清算

14.1 清算小组组成××

14.2 清算程序××

14.3 清算费用××

14.4 清算财产分配××

14.5 清算报告××

（七）私募投资基金管理人宣传、推介

《私募投资基金募集行为管理办法》第十六条规定，募集机构仅可以通过合法途径公开宣传私募投资基金管理人的品牌、发展战略、投资策略、管理团队、高管信息以及由中基协公示的已备案私募投资基金的基本信息。私募投资基金管理人应确保前述信息真实、准确、完整。为宣传自身的品牌，扩大自身的影响，私募投资基金的管理人可以通过公开渠道对自身进行宣传，但是私募投资基金管理人的宣传行为必须在法律法规规定的范围内进行，并且应保证宣传的内容真实、准确，不得随意夸大、虚构或让投资者产生误导。

（13）【私募投资基金管理人宣传推介材料（框架）】模板

××投资基金管理公司宣传推介材料（框架）

1. 公司介绍××
2. 获得荣誉××
3. 组织架构××
4. 管理团队××
5. 投资团队××
6. 发展战略××
7. 投资策略××
8. 投资程序××
9. 历史业绩××
10. 合作伙伴××
11. 外部专家××
12. 社会活动××

（八）私募投资基金的风险揭示

《私募投资基金募集行为管理办法》第二十六条规定，在投资者签署基金合同之前，募集机构应当向投资者说明有关法律法规，说明投资冷静期、回访确认等程序性安排以及投资者的相关权利，重点揭示私募投资基金风险，并与投资者签署风险揭示书。风险揭示书的内容包括但不限于：（一）私募投资基金的特殊风险，包

括基金合同与中基协合同指引不一致所涉风险、基金未托管所涉风险、基金委托募集所涉风险、外包事项所涉风险、聘请投资顾问所涉风险、未在中基协登记备案的风险等；（二）私募投资基金的一般风险，包括资金损失风险、基金运营风险、流动性风险、募集失败风险、投资标的的风险、税收风险等；（三）投资者对基金合同中投资者权益相关重要条款的逐项确认，包括当事人权利义务、费用及税收、纠纷解决方式等。

《证券期货投资者适当性管理办法》第三条规定，向投资者销售证券期货产品或者提供证券期货服务的机构（以下简称经营机构）应当遵守法律、行政法规、本办法及其他有关规定，在销售产品或者提供服务的过程中，勤勉尽责，审慎履职，全面了解投资者情况，深入调查分析产品或者服务信息，科学有效评估，充分揭示风险，基于投资者的不同风险承受能力以及产品或者服务的不同风险等级等因素，提出明确的适当性匹配意见，将适当的产品或者服务销售或者提供给适合的投资者，并对违法违规行为承担法律责任。第四条规定，投资者应当在了解产品或者服务情况，听取经营机构适当性意见的基础上，根据自身能力审慎决策，独立承担投资风险。经营机构的适当性匹配意见不表明其对产品或者服务的风险和收益做出实质性判断或者保证。

私募投资基金风险揭示书是对投资者进行风险提示的重要法律文件，核心内容就是提示投资者知悉本次投资过程中可能面临的各种风险，并且要承诺自行承担可能出现的上述风险，而不能在投资失败时仍然要求基金管理人偿付。任何投资都会有风险，但是现在的金融市场对投资者风险教育比较缺乏，“卖者负责，买者自担”的观念还远未深入人心，打破刚性兑付的观念还需要很长的时间。

（14）【中基协私募投资基金风险揭示书内容与格式指引】模板

私募投资基金风险揭示书内容与格式指引【更新版】

[格式示例如下，风险揭示书须包含但不限于以下内容]

尊敬的投资者：

投资有风险。当您/贵机构认购或申购私募基金时，可能获得投资收益，但同时也面临着投资风险。您/贵机构在做出投资决策之前，请仔细阅读本风险揭示书和基金合同、公司章程或者合伙协议（以下统称基金合同），充分认识本基金的风险收益特征和产品特性，认真考虑基金存在的各项风险因素，并充分考虑自身的风险承受能力，理性判断并谨慎做出投资决策。

根据有关法律法规，基金管理人［具体机构名称］及投资者分别作出如下承诺、风险揭示及声明：

一、基金管理人承诺

（一）私募基金管理人保证在募集资金前已在中基协登记为私募基金管理人，并取得管理人登记编码。

（二）私募基金管理人向投资者声明，中基协为私募基金管理人和私募基金办理登记备案不构成对私募基金管理人投资能力、持续合规情况的认可；不作为对基金财产安全的保证，投资者应当自行识别基金投资风险并承担投资行为可能出现的损失。

（三）私募基金管理人保证在投资者签署基金合同前已（或已委托基金销售机构）向投资者揭示了相关风险；已经了解私募基金投资者的风险偏好、风险认知能力和承受能力；已向私募基金投资者说明有关法律法规，说明投资冷静期、回访确认的制度安排以及投资者的权利。

（四）私募基金管理人承诺按照恪尽职守、诚实信用、谨慎勤勉的原则履行受托管理职责，合理运用和管理基金财产，不保证基金财产一定盈利，也不保证最低收益。

（五）私募基金管理人承诺遵循专业化运营的原则，在未经监管部门同意的情况下，不会从事私募投资基金以外的业务。

（六）私募基金管理人承诺已和相关当事人在基金合同中约定私募基金管理人客观上丧失继续管理私募基金能力的情形下的基金财产安全保障、维持基金运营或清算的应急处置预案和纠纷解决机制，保证即使因违反法律法规或自律规则而被执行注销程序的私募基金管理人和相关当事人，能够根据《基金法》、协会相关自律规则和基金合同的约定，妥善处置基金财产，依法保障投资者的合法权益。

二、风险揭示

（一）特殊风险揭示

[具体风险应由管理人根据私募基金的特殊性阐明]

若存在以下事项，应特别揭示风险：

1. 基金合同与中基协合同指引不一致所涉风险；
2. 私募基金未托管所涉风险；
3. 私募基金委托募集所涉风险；
4. 私募基金募集机构与管理人存在关联关系所涉风险；
5. 私募基金外包事项所涉风险；
6. 私募基金聘请投资顾问所涉风险；
7. 私募基金未在中基协履行登记备案手续或未能通过协会备案所涉风险；

8. 私募基金投资单一标的［具体标的名称］所涉风险；

9. 私募基金通过关联交易投资运作所涉风险；

10. 私募基金通过特殊目的载体投资所涉风险；

11. 契约型私募基金投资股权类标的存在管理人代持相关股权所涉风险。

（二）一般风险揭示

1. 资金损失风险

基金管理人依照恪尽职守、诚实信用、谨慎勤勉的原则管理和运用基金财产，但不保证基金财产中的认购资金本金不受损失，也不保证一定盈利及最低收益。

本基金属于［相应评级水平］风险投资品种，适合风险识别、评估、承受能力［相应评级水平］的合格投资者。

2. 基金运营风险

基金管理人依据基金合同约定管理和运用基金财产所产生的风险，由基金财产及投资者承担。投资者应充分知晓投资运营的相关风险，其风险应由投资者自担。

3. 流动性风险

本基金预计存续期限为基金成立之日［ ］起至［ ］为止，延长期（如有）为［ ］起至［ ］为止。在本基金存续期和延长期内，投资者可能面临资金不能退出带来的流动性风险。

根据实际投资运作情况，本基金有可能提前结束或延期结束，投资者可能因此面临委托资金不能按期退出等风险。

4. 募集失败风险

本基金的成立需符合相关法律法规的规定，本基金可能存在不能满足成立条件从而无法成立的风险。

基金管理人的责任承担方式：

（一）以其固有财产承担因募集行为而产生的债务和费用；

（二）在基金募集期限届满（确认基金无法成立）后三十日内返还投资人已交纳的款项，并加计银行同期存款利息。

5. 投资标的风险

本基金投资标的的价值取决于投资对象的经营状况，原股东对所投资企业的管理和运营，相关市场宏观调控政策、财政税收政策、产业政策、法律法规、经济周期的变化以及区域市场竞争格局的变化等都可能影响所投资企业经营状况，进而影响本基金投资标的的价值。

6. 税收风险

契约性基金所适用的税收征管法律法规可能会由于国家相关税收政策调整而发生变化，投资者收益也可能因相关税收政策调整而受到影响。

7. 其他风险

包括但不限于法律与政策风险、发生不可抗力事件的风险、技术风险和操作风险等。

三、投资者声明

作为该私募基金的投资者，本人/机构已充分了解并谨慎评估自身风险承受能力，自愿自行承担投资该私募基金所面临的风险。本人/机构做出以下陈述和声明，并确认（自然人投资者在每段段尾“【________】”内签名，机构投资者在本页、尾页盖章，加盖骑缝章）其内容的真实和正确：1. 本人/机构已仔细阅读私募基金法律文件和其他文件，充分理解相关权利、义务、本私募基金运作方式及风险收益特征，充分认识并同意确认募集机构与管理人存在关联关系（如有）、关联交易（如有）、单一投资标的（如有）、产品架构所涉风险（如有）、基金未托管风险（如有）等相关内容，愿意承担由上述风险引致的全部后果。【________】

2. 本人/机构知晓，基金管理人、基金销售机构、基金托管人及相关机构不应当对基金财产的收益状况作出任何承诺或担保。【________】

3. 本人/机构已通过中基协的官方网站（www. amac. org. cn）查询了私募基金管理人的基本信息，并将于本私募基金完成备案后查实其募集结算资金专用账户的相关信息与打款账户信息的一致性。【________】

4. 在购买本私募基金前，本人/机构已符合《私募投资基金监督管理暂行办法》有关合格投资者的要求并已按照募集机构的要求提供相关证明文件。【________】

5. 本人/机构已认真阅读并完全理解基金合同的所有内容，并愿意自行承担购买私募基金的法律责任。【________】

6. 本人/机构已认真阅读并完全理解基金合同第××章第××节“当事人的权利与义务”的所有内容，并愿意自行承担购买私募基金的法律责任。【________】

7. 本人/机构知晓，投资冷静期及回访确认的制度安排以及在此期间的权利。【________】

8. 本人/机构已认真阅读并完全理解基金合同第××章第××节“私募基金的投资”的所有内容，并愿意自行承担购买私募基金的法律责任。【________】

9. 本人/机构已认真阅读并完全理解基金合同第××章第××节“私募基金的费用与税收”中的所有内容。【________】

10. 本人/机构已认真阅读并完全理解基金合同第××章第××节“争议的处

理”中的所有内容。【________】

11. 本人/机构知晓，中基协为私募基金管理人和私募基金办理登记备案不构成对私募基金管理人投资能力、持续合规情况的认可；不作为对基金财产安全的保证。【________】

12. 本人/机构承诺本次投资行为是为本人/机构购买私募投资基金。【________】

13. 本人/机构承诺不以非法拆分转让为目的购买私募基金，不会突破合格投资者标准，将私募基金份额或其收益权进行非法拆分转让。【________】

基金投资者（自然人签字或机构盖章）：

日期：

经办员（签字）：

日期：

募集机构（盖章）：

日期：

（九）私募投资基金合格投资者的确认

《私募投资基金募集行为管理办法》第二十八条规定，根据《私募投资基金监督管理暂行办法》规定，私募投资基金的合格投资者是指具备相应风险识别能力和风险承担能力，投资于单只私募投资基金的金额不低于100万元且符合下列相关标准的机构和个人：（一）净资产不低于1000万元的机构；（二）金融资产不低于300万元或者最近三年个人年均收入不低于50万元的个人。前款所称金融资产包括银行存款、股票、债券、基金份额、资产管理计划、银行理财产品、信托计划、保险产品、期货权益等。第二十七条规定，在完成私募投资基金风险揭示后，募集机构应当要求投资者提供必要的资产证明文件或收入证明。募集机构应当合理审慎地审查投资者是否符合私募投资基金合格投资者标准，依法履行反洗钱义务，并确保单只私募投资基金的投资者人数累计不得超过《证券投资基金法》《公司法》《合伙企业法》等法律规定的特定数量。第二十条规定，募集机构通过互联网媒介在线向投资者推介私募投资基金之前，应当设置在线特定对象确定程序，投资者应承诺其符合合格投资者标准。前述在线特定对象确定程序包括但不限于：（一）投资者如实填报真实身份信息及联系方式；（二）募集机构应通过验证码等有效方式核实用户的注册信息；（三）投资者阅读并同意募集机构的网络服务协议；（四）投资者阅读并主动确认其自身符合《私募投资基金监督管理暂行办法》第三章关于合格投资者的规定；（五）投资者在线填报风险识别能力和风险承担能力的问卷调查；（六）募集机构根据问卷调查及其评估方法在线确认投资者的风险识别能力和风险承担能力。

《私募投资基金监督管理暂行办法》第十一条规定，私募投资基金应当向合格投资者募集，单只私募投资基金的投资者人数累计不得超过《证券投资基金法》《公司法》《合伙企业法》等法律规定的特定数量。投资者转让基金份额的，受让人应当为合格投资者且基金份额受让后投资者人数应当符合前款规定。第十二条规定，私募投资基金的合格投资者是指具备相应风险识别能力和风险承担能力，投资于单只私募投资基金的金额不低于100万元且符合下列相关标准的单位和个人：（一）净资产不低于1000万元的单位；（二）金融资产不低于300万元或者最近三年个人年均收入不低于50万元的个人。前款所称金融资产包括银行存款、股票、债券、基金份额、资产管理计划、银行理财产品、信托计划、保险产品、期货权益等。第十三条规定，下列投资者视为合格投资者：（一）社会保障基金、企业年金等养老基金，慈善基金等社会公益基金；（二）依法设立并在基金业协会备案的投资计划；（三）投资于所管理私募投资基金的私募投资基金管理人及其从业人员；（四）中国证监会规定的其他投资者。以合伙企业、契约等非法人形式，通过汇集多数投资者的资金直接或者间接投资于私募投资基金的，私募投资基金管理人或者私募投资基金销售机构应当穿透核查最终投资者是否为合格投资者，并合并计算投资者人数。但是，符合本条第（一）项、第（二）项、第（四）项规定的投资者投资私募投资基金的，不再穿透核查最终投资者是否为合格投资者和合并计算投资者人数。《募集机构投资者适当性管理指引》第十九条规定，投资者应当确保投资资金来源合法，不得非法汇集他人资金投资私募投资基金。

合格投资者确认函是让投资者确认自己是符合法律法规规定的合格投资者，不存在证监会或中基协规定的投资限制要求，防止投资者在基金运作过程中或基金出现风险以后以自己不是合格投资者为由，要求解除基金合同并要求基金管理人退回投资款以及赔偿造成的损失。依据中基协的规定，基金管理人应尽合格投资人审查义务。现实的基金操作中，基金管理机构或基金募集机构应尽合格投资者资质审查义务，要求投资者提供资产证明，以证明符合法律法规规定的要求，而不是仅仅要求投资者签字确认上述确认函。否则，投资者还是可能以基金管理人未尽合格投资者审查义务为由，要求基金管理人承担相关法律责任。

（15）【私募投资基金合格投资者确认函】模板

××私募投资基金合格投资者确认函

××投资基金管理有限公司：

1. 本人/本单位承诺符合《私募投资基金监督管理暂行办法》及其他法律法规、证监会规定的合格投资者标准，具有相应的风险识别能力和风险承受能力。本人/本单位承诺向基金管理人提供的有关投资目的、投资偏好、投资限制和风险承受能力等情况真实合法、完整有效，不存在任何重大遗漏或误导性陈述，前述信息资料如发生任何实质性变更，本人/本单位将及时书面告知基金管理人或销售机构。

2. 本人/本单位承诺用于认购/申购基金份额的财产为投资者拥有合法所有权或处分权的资产，保证该等财产的来源及用途符合法律法规和相关政策规定，不存在非法汇集他人资金投资的情形，不存在不合理的利益输送、关联交易及洗钱等情况，本人/本单位保证有完全及合法的权利委托基金管理人进行基金财产的投资管理，以及委托基金托管人进行基金财产的托管业务。

3. 本人/本单位承诺已充分理解本基金合同全文，了解相关权利、义务，了解有关法律法规及所投资基金的风险收益特征，了解本基金的投资决策安排，愿意承担相应的投资风险。本人/本单位承认，基金管理人、基金托管人未对基金财产的收益状况做出任何承诺或担保。

4. 本人/本单位承诺，本人/本单位在参与基金管理人发起设立的私募投资基金的投资过程中，如果因存在欺诈、隐瞒或其他不符合实际情况的陈述所产生的一切责任，由本人/本单位自行承担，与基金管理人及基金托管人无关。

承诺人（自然人）：××

日期：××年××月××日

（十）私募投资基金合同的签署

《私募投资基金监督管理暂行办法》第二十条规定，募集私募证券基金，应当制定并签订基金合同、公司章程或者合伙协议（以下统称基金合同）。基金合同应当符合《证券投资基金法》第九十三条、第九十四条规定。募集其他种类私募投资基金，基金合同应当参照《证券投资基金法》第九十三条、第九十四条规定，明确约定各方当事人的权利、义务和相关事宜。《私募投资基金募集行为管理办法》第七条规定，私募投资基金管理人应当履行受托人义务，承担基金合同、公司章程或者合伙协议（以下统称基金合同）的受托责任。委托基金销售机构募集私募投资基金的，不得因委托募集免除私募投资基金管理人依法承担的责任。中基协在2016年4月18日发布《关于发布私募投资基金合同指引的通知》，根据《证券投资基金法》《私募投资基金监督管理暂行办法》有关规定，经中基协理事会表决通过，现予以发布私募投资基金合同指引1号（契约型私募投资基金合同内容与格式指引）、私募投资基金合同指引2号（公司章程必备条款指引）、私募投资基金合同指引3号（合伙协议必备条款指引）。上述指引自2016年7月15日起施行。

私募投资基金合同是基金募集环节最重要和最核心的法律文件，也是界定基金管理人和投资者基本权利和义务关系的最基本的法律文件。私募投资基金合同不但规定了基金的类型、投资规模、投资方向、投资期限以及投资限制等内容，也规定了基金管理人的管理权利和管理限制，明确了投资者的权利和义务，以及出现争议时的解决方式等。为了保护投资人的利益，规范基金管理人制定的基金合同，中基协发布了《关于发布私募投资基金合同指引的通知》，引导各基金管理人予以适用，平衡基金管理人与投资者的权利义务安排，防止基金管理人利用自身优势通过基金合同设置不合理条款，损害投资者的利益。实践中，部分基金管理人在宣传、推介基金时，会与投资人签署一份基金认购意向书，确定投资人的初步认购意向，但是建议该意向书不得明示或暗示强迫投资人必须进行投资即购买私募基金份额，也就是该意向书不应具有强制约束力，以免引起投资人的反感。

（16）【中基协契约型私募投资基金合同】模板

私募投资基金合同指引1号

（契约型私募投资基金合同内容与格式指引）

第一章 总　　则

第二章 基金合同正文

　第一节 前　　言

　第二节 释　　义

　第三节 声明与承诺

　第四节 私募投资基金的基本情况

　第五节 私募投资基金的募集

　第六节 私募投资基金的成立与备案

　第七节 私募投资基金的申购、赎回与转让

契约型私募投资基金合同内容与格式指引

第一章 总 则

第一条 根据《证券投资基金法》(以下简称《基金法》)、《私募投资基金监督管理暂行办法》(以下简称《私募办法》)、《私募投资基金管理人登记和基金备案办法（试行)》及其他相关规定，制定本指引。

第二条 私募投资基金管理人通过契约形式募集设立私募证券投资基金的，应当按照本指引制定私募投资基金合同（以下简称基金合同)；私募投资基金管理人通过契约形式募集设立私募股权投资基金、创业投资基金和其他类型投资基金应当参考本指引制定私募投资基金合同。

第三条 基金合同的名称中须标识“私募投资基金”字体。

第四条 基金合同当事人应当遵循平等自愿、诚实信用、公平原则订立基金合同，维护投资者合法权益，不得损害国家利益和社会公共利益。

第五条 基金合同不得含有虚假内容或误导性陈述。

第六条 私募投资基金进行托管的，私募投资基金管理人、基金托管人以及投资者三方应当根据本指引要求共同签订基金合同；基金合同明确约定不托管的，应当根据本指引要求在基金合同中明确保障私募投资基金财产安全的制度措施、保管机制和纠纷解决机制。

第七条　对于本指引有明确要求的，基金合同中应当载明本指引规定的相关内容。在不违反《基金法》《私募办法》以及相关法律法规的前提下，基金合同当事人可以根据实际情况约定本指引规定内容之外的事项。本指引某些具体要求对当事人确不适用的，当事人可对相应内容做出合理调整和变动，但管理人应在《风险揭示书》中向投资者进行特别揭示，并在基金合同报送中国基金业协会备案时出具书面说明。

第二章　基金合同正文

第一节　前　　言

第八条　基金合同应订明订立基金合同的目的、依据和原则。

第二节　释　　义

第九条　应对基金合同中具有特定法律含义的词汇作出明确的解释和说明。

第三节　声明与承诺

第十条　订明私募投资基金管理人、私募投资基金托管人及私募投资基金投资者的声明与承诺，并用加粗字体在合同中列明，包括但不限于：

私募投资基金管理人保证在募集资金前已在中国基金业协会登记为私募投资基金管理人，并列明管理人登记编码。私募投资基金管理人应当向投资者进一步声明，中国基金业协会为私募投资基金管理人和私募投资基金办理登记备案不构成对私募投资基金管理人投资能力、持续合规情况的认可；不作为对基金财产安全的保证。私募投资基金管理人保证已在签订本合同前揭示了相关风险；已经了解私募投资基金投资者的风险偏好、风险认知能力和承受能力。私募投资基金管理人承诺按照恪尽职守、诚实信用、谨慎勤勉的原则管理运用基金财产，不对基金活动的盈利性和最低收益作出承诺。

私募投资基金托管人承诺按照恪尽职守、诚实信用、谨慎勤勉的原则安全保管基金财产，并履行合同约定的其他义务。

私募投资基金投资者声明其为符合《私募办法》规定的合格投资者，保证财产的来源及用途符合国家有关规定，并已充分理解本合同条款，了解相关权利义务，了解有关法律法规及所投资基金的风险收益特征，愿意承担相应的投资风险；私募投资基金投资者承诺其向私募投资基金管理人提供的有关投资目的、投资偏好、投资限制、财产收入情况和风险承受能力等基本情况真实、完整、准确、合法，不存在任何重大遗漏或误导。前述信息资料如发生任何实质性变更，应当及时告知私募投资基金管理人或募集机构。私募投资基金投资者知晓，私募投资基金管理人、私募投资基金托管人及相关机构不应对基金财产的收益状况做出任何承诺或担保。

第四节　私募投资基金的基本情况

第十一条　订明私募投资基金的基本情况：

（一）私募投资基金的名称；

（二）私募投资基金的运作方式，具体载明封闭式、开放式或者其他方式；

（三）私募投资基金的计划募集总额（如有）；

（四）私募投资基金的投资目标和投资范围；

（五）私募投资基金的存续期限；

（六）私募投资基金份额的初始募集面值；

（七）私募投资基金的结构化安排（如有）；

（八）私募投资基金的托管事项（如有）；

（九）私募投资基金的外包事项，订明外包机构的名称和在中国基金业协会登记的外包业务登记编码（如有）；

（十）其他需要订明的内容。

第五节　私募投资基金的募集

第十二条　订明私募投资基金募集的有关事项，包括但不限于：

（一）私募投资基金的募集机构、募集对象、募集方式、募集期限；

（二）私募投资基金的认购事项，包括私募投资基金合格投资者人数上限、认购费用、认购申请的确认、认购份额的计算方式、初始认购资金的管理及利息处理方式等；

（三）私募投资基金份额认购金额、付款期限等；

（四）《私募投资基金募集行为管理办法》规定的投资冷静期、回访确认等内容。

第十三条　订明私募投资基金管理人应当将私募投资基金募集期间客户的资金存放于私募投资基金募集结算专用账户，订明账户开户行、账户名称、账户号码、监督机构等。

第六节　私募投资基金的成立与备案

第十四条　私募投资基金成立的有关事项，包括但不限于：

（一）订明私募投资基金合同签署的方式；

（二）私募投资基金成立的条件；

（三）私募投资基金募集失败的处理方式。

第十五条　私募投资基金应当按照规定向中国基金业协会履行基金备案手续。基金合同中应约定私募投资基金在中国基金业协会完成备案后方可进行投资运作。

第七节　私募投资基金的申购、赎回与转让

第十六条　订明私募投资基金运作期间，私募投资基金投资者申购和赎回私募投资基金的有关事项，包括但不限于：

（一）申购和赎回的开放日及时间。

（二）申购和赎回的方式、价格、程序、确认及办理机构等。

（三）申购和赎回的金额限制。投资者在私募投资基金存续期开放日购买私募投资基金份额的，首次购买金额应不低于100万元人民币（不含认/申购费）且符合合格投资者标准，已持有私募投资基金份额的投资者在资产存续期开放日追加购买基金份额的除外。投资者持有的基金资产净值高于100万元时，可以选择部分赎回基金份额，投资者在赎回后持有的基金资产净值不得低于100万元，投资者申请赎回基金份额时，其持有的基金资产净值低于100万元的，必须选择一次性赎回全部基金份额，投资者没有一次性全部赎回持有份额的，管理人应当将该基金份额持有人所持份额做全部赎回处理。《私募办法》第十三条列明的投资者可不适用本项。

（四）申购和赎回的费用。

（五）申购份额的计算方式、赎回金额的计算方式。

（六）巨额赎回的认定及处理方式。

（七）拒绝或暂停申购、赎回的情形及处理方式。

第十七条　基金合同中可以约定基金份额持有人之间，以及基金份额持有人向其他合格投资者转让基金份额的方式、程序和私募投资基金管理人的相关职责。基金份额转让须按照中国基金业协会要求进行份额登记。转让期间及转让后，持有基金份额的合格投资者数量合计不得超过法定人数。

第八节　当事人及权利义务

第十八条　订明私募投资基金管理人、私募投资基金托管人的基本情况，包括但不限于姓名/名称、住所、联系人、通信地址、联系电话等信息。投资者基本情况可在基金合同签署页列示。

第十九条　说明私募投资基金应当设定为均等份额。除私募投资基金合同另有约定外，每份份额具有同等的合法权益。

第二十条　根据《私募办法》及其他有关规定订明私募投资基金管理人的权利，包括但不限于：

（一）按照基金合同约定，独立管理和运用基金财产；

（二）按照基金合同约定，及时、足额获得私募投资基金管理人管理费用及业绩报酬（如有）；

（三）按照有关规定和基金合同约定行使因基金财产投资所产生的权利；

（四）根据基金合同及其他有关规定，监督私募投资基金托管人，对于私募投资基金托管人违反基金合同或有关法律法规规定、对基金财产及其他当事人的利益造成重大损失的，应当及时采取措施制止；

（五）私募投资基金管理人为保护投资者权益，可以在法律法规规定范围内，根据市场情况对本基金的认购、申购业务规则（包括但不限于基金总规模、单个基金投资者首次认购、申购金额、每次申购金额及持有的本基金总金额限制等）进行调整；

（六）以私募投资基金管理人的名义，代表私募投资基金与其他第三方签署基金投资相关协议文件、行使诉讼权利或者实施其他法律行为。

第二十一条 根据《私募办法》及其他有关规定订明私募投资基金管理人的义务，包括但不限于：

（一）履行私募投资基金管理人登记和私募投资基金备案手续；

（二）按照诚实信用、勤勉尽责的原则履行受托人义务，管理和运用基金财产；

（三）制作调查问卷，对投资者的风险识别能力和风险承担能力进行评估，向符合法律法规规定的合格投资者非公开募集资金；

（四）制作风险揭示书，向投资者充分揭示相关风险；

（五）配备足够的具有专业能力的人员进行投资分析、决策，以专业化的经营方式管理和运作基金财产；

（六）建立健全内部制度，保证所管理的私募投资基金财产与其管理的其他基金财产和私募投资基金管理人的固有财产相互独立，对所管理的不同财产分别管理，分别记账、分别投资；

（七）不得利用基金财产或者职务之便，为本人或者投资者以外的人谋取利益，进行利益输送；

（八）自行担任或者委托其他机构担任基金的基金份额登记机构，委托其他基金份额登记机构办理注册登记业务时，对基金份额登记机构的行为进行必要的监督；

（九）按照基金合同约定接受投资者和私募投资基金托管人的监督；

（十）按照基金合同约定及时向托管人提供非证券类资产凭证或股权证明（包括股东名册和工商部门出具并加盖公章的权利证明文件）等重要文件（如有）；

（十一）按照基金合同约定负责私募投资基金会计核算并编制基金财务会计

报告；

（十二）按照基金合同约定计算并向投资者报告基金份额净值；

（十三）根据法律法规与基金合同的规定，对投资者进行必要的信息披露，揭示私募投资基金资产运作情况，包括编制和向投资者提供基金定期报告；

（十四）确定私募投资基金份额申购、赎回价格，采取适当、合理的措施确定基金份额交易价格的计算方法符合法律法规的规定和基金合同的约定；

（十五）保守商业秘密，不得泄露私募投资基金的投资计划或意向等，法律法规另有规定的除外；

（十六）保存私募投资基金投资业务活动的全部会计资料，并妥善保存有关的合同、交易记录及其他相关资料，保存期限自私募投资基金清算终止之日起不得少于10年；

（十七）公平对待所管理的不同基金财产，不得从事任何有损基金财产及其他当事人利益的活动；

（十八）按照基金合同的约定确定私募投资基金收益分配方案，及时向投资者分配收益；

（十九）组织并参加基金财产清算小组，参与基金财产的保管、清理、估价、变现和分配；

（二十）建立并保存投资者名册；

（二十一）面临解散、依法被撤销或者被依法宣告破产时，及时报告中国基金业协会并通知私募投资基金托管人和基金投资者。

第二十二条　存在两个以上（含两个）管理人共同管理私募投资基金的，所有管理人对投资者承担连带责任。管理人之间的责任划分由基金合同进行约定，合同未约定或约定不清的，各管理人按过错承担相应的责任。

第二十三条　私募投资基金管理人聘用其他私募投资基金管理人担任投资顾问的，应当通过投资顾问协议明确约定双方权利义务和责任。私募投资基金管理人不得因委托而免去其作为基金管理人的各项职责。

投资顾问的条件和遴选程序，应符合法律法规和行业自律规则的规定和要求。基金合同中已订明投资顾问的，应列明因私募投资基金管理人聘请投资顾问对基金合同各方当事人权利义务产生影响的情况。私募投资基金运作期间，私募投资基金管理人提请聘用、更换投资顾问或调整投资顾问报酬的，应取得基金份额持有人大会的同意。

第二十四条　根据《私募办法》及其他有关规定订明私募投资基金托管人的权利，包括但不限于：

（一）按照基金合同的约定，及时、足额获得私募投资基金托管费用；

（二）依据法律法规规定和基金合同约定，监督私募投资基金管理人对基金财产的投资运作，对于私募投资基金管理人违反法律法规规定和基金合同约定、对基金财产及其他当事人的利益造成重大损失的情形，有权报告中国基金业协会并采取必要措施；

（三）按照基金合同约定，依法保管私募投资基金财产。

第二十五条 根据《私募办法》及其他有关规定订明私募投资基金托管人的义务，包括但不限于：

（一）安全保管基金财产；

（二）具有符合要求的营业场所，配备足够的、合格专职人员，负责基金财产托管事宜；

（三）对所托管的不同基金财产分别设置账户，确保基金财产的完整与独立；

（四）除依据法律法规规定和基金合同的约定外，不得为私募投资基金托管人及任何第三人谋取利益，不得委托第三人托管基金财产；

（五）按规定开立和注销私募投资基金财产的托管资金账户、证券账户、期货账户等投资所需账户（私募投资基金管理人和私募投资基金托管人另有约定的，可以按照约定履行本项义务；如果基金合同约定不托管的，由私募投资基金管理人履行本项义务）；

（六）复核私募投资基金份额净值；

（七）办理与基金托管业务有关的信息披露事项；

（八）根据相关法律法规和基金合同约定复核私募投资基金管理人编制的私募投资基金定期报告，并定期出具书面意见；

（九）按照基金合同约定，根据私募投资基金管理人或其授权人的资金划拨指令，及时办理清算、交割事宜；

（十）根据法律法规规定，妥善保存私募投资基金管理业务活动有关合同、协议、凭证等文件资料；

（十一）公平对待所托管的不同基金财产，不得从事任何有损基金财产及其他当事人利益的活动；

（十二）保守商业秘密，除法律法规规定和基金合同约定外，不得向他人泄露本基金的有关信息；

（十三）根据相关法律法规要求的保存期限，保存私募投资基金投资业务活动的全部会计资料，并妥善保存有关的合同、交易记录及其他相关资料；

（十四）监督私募投资基金管理人的投资运作，发现私募投资基金管理人的投资指令违反法律法规的规定及基金合同约定的，应当拒绝执行，立即通知私募投资基金管理人；发现私募投资基金管理人依据交易程序已经生效的投资指令违反法律法规的规定及基金合同约定的，应当立即通知私募投资基金管理人；

（十五）按照私募投资基金合同约定制作相关账册并与基金管理人核对。

第二十六条 根据《私募办法》及其他有关规定订明投资者的权利，包括但不限于：

（一）取得基金财产收益；

（二）取得清算后的剩余基金财产；

（三）按照基金合同的约定申购、赎回和转让基金份额；

（四）根据基金合同的约定，参加或申请召集基金份额持有人大会，行使相关职权；

（五）监督私募投资基金管理人、私募投资基金托管人履行投资管理及托管义务的情况；

（六）按照基金合同约定的时间和方式获得基金信息披露资料；

（七）因私募投资基金管理人、私募投资基金托管人违反法律法规或基金合同的约定导致合法权益受到损害的，有权得到赔偿。

第二十七条 根据《私募办法》及其他有关规定订明投资者的义务，包括但不限于：

（一）认真阅读基金合同，保证投资资金的来源及用途合法；

（二）接受合格投资者确认程序，如实填写风险识别能力和承担能力调查问卷，如实承诺资产或者收入情况，并对其真实性、准确性和完整性负责，承诺为合格投资者；

（三）以合伙企业、契约等非法人形式汇集多数投资者资金直接或者间接投资于私募投资基金的，应向私募投资基金管理人充分披露上述情况及最终投资者的信息，但符合《私募办法》第十三条规定的除外；

（四）认真阅读并签署风险揭示书；

（五）按照基金合同约定缴纳基金份额的认购、申购款项，承担基金合同约定的管理费、托管费及其他相关费用；

（六）按照基金合同约定承担基金的投资损失；

（七）向私募投资基金管理人或私募投资基金募集机构提供法律法规规定的信息资料及身份证明文件，配合私募投资基金管理人或其募集机构的尽职调查与反洗钱工作；

（八）保守商业秘密，不得泄露私募投资基金的投资计划或意向等；

（九）不得违反基金合同的约定干涉基金管理人的投资行为；

（十）不得从事任何有损基金及其投资者、基金管理人管理的其他基金及基金托管人托管的其他基金合法权益的活动。

第九节　私募投资基金份额持有人大会及日常机构

第二十八条　列明应当召开基金份额持有人大会的情形，并订明其他可能对基金份额持有人权利义务产生重大影响需要召开基金份额持有人大会的情形：

（一）决定延长基金合同期限；

（二）决定修改基金合同的重要内容或者提前终止基金合同；

（三）决定更换基金管理人、基金托管人；

（四）决定调整基金管理人、基金托管人的报酬标准；

（五）基金合同约定的其他情形。

针对前款所列事项，基金份额持有人以书面形式一致表示同意的，可以不召开基金份额持有人大会直接作出决议，并由全体基金份额持有人在决议文件上签名、盖章。

第二十九条　按照基金合同的约定，基金份额持有人大会可以设立日常机构，行使下列职权：

（一）召集基金份额持有人大会；

（二）提请更换基金管理人、基金托管人；

（三）监督基金管理人的投资运作、基金托管人的托管活动；

（四）提请调整基金管理人、基金托管人的报酬标准；

（五）基金合同约定的其他职权。

第三十条　基金份额持有人大会日常机构应当由基金份额持有人大会选举产生。基金份额持有人大会日常机构的人员构成和更换程序应由基金合同约定。

第三十一条　根据《基金法》和其他有关规定订明基金份额持有人大会及/或日常机构的下列事项：

（一）召集人和召集方式；

（二）召开会议的通知时间、通知内容、通知方式；

（三）出席会议的方式（基金份额持有人大会可以采取现场方式召开，也可以采取通信等方式召开）；

（四）议事内容与程序；

（五）决议形成的条件、表决方式、程序；

（六）基金合同约定的其他事项。

第三十二条　基金份额持有人大会及其日常机构不得直接参与或者干涉基金的投资管理活动。

第十节　私募投资基金份额的登记

第三十三条　订明私募投资基金管理人办理份额登记业务的各项事宜。说明私募投资基金管理人委托可办理私募投资基金份额登记业务的其他机构代为办理私募投资基金份额登记业务的，应当与有关机构签订委托代理协议，并订明份额登记机构的名称、外包业务登记编码、代为办理私募投资基金份额登记机构的权限和职责等。

第三十四条　订明全体基金份额持有人同意私募投资基金管理人、份额登记机构或其他份额登记义务人应当按照中国基金业协会的规定办理基金份额登记数据的备份。

第十一节　私募投资基金的投资

第三十五条　说明私募投资基金财产投资的有关事项，包括但不限于：

（一）投资目标；

（二）投资范围；

（三）投资策略；

（四）投资限制，订明按照《私募办法》、自律规则及其他有关规定和基金合同约定禁止或限制的投资事项；

（五）对于基金合同、交易行为中存在的或可能存在利益冲突的情形及处理方式进行说明；

（六）业绩比较基准（如有）；

（七）参与融资融券及其他场外证券业务的情况（如有）。

第三十六条　根据基金合同约定，可以订明私募投资基金管理人负责指定私募投资基金投资经理或投资关键人士，订明投资经理或投资关键人士的基本情况、变更条件和程序。

第三十七条　私募投资基金采用结构化安排的，不得违背“利益共享，风险共担”基本原则，直接或间接对结构化私募投资基金的持有人提供保本、保收益安排。

第十二节　私募投资基金的财产

第三十八条　订明与私募投资基金财产有关的事项，包括但不限于：

（一）私募投资基金财产的保管与处分。

1. 说明私募投资基金财产应独立于私募投资基金管理人、私募投资基金托管人的固有财产，并由私募投资基金托管人保管。私募投资基金管理人、私募投资基金托管人不得将私募投资基金财产归入其固有财产。

2. 说明私募投资基金管理人、私募投资基金托管人因私募投资基金财产的管理、运用或者其他情形而取得的财产和收益归入私募投资基金财产。

3. 说明私募投资基金管理人、私募投资基金托管人可以按照合同的约定收取管理费用、托管费用以及基金合同约定的其他费用。私募投资基金管理人、私募投资基金托管人以其固有财产承担法律责任，其债权人不得对私募投资基金财产行使请求冻结、扣押和其他权利。私募投资基金管理人、私募投资基金托管人因依法解散、被依法撤销或者被依法宣告破产等原因进行清算的，私募投资基金财产不属于其清算财产。

4. 说明私募投资基金管理人、私募投资基金托管人不得违反法律法规的规定和基金合同约定擅自将基金资产用于抵押、质押、担保或设定任何形式的优先权或其他第三方权利。

5. 说明私募投资基金财产产生的债权不得与不属于私募投资基金财产本身的债务相互抵销。非因私募投资基金财产本身承担的债务，私募投资基金管理人、私募投资基金托管人不得主张其债权人对私募投资基金财产强制执行。上述债权人对私募投资基金财产主张权利时，私募投资基金管理人、私募投资基金托管人应明确告知私募投资基金财产的独立性。

（二）私募投资基金财产相关账户的开立和管理。

私募投资基金管理人或私募投资基金托管人按照规定开立私募投资基金财产的托管资金账户、证券账户和期货账户等投资所需账户。证券账户和期货账户的持有人名称应当符合证券、期货登记结算机构的有关规定。开立的上述基金财产账户与私募投资基金管理人、私募投资基金托管人、私募投资基金募集机构和私募投资基金份额登记机构自有的财产账户以及其他基金财产账户相独立。

（三）私募投资基金未托管的，应当在本节明确保障私募投资基金财产安全的制度措施和纠纷解决机制。

第十三节　交易及清算交收安排

第三十九条　参照中国证监会关于证券投资基金募集结算资金管理相关规定，具体订明下列事项：

（一）选择证券、期货经纪机构的程序（如需要）；

（二）清算交收安排；

（三）资金、证券账目及交易记录的核对；

（四）申购或赎回的资金清算；

（五）其他事项。

第四十条 私募投资基金由基金托管人托管的，应当具体订明私募投资基金管理人在运用基金财产时向基金托管人发送资金划拨及其他款项收付的投资指令的事项：

（一）交易清算授权；

（二）投资指令的内容；

（三）投资指令的发送、确认及执行时间与程序；

（四）私募投资基金托管人依法暂缓、拒绝执行指令的情形和处理程序；

（五）私募投资基金管理人发送错误指令的情形和处理程序；

（六）更换被授权人的程序；

（七）指令的保管；

（八）相关的责任。

第十四节 私募投资基金财产的估值和会计核算

第四十一条 根据国家有关规定订明私募投资基金财产估值的相关事项，包括但不限于：

（一）估值目的；

（二）估值时间；

（三）估值方法；

（四）估值对象；

（五）估值程序；

（六）估值错误的处理；

（七）暂停估值的情形；

（八）基金份额净值的确认；

（九）特殊情况的处理。

第四十二条 订明私募投资基金的会计政策。

参照现行政策或按照基金合同约定执行，并订明以下事项，包括但不限于：

（一）会计年度、记账本位币、会计核算制度等事项；

（二）私募投资基金应独立建账、独立核算；私募投资基金管理人或其委托的外包服务机构应保留完整的会计账目、凭证并进行日常的会计核算，编制会计报表；私募投资基金托管人应定期与私募投资基金管理人就私募投资基金的会计核算、报表编制等进行核对。

第十五节　私募投资基金的费用与税收

第四十三条　订明私募投资基金费用的有关事项：

（一）订明私募投资基金财产运作过程中，从私募投资基金财产中支付的费用种类、费率、费率的调整、计提标准、计提方式与支付方式等。

（二）订明可列入私募投资基金财产费用的项目，订明私募投资基金管理人和私募投资基金托管人因未履行或未完全履行义务导致的费用支出或私募投资基金财产的损失，以及处理与私募投资基金财产运作无关的事项发生的费用等不得列入私募投资基金的费用。

（三）订明私募投资基金的管理费率和托管费率。私募投资基金管理人可以与私募投资基金投资者约定，根据私募投资基金的管理情况提取适当的业绩报酬。

（四）订明业绩报酬（如有）的计提原则和计算及支付方法。

（五）为基金募集、运营、审计、法律顾问、投资顾问等提供服务的基金服务机构从基金中列支相应服务费。

（六）其他费用的计提原则和计算方法。

第四十四条　根据国家有关税收规定，订明基金合同各方当事人缴税安排。

第十六节　私募投资基金的收益分配

第四十五条　订明私募投资基金收益分配政策依据现行法律法规以及基金合同约定执行，并订明有关事项，包括但不限于：

（一）收益分配原则，包括订明收益分配的基准、次数、比例、时间等；

（二）收益分配方案的确定与通知；

（三）收益分配的执行方式。

第十七节　信息披露与报告

第四十六条　订明私募投资基金管理人向投资者披露信息的种类、内容、频率和方式等有关事项。

第四十七条　订明私募投资基金管理人、私募投资基金托管人应当按照《私募投资基金信息披露管理办法》的规定及基金合同约定如实向投资者披露以下事项：

（一）基金投资情况；

（二）资产负债情况；

（三）投资收益分配；

（四）基金承担的费用和业绩报酬（如有）；

（五）可能存在的利益冲突、关联交易以及可能影响投资者合法权益的其他重大信息；

（六）法律法规及基金合同约定的其他事项。

第四十八条　订明私募投资基金管理人定期应向投资者报告经私募投资基金托管人复核的基金份额净值。

第四十九条　订明全体份额持有人同意私募投资基金管理人或其他信息披露义务人应当按照中国基金业协会的规定对基金信息披露信息进行备份。

第十八节　风险揭示

第五十条　私募投资基金管理人应当单独编制《风险揭示书》，私募投资基金投资者应充分了解并谨慎评估自身风险承受能力，并做出自愿承担风险的陈述和声明。

第五十一条　私募投资基金管理人应当在基金合同中向投资者说明有关法律法规，须重点揭示管理人在管理、运用或处分财产过程中，私募投资基金可能面临的风险，包括但不限于：

（一）私募投资基金的特殊风险，包括基金合同与中国基金业协会合同指引不一致所涉风险、基金未托管所涉风险、基金委托募集所涉风险、外包事项所涉风险、聘请投资顾问所涉风险、未在中国基金业协会登记备案的风险等；

（二）私募投资基金的一般风险，包括资金损失风险、基金运营风险、流动性风险、募集失败风险、投资标的的风险、税收风险等。

第十九节　基金合同的效力、变更、解除与终止

第五十二条　说明基金合同自签署之日起生效，合同另有约定的除外。基金合同自生效之日起对私募投资基金管理人、私募投资基金托管人、投资者具有同等的法律约束力。

第五十三条　说明基金合同的有效期限。基金合同的有效期限可为不定期或合同当事人约定的其他期限。

第五十四条　说明基金合同变更的条件、程序等。

（一）需要变更基金合同重要内容的，可由全体投资者、私募投资基金管理人和私募投资基金托管人协商一致变更；或按照基金合同的约定召开基金份额持有人大会决议通过；或按照相关法律法规规定和基金合同约定的其他方式进行变更。

（二）订明基金合同重大事项发生变更的，私募投资基金管理人应按照中国基金业协会要求及时向中国基金业协会报告。

第五十五条　订明基金合同解除的情形。基金合同应当根据《私募投资基金募集行为管理办法》的规定在合同中约定投资者的解除权。

第五十六条　订明基金合同终止的情形，包括但不限于下列事项：

（一）基金合同期限届满而未延期；

（二）基金份额持有人大会决定终止；

（三）基金管理人、基金托管人职责终止，在六个月内没有新基金管理人、新基金托管人承接。

第二十节　私募投资基金的清算

第五十七条　订明私募投资基金财产清算的有关事项：

（一）私募投资基金财产清算小组。

1. 私募投资基金财产清算小组组成，说明私募投资基金财产清算小组成员由私募投资基金管理人和私募投资基金托管人组成。清算小组可以聘用必要的工作人员。

2. 私募投资基金财产清算小组职责，说明私募投资基金财产清算小组负责私募投资基金财产的保管、清理、估价、变现和分配。私募投资基金财产清算小组可以依法进行必要的民事活动。

（二）订明私募投资基金财产清算的程序。

（三）订明清算费用的来源和支付方式。

（四）订明私募投资基金财产清算剩余资产的分配，依据私募投资基金财产清算的分配方案，将私募投资基金财产清算后的全部剩余资产扣除私募投资基金财产清算费用后，按私募投资基金的份额持有人持有的计划份额比例进行分配；基金合同另有约定的除外。

（五）订明私募投资基金财产清算报告的告知安排。

（六）私募投资基金财产清算账册及文件的保存，说明私募投资基金财产清算账册及文件由私募投资基金管理人保存 10 年以上。

第五十八条　私募投资基金财产相关账户的注销。

订明私募投资基金财产清算完毕后，当事人在私募投资基金财产相关账户注销中的职责及相应的办理程序。

第二十一节　违约责任

第五十九条　订明基金合同当事人违反基金合同应当承担的违约赔偿责任。基金合同能够继续履行的应当继续履行。

第二十二节　争议的处理

第六十条　订明发生纠纷时，当事人可以通过协商或者调解予以解决。当事人不愿通过协商、调解解决或者协商、调解不成的，可以根据基金合同的约定或者事后达成的书面仲裁条款向仲裁机构申请仲裁，或向人民法院起诉。

第二十三节　其他事项

第六十一条　订明基金合同需要约定的其他事项。

第三章　附　　则

第六十二条　本指引由中国基金业协会负责解释。

第六十三条　本指引自2016年7月15日起施行。

（17）【中基协合伙型私募投资基金合同】模板

私募投资基金合同指引3号

（合伙协议必备条款指引）

一、根据《证券投资基金法》（以下简称《基金法》）、《合伙企业法》、《合伙企业登记管理办法》、《私募投资基金监督管理暂行办法》（以下简称《私募办法》）、《私募投资基金管理人登记和基金备案办法（试行）》（以下简称《登记备案办法》）及其他相关规定，制定本指引。

二、私募投资基金管理人通过有限合伙形式募集设立私募投资基金的，应当按照本指引制定有限合伙协议（以下简称合伙协议）。合伙协议中应当载明本指引规定的必备条款，本指引必备条款未尽事宜，可以参考私募投资基金合同指引1号的相关内容。协议当事人订立的合伙协议应当满足相关法律、法规对合伙协议的法定基本要求。

三、本指引所称合伙型基金是指投资者依据《合伙企业法》成立有限合伙企业（以下简称合伙企业），由普通合伙人对合伙债务承担无限连带责任，由基金管理人具体负责投资运作的私募投资基金。

四、私募投资基金管理人及私募投资基金投资者应在合伙协议首页用加粗字体进行如下声明与承诺，包括但不限于：

私募投资基金管理人保证在募集资金前已在中基协登记为私募投资基金管理人，并列明管理人登记编码。私募投资基金管理人应当向投资者进一步声明，中基协为私募投资基金管理人和私募投资基金办理登记备案不构成对私募投资基金管理人投资能力、持续合规情况的认可；不作为对基金财产安全的保证。私募投资基金管理人保证已在签订本合同前揭示了相关风险；已经了解私募投资基金投资者的风险偏好、风险认知能力和承受能力。私募投资基金管理人承诺按照恪尽职守、诚实信用、谨慎勤勉的原则管理运用基金财产，不对基金活动的盈利性和最低收益作出承诺。

私募投资基金投资者声明其为符合《私募办法》规定的合格投资者，保证财产的来源及用途符合国家有关规定，并已充分理解本合同条款，了解相关权利义务，了解有关法律法规及所投资基金的风险收益特征，愿意承担相应的投资风险；私募投资基金投资者承诺其向私募投资基金管理人提供的有关投资目的、投资偏好、投资限制、财产收入情况和风险承受能力等基本情况真实、完整、准确、合法，不存在任何重大遗漏或误导。

五、合伙型基金的合伙协议应当具备如下条款：

（一）【基本情况】合伙协议应列明如下信息，同时可以对变更该等信息的条件作出说明：

1. 合伙企业的名称（标明“合伙企业”字样）；

2. 主要经营场所地址；

3. 合伙目的和合伙经营范围（应含有“基金管理”“投资管理”“资产管理”“股权投资”“创业投资”等能体现私募投资基金性质的字样）；

4. 合伙期限。

（二）【合伙人及其出资】合伙协议应列明普通合伙人和有限合伙人的姓名或名称、住所、出资方式、出资数额、出资比例和缴付期限，同时可以对合伙人相关信息发生变更时应履行的程序作出说明。

（三）【合伙人的权利义务】合伙协议应列明有限合伙人与普通合伙人的基本权利和义务。

（四）【执行事务合伙人】合伙协议应约定由普通合伙人担任执行事务合伙人，执行事务合伙人有权对合伙企业的财产进行投资、管理、运用和处置，并接受其他普通合伙人和有限合伙人的监督。合伙协议应列明执行事务合伙人应具备的条件及选择程序、执行事务合伙人的权限及违约处理办法、执行事务合伙人的除名条件和更换程序，同时可以对执行事务合伙人执行事务的报酬（包括绩效分成）及报酬提取方式、利益冲突及关联交易等事项做出约定。

（五）【有限合伙人】有限合伙人不执行合伙事务，不得对外代表合伙企业。但有限合伙人的下列行为，不视为执行合伙事务：

1. 参与决定普通合伙人入伙、退伙；

2. 对企业的经营管理提出建议；

3. 参与选择承办合伙企业审计业务的会计师事务所；

4. 获取经审计的合伙企业财务会计报告；

5. 对涉及自身利益的情况，查阅合伙企业财务会计账簿等财务资料；

6. 在合伙企业中的利益受到侵害时，向有责任的合伙人主张权利或者提起诉讼；

7. 执行事务合伙人怠于行使权利时，督促其行使权利或者为了合伙企业的利益以自己的名义提起诉讼；

8. 依法为合伙企业提供担保。

合伙协议可以对有限合伙人的权限及违约处理办法做出约定，但是不得做出有限合伙人以任何直接或间接方式，参与或变相参与超出前款规定的八种不视为执行合伙事务行为的约定。

（六）【合伙人会议】合伙协议应列明合伙人会议的召开条件、程序及表决方式等内容。

（七）【管理方式】合伙型基金的管理人可以是合伙企业执行事务合伙人，也可以委托给其他私募投资基金管理机构。合伙协议中应明确管理人和管理方式，并列明管理人的权限及管理费的计算和支付方式。

（八）【托管事项】合伙企业财产进行托管的，应在合伙协议中明确托管机构的名称或明确全体合伙人在托管事宜上对执行事务合伙人的授权范围，包括但不限于挑选托管人、签署托管协议等。全体合伙人一致同意不托管的，应在合伙协议中明确约定本合伙型基金不进行托管，并明确保障投资基金财产安全的制度措施和纠纷解决机制。

（九）【入伙、退伙、合伙权益转让和身份转变】合伙协议应列明合伙人入伙、退伙、合伙权益转让的条件、程序及相关责任，及有限合伙人和普通合伙人相互转变程序。

（十）【投资事项】合伙协议应列明本合伙型基金的投资范围、投资运作方式、投资限制、投资决策程序、关联方认定标准及关联方投资的回避制度，以及投资后对被投资企业的持续监控、投资风险防范、投资退出、所投资标的担保措施、举债及担保限制等作出约定。

（十一）【利润分配及亏损分担】合伙协议应列明与合伙企业的利润分配及亏损分担方式有关的事项，具体可以包括利润分配原则及顺序、利润分配方式、亏损分担原则及顺序等。

（十二）【税务承担】合伙协议应列明合伙企业的税务承担事项。

（十三）【费用和支出】合伙协议应列明与合伙企业费用的核算和支付有关的事项，具体可以包括合伙企业费用的计提原则、承担费用的范围、计算及支付方式、应由普通合伙人承担的费用等。

（十四）【财务会计制度】合伙协议应对合伙企业的记账、会计年度、审计、年度报告、查阅会计账簿的条件等事项作出约定。

（十五）【信息披露制度】合伙协议应对本合伙型基金信息披露的内容、方式、频度等内容作出约定。

（十六）【终止、解散与清算】合伙协议应列明与合伙企业终止、解散和清算有关的事项，具体可以包括合伙企业终止、解散的条件、清算程序、清算人及任命条件、清偿及分配等。

（十七）【合伙协议的修订】合伙协议应列明协议的修订事由及程序。

（十八）【争议解决】合伙协议应列明争议的解决方式。

（十九）【一致性】合伙协议应明确规定当合伙协议的内容与合伙人之间的其他协议或文件内容相冲突时，以合伙协议为准。若合伙协议有多个版本且内容相冲突的，以在中基协备案的版本为准。

（二十）【份额信息备份】订明全体合伙人同意私募投资基金管理人、份额登记机构或其他份额登记义务人应当按照中基协的规定办理基金份额登记（全体合伙人）数据的备份。

（二十一）【报送披露信息】订明全体合伙人同意私募投资基金管理人或其他信息披露义务人应当按照中基协的规定对基金信息披露信息进行备份。

六、本指引由中基协负责解释，自 2016 年 7 月 15 日起施行。

(18)【中基协公司型私募投资基金合同】模板

私募投资基金合同指引 2 号

（公司章程必备条款指引）

一、根据《证券投资基金法》（以下简称《基金法》）、《公司法》、《公司登记管理条例》、《私募投资基金监督管理暂行办法》（以下简称《私募办法》）、《私募投资基金管理人登记和基金备案办法（试行）》（以下简称《登记备案办法》）及其他相关规定，制定本指引。

二、私募投资基金管理人通过有限责任公司或股份有限公司形式募集设立私募投资基金的，应当按照本指引制定公司章程。章程中应当载明本指引规定的必备条款，本指引必备条款未尽事宜，可以参考私募投资基金合同指引 1 号的相关内容。投资者签署的公司章程应当满足相关法律、法规对公司章程的法定基本要求。

三、本指引所称公司型基金是指投资者依据《公司法》，通过出资形成一个独立的公司法人实体（以下简称公司），由公司自行或者通过委托专门的基金管理人机构进行管理的私募投资基金。公司型基金的投资者既是基金份额持有者又是公司股东，按照公司章程行使相应权利、承担相应义务和责任。

四、私募投资基金管理人及私募投资基金投资者应在公司章程首页用加粗字体进行如下声明与承诺，包括但不限于：

私募投资基金管理人保证在募集资金前已在中基协登记为私募投资基金管理人，并列明管理人登记编码。私募投资基金管理人应当向投资者进一步声明，中基协为私募投资基金管理人和私募投资基金办理登记备案不构成对私募投资基金管理人投资能力、持续合规情况的认可；不作为对基金财产安全的保证。私募投资基金管理人保证已在签订本合同前揭示了相关风险；已经了解私募投资基金投资者的风险偏好、风险认知能力和承受能力。私募投资基金管理人承诺按照恪尽职守、诚实信用、谨慎勤勉的原则管理运用基金财产，不对基金活动的盈利性和最低收益作出承诺。

私募投资基金投资者声明其为符合《私募办法》规定的合格投资者，保证财产的来源及用途符合国家有关规定，并已充分理解本合同条款，了解相关权利义务，了解有关法律法规及所投资基金的风险收益特征，愿意承担相应的投资风险；私募投资基金投资者承诺其向私募投资基金管理人提供的有关投资目的、投资偏好、投资限制、财产收入情况和风险承受能力等基本情况真实、完整、准确、合法，不存在任何重大遗漏或误导。

五、公司型基金的章程应当具备如下条款：

（一）【基本情况】章程应列明公司的基本信息，包括但不限于公司的名称、住所、注册资本、存续期限、经营范围（应含有“基金管理”“投资管理”“资产管理”“股权投资”“创业投资”等能体现私募投资基金性质的字样）、股东姓名/名称、住所、法定代表人等，同时可以对变更该等信息的条件作出说明。

（二）【股东出资】章程应列明股东的出资方式、数额、比例和缴付期限。

（三）【股东的权利义务】章程应列明股东的基本权利、义务及股东行使知情权的具体方式。

（四）【入股、退股及转让】章程应列明股东增资、减资、入股、退股及股权转让的条件及程序。

（五）【股东（大）会】章程应列明股东（大）会的职权、召集程序及议事规则等。

（六）【高级管理人员】章程应列明董事会或执行董事、监事（会）及其他高级管理人员的产生办法、职权、召集程序、任期及议事规则等。

（七）【投资事项】章程应列明本公司型基金的投资范围、投资策略、投资运作方式、投资限制、投资决策程序、关联方认定标准及对关联方投资的回避制度、投资后对被投资企业的持续监控、投资风险防范、投资退出等。

（八）【管理方式】公司型基金可以采取自我管理，也可以委托其他私募投资基金管理机构管理。采取自我管理方式的，章程中应当明确管理架构和投资决策程序；采取委托管理方式的，章程中应当明确管理人的名称，并列明管理人的权限及管理费的计算和支付方式。

（九）【托管事项】公司财产进行托管的，应在章程中明确托管机构的名称或明确全体股东在托管事宜上对董事会/执行董事的授权范围，包括但不限于挑选托管人、签署托管协议等。

（十）公司全体股东一致同意不托管的，应在章程中明确约定本公司型基金不进行托管，并明确保障投资基金财产安全的制度措施和纠纷解决机制。

（十一）【利润分配及亏损分担】章程应列明公司的利润分配和亏损分担原则及执行方式。

（十二）【税务承担】章程应列明公司的税务承担事项。

（十三）【费用和支出】章程应列明公司承担的有关费用（包括税费）、受托管理人和托管机构报酬的标准及计提方式。

（十四）【财务会计制度】章程应对公司的财务会计制度作出规定，包括记账、会计年度、经会计师事务所审计的年度财务报告、公司年度投资运作基本情况及重大事件报告的编制与提交、查阅会计账簿的条件等。

（十五）【信息披露制度】章程应对本公司型基金信息披露的内容、方式、频度等内容作出规定。

（十六）【终止、解散及清算】章程应列明公司的终止、解散事由及清算程序。

（十七）【章程的修订】章程应列明章程的修订事由及程序。

（十八）【一致性】章程应明确规定当章程的内容与股东之间的出资协议或其他文件内容相冲突时，以章程为准。若章程有多个版本且内容相冲突的，以在中基协备案的版本为准。

（十九）【份额信息备份】订明全体股东同意私募投资基金管理人、份额登记机构或其他份额登记义务人应当按照中基协的规定办理基金份额登记（公司股东）数据的备份。

（二十）【报送披露信息】订明全体股东同意私募投资基金管理人或其他信息披露义务人应当按照中基协的规定对基金信息披露信息进行备份。

六、本指引由中基协负责解释，自2016年7月15日起施行。

（19）【私募投资基金认购意向书】模板

××私募投资基金认购意向书

致：××股权投资基金管理有限公司

一、本人（本单位）拟认购贵公司发行的××私募投资基金的份额××万份，合计人民币××万元。

二、本意向书仅为认购人认购××私募投资基金的初步意向，对认购人和基金发行人不具有约束力。××私募投资基金的最终、有效认购行为需以双方签署的基金合同为准。

三、本人（本单位）保证购买资金来源合法，为本人（本单位）合法拥有、可自由处分和免受任何第三方追索之投资资金。

四、本人（本单位）知悉投资过程中可能带来收益，也可能带来风险和可能造成损失，并自愿承担投资过程中可能发生的风险。

认购人：××

联系方式：××

时间：××年××月××日

（十一）私募投资基金投资冷静期以及冷静期后的回访确认

《私募投资基金募集行为管理办法》第二十九条规定，各方应当在完成合格投资者确认程序后签署私募投资基金合同。基金合同应当约定给投资者设置不少于24小时的投资冷静期，募集机构在投资冷静期内不得主动联系投资者。（一）私募证券投资基金合同应当约定，投资冷静期自基金合同签署完毕且投资者交纳认购基金的款项后起算；（二）私募股权投资基金、创业投资基金等其他私募投资基金合同关于投资冷静期的约定可以参照前款对私募证券投资基金的相关要求，也可以自行约定。第三十条规定，募集机构应当在投资冷静期满后，指令本机构从事基金销售推介业务以外的人员以录音电话、电邮、信函等适当方式进行投资回访。回访过程不得出现诱导性陈述。募集机构在投资冷静期内进行的回访确认无效。回访应当包括但不限于以下内容：（一）确认受访人是否为投资者本人或机构；（二）确认投资者是否为自己购买了该基金产品以及投资者是否按照要求亲笔签名或盖章；（三）确认投资者是否已经阅读并理解基金合同和风险揭示的内容；（四）确认投资者的风险识别能力及风险承担能力是否与所投资的私募投资基金产品相匹配；（五）确认投资者是否知悉投资者承担的主要费用及费率，投资者的重要权利、私募投资基金信息披露的内容、方式及频率；（六）确认投资者是否知悉未来可能承担投资损失；（七）确认投资者是否知悉投资冷静期的起算时间、期间以及享有的权利；（八）确认投资者是否知悉纠纷解决安排。第三十一条规定，基金合同应当约定，投资者在募集机构回访确认成功前有权解除基金合同。出现前述情形时，募集机构应当按合同约定及时退还投资者的全部认购款项。未经回访确认成功，投资者交纳的认购基金款项不得由募集账户划转到基金财产账户或托管资金账户，私募投资基金管理人不得投资运作投资者交纳的认购基金款项。第三十二条规定，私募投资基金投资者属于以下情形的，可以不适用本办法第十七条至第二十一条、第二十六条至第三十一条的规定：（一）社会保障基金、企业年金等养老基金，慈善基金等社会公益基金；（二）依法设立并在中基协备案的私募投资基金产品；（三）受国务院金融监督管理机构监管的金融产品；（四）投资于所管理私募投资基金的私募投资基金管理人及其从业人员；（五）法律法规、中国证监会和中基协规定的其他投资者。投资者为专业投资机构的，可不适用本办法第二十九条、第三十条、第三十一条的规定。

私募投资基金冷静期的设定是为了给投资者更多地考虑时间和机会，使其来判断是否投资，防止基金管理人或募集机构的过度游说导致投资人不理智情况下的冲动投资，赋予了投资者在冷静期确认前的无条件解除合同的权利。

（20）【私募投资基金冷静期后的回访确认函】模板

××私募投资基金回访确认书

尊敬的投资者××先生/女士/机构：

依照中国法律法规、证监会和中基协的政策制度要求，我公司对您投资的××基金进行回访确认，请您对如下问题进行填写：

1. 您是否为投资者本人或机构：

是【××】；否【××】。

2. 您是否为自己购买了该基金产品以及您是否按照要求亲笔签名或盖章：

是【××】；否【××】。

3. 您是否已经阅读并理解基金合同和风险揭示的内容：

是【××】；否【××】。

4. 您的风险识别能力及风险承担能力是否与所投资的私募投资基金产品相

匹配：

是【××】；否【××】。

5. 您是否知悉投资者承担的主要费用及费率，投资者的重要权利、私募投资基金信息披露的内容、方式及频率：

是【××】；否【××】。

6. 您是否知悉未来可能承担投资损失：

是【××】；否【××】。

7. 您是否知悉投资冷静期的起算时间、期间以及享有的权利：

是【××】；否【××】。

8. 您是否知悉您投资的产品发生纠纷时的解决方式与安排：

是【××】；否【××】。

本投资者/本机构对上述内容予以确认并自愿接受由此产生的任何法律后果及风险。

客户签名/机构盖章××

日期：××年××月××日

二、私募投资基金募集过程中涉及的其他合规事宜

（一）委托第三方募集机构（财富中心）募集资金时的合规事宜

《私募投资基金募集行为管理办法》第二条规定，私募投资基金管理人、在中国证监会注册取得基金销售业务资格并已成为中基协会员的机构（以下统称募集机构）及其从业人员以非公开方式向投资者募集资金的行为适用本办法。在中基协办理私募投资基金管理人登记的机构可以自行募集其设立的私募投资基金，在中国证监会注册取得基金销售业务资格并已成为中基协会员的机构（以下简称基金销售机构）可以受私募投资基金管理人的委托募集私募投资基金。其他任何机构和个人不得从事私募投资基金的募集活动。本办法所称募集行为包含推介私募投资基金，发售基金份额（权益），办理基金份额（权益）认/申购（认缴）、赎回（退出）等活动。第三条规定，基金业务外包服务机构就其参与私募投资基金募集业务的环节适用本办法。本办法所称基金业务外包服务机构包括为私募投资基金管理人提供募集服务的基金销售机构，为私募投资基金募集机构提供支付结算服务、私募投资基

金募集结算资金监督、份额登记等与私募投资基金募集业务相关服务的机构。前述基金业务外包服务机构应当遵守中基协基金业务外包服务相关管理办法。第四条规定，从事私募投资基金募集业务的人员应当具有基金从业资格（包含原基金销售资格），应当遵守法律、行政法规和中基协的自律规则，恪守职业道德和行为规范，应当参加后续执业培训。第六条规定，募集机构应当恪尽职守、诚实信用、谨慎勤勉，防范利益冲突，履行说明义务、反洗钱义务等相关义务，承担特定对象确定、投资者适当性审查、私募投资基金推介及合格投资者确认等相关责任。募集机构及其从业人员不得从事侵占基金财产和客户资金、利用私募投资基金相关的未公开信息进行交易等违法活动。第八条规定，私募投资基金管理人委托基金销售机构募集私募投资基金的，应当以书面形式签订基金销售协议，并将协议中关于私募投资基金管理人与基金销售机构权利义务划分以及其他涉及投资者利益的部分作为基金合同的附件。基金销售机构负责向投资者说明相关内容。基金销售协议与作为基金合同附件的关于基金销售的内容不一致的，以基金合同附件为准。第十条规定，募集机构应当对投资者的商业秘密及个人信息严格保密。除法律法规和自律规则另有规定的，不得对外披露。第十一条规定，募集机构应当妥善保存投资者适当性管理以及其他与私募投资基金募集业务相关的记录及其他相关资料，保存期限自基金清算终止之日起不得少于10年。

《私募投资基金监督管理暂行办法》第十四条规定，私募投资基金管理人、私募投资基金销售机构不得向合格投资者之外的单位和个人募集资金，不得通过报刊、电台、电视、互联网等公众传播媒体或者讲座、报告会、分析会和布告、传单、手机短信、微信、博客和电子邮件等方式，向不特定对象宣传推介。第十五条规定，私募投资基金管理人、私募投资基金销售机构不得向投资者承诺投资本金不受损失或者承诺最低收益。《私募投资基金管理人内部控制指引》第十六条规定，私募投资基金管理人自行募集私募投资基金的，应设置有效机制，切实保障募集结算资金安全；私募投资基金管理人应当建立合格投资者适当性制度。第十七条规定，私募投资基金管理人委托募集的，应当委托获得中国证监会基金销售业务资格且成为中基协会员的机构募集私募投资基金，并制定募集机构遴选制度，切实保障募集结算资金安全；确保私募投资基金向合格投资者募集以及不变相进行公募。

《基金募集机构投资者适当性管理实施指引（试行）》第八条规定，基金募集机构选择销售基金产品或者服务，要对基金管理人进行审慎调查并做出评价，了解基金管理人的诚信状况、经营管理能力、投资管理能力、产品设计能力和内部控制情况，并可将调查结果作为是否销售该基金管理人产品或者服务、是否向投资者推介该基金管理人的重要依据。基金管理人在选择基金募集机构时，为确保适当性的贯彻实施，要对基金募集机构进行审慎调查，了解基金募集机构的内部控制情况、信息管理平台建设、账户管理制度、销售人员能力和持续营销能力，并可将调查结果作为选择基金募集机构的重要依据。第九条规定，基金募集机构要建立对销售人员的考核、监督问责、培训等机制，规范销售人员履行投资者适当性工作职责的情况。基金募集机构不得采取鼓励其向投资者销售不适当基金产品或者服务的考核、激励机制或措施。第十条规定，基金募集机构要加强对销售人员的日常管理，建立管理档案，对销售人员行为、诚信、奖惩等方面进行记录。第十一条规定，基金募集机构及其销售人员要对履行投资者适当性管理职责过程中获取的投资者信息、投资者风险承受能力评价结果等信息和资料严格保密，防止该等信息和资料泄露或被不当利用。

私募基金管理人可以自行募集，也可以委托第三方机构进行募集。但必须注意的是，该第三方销售机构必须是在中国证监会注册取得基金销售业务资格并已成为中基协会员的机构。同时基金管理人在选择基金募集机构时，要对基金募集机构进行审慎调查，了解基金募集机构的内部控制情况、信息管理平台建设、账户管理制度、销售人员能力和持续营销能力，并将调查结果作为选择基金募集机构的重要依据。确立合作关系时，基金管理人必须和第三方机构签署募集服务协议，明确募集服务费用标准以及基金管理机构对基金募集机构的一些要求，譬如募集期限、募集规模以及禁止性行为等，防止第三方募集机构不适当宣传给基金管理人带来风险。同时，特别需要注意的是，基金销售协议中关于私募投资基金管理人与基金销售机构权利义务划分以及其他涉及投资者利益的事项要作为基金合同的附件，基金销售机构负责向投资者说明相关内容。如果上述附件内容与基金销售合同的内容不一致的，以基金合同附件为准。

（二）开立银行募集监管账户、银行托管账户时的合规事宜

《私募投资基金募集行为管理办法》第十二条规定，募集机构或相关合同约定的责任主体应当开立私募投资基金募集结算资金专用账户，用于统一归集私募投资基金募集结算资金、向投资者分配收益、给付赎回款项以及分配基金清算后的剩余基金财产等，确保资金原路返还。本办法所称私募投资基金募集结算资金是指由募集机构归集的，在投资者资金账户与私募投资基金财产账户或托管资金账户之间划转的往来资金。募集结算资金从投资者资金账户划出，到达私募投资基金财产账户或托管资金账户之前，属于投资者的合法财产。第十三条规定，募集机构应当与监督机构签署账户监督协议，明确对私募投资基金募集结算资金专用账户的控制权、责任划分及保障资金划转安全的条款。监督机构应当按照法律法规和账户监督协议

的约定，对募集结算资金专用账户实施有效监督，承担保障私募投资基金募集结算资金划转安全的连带责任。取得基金销售业务资格的商业银行、证券公司等金融机构，可以在同一私募投资基金的募集过程中同时作为募集机构与监督机构。符合前述情形的机构应当建立完备的防火墙制度，防范利益冲突。本办法所称监督机构指中国证券登记结算有限责任公司、取得基金销售业务资格的商业银行、证券公司以及中基协规定的其他机构。监督机构应当成为中基协的会员。私募投资基金管理人应当向中基协报送私募投资基金募集结算资金专用账户及其监督机构信息。第十四条规定，涉及私募投资基金募集结算资金专用账户开立、使用的机构不得将私募投资基金募集结算资金归入其自有财产。禁止任何单位或者个人以任何形式挪用私募投资基金募集结算资金。私募投资基金管理人、基金销售机构、基金销售支付机构或者基金份额登记机构破产或者清算时，私募投资基金募集结算资金不属于其破产财产或者清算财产。

《私募投资基金监督管理暂行办法》第二十一条规定，除基金合同另有约定外，私募投资基金应当由基金托管人托管。基金合同约定私募投资基金不进行托管的，应当在基金合同中明确保障私募投资基金财产安全的制度措施和纠纷解决机制。第二十三条规定，私募投资基金管理人、私募投资基金托管人、私募投资基金销售机构及其他私募服务机构及其从业人员从事私募投资基金业务，不得有以下行为：（一）将其固有财产或者他人财产混同于基金财产从事投资活动；（二）不公平地对待其管理的不同基金财产；（三）利用基金财产或者职务之便，为本人或者投资者以外的人谋取利益，进行利益输送；（四）侵占、挪用基金财产；（五）泄露因职务便利获取的未公开信息，利用该信息从事或者明示、暗示他人从事相关的交易活动；（六）从事损害基金财产和投资者利益的投资活动；（七）玩忽职守，不按照规定履行职责；（八）从事内幕交易、操纵交易价格及其他不正当交易活动；（九）法律、行政法规和中国证监会规定禁止的其他行为。第二十四条规定，私募投资基金管理人、私募投资基金托管人应当按照合同约定，如实向投资者披露基金投资、资产负债、投资收益分配、基金承担的费用和业绩报酬、可能存在的利益冲突情况以及可能影响投资者合法权益的其他重大信息，不得隐瞒或者提供虚假信息。信息披露规则由基金业协会另行制定。《私募投资基金管理人内部控制指引》第二十一条规定，除基金合同另有约定外，私募投资基金应当由基金托管人托管，私募投资基金管理人应建立健全私募投资基金托管人遴选制度，切实保障资金安全。基金合同约定私募投资基金不进行托管的，私募投资基金管理人应建立保障私募投资基金财产安全的制度措施和纠纷解决机制。

实际工作中，中基协对部分基金产品备案提出反馈意见：“根据审慎管理原则，请托管机构对本基金投资范围、产品结构、收益分配、底层投资协议等的合规性和真实性、基金后续募集安排、基金拟投资进度安排、工商确权安排等进行核实并发表意见，托管机构签章确认。”这无疑要求托管机构承担实质性审查责任，加大了托管银行的法律风险，对此中银协首席法律顾问卜祥瑞接受媒体采访时表示，明确予以反对，其认为银行作为私募基金托管机构，依法依约履行托管职责，《证券投资基金法》并未规定银行共同受托责任、托管银行并不具备“召开基金份额持有人会议”等法定职责、不承担“统一登记私募基金投资者情况”义务、不承担“保全基金财产”连带责任。同时根据现查询到的法院判例，法院系统倾向于托管机构不承担实质性审查义务。①

私募投资基金产品设计完成后，必须及时寻找合作银行，为基金开立募集账户（强制要求）和托管账户（非强制要求），为基金募集工作创造条件。实践中，银行对私募基金管理人的要求不同，提醒基金管理人应提前沟通不同的银行，以免耽误基金的募集工作。依据中基协的规定，基金必须开立资金募集账户，资金的募集和运用必须通过该账户进行。募集账户的设立一方面是基金财产独立性的要求，防止基金管理人财产和其他基金财产与本基金财产的混同；另一方面加强对基金财产的监管，防止基金财产被基金管理人不适当地挪用。通过引入银行等外部第三方机构的监管，防止资金运用的随意性，为基金财产增加一道防火墙。同时，中基协鼓励基金管理人为基金开立托管账户时，中基协鼓励基金管理人为基金开立托管账户【按照中基协现备案要求，契约型基金（设立基金份额持有人大会日常机构或基金受托人委员会等制度安排的除外）、私募资产配置基金、通过特殊目的载体进行底层资产投资的基金必须进行托管】，让基金财产在募集账户和托管账户之间封闭来回流动，为基金财产的独立性增加另外一道防火墙，防止不同的资金的混同，最大限度地保证投资者的利益。如私募基金不进行托管，必须对不予托管进行说明。在银行等机构开立募集账户和托管账户后，银行或其他金融机构会依据募集结算资金专用账户监督协议以及托管协议对基金财产进行监管，对不适当的指令不予执行，在一定程度上保证基金募集资金运作的安全性。

（21）【××私募投资基金不予托管说明】模板

××私募投资基金不予托管说明

××基金投资人一致同意由××发起设立的××基金的募集资金不进行托管，

---

① 参见中银首席法律顾问卜祥瑞：《银行托管私募基金权责清晰 依法依约不承担共同受托责任》，http：//www. china-cba. net/index/shaw/catid/277/id/26851. html，2020 年 8 月 25 日访问。

由××基金管理人自行进行管理。全体投资人知悉并了解本××基金无托管的事实，并知道其所存在的风险。如因此发生争议的，按照××基金合同争议解决方式进行解决。

基金管理人：××

投资人：××

时间：××年××月××日

（三）对私募投资基金投资者支付投资款项的确认需注意的事宜

私募投资基金管理人在收到私募投资基金的投资者支付的投资款项后，应及时向投资者出具投资款项的确认书，明示私募投资基金或管理人已经收到投资人支付的投资款项以及收到时间。投资确认书是投资者已经支付投资款项的依据，也是一个权益证明和投资证明。根据私募基金类型的不同，投资确认书出具的主体有些轻微的差异。契约型基金由基金管理人出具即可，合伙型基金由基金管理人和私募投资基金同时出具较好，公司型基金由基金本身出具即可。

（22）【××私募投资基金投资确认书】模板

××私募投资基金投资确认书

尊敬的××投资人：

您好！

衷心地感谢您加入××私募投资基金。我们通过××银行的确认，已于××年××月××日收到您的投资款项共计人民币大写：××元（人民币：××万元）。由××投资基金管理有限公司发起的××私募投资基金的投资期限为××个月，成立日期为××年××月××日，备案日期为××年××月××日，到期日期为××年××月××日。

本公司特此致函通知，请妥善保管相关基金文件。

××投资基金管理有限公司

××年××月××日

（四）出具基金成立公告需要注意的事宜

私募基金管理人在私募投资基金募集完成后，应及时向私募投资基金的投资人发布基金成立公告，及时告知私募投资基金成立与否的情况。保障投资者的知情权是私募基金管理人的一项基本义务，告知基金成立与否是对私募基金管理人的一项基本要求，也是基金投资人知情权的一项基本内容，管理人应予重视。如果私募基金在募集期结束后，未完成募集导致基金不成立的，应将投资人的投资资金连同按照银行同期存款利率计算的利息返还投资人。

（23）【××私募投资基金成立公告】模板

××私募投资基金成立公告

××私募股权投资基金的募集已于××年××月××日截止，依据与××银行的确认，××基金募集资金人民币××元，已经符合基金合同的成立标准，现本基金宣告成立。本基金将依据法律法规的规定进行备案，并在备案完成后投出。本基金募集资金将严格按照××私募股权投资基金的基金文件的规定进行投资。

再次感谢您对本基金管理人的支持和信任。

××股权投资管理有限公司

××年××月××日

（五）合伙型基金、公司型基金办理工商的设立、变更登记手续需要注意的事宜

公司型基金、合伙型基金与契约型基金的组织形式不同，因此私募投资基金成立后，对于公司型和合伙型私募投资基金还要进行工商变更工作。需要注意的是，无论是有限合伙型基金还是公司型基金都应及时办理上述工商设立或变更登记手续，因为现在中基协只接受已经办理完毕工商变更登记手续的私募投资基金进行备案，所以如果未办理完毕上述类型的私募投资基金的工商设立或变更登记手续，私募投资基金不能进行备案并且不能投出。原来许多私募投资基金都是在募集完成后一边进行私募投资基金备案，一边进行工商变更登记，现在这种方式已经不能操作。同时，现在各地工商行政管理机关只接受自身提供的工商注册登记或变更登记

文件指导范本，如合伙协议、退伙协议、合伙人决议等，如果基金管理人以自己制定的文件进行工商变更，可能不被当地工商行政管理机关接受，因此在做工商登记或变更时，应及时与当地工商行政管理机关进行沟通，以免耽误办理时间。

（六）私募投资基金的备案需要注意的事宜

《私募投资基金管理人登记和基金备案办法（试行）》第十一条规定，私募投资基金管理人应当在私募投资基金募集完毕后20个工作日内，通过私募投资基金登记备案系统进行备案，并根据私募投资基金的主要投资方向注明基金类别，如实填报基金名称、资本规模、投资者、基金合同（基金公司章程或者合伙协议，以下统称基金合同）等基本信息。公司型基金自聘管理团队管理基金资产的，该公司型基金在作为基金履行备案手续的同时，还需作为基金管理人履行登记手续。第十二条规定，私募投资基金备案材料不完备或者不符合规定的，私募投资基金管理人应当根据基金业协会的要求及时补正。第十三条规定，私募投资基金备案材料完备且符合要求的，基金业协会应当自收齐备案材料之日起20个工作日内，以通过网站公示私募投资基金基本情况的方式，为私募投资基金办结备案手续。网站公示的私募投资基金基本情况包括私募投资基金的名称、成立时间、备案时间、主要投资领域、基金管理人及基金托管人等基本信息。第十四条规定，经备案的私募投资基金可以申请开立证券相关账户。私募投资基金备案时，中基协会要求基金管理人上传《基金备案承诺函》，承诺及时、准确报送后续重大事项更新和定期更新信息以及按照恪尽职守、诚实信用、谨慎勤勉的原则管理运用基金财产，不以私募投资基金的名义从事利益输送、非法集资等损害投资人利益的行为。

《私募投资基金监督管理暂行办法》第八条规定，各类私募投资基金募集完毕，私募投资基金管理人应当根据基金业协会的规定，办理基金备案手续，报送以下基本信息：（一）主要投资方向及根据主要投资方向注明的基金类别。（二）基金合同、公司章程或者合伙协议。资金募集过程中向投资者提供基金招募说明书的，应当报送基金招募说明书。以公司、合伙等企业形式设立的私募投资基金，还应当报送工商登记和营业执照正副本复印件。（三）采取委托管理方式的，应当报送委托管理协议。委托托管机构托管基金财产的，还应当报送托管协议。（四）基金业协会规定的其他信息。基金业协会应当在私募投资基金备案材料齐备后的20个工作日内，通过网站公告私募投资基金名单及其基本情况的方式，为私募投资基金办结备案手续。第九条规定，基金业协会为私募投资基金管理人和私募投资基金办理登记备案不构成对私募投资基金管理人投资能力、持续合规情况的认可；不作为对基金财产安全的保证。如果基金不进行备案，根据《私募投资基金监督管理暂行办法》第三十八条的规定，私募投资基金管理人、私募投资基金托管人、私募投资基金销售机构及其他私募服务机构及其从业人员违反本办法第七条、第八条、第十一条、第十四条至第十七条、第二十四条至第二十六条规定的，以及有本办法第二十三条第（一）项至第（七）项和第（九）项所列行为之一的，责令改正，给予警告并处三万元以下罚款；对直接负责的主管人员和其他直接责任人员，给予警告并处三万元以下罚款；有本办法第二十三条第（八）项行为的，按照《证券法》和《期货交易管理条例》的有关规定处罚；构成犯罪的，依法移交司法机关追究刑事责任。私募投资基金备案完成后，中基协会向基金管理人出具《私募投资基金备案证明》。

（24）【基金备案承诺函】模板

私募投资基金备案承诺函

本机构了解并遵守《证券投资基金法》《私募投资基金监督管理暂行办法》《私募投资基金管理人登记和基金备案办法（试行）》《私募投资基金备案须知》《关于进一步规范私募基金管理人登记若干事项的公告》《私募投资基金合同指引》《私募投资基金募集行为管理办法》《私募投资基金信息披露管理办法》《证券期货经营机构私募资产管理计划备案管理规范 1－4 号》《私募投资基金命名指引》《私募基金登记备案相关问题解答》等私募基金行业法律法规和中国证券投资基金业协会自律规则。

本机构承诺按照恪尽职守、诚实信用、谨慎勤勉的原则管理运用基金财产，不以私募基金名义从事利益输送、非法集资等损害投资人利益的行为。

本机构承诺所设立的“本基金全称（基金编码）”符合上述法律法规和自律规则的规定。本机构承诺“本基金全称（基金编码）”已完成募集，已知晓以私募基金名义从事非法集资活动所应承担的刑事、行政和自律后果，并保证所提供的备案信息和文件真实、准确、完整，并将依规向中国证券投资基金业协会报送后续重大事项变更和定期更新信息。

机构签章

法定代表人/执行事务合伙人（委派代表）签字/章

合规风控负责人签字/章

（25）【私募投资基金备案证明】模板

私募投资基金备案成功后，中基协会出具私募投资基金备案证明（电子版），证明基金已经备案完成。

中国证券投资基金业协会
Asset Management Association of China

备案编码：[redacted]

私募投资基金备案证明
Private Investment Fund Filing Information

基金名称 Fund Name	[redacted]（有限合伙）
管理人名称 Manager Name	[redacted]
托管人名称 Trustee Name	中信银行股份有限公司
备案日期 Filing Date	[redacted]
证书打印时间 Printing Time	[redacted]

该基金已根据《证券投资基金法》和《私募投资基金监督管理暂行办法》等法律法规的要求在我协会备案。

重要提示：

1. 本备案证明仅作为对私募投资基金备案情况的确认，该基金备案信息请到 中国证券投资基金业协会网站查阅，网址为gs.amac.org.cn。

2. 私募投资基金的备案不构成对其投资能力、持续合规情况的认可， 不作为对基金财产安全的保证。

第五章　私募投资基金投资的合规管理

一、私募投资基金投资的合规管理概述

私募投资基金投资的合规管理，需要重点关注的是公司内部控制流程的合规管理，即项目投资必须符合公司的章程、决策机制、投资范围、投资标准、投资制度、流程以及基金合同的约定。私募基金投资环节的监管，现在监管机构和自律组织颁布的规定中涉及的并不多，主要的原因可能是投资环节属于基金管理人自治管理的范畴，属于基金管理人的价值判断领域，也属于基金管理人主观意识的认知活动，是基金管理人企业核心价值所在，也是投资人选择基金管理人的决定因素，监管机构和自律组织不必也不宜过多介入。当然这也并不是说监管机构和自律组织对此毫不关注和重视。从近两年的私募基金专项合规检查的内容来看，在私募基金投资管理环节，投资范围、投资对象、决策程序、审批程序、投资协议、资金流向、交易指令、划款审批、划款指令、关联交易、内幕交易、短线交易、资金池等情况均是基金合规专项检查的对象和重点。不同基金管理人的投资理念、投资标准、投资范围、投资限制、投资策略、投资程序都有很大差异，基金管理人应按照中基协内控治理的要求，制定和完善本公司的投资体制、制度、流程并严格遵守，这是基金管理人内控合规的基本要求，也是基金管理人防止内控风险、减轻内控合规处罚的关键。需要注意的是，成熟的私募基金管理人对于投资过程中涉及的尤其是需要提交投资决策的文本，都有自己的格式、内容要求，投资人员必须按照示范文本要求的格式和内容制作相关报告，提请公司决策，这也是成熟基金管理公司内控的要求。本章就结合私募地产投资基金的投资管理体制、制度和流程，阐述私募投资基金的投资内控合规流程、关键节点以及涉及的必要文件及其主要格式和内容。

二、投资项目信息的收集

（一）项目信息收集和登记

私募基金管理人收到的项目信息种类繁杂，良莠不齐，信息量大，对于基金管

理人来说，短时间可能并不能及时消化和分析这些信息，因此有必要及时对来自各方面的信息进行整理、分类、登记，以备后续筛选和查找。

（1）【项目信息登记表格】模板

项目信息登记表格

	项目名称	项目类型	融资主体	融资金额	融资成本	融资期限	项目来源
1							
2							
3							
4							
5							
6							
7							
……							

（二）项目要素的采集

实际工作中由于私募基金管理人接收的项目计划书过多，其没有充足的人员、时间和精力，也不可能对每个项目进行分析、判断、测算并抽取出其中的关键要素，因此私募基金管理人应要求融资人提供一张融资要素申请表，列明和收集基金管理人关注的项目关键要素和信息，以便可以快速对项目做出一个基本的判断，看看是否符合公司的基本投资标准和投资需求，从而避免浪费大量的时间和精力去阅读项目资料、选取项目信息、分析项目数据，最后的结果却是不符合公司的基本投资标准和需求。融资要素需求表应简明、扼要地攫取项目的关键信息，不必追求项目信息的全面深刻，能对项目作出基本判断即可。

（2）【××地产项目融资要素申请表】模板

××地产项目融资要素申请表

公司概况	公司名称		注册地点	
	注册资金	认缴××实缴××	注册日期	
	企业类型			
	经营范围		开发资质	

续表

<table>
<tr><td rowspan="4">公司概况</td><td rowspan="3">股东情况</td><td>出资人（前十大股东）</td><td>认缴出资</td><td>实缴出资</td><td>股比</td></tr>
<tr><td></td><td></td><td></td><td></td></tr>
<tr><td>合计</td><td></td><td></td><td></td></tr>
<tr><td>母公司及下属公司概况</td><td colspan="4"></td></tr>
<tr><td rowspan="21">项目概况</td><td rowspan="8">项目公司财务状况</td><td>时间</td><td colspan="3"></td></tr>
<tr><td>资产合计</td><td colspan="3"></td></tr>
<tr><td>负债合计</td><td colspan="3"></td></tr>
<tr><td>其中：流动负债</td><td colspan="3"></td></tr>
<tr><td>所有者权益合计</td><td colspan="3"></td></tr>
<tr><td>营业收入</td><td colspan="3"></td></tr>
<tr><td>净利润</td><td colspan="3"></td></tr>
<tr><td>经营活动现金流量净额</td><td colspan="3"></td></tr>
<tr><td>项目简介及现状</td><td colspan="4"></td></tr>
<tr><td>项目进度</td><td colspan="4"></td></tr>
<tr><td rowspan="5">已获得证件</td><td>《国有土地使用证》</td><td colspan="3"></td></tr>
<tr><td>《建设用地规划许可证》</td><td colspan="3"></td></tr>
<tr><td>《建设工程规划许可证》</td><td colspan="3"></td></tr>
<tr><td>《建筑工程施工许可证》</td><td colspan="3"></td></tr>
<tr><td>《预售许可证》</td><td colspan="3"></td></tr>
<tr><td rowspan="6">资金投入</td><td>项目总投资额和项目峰值</td><td colspan="3">××万元/××万元</td></tr>
<tr><td>其中：自有资金</td><td colspan="3"></td></tr>
<tr><td>项目已投资金</td><td colspan="3"></td></tr>
<tr><td>其中：自有资金</td><td colspan="3"></td></tr>
<tr><td>其他资金来源</td><td colspan="3"></td></tr>
<tr><td>施工方垫资</td><td colspan="3"></td></tr>
</table>

续表

项目概况	已有抵押、贷款			
	已完成销售情况			
	项目预估价值			
融资需求	融资金额		融资期限	
	期望年利率		期望融资方式	
	资金用途		要求到位时间	
	还款来源			
增信方式	抵/质押物说明	抵/质押物名称		
		抵/质押物位置		
		抵/质押物现状		
		抵/质押物评估值		
	担保公司			
	其他增信措施			

（三）商业计划书的获取

商业计划书是项目公司为了达到融资和其他发展目标，根据一定的格式和内容要求而编辑整理的展示公司和项目目前状况、未来发展潜力的书面材料，着重市场分析和投资回收等经济测算，主要目的是递交给投资人，以便于投资人能对公司或项目做出评判，从而使公司获得融资，这也是与主要侧重于项目技术分析的可研报告的区别。实践中，有些项目公司制作的商业计划书比较简单，关键要素缺失或者深度不够，尤其是财务信息不真实、不准确、不完整、不客观、缺乏必要的逻辑和证据支撑，导致私募基金管理人认为公司或股东战略不明、思路混乱或道德缺失，从而放弃对项目投资，这是项目融资时应该注意的问题。

（3）【××地产项目商业计划书】模板

××地产项目商业计划书

第一章　项目基本情况

一、项目概况简介××

二、主要经济技术指标××

三、项目整体定位××

四、项目运作模式××
五、项目市场前景展望××
第二章　项目运作环境
一、宏观环境分析
1. ××市政策优势××
2. ××市宏观经济现状及发展趋势××
3. ××市区位优势××
二、项目相关产业的现状及发展趋势
1. ××市房地产现状及发展趋势××
2. ××市总部基地现状及发展趋势××
3. ××市主题乐园现状及发展趋势××
三、项目的运行主体
1. 公司简介××
2. 公司管理模式××
3. 公司发展战略××
第三章　项目分析与定位
一、项目消费者动机及行为分析
1. 房地产市场消费者动机及行为分析××
2. 主题乐园消费者动机及行为分析××
3. 总部基地消费者动机及行为分析××
二、项目定位分析
1. 项目区位定位××
2. 项目品牌定位××
3. 项目产品定位××
4. 项目目标客户群体定位××
5. 项目客户服务定位××
6. 项目功能定位××
第四章　项目分析与规划
一、项目地块情况
1. 项目地形分析××
2. 项目地质分析××
3. 项目自然资源××
4. 市政基础设施及管网布局××

二、项目规划原则
1. 总体规划原则××
2. 住宅规划原则××
3. 总部基地规划原则××
4. 主题乐园规划原则××
5. 技术经济指标××
三、项目用地规划
1. 用地总体规划（附图）××
2. 项目绿化带集中分布（附图）××
3. 土地价值分析（附图）××
4. 业态分布（附图）××
5. 总部基地、住宅、乐园、商业示范区选址（附图）××
第五章　项目财务分析
一、项目投资估算与资金筹措
1. 计算依据××
2. 总投资估算××
3. 投资计划与资金筹措××
二、项目财务评价
1. 经济评价依据、原则及方法××
2. 基础数据测算××
3. 财务评价分析××
4. 不确定性分析××
5. 财务风险及对策××
第六章　项目运行风险及对策
一、项目运行环境风险分析及对策××
二、项目经营管理风险分析及对策××
三、项目市场风险分析及对策××
第七章　项目综合评价××

三、拟投项目的立项

私募基金管理人的投资管理部门经过初步的分析测算，如果认为项目符合公司的投资策略和标准，经济上可行并且具有推进的可能，可以向公司提出立项申请，进行项目立项。因为项目立项后涉及组织其他部门和中介机构对项目的现场尽职调查事宜以及费用支出，因此部分基金管理公司对于该环节比较重视，要求召开专门的立项或投资决策会议来决定，程序比较正式和严谨。实践中也有一些公司对立项环节管理比较松弛，报私募投资基金管理公司主管领导审批即可。项目立项会议主要由公司总裁、投资负责人、募集负责人、风险负责人以及法律负责人方面的人士组成，一人一票，按照公司投资决策程序进行表决，一般项目经过二分之一通过即可，重大项目需经过三分之二通过。

项目立项之前，投资管理部门应该按照公司投资管理规定将收集的项目要素表、项目商业计划书以及项目立项申请表提交立项或投资决策会议的秘书，由其转发给各立项或投资决策委员供其在决策时进行参考。负责会议的秘书应及时组织会议，对项目进行决策。

(4)【××地产项目立项申请表】模板

××地产项目立项申请表

××地产项目立项申请表			
项目名称		立项时间	
项目负责人			
项目背景概述			
交易方案简述			
交易对手简述			
项目简述分析			
项目存在风险			
项目风控措施			
项目投资建议			
项目时间安排			

(5)【××地产项目立项决策表】模板

××项目立项决策表

项目名称：	项目负责人：
××	□通过 □附条件通过 □否决 所附条件： 签字：
××	□通过 □附条件通过 □否决 所附条件： 签字：
××	□通过 □附条件通过 □否决 所附条件： 签字：
××	□通过 □附条件通过 □否决 所附条件： 签字：
××	□通过 □附条件通过 □否决 所附条件： 签字：
投决 表决意见	□通过 □附条件通过 □否决 时间：××年××月××日

四、拟投项目的尽职调查

拟投项目经过私募投资基金管理公司立项会议通过后，投资管理部门应组织公司内部各部门或外部三方机构对项目展开尽职调查。尽职调查又称谨慎性调查，是指投资人在与目标企业达成初步合作意向后，投资人对目标企业或项目与本次投资有关的事项进行现场调查、资料分析的一系列活动。尽职调查是私募投资基金投资过程中必要动作，尽职调查的结果对于是否投资具有决定性的作用。尽职调查的主要目的是了解项目的真实信息，发现潜在的风险，挖掘真正的价值。下面就介绍一下尽职调查中涉及的主要事项以及需要注意的问题。

（一）签署项目保密协议

尽职调查会获取项目公司股东、项目公司或项目的工商、财务、管理、运营等核心信息，所以双方应签署一个保密协议，要求对方承诺对获取的公司和项目信息进行保密，并采取切实有效的防范措施，防止信息泄露和外传，在双方合作终止后将保密信息删除或销毁。实际工作中，保密协议签署一般不存在问题，但是公司往往都是拿着一些制式版本走个过场或形式，不太会注意双方合作过程中特殊信息的保密工作，因此建议保密协议在签署过程中还是要针对不同的情况设置一些特殊的条款，增强保密协议的实用性和针对性，防止在出现具体问题时因为协议约定过于抽象而无法追责。

（二）签署投资意向书

为确立双方的正式合作关系，同时也为了各方协调战略合作伙伴，投资方与被投资方应签署一份投资意向书，列明合作项目、合作内容、合作方式、交易价格、交易条件、合作期限、排他性安排、约束性安排等。实际工作中，对于合作关系即合作意向书是签署具有约束性的还是非约束性的，许多公司比较踌躇和犹豫。如果签署有约束性的，对于双方来说都要承担一定的义务，法律风险相对较大；如果签署非约束性的，对于双方来说都不承担法律上的具有约束力的义务，法律风险较小，但是合作关系比较脆弱。鉴于签署合作意向书时，一般来说双方接触时间都不太长并且了解不够深入，建议签署不具有约束力的合作意向，防止因为不了解而承担过多的义务和责任。

（三）签署尽职调查委托协议

如果基金管理公司对外购买服务，外聘律师事务所、会计师事务所进行尽调，或外聘评估师事务所进行资产评估，应及时与上述主体签署相关服务购买协议，明确职责范围、需要提交的成果和深度、完成的时间和服务的价格及支付的方式。实际工作中，常常发生委托人认为受托人服务内容不到位、不全面，提交的服务成果质量较差，不满足委托人的要求，以及受托人认为服务内容已经超出责任界限、需要增加服务费用的事情，从而导致双方合作关系发生不愉快，因此在双方签署购买服务协议时，委托方和受托方应注意在合同中明确上述事宜的具体内容、适用条件等，尽量避免产生争议。当然，尽职调查过程中也可能同时操作评估、审计等事宜，注意及时签署相关购买服务合同即可。

（四）开展尽职调查与出具尽职调查报告

私募基金管理人与中介机构签署完毕专项服务协议以后，中介机构应及时向委托人提供尽职调查清单，开展尽职调查并出具尽职调查报告。实际工作中，针对一些复杂的、体量较大的项目，因为涉及的机构、人员、资料、程序等较多，建议提前编制工作开展计划、分配各项工作职责、落实相关办理人员、明确各项工作节点等，同时召集会议对上述工作进行部署，以便工作顺利、有序进行。下面就以私募地产基金法律尽职调查为例，对尽职调查事宜进行说明，供基金管理人在实际工作中参考。

(7)【××地产项目法律尽职调查清单】模板

××地产项目法律尽职调查清单

致：××有限公司（以下简称贵司或公司）

为了解贵司的基本公司状况，方便和推进双方合作的进一步开展，我司制作了关于贵司及其关联公司基本情况尽职调查方面的法律调查清单，请贵司及其所属关联公司根据本调查清单尽快准备相关资料，以便迅速开展工作，在此感谢贵司的配合。

调查清单与资料提供的说明：

1. 除非以黑体特别标明需要提供原件和为本次法律尽职调查而新制作的情况说明外，清单所列文件可用复印件或电子扫描件的形式提供。请统一使用A4复印纸复印所需提供的文件，并确保复印件的清晰及复印件与原件或正本的一致。

2. 需要贵司提供情况说明的，请作出文字说明并加盖贵司印章；贵司相关人员在提供书面材料的同时，请提供本问卷清单回答和相关表格的电子版及有关复印件资料的电子版（如有），且需保证提供的电子版文件内容与书面材料内容完全一致。

3. 贵司应保证向我司提供的文件和资料系根据法律尽职调查文件清单的要求收集和整理，该等文件和资料是真实、准确、全面、完整和有效的，所提供文件中的所有印章是真实的，所提供的文件不存在任何虚假性记载和误导性陈述。

4. 如果对某一问题，贵司认为其中要求的文件资料已在其他问题下提供，可以在相关位置进行明确注明，不必再次重复提供文件或资料；如果本清单中所需要的某一项文件或资料不适用贵司的具体情况，请注明“不适用”。

5. 对贵司提供的有关须保密的资料、信息，我司均将严格进行保密。本清单仅为我司初步了解贵司之基本情况之用，随着尽职调查工作的不断深入，我司将视情况，进一步向贵司发出补充调查清单，届时亦请贵司予以配合，在此非常感谢！

××有限公司

××年××月××日

承诺函

致：××有限公司

因本次××事宜，贵司对本公司进行了法律尽职调查。在此，本公司就法律尽职调查相关事宜声明、保证及承诺如下：

本公司向贵司提供的文件和资料，系根据贵司提出的《法律尽职调查资料清单》的要求收集和整理，该等文件和资料是真实、准确、全面、完整和有效的，所提供文件中的所有印章是真实的，文件的复印件与原件一致，并且关于本公司的一切重大事实和文件在本次提交的文件和资料中均已提供，无任何隐瞒、遗漏或偏差之处，且不存在任何误导性陈述。如本公司的前述声明、保证和承诺与事实不符，本公司愿意对由此引发的一切法律后果负责，并将承担一切法律责任。

××有限公司

××年××月××日

××地产项目法律尽职调查材料清单

一、公司设立、变更、注销（所投资公司）、备案登记的工商文件

1. 公司设立登记文件：请提供公司工商设立登记所需文件，包括公司注册登记申请书、公司营业执照、股东协议、公司章程、验资报告、资产或技术评估报告、股东资格证明、公司股东名册、股东出资证明书。如果公司工商设立登记注册涉及前置许可或后置审批的，应提供其他国家权力机关的许可、批准或备案文件。

2. 公司变更登记文件：请提供公司工商变更登记申请书，变更后的公司营业执照以及变更登记工商机关所要求提交的所有变更文件。上述变更包括但不限于：变更公司名称、变更公司住所、变更公司法定代表人、增加或减少注册资本、公司股权转让（股东变更）、变更经营范围、变更股东姓名和名称、变更营业期限、变更企业性质及组织形式。如果上述工商变更涉及前置许可或后置备案的，应提供其他国家权力机关的许可、批准或备案文件。

3. 公司注销登记文件：请提供公司所投资公司或分支机构的工商注销文件（如有），包括：企业注销登记申请书、公司决议或决定或行政机关责令关闭的文件或法院的解散裁定或破产裁定；清算报告；注销税务登记证明。如果公司工商注销登记涉及前置许可或后置备案的，应提供其他国家权力机关的许可、批准或备案文件。

4. 公司备案登记文件：请提供公司工商备案登记（含分公司）申请文件，备案登记申请书以及备案登记机关所要求提交的所有备案登记文件。上述备案登记包括但不限于：修改公司章程、变更公司董事、经理、监事；以及其他需要备案的事项文件。如果公司工商备案登记涉及前置许可的，应提供其他国家权力机关的许可、批准或备案文件。

注：

1. 对于公司所参股或控股的子公司或所成立的分公司以及联营、关联公司，请按照上述要求提供有关子公司或分公司、联营公司的全部工商登记或备案文件。

2. 请公司提供公司股东对本公司和公司对外控股或参股的公司股权结构图及其持股比例（以图形表示，并结合本注意3的提示内容）。

3. 请重点说明本公司股东所持本公司股权和本公司所控股和参股的子公司股权是否存在抵押、质押或其他权利担保以及其他权利受到限制的情形。请重点对上述股权是否已经实际出资到位进行说明。

4. 上述文件应为工商登记或备案的全部提交和工商底档文件。

二、公司运营所需的行政许可、审批、备案文件

请贵司提供公司业务运营（经营）所需的政府机关、派出机构或行业协会以及其他机构的行政许可、审批、备案文件（含许可证书和相关批准文件），包括：税务机构登记证明（税务登记证）；银行开户证明（开户许可证、授信证明和信用证明、贷款卡）；企业信用代码证；质量监督机构登记证明（组织机构代码证）；社保机构登记证明（社保登记证）；企业资质管理机构证明（房地产开发资质证书）；商务机构批准或备案证明（外商投资企业批准证书、章程、合同批复及其变更审批

文件等）；外汇管理机构登记证明（外汇登记证）；公安管理机关审批或备案文件（如特种行业经营许可证）；以及其他企业经营前置许可审批文件、企业经营后置所需许可备案文件等。

注：

1. 如果在上述证明被有关机关审批或备案时，政府权力部门已经在先给予企业其他审批或备案文件或已经同意该审批或备案，请同时提供该文件。

2. 如果公司在运营过程中，某项具体业务需要审批或备案时（譬如对外担保审批、特种行业经营许可证、卫生许可证、安全生产许可证等），请提供从事该项业务所审批或备案的文件。

三、公司主要资产（动产、不动产、知识产权和其他权益）

（1）主要动产［购买价格在人民币（100）万元上］清单

名称	动产来源说明【买卖、转让、赠与、租赁、投资或其他方式取得】，请写明合同名称	合同金额【支付比例或履约情况】	交易对手	备注：【请注明该动产是否存在权利限制的情形，如抵押、质押、其他担保和所有权保留或所有权限制等】
1				
2				
3				
……				

（2）不动产清单

A. 土地清单

名称	土地来源说明【出让、转让、赠与、租赁、投资或其他方式取得】，请写明合同名称。	合同金额【支付比例或履约情况】	证件编号 交易对手	备注：【请注明该土地是否存在权利限制的情形，如抵押、质押、其他担保和所有权保留或其他所有权限制等，请注明该土地的权利截止期限】
1				
2				
3				
……				

B. 房屋清单

名称	房屋来源说明【买卖、转让、赠与、租赁、投资或其他方式取得】，请写明合同名称。	合同金额【支付比例或履约情况】	证件编号 / 交易对手	备注：【请注明该房产是否存在权利限制的情形，如抵押、质押、其他担保和所有权保留或所有权限制等，请注明该房产截止期限】
1				
2				
3				
……				

C. 在建工程清单

名称	在建工程来源说明【买卖、转让、赠与、租赁、投资或其他方式取得】，请写明合同名称。	合同金额【支付比例或履约情况】	建设许可证件【含项目审批部门、土地审批部门、规划审批部门、建设审批部门审批文件、竣工验收备案文件】〈四〉	备注：【请注明该在建工程是否存在权利限制的情形，如抵押、质押、其他担保和所有权保留或所有权限制等，请注明该土地的权利截止期限】
1				
2				
3				
……				

(3) 知识产权（含商标权、专利权、著作权）和发明权、发现权及其他科技成果权清单

名称	知识产权来源说明【买卖、转让、赠与、租赁、投资或其他方式取得】，请写明合同名称。	合同金额【支付比例或履约情况】	证件编号 / 交易对手	备注：【请注明该知识产权是否存在权利限制的情形，如抵押、质押、其他担保和所有权保留或所有权限制等，请注明该知识产权截止期限】
1				
2				
3				
……				

(4) 其他权益（含对外投资、所持股票或债券以及其他证券性权益、期权、特许经营权等）

名称	权益来源说明【买卖、转让、赠与、租赁、投资或其他方式取得】，请写明合同名称。	合同金额【支付比例或履约情况】	交易对手	备注：【请注明该权益是否存在权利限制的情形，如抵押、质押、其他担保和所有权保留或所有权限制等，请注明该权益截止期限（如有）】
1				
2				
3				
……				

注：

请提供上述资产涉及合同/协议的复印件以及相关证书的复印件。对外投资请按照第一条提供的对外投资股权结构图进行填写。

四、项目开发建设（固定资产投资）行政许可、审批、备案文件

依据国家和地方固定资产许可或备案的规定，请提供贵司所持有的不动产（含土地、房产及其在建工程）开发建设所需办理的所有政府机构的行政许可、审批或备案的文件以及政府机构所属或委托的事业或企业单位对有关项目事项的审查意见，包括但不限于：发展改革主管部门文件（立项文件、招标方式审批文件）、建筑规划主管部门文件（选址意见书、建筑工程规划许可证、建设用地规划许可证、修建性详细规划或规划方案批准文件、建筑方案批准文件、初步设计批准文件、项目地址审批文件、放线验收文件、规划验收文件）、住房和城乡建设主管部门审批文件［建筑施工许可证、施工图审批文件、资格预审、招标文件、招标情况、建筑材料和设备采购备案文件、施工合同备案文件、商品房预（销）售许可证、建设工程竣工验收备案表］、国土资源主管部门文件（土地预审文件、国有土地使用证、国有土地使用权出让合同、建设用地批准证书）、环保主管部门文件（环境影响评价书/表及其验收文件）、交通主管部门审批文件（交通影响评价书及其验收文件）、质量监督主管部门文件（质量监督备案文件）、安全监督部门文件（安全监督备案文件）、建筑节能审查备案、消防主管部门审批文件（消防图纸的方案设计、初步设计以及施工图设计的批准文件、项目消防验收文件）、人防主管部门审批文件（人防工程规划设计条件审查、人防工程建设设计方案审批、人防工程施工图设计文件审批、人民防空工程易地建设审查、人防工程质量监督、竣工验收及备案文

件)、公安行政主管部门审批文件(涉外安全审批文件、门牌号审批文件)、园林绿化部门审批文件(园林设计图纸的方案设计、初步设计以及施工图设计的批准文件、验收文件)、文物保护部门审批文件(如有)、市政公用部门审批文件(如有)、路政管理部门审批文件(如有)、教育行政主管部门审批文件(如有)等。

注:

1. 如果市政基础设施的管理权限已经归属相关专业市政基础设施公司,请提供相关专业公司的确认文件或所签署的有关合同以及支付费用的证明。

2. 上述“审批文件”包括行政许可、行政审批、行政核准或行政备案文件;如果项目已经验收,请提供各行政机关的验收文件。

3. 如果上述机关已将部门职能授权给专业机构,请提供该专业机构出具的审查或批准证明。

4. 如涉及多个项目,请以单一项目为标准,对涉及的项目进行分别编号、分别提供。

五、重大合同/协议/保函/承诺函

名称	合同标的	合同金额【支付比例或履约情况】	交易对手	备注:【请注明该合同尚未履行、正在履行、履行完毕;请着重说明该合同是否存在公司或交易对手违约的情形】
1				
2				
3				
……				

注:

1. 重大合同/协议:是指金额在人民币(500)万元以上的合同或协议,或虽金额未达到上述数额但对公司具有重大影响的合同或协议。

2. 请贵司重点提供规划策划、国有土地出让、施工、设计、监理、采购、投资、借款、保证、抵押、质押或其他担保合同或所有权保留或所有权限制等协议。

六、重大诉讼案件、仲裁案件、行政处罚

A. 诉讼案件清单

	案由	当事人	诉讼请求	备注：【请注明已立案、已判决、执行中、执行完毕】
1				
2				
3				
……				

B. 仲裁案件清单

	案由	当事人	主要仲裁请求	备注：【请注明已立案、已裁决、执行中、执行完毕】
1				
2				
3				
……				

C. 行政处罚案件清单

	处罚原因	处罚决定书	处罚结果	备注：【请注明处罚过程中、已作出处罚、已处罚完毕】
1				
2				
3				
……				

注：

1. 请提供对集团公司、实际控制人、项目公司的已知或潜在的起诉状、申请书、答辩状、代理词及法院判决、裁定、仲裁裁决、法院或仲裁调解书、查封、冻结、扣押通知书、协助执行通知书、执行通知书等类似文件的复印件。请提供已知或潜在的行政处罚决定书、查封、冻结、扣押通知书或类似文件的复印件。

2. 请提供对集团公司、实际控制人、公司股东的已知或潜在的起诉状、申请书、答辩状、代理词及法院判决、裁定、仲裁裁决、法院或仲裁调解书、查封、冻结、扣押通知书、协助执行通知书、执行通知书等类似文件的复印件。请提供已知或潜在的行政处罚决定书、查封、冻结、扣押通知书或类似文件的复印件。

××有限公司

××年××月××日

(8)【××地产项目法律尽职调查报告】模板

××律师事务所

关于××地产项目的法律尽职调查报告

致：××有限公司

××律师事务所（以下简称本所）为在中华人民共和国依法注册的律师事务所，持有中国司法行政主管部门颁发的律师事务所执业许可证。本所接受××有限公司（以下简称××）的委托，作为××特聘法律尽职调查专项顾问，根据中国有关法律、法规和规范性文件的要求，对××的法律状况进行了尽职调查工作，并出具本尽职调查报告。

为出具本尽职调查报告，本所依据中国律师行业公认的业务标准、道德规范和勤勉尽责精神，对××的法律状况进行了必要和适当的尽职调查。本所向××提交了法律尽职调查需提供之材料清单；××依据该等清单提供的资料、文件和对有关问题的说明构成了本所律师出具尽职调查报告的基础。

本所查阅了本所认为必须查阅的文件，包括有关政府部门的批准文件、有关记录、资料和证明以及现行有关法律、法规、行政规章和其他规范性文件，并向有关人员做了询问或与之进行了必要的讨论，对有关问题进行了核实。

本所已得到××的承诺，保证已经向本所提供了出具本尽职调查报告所必需的、真实的、完整的、有效的书面材料、副本材料或者口头证言，且一切足以影响本尽职调查报告的事实和文件均已向本所披露并无任何隐瞒、虚假或遗漏之处。

为出具本尽职调查报告，本所及本所律师特作如下声明：

(1) 本所律师对本尽职调查报告所涉及有关事实的了解和判断，主要依赖于××向本所提供的文件、资料及所作说明，且××已向本所及本所律师保证了其真实性、完整性和准确性。

(2) 对于本尽职调查报告中的部分事实和事项，因无法或者未获得相关证据，本所无法作出明确的认定和判断。对于该等事实和事项，已在本尽职调查报告的相关位置进行了提示。

(3) 对于出具本尽职调查报告必不可少而又无法得到独立证据支持的事实，本所律师依赖于××所出具的说明或确认文件及本所认为适当合理的查证而出具本尽职调查报告。

(4) 本尽职调查报告中存在涉及或说明财务、审计、评估的内容，仅为引用有关专业机构报告或××提供的书面文件，且并不表明本所律师对该等事项明示或默示地承认及发表法律意见和评价。

(5) 本尽职调查报告所述事项，仅限于本尽职调查报告所确定的尽职调查基准日以前已发生或存在的事实，并且根据中国当时和现行有效的法律、法规和规范性文件的规定。

(6) 本尽职调查报告，非经本所及本所律师书面同意，不得用于其他任何目的。

本尽职调查报告做出的相关律师意见为本所对××所涉相关法律事宜的最终有效意见，此前本所提供的关于××的任何书面、口头意见、咨询、建议、答复与本尽职调查报告不一致者，均以本尽职调查报告为准。

一、××的主体资格概况

二、××的经营资格以及经营合规概况

三、××项目开发建设行政许可或备案情况

四、××公司资产以及负债情况

五、××公司重大合同及其履行情况

六、××公司关联交易情况

七、××公司诉讼、仲裁以及行政处罚情况

以上法律尽职调查报告，仅供贵司参考。

××律师事务所：××

签字律师：××

××年××月××日

五、风险管理部出具风险审查报告

依据中基协发布的《私募投资基金管理人内部控制指引》的要求，私募投资基金管理人应加强内部控制，防范经营风险。实践中，许多私募投资基金管理公司已经仿照持牌金融机构的组织架构，组建了风险管理部，加强对内部控制风险与项目投资风险的合规管理。但是各机构对于风险的定义及管控的程度和内容有不同的理解，这也导致了风险管理部门职能出现了重大的差异。根据COSO发布的《全面风险管理框架》以及国有资产监督管理委员会2006年6月发布的《中央企业全面风险管理指引》，风险管理实际上是一个全面风险管理的概念，涵盖了企业各机构和业务环节，这与实践中部分基金公司只注重内控建设或只注重单项目风险管理有极大区别。因此如何分配和平衡风险管理部门的权力和职能，也是各个基金管理公司在设置风险管理部时需要考虑的问题。

(9)【××地产项目风险审查报告】模板

××地产项目风险审查报告

一、项目概况：××

二、项目方及其控股股东概况：××

三、项目现场走访以及文件审查情况：××

四、项目风险分析：××

五、项目结论与防范建议：××

风险管理部

时间：××年××月××日

六、投资决策委员会召开投决会

在投资管理部门组织完成尽职调查工作并出具尽职调查报告以及风险管理部门完成风险审查报告以后，如投资管理部门认为项目可行，并且法务和风控部门认为项目无重大瑕疵和风险，投资部门应及时编写项目投资决策申请报告（以地产基金为例），完整、全面介绍项目背景、交易结构、交易对手、项目区位、项目经济技术指标以及项目投资测算、基金投资测算等，并将投资决策申请报告、投资决策申请表、尽职调查报告、风险审查报告以及其他资料提交投资决策委员会秘书，由其组织召开项目投资决策会议，对项目最终决策。投资决策会议一般由总裁、投资负责人、财务负责人、募集负责人、法律负责人、风险负责人等方面的人员组成，一人一票，实行多数决原则。投资决策会议是私募投资基金的投资事宜决策机构，在投资方面具有最高决策权力，对投资事宜具有完全的、独立的、不受干涉的权利。投资决策委员会一般由基金管理人任命的人员组成，实际工作中部分有限合伙人特别是大的资金方要求投资决策委员会必须要有其委派的人员并且其委派的人员要有一票否决权，这实质上违反了合伙企业法的基本原则即有限合伙人不具有管理有限合伙事务的权利，并可能导致该有限合伙人被认定为普通合伙人并承担无限连带责任，对于该有限合伙人来说，法律风险比较大。对此事项，部分政府引导投资基金设置了观察员一职，并赋予其对投资决策委员会监督、检查的权利，一旦投委会决议被认为不符合法律规定以及合伙协议的约定，该观察员可以行使一票否决权，否决投委会决议。投资决策委员会决议是投资内控合规中最重要的法律文件，也是监管机关和自律组织审查的重点，应妥善保管，防止遗失。

(10)【××地产项目投资决策申请表】模板

××地产项目投资决策申请表

项目名称		申请日期	
申请单位		项目经理	
申请内容及附件：			
业务负责人意见			
法律事务中心意见			
风险管理中心意见			

(11)【××地产项目投资决策申请报告】模板

××地产项目投资决策申请报告

一、项目背景介绍××

二、交易结构及融资要素

交易结构图××

（一）融资主体：××

（二）担保主体：××

（三）融资模式：××融资

（四）融资规模：××亿

（五）融资期限：××年

（六）资金到位时间：××年××月××日前

（七）融资用途：××

（八）融资成本：总成本不超过××%

（九）还款来源：××

（十）增信担保措施：××

（十一）抵押物情况：

项目	占地面积（m^2）	现状	地价估值（万元）	在建估值（万元）	评估公司	评估时间	货值（万元）

三、交易对手基本信息

企业名称	××集团股份有限公司
企业类型	股份有限公司
注册地址	××
法定代表人	××
注册资本	××万元
营业执照	××
经营范围	××
成立日期	××年××月××日
房地产开发资质	××

1. 基本情况

××基本情况介绍：××

××已开发部分项目：××

××项目图：××

2. ××集团股权架构图：××

3. ××集团本部组织架构图：××

4. 信用情况：××

5. 财务情况：××
6. 集团征信情况：××
7. 集团在售项目情况：××
8. 集团储备项目情况：××

四、项目市场分析——××市

1. ××市土地市场
2. ××市商品房市场

五、项目情况

（一）项目位置分析：××
（二）项目公司财务分析：××
（三）项目经济技术指标：××
（四）项目开发关键节点：××
（五）项目销售情况：××
（六）相关政策及手续办理：××
（七）项目主要指标及测算：××
（八）项目投资估算表：××
（九）项目现金流量表：××
（十）项目资金来源与运用表：××
（十一）项目经济效益分析：××
（十二）价格项目敏感性分析：××

六、风险分析

风险分析：××
应对措施：××

七、基金收益测算与投资建议

1. 基金收益测算表：

项目总投资	××	
资金峰值	××	土地款+前期费用
项目净利润	××	
基金总投资	××	
注册资本	××	××
基金股权比例	××%	
基金股权投资	××	××%

续表

基金债权投资	××	××%
基金债权收益率	××%	
基金债权收益	××	
基金股权收益	××	
基金总收益	××	基金投资收益比
基金债权期限	金额	年
其中：	××	××
	××	××
	××	××
基金股权期限	××	××
	××	××
	加权投资期	加权收益率
基金加权投资期（债权）	××	××%
基金加权投资期（股权）	××	××%
基金加权投资期	××	××%

2. 投资建议××

项目负责人签字：××

申请日期：××年××月××日

（12）【××地产项目投资决策决议】模板

××地产项目投资决策决议

项目名称：	项目负责人：
×××	□通过　□附条件通过　□否决 所附条件： 签字：
×××	□通过　□附条件通过　□否决 所附条件： 签字：

续表

项目名称：	项目负责人：
×××	□通过　□附条件通过　□否决 所附条件： 签字：
×××	□通过　□附条件通过　□否决 所附条件： 签字：
×××	□通过　□附条件通过　□否决 所附条件： 签字：
投决 表决意见	□通过 □附条件通过 □否决 时间：××年××月××日

七、签署投资协议等系列法律文件

拟投项目经投资决策委员会决议通过后，私募基金管理人或私募基金就应该聘请第三方服务机构律师事务所或自身的法务团队起草投资协议、股权转让协议、增资协议、股东协议、公司章程、抵押协议、质押协议、保证协议、资金监管协议等一系列的法律文件（不同的投资领域、不同的投资方式涉及的法律文件具有很大差别）。以私募地产投资基金为例，投资主协议是整个私募地产投资基金的主协议，它是确定私募地产投资基金、私募地产投资基金管理人与融资方基本权利义务关系的法律文件，是整个私募地产投资中最重要的法律文件，必须高度重视。实际工作中，私募基金管理人为加强内控管理，防范内控风险，应该及时制定各种投资协议的示范文本，供业务部门在实际工作中参考和使用。如果在本次投资协议中，示范文本中的示范条款未被采用或被更改的，业务部门应及时向其他部门进行说明。

（13）【关于××目标公司股权转让协议】模板

关于【××目标公司】股权转让协议

本协议由以下各方于××年××月××日在××签署。

转让方：××有限公司　　　　　（以下简称甲方）

法定代表人：

地址：　　　　　　　　　　　　　　　　　　　邮编：

电话：

传真：

受让方：××有限公司　　　　　（以下简称乙方）

法定代表人：

地址：　　　　　　　　　　　　　　　　　　　邮编：

电话：

传真：

鉴于：

1. 甲方是一家依中华人民共和国法律于××年××月××日成立并合法存续的有限责任公司（或有限合伙企业），注册地在中华人民共和国××市，其合法持有目标公司【××%】的股权。

2. 乙方是一家依中华人民共和国法律于××年××月××日成立并合法存续的有限责任公司（或有限合伙企业），注册地在中华人民共和国××市，将依据本协议约定条件受让甲方持有的目标公司【××%】的股权。

3. ××有限公司（以下简称目标公司）是一家依中华人民共和国法律于××年××月××日成立并合法存续的有限责任公司，注册地在中华人民共和国××市。

4. 甲乙双方已就甲方持有的目标公司【××%】的股权转让事宜进行协商，甲方同意依据并受限于本协议约定的条件将上述股权转让给乙方，乙方亦同意依据本协议约定的条件受让上述股权。

经甲乙双方友好协商并达成一致，就甲方持有的目标公司股权的转让事宜，依据《中华人民共和国民法总则》、《中华人民共和国协议法》等法律、法规的相关规定，订立本股权转让协议，以资遵守。

第一条　目标公司

目标公司是一家依中华人民共和国法律于××年××月××日成立并合法存续

的有限责任公司，注册资本：人民币××万元（其中认缴人民币××万元；实缴人民币××万元）；经营范围为：××；经营期限为：××；企业注册登记号：××；法定代表人：××。

目标公司本次股权转让前的股权结构为：

股东名称	出资总额	占注册资本比例	备注

第二条　转让标的

2.1 目标公司本次股权转让后的股权结构：

依据并受限于本协议所述的条件和条款，甲方将向乙方转让其持有的目标公司【××%】的股权，乙方同意受让被转让的股权，并依据受让后的股权享有相应的股东权益并承担相应的股东义务。目标公司本次股权转让后的股权结构为：

股东名称	出资总额	占注册资本比例	备注

2.2 股权保证：

甲方保证其持有的目标公司的股权真实、完整、合法、有效；其持有的上述股权在设立时已经履行完毕法律法规、规定的行政审批、核准和备案手续（如需）；上述股权已经全部实际出资到位并且不存在任何纠纷、争议或权利瑕疵；所有股权缴付的注册资本不存在抽逃出资或变相抽逃出资的情形；所有股权均为自身单独的合法利益所持有，不存在委托、信托、共有、代持等情形。

第三条　转让价格及支付

3.1 转让（购买）价格：

乙方应当向甲方支付人民币××元（大写：××元）（“购买价格”），作为甲方转让目标公司股权的对价。购买价格应当以人民币计价。

3.2 股权转让及股权转让价款支付的前提条件：

3.2.1 本协议第2.2条的股权保证真实、完整、合法、有效。

3.2.2 各方同意并正式签署本协议及其附属协议（如有）。

3.2.3 公司原股东已经书面放弃本次股权转让的优先受让权（签署放弃优先受让权承诺书）。

3.2.4 本次交易已经取得政府主管部门或其他部门（如需事前许可、审批或备案）的批准（如需）、目标公司内部（董事会/股东会）的批准和目标公司原股东（股东会/董事会）相关的同意和批准（如需）。

3.2.5 目标公司及甲方按照本协议的相关条款修改章程并经目标公司所有股东和乙方正式签署；目标公司及甲方已经按照国家和当地的规定办理完毕工商登记变更的手续并且向乙方出具更新后的登记变更文件。

3.2.6 目标公司及甲方已经将乙方记载于公司股东名册（上述股东名册股东可以查阅）并已经向乙方出具出资证明书（加盖公司公章），出资证明书具备中华人民共和国公司法规定的内容。

3.2.7 目标公司及甲方未实质违反陈述与保证义务，对各项陈述与保证无重大的瑕疵从而危及本交易；目标公司及甲方未发生或即将发生危及本次交易的重大不利情形以及影响自身经营的重大不利情形。

3.2.8 目标公司及甲方在过渡期内实质性地履行本协议约定义务，未发生或即将发生严重损害或将要损害目标公司以及乙方权益的行为。

3.2.9 本协议的强制执行公证已经办理完毕并且乙方已经取得强制执行公证书（如存在回购事宜）。

3.3 支付时间和方式：

支付时间：

乙方应在目标公司完成股权工商变更登记手续（以证明文件载明日期为准）以及目标公司向乙方出具出资证明书（加盖目标公司公章）并同时将乙方记载于股东名册之日起××日内，向甲方支付人民币××元。

甲方同意乙方将股权转让价款支付到以下银行账户：

开户银行：××

账户名称：××

银行账号：××

3.4 税费分担

股权转让过程中需甲方或乙方缴纳有关税费，如甲方乙方有约定的，按照双方的约定进行处理；无约定的，由甲乙双方各自按照国家和地方的相关规定自行分担。

第四条　行政许可、审批或备案手续的办理

4.1 行政许可、审批或备案手续的办理

甲方应自行或要求目标公司在××年××月××日之前向××行政机关按照其

要求提交本次交易审批所需的文件和资料，并在××年××月××日之前办理完毕上述行政许可、审批或备案手续，取得相关证明文件并通知乙方（可以要求核实原件），乙方应予积极配合完成上述手续。（如有）

4.2 工商变更手续的办理

甲方应自行或要求目标公司在××年××月××日之前向工商行政管理机关提交办理有关股权变更登记事项的资料，并在××年××月××日之前完成工商行政机关的变更登记手续，以及取得相关证明文件并通知乙方（可以要求核实原件），乙方应予积极配合完成上述手续。

4.3 目标公司内部手续的办理

甲方应自行或要求目标公司在工商变更登记完成后××年××月××日之前向乙方出具出资证明书一份（加盖目标公司公章，出资证明书应具备公司法上要求的必备内容），并同时向乙方出具股东名册一份（加盖目标公司公章，股东名册应具备公司法上要求的必备内容）。

4.4 互相配合

各方承诺并保证在本协议签署之日起互相协助配合准备必要的股权转让行政机关许可、审批或备案手续（如有）所要求的资料以及工商行政管理机关股权变更登记所要求的资料或出具股东会决议、董事会决议以及其他需由双方签署或实施的必要的工作等。

第五条　转让后公司治理结构

5.1 股东会：

目标公司股东会由全体股东组成，是公司的权力机构，依照《中华人民共和国公司法》及其他相关规定、公司章程以及本协议的约定行使职权。股东会上，甲方表决权比例为【××%】；乙方表决权比例为【××%】。对于股东会决定的事项，必须经过乙方的同意后才能批准和实施。（须列入工商机关备案的章程之中）

股东会职权：【在公司章程中规定】。

5.2 董事会：

本次转让后目标公司董事会由××名董事组成，其中甲方提名××名；乙方提名××名。各方同意在股东会上投票赞成上述提名的人士出任目标公司董事，目标公司应及时办理董事会变更手续。

董事会对股东会负责，依照《中华人民共和国公司法》及其他相关规定、公司章程以及本协议的约定行使职权。对于董事会决定的事项，必须经过乙方委派的董事同意后才能批准和实施，乙方派驻董事具有一票否决权。（须列入工商机关备案的章程之中）

董事会职权:【在公司章程中规定】。

5.3 监事会:

公司设立监事会，其中甲方提名××名；乙方提名××名；职工代表【1】名。各方同意在股东会上投票赞成上述提名的人士出任目标公司监事，职工代表由目标公司职工通过职工代表大会、职工大会或者其他形式民主选举产生。

目标公司应及时办理监事会变更手续。监事会对股东会负责，依照《中华人民共和国公司法》及其他相关规定、公司章程以及本协议的约定行使职权。(须列入工商机关备案的章程之中)

监事会职权:【在公司章程中规定】。

5.4 总经理:

公司可以设总经理××人（由××进行委派并由董事会聘用或解聘)，对董事会负责。公司设财务总监××人（由××进行委派并由董事会聘用或解聘）和财务副总监××人（由××进行委派并由董事会聘用或解聘)，对董事会负责。

总经理职权:【在公司章程中规定。】

5.5 公司印信的管理:

公司的公章、财务章、协议章、法定代表人人名章和手签章由××委派的××进行统一管理和使用。

第六条　过渡期安排

6.1 利润分享、损失承担

自本协议签署之日起至本次股权转让工商变更登记办理完毕之日的期间为过渡期。过渡期内产生的经营利润或其他收益，将由目标公司享有。对于过渡期内，正常经营产生的亏损，将由目标公司承担；非正常经营产生的亏损，将由甲方承担并在股权购买价格中预先扣除。

6.2 日常管理

过渡期内，目标公司同意乙方派驻人员××名参与并监督目标公司的日常经营工作。对于公司的日常经营管理事项，各方应共同决定并且将共同对决定事项进行书面确认，目标公司不得无故为乙方参与管理制造障碍。对于甲方或目标公司自行决定的行为或事项，乙方不承担任何责任并将索赔。

6.3 诚信持续经营

过渡期内，甲方、目标公司应尽一个诚实、善良、诚信的管理人的职责，保证目标公司平稳、持续、合法的经营，采取所有合理的步骤以保存和保护公司的资产及其商誉，继续为目标公司创造经营收益。

6.4 保持稳定

过渡期内，甲方或目标公司不得从事任何有损于目标公司或乙方权益的行为，尤其是应保持公司核心经营管理团队人员的稳定（但乙方已经要求甲方辞退的人员除外）。如发生上述行为，甲方应无条件承担上述损失。

6.5 禁止行为

过渡期内，甲方、目标公司不对其任何实质性业务、目标公司资产设定任何新的债务负担，包括但不限于在资产和业务上设置抵押、质押、留置、出借、出租、转让等；不与其关联方或实际控制人发生任何新的关联交易，以及不发生任何新的资产被关联方占用的情况；依诚信原则维持与其客户、员工、债权人，以及与其往来的其他人之间的原有关系。

6.6 权利禁止

过渡期内，甲方保证自己和其他股东不转让其所持有的部分或全部目标公司股权或在其上设置质押等权利负担；保证自己和其他股东不得再对目标公司进行增资或减资或融资等活动；保证自己和其他股东不得进行利润分配或变相利润分配；保证自己和其他股东不对目标公司股权或其衍生权益进行委托、信托等行为；保证自己和其他股东不得运用其股东权利从事任何违反法律以及本协议的行为。

第七条　陈述和保证

7.1 甲方、目标公司的陈述和保证：

7.1.1 甲方所属股权已经全部实际出资完毕并已经取得中国注册会计师事务所的验资报告，上述股权上未设定也不存在任何第三人的所有权、共有权、抵押权、质押权、留置权或其他第三者权益，不存在任何纠纷、争议或权利瑕疵、不存在被查封或其他限制股东行使股东权利的其他情形，亦不存在对上述股权出资抽逃或变相抽逃的情形。

7.1.2 除事先声明及披露的之外，甲方、目标公司向乙方提供的全部书面文件/资料，以及通过口头等其他非书面方式提供的文件/资料均真实、准确、完整和有效，不存在重大遗漏、虚假性记载或误导性陈述。甲方、目标公司所提供的书面文件的复印件均与原件一致、副本均与正本一致。

7.1.3 除事先声明及披露的之外，甲方、目标公司披露的目标公司所有工商档案信息均真实、合法、有效、完整，没有包含或不存在任何不真实的描述或陈述，亦不存在任何忽略、隐瞒、误导和遗漏的情形。

目标公司有效合法存续并已经通过工商历年年检，其已经按照国家和地方的规定办理完毕工商注册及其变更登记手续，不存在或具有任何可能导致其终止、停业、解散、清算、丧失法人资格的情形或法律程序。

7.1.4 除事先声明及披露的之外，甲方、目标公司披露的目标公司所有相关经营资格及其许可文件及资质文件均真实、合法、有效、完整，没有包含或不存在任何不真实的描述或陈述，亦不存在任何忽略、隐瞒、误导和遗漏的情形。

目标公司合法合规从事经营活动，拥有从事目标公司业务范围所需的所有政府批准、许可、登记、备案、认证等相关经营及资质文件，所有上述文件有效并可持续使用，没有任何现实或潜在的可能导致上述政府批准、许可、登记、备案和认证文件被取消、收回或失效的事由发生。

7.1.5 除事先声明及披露的之外，目标公司披露的财务报表/数据以及甲方、目标公司披露的财产清单中反映的公司的各项资产/数据均真实、合法、有效、完整，没有包含或不存在任何不真实的描述或陈述，亦不存在任何忽略、隐瞒、误导和遗漏的情形。

目标公司所属资产完整、充分，不存在权利上的任何瑕疵，其可以按照中国法律转让或以其他方式依法处置，在上述资产上不存在任何第三人的权利，也没有被法院、仲裁机构或其他有权机构采取查封、冻结、扣押等强制措施，其资产也不存在任何所有权保留或其他可能影响完整的所有权的安排或负担。

目标公司所拥有及使用的知识产权均为公司的合法有效财产，其对知识产权享有完整、充分的所有权且无任何权利负担，所有权利均经过相关的政府部门批准或备案，并按时缴纳相关费用，以维持权利的持续有效，不存在无效的情形。

7.1.6 除事先声明及披露的之外，目标公司披露的公司所属项目的开发建设的行政许可、审批或备案手续和文件均真实、合法、有效、完整，没有包含或不存在任何不真实的描述或陈述，亦不存在任何忽略、隐瞒、误导和遗漏的情形。

目标公司已经按照国家和地方法律、法规、规章以及规范性文件的规定对所属项目进行了合法的开发和建设，所有固定资产投资所需的行政许可、审批或备案手续均已经合法办理并取得项目投资建设的合法文件，所有项目均合法地通过国家和地方主管行政机关的验收并取得相应的验收文件，上述项目取得或办理相应的产权证明以及进行交易亦无法律上的障碍或瑕疵。

7.1.7 除事先声明及披露的之外，甲方、目标公司披露的所有重大协议的签订、履行和终止情况均真实、合法、有效、完整，没有包含或不存在任何不真实的描述或陈述，亦不存在任何忽略、隐瞒、误导和遗漏的情形。

目标公司已按通常的商业惯例并依据协议条款履行重大协议，不存在任何已经发生的或潜在的违约行为，也不存在可能导致目标公司承担违约责任及/或赔偿责任的情形，更不存在未按照法律的规定进行备案的情形。

目标公司均没有在披露信息之外另行订立的协议或安排，或受到这些协议或安排的义务的限制，或订立了不寻常、承担过重义务或期限过长或具有非正常交易性质的任何协议或安排，或受到这些协议或安排的任何义务的限制。

7.1.8 除目标公司的财务报表以及甲方、目标公司披露的其他财务文件反映的债务之外，目标公司不存在任何其他债务（包括已有既存债务及由于公司提供保证、抵押、质押或其他形式的担保或协议违约所产生的或然债务），已披露文件没有包含或不存在任何不真实的描述或陈述，亦不存在任何忽略、隐瞒、误导和遗漏债务的情形。

若目标公司存在其他债务但甲方、目标公司未进行披露，甲方应自行承担该债务。如果法院判决或仲裁裁决或债权人要求目标公司承担未披露的债务，甲方应直接向有关债权人清偿债务；如果目标公司承担了债务，乙方及目标公司有权向甲方追偿，甲方应立即无条件无保留地偿还。

本协议的签订和履行将不会导致目标公司的债权人（包括但不限于贷款银行）有权宣布债务提前到期或要求提供担保或提高利息或在其他方面改变债务条件和条款；如果有上述事宜发生，甲方应立即无条件无保留地承担有关责任。

7.1.9 除事先声明及披露的之外，目标公司已经披露的正在进行或已经完结的诉讼、仲裁、争议、行政处罚或任何其他法律程序均真实、合法、有效、完整，没有包含或不存在任何不真实的描述或陈述，亦不存在任何忽略、隐瞒、误导和遗漏的情形。

甲方、目标公司保证目标公司不存在任何其他正在进行或已经完结的诉讼、仲裁、争议、行政处罚或任何其他法律程序，或存在任何就该等诉讼、仲裁、争议、行政处罚或任何其他法律程序未履行之判决或命令。甲方、目标公司亦进一步保证目标公司不存在有可能引起前述诉讼、仲裁、争议、行政处罚或其他法律程序的行为或事件。

7.2 乙方的陈述和保证：

7.2.2 乙方保证按照本协议的约定及时间向甲方支付购买价格以及履行本协议约定的其他义务。

7.3 甲方和乙方的陈述和保证：

7.3.1 双方拥有完全合法的权利和授权签订本协议并根据本协议履行约定义务，甲方、乙方在本协议上签字的代表已经获得充分的授权签署本协议，不存在权利上的瑕疵。

7.3.2 双方承诺并保证责成各自公司的股东会和/或董事会就本次股权转让的任何相关事项予以批准或同意，不造成不必要的拖延或履行相应的内部手续并经批准或同意，不存在任何内部程序上的瑕疵。

7.3.3 就双方现在所知，订立和履行本协议将不会造成双方违反：

a. 中国法律、法规和政府主管部门的有关规定或任何政府部门的授权或批准；

b. 双方的股东出资协议、合作协议、公司章程、营业执照或其他组织性文件；

c. 双方订立的对其本身或其资产有约束力的任何重要协议和协议或对其有约束力的任何单方/双方承诺或保证；如有违反的情况，双方已经在本协议生效前获得该等协议和协议之他方的同意、许可或放弃；

d. 任何对其有约束力的法院判决或仲裁庭的仲裁裁决或对其有管辖权的任何政府或主管机关的命令或裁决。

7.3.4 双方不会进行与本协议或与执行本协议约定的相违背或违反的其他任何行为；各方应采取合理的、必要的、合适及可取的措施以完成和执行本次交易。

7.3.5 各方同意：如果作为批准或许可本协议规定的交易的条件，行政许可、审批或备案机关要求对本协议、新章程或任何补充协议作重大的修改，各方应当善意地进行协商并尽力按照上述行政/主管机关的要求进行修改。

7.3.6 本协议生效前，各方均应当自行承担各自所发生的所有成本、费用、支出或款项。一方承诺不得向其他方主张（无论采取何种方式）上述成本、费用、支出或款项，其他方也无支付的义务。

除非本协议另有规定，所有的营业税、印花税、转让税、使用税、增值税、登记费、总收入或类似费用以及与本协议项下的交易有关的所有备案和登记费用，应由适用法律或司法区域的惯例规定应当承担的一方承担，或若无相关规定、惯例或约定时，由各方平均分担。

7.3.7 在股权转让完成之前，每一方应及时就以下情况向其他方发出书面通知：发生导致或可能导致任何一方于本协议作出的陈述或保证不真实、不准确、不完整的任何情况；(2) 该方出现不能够符合或满足本协议规定的需要符合或满足的任何重大承诺、前提、条件或状况。

7.4 不实陈述和保证的后果：

如任何陈述和保证不正确，则该方构成对本协议的违约。本协议的违约方应向非违约方赔偿因该等违约而给非违约方造成的任何实际损失和损害并承担相应的违约责任。

第八条　违约责任与协议解除

8.1 违约行为

除非本协议或法律另有规定，如一方（“违约方”）未履行其在本协议项下的义务，则另一方（“受损害方/非违约方”）可自行选择：

8.1.1 向违约方发出书面通知，描述违约的事实、性质和范围，并要求违约方

自担费用在通知发出后【30】日内纠正其违约行为并书面进行反馈；和

8.1.2 如违约方未能在上述书面通知指定期限内纠正其违约行为，并已构成根本违约，则受损害方可通过书面通知违约方解除本协议，并就违约所致的所有直接及可预见的损失要求损害赔偿以及承担相应的违约责任。

8.2 乙方解除本协议

如果出现下列情形之一并且是由于甲方原因造成的，乙方可以解除本协议：

8.2.1 截至本协议规定的时间，本次交易未完成行政主管机关或其他主管机关的行政许可、审批或备案手续，并取得相关证明文件；

8.2.2 截至本协议规定的时间，本次交易未通过工商行政管理机关的工商变更登记手续，并取得相关证明文件；

8.2.3 截至本协议规定的时间，乙方未取得目标公司向乙方出具的出资证明书以及股东名册；

8.2.4 甲方实质性违反本协议约定的陈述与保证义务以及过渡期义务并且未在乙方限定的时间内纠正。

8.3 甲方解除本协议

如果出现下列情形之一并且是由于乙方原因造成的，甲方可以解除本协议：

8.3.2 超过本协议规定的时间【30】日，乙方未支付本协议规定的任何一笔款项。

8.4 双方解除本协议

如果出现下列情形之一并且不是由双方而是由于行政机关和国家政策的原因造成的，双方均可以解除本协议：

8.4.1 超过本协议规定的时间【60】日，本次交易未获得××行政主管机关或其他主管机关的许可、审批或备案手续，并取得相关证明文件。

8.4.2 超过本协议规定的时间【60】日，本次交易未通过××工商行政管理机关的工商变更登记手续，并取得相关证明文件。

第九条　法律适用与争议解决

本协议的解释与适用遵循中华人民共和国的法律、法规、规章及其他规范性文件。因本协议引起的或与本协议有关的任何争议，可以依法向本协议签署地的人民法院起诉。

第十条　保密条款

对于与签署本协议有关的任何信息、资料、文件或其他信息，各方均应承担保密义务，不得向他人泄露、透露或以其他方式被他人知悉，但因法律、法规要求或司法、行政机关要求以及向己方法律顾问、财务顾问披露的除外。

第十一条 不可抗力

本协议项下之“不可抗力”指以下事实：本协议各方不能预见、不能避免、不能克服的客观情况。遭受上述不可抗力事件的一方，应当在事件发生后，立即书面通知另一方，并在其后的15日内提供证明该不可抗力事件发生及其持续时间的足够证明。

如发生不可抗力事件，协议各方应当立即互相协商，以寻求公平的解决办法，以使不可抗力事件的影响减低到最低限度；如因不可抗力而须解除本协议，则各方应根据协议履行的具体情况以及法律规定，由各方协商解决。

第十二条 部分无效

如果本协议的任何条款或该条款的任何部分，或对任何人或在任何情况下适用该等条款或其任何部分会被认定为无效或不可执行，本协议中任何其他条款或该条款的任何其他部分，或对任何人或在任何情况下适用该等条款或其任何部分的效力不受影响，仍然对任何人或在任何情况下有效并可执行。

第十三条 最终效力

本协议构成对经各方就本协议业已确认之事项最终的、具有约束力的法律文件，并取代以前已经发生的任何有关该事项的任何协议、补充协议、文件、函件、资料、表述、传真、记录、承诺等，各方在此予以确认并对此不持异议。

第十四条 不视放弃

任何非违约方未要求或延迟要求违约方履行本协议项下的任何义务或违约责任，不得视为非违约方放弃或减免要求违约方履行本协议项下的义务或违约责任，但非违约方书面承诺放弃或减免违约方该义务或责任的除外。

第十五条 转让禁止

各方享有的或承担的本协议项下的权利或/和义务或/和责任，不得发生转让、互易、赠与、委托、信托或发生具有类似效果的行为，但对方书面同意的除外，并转让方应对给对方造成的损失承担赔偿责任。

第十六条 不受影响

各方承诺截至本协议签署之前、签署过程中以及本协议签署之后，各方不存在或将不签署任何协议、文件、资料、承诺或保证等以使本协议的履行受到实质性阻碍或产生实质性影响，或排除对方依据本协议享有的权利。

第十七条 通知送达

根据本协议所要求或允许做出的所有的通知、请求、要求和其他来往信函皆应采取书面形式，且应由专人递交、经传真发送或以预付邮资的航空信、挂号信或特快专递发送。该等通知、请求、要求和其他来往信函在发出【3】日后即视为已经送达。

如发至：××

地址：

邮编：

传真：

指定人员：

第十八条 关联关系

基于本协议签署之协议或协议确认各方之关系，均不得解释为一方为另一方的委托人、受托人、代理人、合伙人、实际控制人等，各方在此确认各自均为独立、非关联的承担法律责任的法律实体/组织，不存在任何委托、信托、代理、实际控制等关联关系，亦不对另一方行为承担法律责任。

第十九条 排他性协商

就本协议各方协商洽谈之事项，各方承诺任何一方不得再就上述事项同协议之外的第三方进行任何形式或实质上的协商、洽谈或合作以及发生类似效果的行为，亦即各方具有排他性合作的权利，但各方未进行合作或合作终止后除外。

第二十条 非授权行为

各方仅对其书面授权的人员在书面授权委托书中明确载明的授权范围内的行为进行认可和确认，任何非书面授权范围内的所属职员及其行为对方均不予认可和确认，并不得解释为该职员的职务行为并将责任归属于相对方，相对方亦对该职员的行为不承担任何法律责任。

第二十一条 标题意义

本协议中的章、节、条、款之标题仅为方便参阅本协议所设，不得解释为对任何标题下之协议内容所作之限制或扩张或进行解释，所有协议各方之权利、义务、责任均需以标题之下协议内容为准并对各方具有最终约束力。

第二十二条 对价锁定

即使本协议未予明示或/和默示地进行表述和列明，但甲方为履行本协议所述事宜发生的任何费用或/和款项（如有），均已视为被包含在本协议列明的协议价款之中，所有费用或/和款项均已在本协议价款中被充分考虑，乙方、目标公司不得以任何形式再行要求支付任何款项/和费用。

第二十三条 内容明示

各方在签署本协议时已详细阅读了本协议的全部文字表述，对本协议及其各个条款的表述、权利、义务、责任均已明确知悉并完全理解，各方亦承诺本协议中不具有任何排除或限制己方权利、增加对方责任或义务，或减免己方责任或义务的内容，并完全同意受其约束。

第二十四条　补充协议

凡在本协议签署之后签署的补充协议，均需各方以书面形式签署（如以其他方式签署，需取得对方的书面承诺），并与本协议具有同等效力。如补充协议与本协议发生冲突或矛盾的，以补充协议为准，除非补充协议另行约定。

第二十五条　特殊约定

____

____

____

第二十六条　其他约定

本协议用中文文字书写，经甲、乙双方法定代表人或授权代表签字或盖章后生效。如本协议具有英文或其他语言的版本，当不同版本发生矛盾、冲突或需要进行解释时，以中文版本为准。

本协议正本一式四份，甲方、乙方各执两份，具有同等法律效力。

【以下无正文】

附件：××

【本页为关于××目标公司《股权转让协议》签署页】

甲方：××

法定代表人/授权代表：××

乙方：××

法定代表人/授权代表：××

（14）【××项目有限公司章程】模板

××项目有限公司章程

第一章　总　　则

第一条　为规范公司的组织和行为，根据《中华人民共和国公司法》（以下简称《公司法》）和有关法律法规及规范性文件的规定，制定本章程。

第二条　公司类型：有限责任公司。

第三条　本章程为本公司行为准则，公司、股东、董事、监事和高级管理人员应当严格遵守。

第二章　公司名称和住所

第四条　公司名称：××有限公司。

第五条　住所：××。

第三章　公司经营范围

第六条　公司经营范围：房地产开发；销售自行开发的商品房；企业信息咨询、房地产信息咨询、经济信息咨询。（企业依法自主选择经营项目，开展经营活动；依法须经批准的项目，经相关部门批准后依批准的内容开展经营活动；不得从事本市产业政策禁止和限制类项目的经营活动）

第四章　公司注册资本及股东的姓名（名称）、出资方式、出资额、出资时间

第七条　公司注册资本：××万元人民币。

股东的姓名（名称）、认缴的出资额（万元）、出资时间、出资方式如下表所示：

股东名称	认缴情况		
	出资数额	出资时间	出资方式
××	××	××	货币
××	××	××	货币

第五章　公司的机构及其产生办法、职权、议事规则

第八条　股东行使下列职权：

（一）决定公司的经营方针和投资计划；

（二）选举和更换非由职工代表担任的董事、监事；

（三）决定有关董事、监事的报酬事项；

（四）审议批准董事会的报告；

（五）审议批准监事的报告；

（六）审议批准公司的年度财务预算方案、决算方案；

（七）审议批准公司的利润分配方案和弥补亏损方案；

（八）对公司增加或者减少注册资本作出决议；

（九）对发行公司债券作出决议；

（十）对公司合并、分立、解散、清算或者变更公司形式作出决议；

（十一）修改公司章程。

第九条 股东就上述事项作出的决定，应当采用书面形式，并由股东签字后置备于公司。

第十条 公司设董事会，成员为五人，由股东委派产生。董事任期三年，任期届满，可连选连任。董事会设董事长一人，副董事长一人，由董事会选举产生。

第十一条 董事会行使下列职权：

（一）制订公司的经营方针和投资计划；

（二）制订公司的年度财务预算方案、决算方案；

（三）制订公司的利润分配方案和弥补亏损方案；

（四）制定公司章程的修改方案；

（五）制定公司注册资本的增加或者减少以及发行公司债券的方案；

（六）制定公司的解散方案；

（七）制定公司合并、分立和变更组织形式的方案；

（八）审议商业计划书及其修改，依据商业计划书制订公司年度经营计划及资金计划；

（九）依据商业计划书审批公司项目运营计划中每一期的开工、开盘、主体结构封顶、竣工备案、入住等工程进度、销售进度的时间节点较原经董事会批准的计划延后超过××日的议案；

（十）依据商业计划书审批公司所开发项目的分期目标成本、费用（不含项目土地成本，即竞得价款和税费总和）较原经董事会批准该分期整体目标成本金额超出××%（含）以上议案，审批项目公司年度销售面积、销售金额、销售回款计划较原经董事会批准的商业计划书调减超出××%（含）以上的议案；

（十一）审批公司的对外股权投资/负债、向第三方提供借款或财务资助；

（十二）审批公司提供担保、抵押；

（十三）审批承担公司审计的会计师事务所（“独立审计师”）的聘任、解聘及更换；

（十四）审批公司所拥有的股权、债权、重大资产的让与、出售、转让、负担、处置、重组等相关事项（不包含商品房销售）；

（十五）审议批准公司提起或终结或涉及标的公允金额达到或超过人民币100万元的重大诉讼、仲裁、行政处罚（包括但不限于单一诉讼标的或同一事由诉讼标的之和达到100万元以上，涉及房屋的，公允金额达到或超过人民币500万元）；

（十六）决定由经理负责的事项种类。

对前款所列事项董事以书面形式一致表示同意的，可以不召开董事会会议，直接作出决定，并由全体董事在决定文件上签名、盖章。

第十二条　董事会会议由董事长召集和主持；董事长不能履行职务或者不履行职务的，由副董事长召集和主持；副董事长不能履行职务或者不履行职务的，由半数以上董事共同推举一名董事召集和主持。

召开董事会会议，应当于会议召开前5日通知全体董事，但全体董事一致同意提前召开董事会会议的不受此限。董事因故不能到会的，可以委托其他董事出席并表决，但不得委托董事以外的人员出席董事会并表决。

第十三条　董事会决议的表决，实行一人一票。

五分之三（含）以上的董事可以提议召开董事会会议，并于会议召开前十日通知全体董事。

董事会对所议事项应由五分之三（含）以上的董事表决通过方为有效，并应做成会议记录，出席会议的董事应当在会议记录上签名。

第十四条　公司设经理，由董事会决定聘任或者解聘。经理对董事会负责，行使下列职权：

（一）主持公司的生产经营管理工作，组织实施董事会决议；

（二）组织实施公司年度经营计划和投资方案；

（三）拟订公司内部管理机构设置方案；

（四）拟订公司的基本管理制度；

（五）制定公司的具体规章；

（六）提请聘任或者解聘公司副经理、财务负责人；

（七）决定聘任或者解聘除应由董事会决定聘任或者解聘以外的负责管理人员；

（八）董事会授予的其他职权。

经理列席董事会会议。

第十五条　公司不设监事会，设监事一人，由股东委派产生。监事的任期每届为三年，任期届满，可连任。

第十六条　监事行使下列职权：

（一）检查公司财务；

（二）对董事、高级管理人员执行公司职务的行为进行监督，对违反法律、行政法规、公司章程或者股东会决议的董事、高级管理人员提出罢免的建议；

（三）当董事、高级管理人员的行为损害公司的利益时，要求董事、高级管理人员予以纠正；

（四）向股东提出提案；

（五）依照《公司法》第一百五十二条的规定，对董事、高级管理人员提起诉讼。

第六章　公司的法定代表人

第十七条　董事长为公司的法定代表人，任期三年，任期届满，可连任。

第七章　股东认为需要规定的其他事项

第十八条　股东可以向股东以外的人转让其全部出资或部分出资。

第十九条　公司的营业期限为20年，自公司营业执照签发之日起计算。

第二十条　有下列情形之一的，公司清算组应当自公司清算结束之日起30日内向原公司登记机关申请注销登记：

（一）公司被依法宣告破产；

（二）公司章程规定的营业期限届满或者公司章程规定的其他解散事由出现，但公司通过修改公司章程而存续的除外；

（三）一人有限责任公司的股东决定解散；

（四）依法被吊销营业执照、责令关闭或者被撤销；

（五）人民法院依法予以解散；

（六）法律、行政法规规定的其他解散情形。

第二十一条　一人有限责任公司的股东不能证明公司财产独立于自己的财产的，应当对公司债务承担连带责任。

第八章　附　　则

第二十二条　公司登记事项以公司登记机关核定的为准。

第二十三条　本章程一式两份，并报公司登记机关一份。

法定代表人签字：××

××有限公司××

法定代表人：××

××年××月××日

八、目标公司办理工商变更登记手续及其他手续

基金或私募基金管理人在签署完毕投资的系列法律文件后，如果涉及工商变更的，应及时向工商行政管理机关申请进行变更登记，以便在工商登记管理机关确认股东身份。同时应要求被投公司出具股东出资证明以及将股东列于公司股东名册之上。这里需要注意的是，对于投资协议中约定的，股东会或董事会决议的特别事

项，股东会或董事会表决权特别事项以及基金或基金管理人委派董事或监事的事项，公司章程必须明确约定，防止出现遗漏。如果需要办理抵押、质押、公证手续的，应及时办理抵押、质押、公证手续并取得相关证明。如果涉及政府监管机关审批的，应及时报请相关监管机关审批并取得批件。如果涉及人员派驻的，应及时聘请相关人员并派驻现场。如果涉及监管或归集账户开户的，应及时让财务部门开立账户。如果涉及章证照以及 UKEY 共管或监管的，应及时办理上述物品的共管或监管手续。

九、私募投资基金对外支付投资款项

基金或私募基金管理人在对项目公司签署完毕投资的系列法律文件，并按照投资协议的约定或法律规定办理完毕相关手续，具备资金划付的前提条件或付款的前提条件后（具体在投资合同中约定），投资管理部门应及时履行对外付款审批手续，在按照公司财务管理制度经投资管理部门负责人、法务部门、风险部门、财务部门以及公司主管领导审批确认后，无异议的，财务人员执行划款指令，通知银行对外划款。在划款完毕后，应保留相关划款的银行回单等。实际工作中，各部门应严格核实付款前提条件的齐备情况，增信措施的落实情况，付款路径的约定情况，监管账户的开户情况，防止因不具备付款条件或增信措施不到位，盲目付款，造成投资款项不受控，进而造成基金资金损失。私募基金对外付款事宜，也是监管机构专项检查以及中基协自查的重点，私募基金管理人应予重视，并保留汇款的证据。

第六章　私募投资基金投后的合规管理

一、私募投资基金投后管理合规概述

私募投资基金投后的合规管理，需要重点关注的是公司内部控制流程的合规管理，即投资项目的投后管理必须符合公司的投后决策机制、管理制度和流程以及基金合同的约定。私募投资基金投后管理环节的监管，现在监管机构和自律组织颁布的规定中也涉及不多，主要原因是这个环节属于基金管理人或说基金自治管理的范围，不同的被投项目情况千差万别，不同的投资方式和投资范围迥然各异，监管机构和自律组织不宜过多介入，提出大体的监管要求和原则为好。实际工作中，私募基金管理人应按照中基协内控治理合规的要求，制定和完善本公司的投后管理机制并严格遵守，这是投后管理内控合规的基本要求，也是私募基金管理人防止内控风险、减轻内控合规处罚的关键。从近两年的私募基金专项合规检查的内容来看，在私募基金投后管理环节，基金账册、会计报表、银行账户、财务凭证、基金估值报告、审计报告、费用列支、托管机构对账留痕、信息披露报送（对投资者和中基协）、投后管理报告、财产混同行为、财产侵占行为、不当交易行为、玩忽职守行为、投资者投诉处理、投资人会议是否按约召开等均是基金合规专项检查的对象和重点。

实践中，不同的基金管理公司负责投后管理的部门不同。有的基金管理公司未专门设置投后管理部门，基金投后管理工作由投资管理部门直接负责。有的基金管理部门设置专职的投后管理部门，专门负责投后管理工作。实践中也有基金管理公司将投后管理工作放到其他部门进行管理。由投资管理部门负责投后管理工作优势在于，投资管理部门因前期负责对项目的投资，对投资项目、投资对象、投资状况都比较熟悉，投后管理工作容易上手，与被投公司的人员沟通也比较顺畅；劣势在于，投资管理人员负责全流程管理，肩负投资职能与服务监督职能，精力与能力受限，容易发生职业道德风险。由投后管理部门负责投后管理工作优势在于，投后管理人员专注于投后管理工作，全情投入，专业服务，精确助力，能更好地产生投后服务价值，控制风险；劣势在于，投后管理人员需要花费一定的时间和精力与被投企业进行磨合，经济、时间、精力成本会增加。在现代社会专业化分工日益细化的大背景下，“投管分离”是大趋势，毕竟投资与管理具有本质区别，工作的内容差异很大，工作的要求也有天壤之别，建议基金管理人建立专门的投后管理部门，提供专业化的投后管理服务，实现被投项目的价值增值，资源整合，管理提高，防控被投项目的风险。

投资项目交接完成以后，项目便正式进入到投后管理的阶段。不同的投资范围、投资对象、投资项目、投资金额、投资比例、投资诉求、投资目的以及不同的基金管理公司和投资经理的投资风格，导致投后管控上广度、深度、力度具有很大差异。对于管理比较规范的投资对象，投后管控相对来说可以较松；对于管理比较薄弱的投资对象，投后管控就要严格些。对于投资金额较小的项目，投后管控可以松一些；对于投资金额较大的项目，投后管控就要相对严一些。部分基金管理公司管理风格比较严谨和保守，因此对项目的管控就比较严谨；而有的基金管理公司管理风格比较粗放，因此项目的管控力度也比较松懈。投后管控受多种因素影响，没有一个统一的标准和尺度。但是在现阶段仅靠道德约束被投企业及其股东完全按照合同的约定履行合同义务，这是不现实的，并且也是对基金以及投资人的不负责任，因此建议投后管控还是应该偏严格一些。本章就结合私募地产投资基金的投后管理的机制和流程，阐述私募投资基金的投后管理的合规主要事项、流程以及适用的文本。

二、投资项目交底

在基金完成投资款项划转后，投资管理部门应及时负责组织进行项目交接（交底），防止被投项目与已投资金处于游离和失控状态。项目交接主要是与投后管理部门进行工作交接，但实际上往往也涉及财务管理部门、人事管理部门以及其他部门。项目交接是一项非常严谨和严肃的工作，必须认真对待。投资管理人员应当提前制作投后项目交接清单，并在项目交接会上与投后管理人员进行核对确认。投资管理人员应向投后管理人员交代涉及的基金的基本情况、本项目的获取背景、本项目的基本情况、本项目的投资情况、投资方案、增信措施的落实情况、未决事项的待办情况、项目投后管理应该注意的问题等，并交接具体的项目资料文件。项目交接资料一般包括募集说明书、私募基金合同、募集监管协议与托管协议、基金备案证明、项目商业计划书、项目可研报告、项目立项申请书、立项决策决议、项目尽职调查报告、项目风险审查报告、项目投决申请书、项目投资决策决议、投资意向书、项目全套投资协议、增信措施落实文件（包括但不限于抵押证明、质押证明、监管账户开户证明、印鉴秘钥以及工商登记变更文件等）、项目投资划款证明、股东证书以及出资证明等。

三、投后管理方案制定

在投资项目过会后，投后管理部应根据投资决策的决议规定以及投资合同的约定，及时拟订投后管理方案，落实投资决策决议以及投资合同中对于项目管控的要求。投后管理方案是投后管理部门进行项目管理的依据和指南，供投后管理人员在实际工作中参考和使用。实践中，许多基金管理公司已经制定了完善的投后管理制度，明确了不同种类、不同领域、不同方式的投资基金的投后管理内容和注意事项，实现了投后管理的规范化、标准化、制式化，这是私募基金管理人成长和成熟的一个重要标志。投后管理要坚持不缺位、不越位、勤补位的原则，通过日常性管理、决策性管理、增值性管理等服务，成为风险防控、投资增值、价值实现的重要手段，在私募基金的全生命周期中起着日益重要的作用。私募基金管理人应充分认识到投后管理所产生的价值，摒弃重投资轻管理的观念，在为投资人搭建起一道防护墙的同时，也努力实现基金管理人自身的价值。在实际工作中，基金管理人制定投后管理方案时，应注意投后管理方案内容的完整性、责任的明确性、实施的可执行性，避免纸上谈兵，成为一纸空文。

(1)【××地产项目投后管理方案】模板

××地产项目投后管理方案

一、基金概况：基金要素表

二、项目概况：项目要素表

三、项目交接工作安排（内部交底和外部对接）

四、项目派驻人员安排（董事、财务、成本、工程及其他人员等）及工作职责

五、投后管理主要事项及负责人员［日常性管理事务（资金、预算、工程、合同、印鉴、销售等)、治理性管理事务（三会)、增值性管理事务、风险预警事务、信息披露事务、风险处置事务等］

六、日常巡查与定期报告机制（周报、月报、季报等)

七、投资协议需落实事项（已落实事项、正落实事项、待落实事项)、负责人员以及时间安排

八、投后工作内部协调机制（日常工作协调机制、危机处理机制、重大决策机制）

九、其他

投后管理部

××年××月××日

四、投资项目对接

在完成项目内部交接后，投资管理部门应及时组织被投项目方人员和投后管理人员进行对接。项目对接时，投后管理部门应向被投方明确投后管理的内容、要求、界限、派驻人员以及争议解决机制，但需要注意的是，上述投后管理内容必须严格按照投资协议的约定执行，不能任意扩大，这既是契约精神的体现，也是双方良好合作的开端。投资机构应要求被投方明确日常联系人以及各职能板块的联系人，以便进行工作对接，防止在投后管理过程中工作互相推诿的事情发生。实践中，经常出现的问题是，基金管理人认为自己是资本的提供方，因此违反投资合同中投后管理的约定或由于合同投后管理事项约定不明，对被投企业任意干涉，随意揣度，不尊重被投企业及其股东、管理层的意见，导致双方合作关系的破裂，企业经营受到严重影响甚至处于破产清算的边缘，这无论对于投资方来说还是对于被投方来说，都是不愿看到的结果。因此，建议基金管理人在投资过程中要保持一个平和的心态，对被投方给予充分的尊重，同时在投资协议中务必明确投后管理的内容、事项、要求、频次，避免产生争议造成合作关系的破坏。

五、参与项目公司的治理

参与公司的决策是许多私募投资基金投资的要求，但是能否实现这个要求受许多因素的影响和制约。公司治理架构有股东会（股东大会）、董事会（执行董事）、监事会（监事）。在公司治理层面，对于私募投资基金而言，如果要强化对投资公司的监管，应加强对股东会和董事会的决策事项的管控。对于股东会而言，主要是将基金管理人认为重大的事项（除法律明确规定的事项以外）交由股东会决策，譬如重大投资事项、重大担保事项、重大借款事项、重大关联交易、重大资产处置等，并赋予投资人在股东会表决中拥有一票否决权。对于董事会而言，主要是将仅次于股东会中的基金管理人认为的重要事项（除法律明确规定的事项以外）交由董事会决策，譬如重大投资事项、重大担保事项、重大借款事项、重大关联交易、重大资产处置但额度达不到股东会决策程度等，同时基金管理人在董事会派驻董事并拥有一票否决权。需要注意的是，这些事项必须双方协商一致并落实到签署的协议中，并在工商变更时落实到公司章程当中。实际工作中，被投方往往不愿意投资方过多地干涉公司的事务尤其是公司的重大决策，因此在公司治理方面往往双方争议很大，严重的甚至导致双方合作关系的破裂。实际上，这是一个利益和权利平衡的问题，一方面作为被投方应尊重投资人的利益，对重大决策事项赋予投资人知情权和决策权，严守契约精神；另一方面作为投资方应相信被投方的专业能力和发展潜力，尊重被投方的决策权和经营权，被投方和投资方应在这二者之间找到平衡点。

六、参与项目公司的运营

不同风格的基金管理人，不同类型的投资基金，不同情况的投资项目，基金管理人对项目运营的介入要求不同。实践中，有的投资方只是管管财务付款（这种实践中偏多），有的对公司要求进行整体管控，即全面介入到公司的日常经营管理之中，如人事、财务、投资、重大资产处置、合同管理、规划设计、建设施工、成本管理、营销策划以及印信管理等。需要注意的是，管控越严，力度越大，基金或基金管理人的成本便会越大。虽然我们可以将上述成本转移到被投方或被投项目，但是不同市场环境下，被投方不一定会接受这个诉求，因此转移成本的目标不一定会实现。同时，管控力度的强弱也会带来沟通协调成本的增加，掌握不好尺度的话，容易造成基金管理人和被投企业的矛盾和冲突，不利于项目的进展和沟通，甚至导致项目的停滞，影响项目的退出。但是实践中，解决这个问题的关键是事先定好游戏规则，在相关投资文件中明确投后管理的事项、条件以及程序，同时在实际工作中进行灵活处理。鉴于投资方与被投方二者的目标是一致的，因此实际工作中，投资方还应充分尊重被投方的独立生产经营能力，给予被投方充分的生产经营自主权。

七、对投资人进行信息披露

信息披露是私募投资基金管理人的法定义务，当然因为信息披露事宜必须在基金合同中约定，因此信息披露也是基金管理人一个约定义务。2016 年 2 月 4 日，中基协发布《私募投资基金信息披露管理办法》，对私募投资基金信息的披露活动进行规范。其中第二条规定，本办法所称的信息披露义务人，指私募投资基金管理人、私募投资基金托管人，以及法律、行政法规、中国证券监督管理委员会（以下简称中国证监会）和中基协规定的具有信息披露义务的法人和其他组织。同一私募投资基金存在多个信息披露义务人时，应在相关协议中约定信息披露相关事项和责任义务。信息披露义务人委托第三方机构代为披露信息的，不得免除信息披露义务人法定应承担的信息披露义务。第三条规定，信息披露义务人应当按照中基协的规定以及基金合同、公司章程或者合伙协议（以下统称基金合同）约定向投资者进行信息披露。第四条规定，信息披露义务人应当保证所披露信息的真实性、准确性和完整性。中基协同时颁布《私募投资基金信息披露内容与格式指引 1 号》（适用于私募证券投资基金），对私募证券投资基金的信息披露格式提出要求。2016 年 11 月 14 日，中基协颁布《关于发布〈私募投资基金信息披露内容与格式指引 2 号——适用于私募股权（含创业）投资基金〉的通知》，对投资者披露私募股权（含创业）投资基金信息披露格式提出要求。上述管理办法以及内容与格式指引详细规定了基金管理人信息披露的时间、内容等，基金管理人必须遵守。这里需要注意的是，上述证券和股权信息披露格式是中基协对私募基金管理人针对信息披露管理平台提交内容提出的基本要求，并不是私募基金管理人仅能提供上述格式的内容，私募基金管理人可在发送投资人的投后管理报告中提供比上述信息更为丰富和详尽的内容。

（2）【私募投资基金信息披露内容与格式指引 1 号（适用于私募证券投资基金）】模板

私募投资基金信息披露内容与格式指引 1 号

（适用于私募证券投资基金）

使用说明

1. 本指引适用于私募证券投资基金。

2. 本指引作为私募证券投资基金运作期间的信息披露内容和格式要求。信息披露义务人应当参照本指引对所管理的私募证券投资基金编制披露信息表。

3. 信息披露义务人的信息披露报告包括月度报告、季度报告和年度报告。月度报告应当在每月结束之日起 5 个工作日内完成。季度报告应当在每季度结束之日起 10 个工作日内完成。年度报告应当在每个会计年度结束后的 4 个月内完成，每年 4 月 30 日前发布上一年度报告。

4. 信息披露义务人保证本报告披露的信息不存在任何虚假记载、误导性陈述或者重大遗漏，并对内容的真实性、准确性、完整性承担法律责任。

5. 除基金合同另有约定的外，月报、季报、年报应通过中基协指定的私募基金信息披露平台进行发布，投资者可以登录进行查询。

附表1 私募基金信息披露月度报表

1. 基金概况

基金名称		基金编号	
基金运作方式		基金类型	
基金管理人		基金托管人	
基金合同生效日期		基金合同存续期截止日	

2. 净值月报

估值日期	份额净值	份额累计净值	基金资产净值
2016-02-29			
2016-03-31			
2016-04-30			
……			

注：

1. 份额净值，是指每份基金单位的净资产价值，等于基金的总资产减去总负债后的余额再除以基金全部发行的单位份额总数。

2. 份额累计净值=份额净值+基金成立后累计份额分红金额。

3. 基金资产净值，是指在某一基金估值时点上，按照公允价格计算的基金资产的总市值扣除负债后的余额，该余额是基金单位持有人的权益。

附表2 私募基金信息披露季度报表

1. 基金基本情况

项目	信息
基金名称	
基金编号	
基金管理人	
基金托管人（如有）	
基金运作方式	
基金合同生效日期	
报告期末基金份额总额	
投资目标	
投资策略	
业绩比较基准（如有）	
风险收益特征	

2. 基金净值表现

阶段	净值增长率	净值增长率标准差（选填）	业绩比较基准收益率（选填）	业绩比较基准收益率标准差（选填）
当季				
自基金合同生效起至今				

注：

净值增长率 =（期末累计净值 - 期初累计净值）/期初累计净值

当季净值增长率 =（本季度末累计净值 - 上季度末累计净值）/上季度末累计净值

3. 主要财务指标

单位：元

项目	2016 - 01 - 01 至 2016 - 03 - 31
本期已实现收益	
本期利润	
期末基金资产净值	
期末基金份额净值	

4. 投资组合情况

4.1 期末基金资产组合情况

单位：元

序号	项目	金额	占基金总资产的比例（%）
1	权益投资		
	其中：普通股		
	存托凭证		
2	基金投资		
3	固定收益投资		
	其中：债券		
	资产支持证券		
4	金融衍生品投资		
	其中：远期		
	期货		

续表

序号	项目	金额	占基金总资产的比例（%）
	期权		
	权证		
5	买入返售金融资产		
	其中：买断式回购的买入返售金融资产		
6	货币市场工具		
7	银行存款和结算备付金合计		
……			
	合计		

4.2 报告期末按行业分类的股票投资组合

金额单位：元

序号	行业类别	公允价值	占基金资产净值比例（%）
A	农、林、牧、渔业		
B	采矿业		
C	制造业		
D	电力、热力、燃气及水生产和供应业		
E	建筑业		
F	批发和零售业		
G	交通运输、仓储和邮政业		
H	住宿和餐饮业		
I	信息传输、软件和信息技术服务业		
J	金融业		
K	房地产业		
L	租赁和商务服务业		
M	科学研究和技术服务业		
N	水利、环境和公共设施管理业		
O	居民服务、修理和其他服务业		
P	教育业		
Q	卫生和社会工作		

续表

序号	行业类别	公允价值	占基金资产净值比例（%）
R	文化、体育和娱乐业		
S	综合		
	合计		

5. 基金份额变动情况

单位：份

报告期期初基金份额总额	
报告期期间基金总申购份额	
减：报告期期间基金总赎回份额	
报告期期间基金拆分变动份额（份额减少以“-”填列）	
报告期期末基金份额总额	

6. 管理人报告（如报告期内高管、基金经理及其关联基金经验、基金运作遵规守信情况、基金投资策略和业绩表现、对宏观经济、证券市场及其行业走势展望、内部基金监察稽核工作、基金估值程序、基金运作情况和运用杠杆情况、投资收益分配和损失承担情况、会计师事务所出具非标准审计报告所涉相关事项、对本基金持有人数或基金资产净值预警情形、可能存在的利益冲突等）

附表3　私募基金信息披露年度报表

1. 基金产品概况

1.1 基金基本情况

基金名称	
基金编号	
基金运作方式	
基金合同生效日期	
基金管理人	
基金托管人	
报告期末基金份额总额	
基金合同存续期	

1.2 基金产品说明

投资目标	
投资策略	
业绩比较基准（如有）	
风险收益特征	

1.3 基金管理人和基金托管人

<table>
<tr><th colspan="2">项目</th><th>基金管理人</th><th>基金托管人</th></tr>
<tr><td colspan="2">名称</td><td></td><td></td></tr>
<tr><td rowspan="3">信息披露负责人</td><td>姓名</td><td></td><td></td></tr>
<tr><td>联系电话</td><td></td><td></td></tr>
<tr><td>电子邮箱</td><td></td><td></td></tr>
<tr><td colspan="2">传真</td><td></td><td></td></tr>
<tr><td colspan="2">注册地址</td><td></td><td></td></tr>
<tr><td colspan="2">办公地址</td><td></td><td></td></tr>
<tr><td colspan="2">邮政编码</td><td></td><td></td></tr>
<tr><td colspan="2">法定代表人</td><td></td><td></td></tr>
</table>

1.4 其他相关资料

项目	名称	办公地址
会计师事务所		
注册登记机构		
外包机构		
……		

2. 主要财务指标、基金净值表现及利润分配情况

2.1 主要会计数据和财务指标

期间数据和指标	2015 年	2014 年	2013 年
本期已实现收益			
本期利润			
期末数据和指标	2015 年末	2014 年末	2013 年末
期末可供分配利润			
期末可供分配基金份额利润			
期末基金资产净值			
期末基金份额净值			
累计期末指标	2015 年末	2014 年末	2013 年末
基金份额累计净值增长率			

2.2 基金净值表现

阶段	净值增长率	净值增长率标准差（选填）	业绩比较基准收益率（选填）	业绩比较基准收益率标准差（选填）
当年				
自基金合同生效起至今				

注：净值增长率＝（期末累计净值－期初累计净值）/期初累计净值

当年净值增长率＝（本年度末累计净值－上年度末累计净值）/上年度末累计净值

2.3 过去三年基金的利润分配情况

年度	每份基金份额分红数	现金形式发放总额	再投资形式发放总额	年度利润分配合计	备注

3. 基金份额变动情况

单位：份

报告期期初基金份额总额	
报告期期间基金总申购份额	
减：报告期期间基金总赎回份额	
报告期期间基金拆分变动份额（份额减少以“-”填列）	
报告期期末基金份额总额	

4. 管理人说明的其他情况（如报告期内高管、基金经理及其关联基金经验、基金运作遵规守信情况、基金投资策略和业绩表现、对宏观经济、证券市场及其行业走势展望、内部基金监察稽核工作、基金估值程序、基金运作情况和运用杠杆情况、投资收益分配和损失承担情况、会计师事务所出具非标准审计报告所涉相关事项、对本基金持有人数或基金资产净值预警情形、可能存在的利益冲突等）

5. 托管人报告

5.1 报告期内本基金托管人遵规守信情况声明

5.2 托管人对报告期内本基金投资运作遵规守信、净值计算、利润分配等情况的说明

5.3 托管人对本年度报告中财务信息等内容的真实、准确和完整发表意见

6. 年度财务报表

6.1 资产负债表

单位：元

资产	本期末 2015 - 12 - 31	上年度末 2014 - 12 - 31
资产：		
银行存款		
结算备付金		
存出保证金		
交易性金融资产		
其中：股票投资		
基金投资		
债券投资		
资产支持证券投资		
贵金属投资		
衍生金融资产		

续表

资产	本期末 2015-12-31	上年度末 2014-12-31
买入返售金融资产		
应收证券清算款		
应收利息		
应收股利		
应收申购款		
递延所得税资产		
其他资产		
资产总计		
负债和所有者权益	本期末 2015-12-31	上年度末 2014-12-31
负债:		
短期借款		
交易性金融负债		
衍生金融负债		
卖出回购金融资产款		
应付证券清算款		
应付赎回款		
应付管理人报酬		
应付托管费		
应付销售服务费		
应付交易费用		
应交税费		
应付利息		
应付利润		
递延所得税负债		
其他负债		
负债合计		
所有者权益:		
实收基金		
未分配利润		
所有者权益合计		
负债和所有者权益总计		

6.2 利润表

单位：元

项目	本期	上年度可比期间
	2015-01-01 至 2015-12-31	2014-01-01 至 2014-12-31
一、收入		
1. 利息收入		
其中：存款利息收入		
债券利息收入		
资产支持证券利息收入		
买入返售金融资产收入		
其他利息收入		
2. 投资收益（损失以“-”号填列）		
其中：股票投资收益		
基金投资收益		
债券投资收益		
资产支持证券投资收益		
贵金属投资收益		
衍生工具收益		
股利收益		
3. 公允价值变动收益（损失以“-”号填列）		
4. 汇兑收益（损失以“-”号填列）		
5. 其他收入（损失以“-”号填列）		
减：二、费用		
1. 管理人报酬		
2. 托管费		
3. 销售服务费		
4. 外包服务费		
5. 交易费用		
6. 利息支出		

续表

项目	本期	上年度可比期间
	2015-01-01 至 2015-12-31	2014-01-01 至 2014-12-31
其中：卖出回购金融资产支出		
7. 其他费用		
三、利润总额 （亏损总额以“-”号填列）		
减：所得税费用		
四、净利润 （净亏损以“-”号填列）		

6.3 所有者权益变动表

单位：元

项　　目	本期 2015-01-01 至 2015-12-31		
	实收基金	未分配利润	所有者权益合计
一、期初所有者权益（基金净值）			
二、本期经营活动产生的基金净值变动数（本期利润）			
三、本期基金份额交易产生的基金净值变动数（净值减少以“-”号填列）			
其中：1. 基金申购款			
2. 基金赎回款			
四、本期向基金份额持有人分配利润产生的基金净值变动（净值减少以“-”号填列）			
五、期末所有者权益（基金净值）			
项　　目	上年度可比期间 2014-01-01 至 2014-12-31		
	实收基金	未分配利润	所有者权益合计
一、期初所有者权益（基金净值）			
二、本期经营活动产生的基金净值变动数（本期利润）			
三、本期基金份额交易产生的基金净值变动数（净值减少以“-”号填列）			
其中：1. 基金申购款			

续表

项　　目	上年度可比期间 2014-01-01 至 2014-12-31		
	实收基金	未分配利润	所有者权益合计
2. 基金赎回款			
四、本期向基金份额持有人分配利润产生的基金净值变动（净值减少以“-”号填列）			
五、期末所有者权益（基金净值）			

7. 期末投资组合情况

7.1 期末基金资产组合情况

金额单位：元

序号	项目	金额	占基金总资产的比例（%）
1	权益投资		
	其中：普通股		
	存托凭证		
2	基金投资		
3	固定收益投资		
	其中：债券		
	资产支持证券		
4	金融衍生品投资		
	其中：远期		
	期货		
	期权		
	权证		
5	买入返售金融资产		
	其中：买断式回购的买入返售金融资产		
6	货币市场工具		
7	银行存款和结算备付金合计		
……			
	合计		

7.2 报告期末按行业分类的股票投资组合

金额单位：元

序号	行业类别	公允价值	占基金资产净值比例（%）
A	农、林、牧、渔业		
B	采矿业		
C	制造业		
D	电力、热力、燃气及水生产和供应业		
E	建筑业		
F	批发和零售业		
G	交通运输、仓储和邮政业		
H	住宿和餐饮业		
I	信息传输、软件和信息技术服务业		
J	金融业		
K	房地产业		
L	租赁和商务服务业		
M	科学研究和技术服务业		
N	水利、环境和公共设施管理业		
O	居民服务、修理和其他服务业		
P	教育业		
Q	卫生和社会工作		
R	文化、体育和娱乐业		
S	综合		
	合计		

附表4　重大事项临时报告

序号	公告事项	
1	基金名称、注册地址、组织形式发生变更	
2	投资标的和投资策略发生重大变化	
3	变更基金管理人或托管人	
4	基金管理人的法定代表人、执行事务合伙人（委派代表）、实际控制人发生变更	

续表

序号	公告事项	
5	触及基金止损线或预警线	
6	管理费率、托管费率发生变化	
7	基金收益分配事项发生变更	
8	基金触发巨额赎回的	
9	基金存续期变更或展期	
10	基金发生清盘或清算	
11	发生重大关联交易事项	
12	基金管理人、实际控制人、高管人员涉嫌重大违法违规行为或正在接受监管部门或自律管理部门调查	
13	涉及私募基金管理业务、基金财产、基金托管业务的重大诉讼、仲裁	
14	基金合同约定的影响投资者利益的其他重大事项	

(3)【私募投资基金信息披露内容与格式指引 2 号——适用于私募股权(含创业)投资基金】模板

私募投资基金信息披露内容与
格式指引 2 号——适用于私募股权（含创业）投资基金

使用说明

1. 根据《私募投资基金信息披露管理办法》（以下简称《信披办法》）第三条规定，私募投资基金管理人及相关信息披露义务人应当按照中基协的规定以及基金合同、公司章程或者合伙协议的约定向投资者进行信息披露。根据《信披办法》和《私募投资基金合同指引 1—3 号》，私募投资基金管理人应当按照规定通过中基协指定的私募投资基金信息披露备份平台进行信息披露文件备份。

2. 本指引适用于私募投资基金管理人定期、定向给私募投资基金投资者披露私募股权（含创业）投资基金的相关运作情况。私募投资基金管理人应当参照本指引对所管理的私募股权（含创业）投资基金编制信息披露报告。本指引仅作为私募投资基金管理人向投资者进行私募股权（含创业）投资基金信息披露的最低行业标准，协会鼓励私募投资基金管理人根据《信披办法》第十五条规定及《私募投资基金合同指引 1—3 号》相关要求，依约定向投资者披露更详尽的私募投资基金相关信息。

3. 根据《私募投资基金监督管理暂行办法》第二十七条规定，中基协将对私募投资基金管理人和私募投资基金信息严格保密。在私募投资基金信息披露备份平台备份的私募股权（含创业）投资基金信息披露报告，仅用作协会备份及私募投资基金管理人下载使用，并不面向社会公众和私募投资基金投资者公开查询。

4. 私募投资基金管理人应保证本报告披露的信息不存在任何虚假记载、误导性陈述或者重大遗漏，并对内容的真实性、准确性、完整性承担法律责任。

5. 中基协普通会员应当向投资者披露本指引的全部信息（含选填项）。鼓励协会观察会员及非会员披露或部分披露选填项。

6. 信息披露半年度报告应在当年9月底之前完成，信息披露年度报告应在次年6月底之前完成。协会鼓励私募投资基金管理人向投资者披露季度报告（含第一季度、第三季度），季度报告不做强制要求。

7. 上述已在私募投资基金信息披露备份平台备份的报告可供私募投资基金管理人自行下载。相关报告若经托管机构或会计师事务所复核，下载报告正文首页将加注以下信息：该报告已经×××（托管机构或会计师事务所名称）复核。

附表1　私募股权（含创业）投资基金信息披露半年度报告

（201×年××月××日—201×年××月××日）

金额单位：万元

1. 基金基本情况

基金名称	
基金编码	
基金类型	
基金注册地①	
基金成立日期	
基金到期日期	
认缴金额（如有）	
已实缴金额	
估值方法②	
期末总资产	
期末净资产	
关键人士/投资经理/投资团队（如有）	
基金编码	
基金类型	
基金注册地①	

续表

基金成立日期	
基金到期日期	
认缴金额（如有）	
已实缴金额	
估值方法②	
期末总资产	
期末净资产	
关键人士/投资经理/投资团队（如有）	
投资者数量	

2. 基金管理人和基金托管人

项目		基金管理人	基金托管人（如有）
名称			
信息披露负责人	姓名		
	联系电话		
	电子邮箱		
传真			
注册地址			
办公地址			
邮政编码			
法定代表人			

3. 基金投资者情况（选填）

序号	投资者名称	投资者类型③	认缴出资	实缴出资
1				
2				
……				

①公司型、合伙型基金的注册地应填写工商注册地，除此之外的私募股权投资基金，基金注册地填写“不适用”。

②管理人手动填写。

③投资者类型：机构投资者，境内法人机构（公司等）、境内非法人机构（一

般合伙企业等)、财政直接出资、本基金管理人跟投、境外机构;投资计划,私募投资基金产品、证券公司及其子公司资产管理计划、基金公司及其子公司资产管理计划、期货公司及其子公司资产管理计划、信托计划、商业银行理财产品、保险资产管理计划、慈善基金、捐赠基金等社会公益基金、养老基金、社会保障基金、企业年金、政府类引导基金、境外资金(QFII、RQFII 等);个人投资者,自然人(非员工跟投)、自然人(员工跟投)。

4. 基金投资运作情况(同一项目多轮投资请分次列出)

4.1 所投项目情况

序号	投资项目名称	项目注册地	投资行业⑤	投资方式⑥	持股比例	投资日期	投资认缴资本总额	已投资总额	是否退出	退出日期	退出方式	收益亏损情况
1												
2												
……												

4.2 所投基金情况

序号	基金名称	是否备案	基金编码(如有)	投资日期	投资认缴资本总额	已投资总额
1						
2						
……						

5. 基金持有项目/基金特别情况说明(选填)

6. 基金费用明细

项目	当期	自设立以来
管理费		
托管费		
业绩报酬		
外包服务费		
其他（如配售费用、咨询费、自愿放弃的费用金额、未完成交易费等，如有可手动添加）		
费用合计		

7. 管理人报告（选填）（如报告期内高管及其关联基金情况、高管变动情况、基金运作遵规守信情况、基金投资策略和业绩表现、对宏观经济及其行业走势展望、内部基金监察稽核工作、基金估值程序、基金运作情况、投资收益分配和损失承担情况、关联交易等可能存在的利益冲突、关于基金负债以及潜在负债或担保的简要说明等）

④请根据基金所投标的具体形式选择填写表 4.1 或表 4.2。

⑤投资行业分类参考标准见附录。

⑥投资方式：包括股权、可转换债。

附表2 私募股权（含创业）投资基金信息披露年度报告
（201X年××月××日–201X年12月31日）

金额单位：万元

1. 基金产品概况

1.1 基金基本情况

基金名称	
基金编码	
基金类型	
基金注册地⑦	
基金成立日期	
基金到期日期	
认缴金额（如有）	
已实缴金额	
估值方法⑧	
期末总资产	
期末净资产	
关键人士/投资经理/投资团队（如有）	
投资者数量	

1.2 基金产品说明

投资目标	
投资策略	
投资范围	
关注行业	
关注阶段	
其他需说明事项	

1.3 基金管理人和基金托管人

项目		基金管理人	基金托管人（如有）
名称			
信息披露负责人	姓名		
	联系电话		
	电子邮箱		
传真			
注册地址			
办公地址			
邮政编码			
法定代表人			

⑦公司型、合伙型基金的注册地应填写工商注册地，除此之外的私募股权投资基金，基金注册地填写“不适用”。

⑧管理人手动填写。

1.4 基金投资者情况（选填）

序号	投资者名称	投资者类型⑨	认缴出资	实缴出资
1				
2				
……				

1.5 外包机构情况

项目	名称	办公地址	联系方式
会计师事务所			
注册登记机构			
……			

2. 基金运营情况⑩

2.1 累计运营情况

期末累计投资总额（实缴）			
期末累计运营费用⑪			
期末累计收益⑫			
期末累计总投资项目个数		期末累计总投资项目总额	
其中：在管项目个数		其中：在管项目总额	
本期新增项目个数		本期新增项目总额	
已退出项目个数		已退出项目总额	
已上市项目个数		已上市项目总额	
期末累计总投资基金个数		期末累计总投资基金总额	

2.2 持有项目情况表⑬

×××项目一（可增加）

投资项目基本信息表	
项目名称	
投资行业	
法定代表人	
设立日期	
主营业务	
注册地址	
注册资本	
是否并购类项目	
是否属于中小企业⑭	
是否属于高新技术企业⑮	
是否享受国家财税政策	
投资阶段⑯	
投资日期	
投资额	
投资占股比例%	

续表

是否退出			
退出额			
退出方式⑰			
退出日期			
备注			
投资项目追加投资表（如有）			
投资阶段	系该项目的第几轮融资	投资日期	投资金额
投资项目退出投资表（如有）			
退出方式	系该项目的第几次退出	退出日期	退出额
项目股权结构情况表（选填）			
序号	主要股东姓名/名称（持股5%以上）	持股数（股）	持股比例（%）
1			
2			
……			

2.3 所投基金情况

序号	基金名称	是否备案	基金编码（如有）	投资日期	投资认缴资本总额	已投资总额
1						
2						
……						

⑨投资者类型：机构投资者，境内法人机构（公司等）、境内非法人机构（一

般合伙企业等)、财政直接出资、本基金管理人跟投、境外机构;投资计划,私募投资基金产品、证券公司及其子公司资产管理计划、基金公司及其子公司资产管理计划、期货公司及其子公司资产管理计划、信托计划、商业银行理财产品、保险资产管理计划、慈善基金、捐赠基金等社会公益基金、养老基金、社会保障基金、企业年金、政府类引导基金、境外资金(QFII、RQFII 等);个人投资者,自然人(非员工跟投)、自然人(员工跟投)。

⑩请根据基金所投标的具体形式选择填写表 2.1、表 2.2 或表 2.3。

⑪期末累计运营费:指基金运营过程中的所有费用之和,为表 3.2 所列费用合计。

⑫期末累计收益:按照财务会计准则进行核算。

⑬如所投项目涉及国家机密,可不进行披露备份。

⑭中小企业标准:投资时职工数不超过 500 人,年销售额不超过 2 亿元,资产总额不超过 2 亿元。

⑮高新技术企业:指在国家重点支持的高新技术领域内,持续进行研究开发与技术成果转化,形成企业核心自主知识产权,并以此为基础开展经营活动,在中国境内(不包括港、澳、台地区)注册的居民企业。详情请查阅科技部、财政部、国家税务总局以国科发火〔2016〕32 号印发修订后的《高新技术企业认定管理办法》。

⑯投资阶段:包括种子期、起步期、扩张期、过渡期、重建期、已上市。

⑰退出方式:包括境内上市、境外上市、协议转让、整体收购、企业回购、新三板挂牌、清算。

3. 主要财务指标、基金费用及利润分配情况

3.1 主要会计数据和财务指标

期间数据和指标	2015 年	2014 年	2013 年
本期已实现收益⑱			
本期利润⑲			
期末数据和指标	2015 年末	2014 年末	2013 年末
可供分配收益			
期末基金净资产			

3.2 基金费用明细

项目	当期	自设立以来
管理费		
托管费		
业绩报酬		
外包服务费		
其他（如配售费用、咨询费、自愿放弃的费用金额、未完成交易费等，如有可手动添加）		
费用合计		

3.3 过去三年基金的利润分配情况

年度	基金分红次数	分红金额	现金形式发放总额	年度利润分配合计	备注
2015					
2014					
2013					

4. 基金投资者变动情况

报告期期初投资者数量		报告期期初投资者实缴规模	
减：报告期期间投资者减少数量		减：报告期期间基金减少规模	
加：报告期期间投资者新增数量		加：报告期期间基金新增规模	
报告期期末投资者总数		报告期期末投资者实缴规模	

5. 管理人报告（如报告期内高管及其关联基金情况、高管人员变动情况、基金运作遵规守信情况、基金投资策略和业绩表现、对宏观经济及其行业走势展望、内部基金监察稽核工作、基金估值程序、基金运作情况、投资收益分配和损失承担情况、项目上市进展情况、关联交易等可能存在的利益冲突、关于基金负债以及潜在负债或担保的简要说明等）

⑱本期已实现收益：指基金本期利息收入、投资收益、其他收入（不含公允价值变动收益）扣除相关费用后的余额。

⑲本期利润：本期已实现收益加上本期公允价值变动收益。

6. 托管人（如有）报告（如报告期内本基金托管人遵规守信情况声明，托管人对报告期内本基金投资运作遵规守信、基金估值、利润分配等情况的说明，托管人对本年度报告中财务信息等内容的真实、准确和完整发表意见等）

7. 经审计财务报告⑳

⑳《中华人民共和国公司法》第一百六十四条规定，公司应当在每一会计年度终了时编制财务会计报告，并依法经会计师事务所审计。《中华人民共和国合伙企业法》第六十八条规定，有限合伙人可有第二款第（三）项“参与选择承办有限合伙企业审计业务的会计师事务所”、第（四）项“获取经审计的有限合伙企业财务会计报告”行为。私募投资基金管理人应在每年度结束后在私募投资基金信息披露备份系统上传经审计财务报告。

附表3　私募股权（含创业）投资基金信息披露第×季度报告

（201×年××月××日—201×年××月××日）

金额单位：万元

1. 基金基本情况

基金名称	
基金编码	
基金类型	
基金注册地㉑	
基金成立日期	
基金到期日期	
认缴金额（如有）	
已实缴金额	
估值方法㉒	
期末总资产	
期末净资产	
关键人士/投资经理/投资团队（如有）	
投资者数量	

2. 基金管理人和基金托管人

项目		基金管理人	基金托管人（如有）
名称			
信息披露负责人	姓名		
	联系电话		
	电子邮箱		
传真			
注册地址			
办公地址			
邮政编码			
法定代表人			

3. 基金投资者情况（选填）

序号	投资者名称	投资者类型㉓	认缴出资	实缴出资
1				
2				
……				

㉑公司型、合伙型基金的注册地应填写工商注册地，除此之外的私募股权投资基金，基金注册地填写“不适用”。

㉒管理人手动填写。

㉓投资者类型：机构投资者，境内法人机构（公司等）、境内非法人机构（一般合伙企业等）、财政直接出资、本基金管理人跟投、境外机构；投资计划，私募投资基金产品、证券公司及其子公司资产管理计划、基金公司及其子公司资产管理计划、期货公司及其子公司资产管理计划、信托计划、商业银行理财产品、保险资产管理计划、慈善基金、捐赠基金等社会公益基金、养老基金、社会保障基金、企业年金、政府类引导基金、境外资金（QFII、RQFII 等）；个人投资者，自然人（非员工跟投）、自然人（员工跟投）。

4. 基金投资运作情况（同一项目多轮投资请分次列出）㉔

4.1 所投项目情况

序号	投资项目名称	项目注册地	投资行业㉕	投资方式㉖	持股比例	投资日期	投资认缴资本总额	已投资总额	是否退出	退出日期	退出方式	收益亏损情况
1												
2												
……												

4.2 所投基金情况

序号	基金名称	是否备案	基金编码（如有）	投资日期	投资认缴资本总额	已投资总额
1						
2						
……						

5. 基金持有项目/基金特别情况说明（选填）

6. 基金费用明细

项目	当期	自设立以来
管理费		
托管费		
业绩报酬		
外包服务费		
其他（如配售费用、咨询费、自愿放弃的费用金额、未完成交易费等，如有可手动添加）		
费用合计		

7. 管理人报告（选填）（如报告期内高管及其关联基金情况、高管变动情况、基金运作遵规守信情况、基金投资策略和业绩表现、对宏观经济及其行业走势展望、内部基金监察稽核工作、基金估值程序、基金运作情况、投资收益分配和损失承担情况、关联交易等可能存在的利益冲突、关于基金负债以及潜在负债或担保的简要说明等）

㉔请根据基金所投标的具体形式选择填写表4.1或表4.2。

㉕投资行业分类参考标准见附录。

㉖投资方式：包括股权、可转换债。

附表 4　重大事项临时报告

序号	公告事项	
1	基金名称、注册地址、组织形式发生变更	
2	投资标的和投资策略发生重大变化	
3	变更基金管理人或托管人	
4	基金管理人的法定代表人、执行事务合伙人（委派代表）、实际控制人发生变更	
5	触及基金止损线或预警线后处理情况	
6	管理费率、托管费率发生变化	
7	基金收益分配事项发生变更	
8	基金存续期变更或展期	
9	基金发生清盘或清算	
10	发生重大关联交易事项	
11	基金管理人、实际控制人、高管人员涉嫌重大违法违规行为或正在接受监管部门或自律管理部门调查	
12	涉及私募投资基金管理业务、基金财产、基金托管业务的重大诉讼、仲裁	
13	基金合同约定的影响投资者利益的其他重大事项	

附录：投资行业分类参考标准

一级行业		二级行业		三级行业	
00	能源	0001	能源	000101	能源开采设备与服务
				000102	石油与天然气
				000103	煤炭
01	原材料	0101	原材料	010101	化学原料
				010102	化学制品
				010103	建筑材料
				010104	容器与包装
				010105	有色金属
				010106	钢铁
				010107	非金属采矿及制品
				010108	纸类与林业产品
02	工业	0201	资本品	020101	航空航天与国防
				020102	建筑产品
				020103	建筑与工程
				020104	电气设备
				020105	工业集团企业
				020106	机械制造
				020107	环保设备、工程与服务
		0202	商业服务与用品	020201	商业服务与用品
		0203	交通运输	020301	航空货运与物流
				020302	航空公司
				020303	航运
				020304	道路运输
				020305	交通基本设施
03	可选消费	0301	汽车与汽车零部件	030101	汽车零配件与轮胎
				030102	汽车与摩托车

续表

一级行业		二级行业		三级行业	
		0302	耐用消费品与服装	030201	家庭耐用消费品
				030202	休闲设备与用品
				030203	纺织服装
				030204	珠宝与奢侈品
		0303	消费者服务	030301	酒店、餐馆与休闲
				030302	综合消费者服务
		0304	传媒	030401	传媒
		0305	零售业	030501	日用品经销商
				030502	互联网零售
				030503	多元化零售
				030504	其他零售
04	主要消费	0401	食品与主要用品零售	040101	食品与主要用品零售
		0402	食品、饮料与烟草	040201	饮料
				040202	包装食品与肉类
				040203	烟草
				040204	农牧渔产品
		0403	家庭与个人用品	040301	家常用品
05	医药卫生	0501	医疗器械与服务	050101	医疗器械
				050102	医疗用品与服务提供商
		0502	医药生物	050201	生物科技
				050202	制药
				050203	制药与生物科技服务
06	金融地产	0601	银行	060101	商业银行
				060102	抵押信贷机构

续表

一级行业		二级行业		三级行业	
		0602	其他金融	060201	其他金融服务
				060202	消费信贷
		0603	资本市场	060301	资本市场
		0604	保险	060401	保险
		0605	房地产	060501	房地产开发与园区
				060502	房地产管理与服务
				060503	房地产投资信托（REITs）
07	信息技术	0701	计算机运用	070101	互联网服务
				070102	信息技术服务
				070103	软件开发
		0702	计算机及电子设备	070201	电脑与外围设备
				070202	电子设备
		0703	半导体	070301	半导体
08	电信业务	0801	电信业务	080101	电信运营服务
				080102	电信增值服务
		0802	通信设备	080201	通信设备
09	公用事业	0901	公用事业	090101	电力
				090102	燃气
				090103	供热或其他公用事业
				090104	水务
				090105	电网

八、定期向中基协进行信息报送

2016 年 2 月 4 日，中基协发布的《私募投资基金信息披露管理办法》第五条规定，私募投资基金管理人应当按照规定通过中基协指定的私募投资基金信息披露备份平台报送信息。私募投资基金管理人过往业绩以及私募投资基金运行情况将以私募投资基金管理人向私募投资基金信息披露备份平台报送的数据为准。第六条规定，投资者可以登录中基协指定的私募基金信息披露备份平台进行信息查询。同时，中基协发布《私募投资基金信息披露内容与格式指引 1 号》，适用于私募证券投资基金披露备份。2016 年 11 月 14 日，中基协发布关于发布《私募投资基金信息披露内容与格式指引 2 号——适用于私募股权（含创业）投资基金》的通知，自 2017 年 1 月 1 日起，相关机构应按照信披指引 2 号使用说明第一条要求，通过私募投资基金信息披露备份系统（https：//pfid. amac. org. cn）进行信息披露文件备份。定期信息报送是一项经常性工作，私募投资基金管理人应按照中基协的规定并按照中基协发布的格式文本及时报送基金相关信息，防止因信息未及时报送给基金管理人带来处罚或不能开展业务的风险。

九、投资项目日常巡检

在项目投后管理过程中，无论项目是否发生风险，基金管理人均应定期对项目进行例行走访巡查，实时、动态关注被投方的行业发展情况、生产经营情况、技术开发情况、市场变化情况、财务管理状况，项目盈利情况、产品销售情况、开发建设情况，增信措施的变化情况、投后管理方案的落实情况等，评估项目是否存在可控风险以及可以采取何种补救措施，这些存在的风险对项目的收益以及基金的收益有何种程度的损害，这些损害是否在可容忍的范围和预期之内等。特别是在投资过程中出现重大问题、偏差、风险时，基金管理人应及时对基金投资进行重新测算和评估，以便对投资的风险状况有个清晰的可量化的判断，为进一步决策是继续投资还是中止或提前退出投资做好准备，防止当问题恶化时，投资不能及时退出甚至不能退出带来更大的风险和损失。日常巡查走访也是一项持续性、常态性的工作，其主要的目的是发现问题，判断风险，调整策略，及时止损以保证投资目标的最终实现，也为以后项目投资管理总结经验。

（4）【××地产项目投后定期巡查表】模板

××地产项目投后定期巡查表

被投主体变动情况	1. 股权结构变动情况：×× 2. 实际控制人变动情况：×× 3. 企业信用变动情况：×× 4. 管理层变动情况：×× 5. 操盘团队变动情况：×× 6. 社会信誉变动情况：××

续表

被投项目进展情况	1. 报批报建进展：×× 2. 规划设计变更情况：×× 3. 建设施工进度情况：×× 4. 安全与质量情况：×× 5. 项目销售情况：×× 6. 交房进度情况：××
被投主体经营变动情况	1. 已建项目的情况：×× 2. 在建项目的情况：×× 3. 待建项目的情况：××
被投方财务变动状况	1. 资产负债率：××；流动比率：××；速动比例：×× 2. 对外融资情况：××；对外担保情况：×× 3. 对外投资情况：××；关联交易情况：×× 4. 对外负债情况及构成：××
增信措施的变动状况	1. 担保措施变化情况：×× 2. 工商登记变更情况：×× 3. 公证情况（如有）：××
投后方案的落实情况	1. 人员委派情况：×× 2. 印签共管情况：×× 3. 审批双签情况：×× 4. 治理参与情况：×× 5. 资金归集情况：×× 6. 日常巡查情况：×× 7. 其他发现情况：××
公司面临的风险因素	1. 是否有违约行为：×× 2. 市场变化情况：×× 3. 主体变动情况：×× 4. 设计重大变更：×× 5. 施工严重滞后：×× 6. 安全质量事故：×× 7. 违法经营情况：××
公司面临的风险因素	8. 违章建设情况：×× 9. 诉讼仲裁情况：×× 10. 资金紧张情况：×× 11. 去化进度缓慢：×× 12. 交付过渡逾期：×× 13. 其他情况：××

（5）【××地产项目投后定期巡查报告】模板

××地产项目投后定期巡查报告

一、行业发展现状：××

二、被投方目前基本情况：××

三、被投项目目前基本情况：××

四、被投方目前经营情况：××

五、被投方目前财务状况：××

六、增信措施落实情况：××

七、投后管理方案的落实情况：××

八、项目目前存在的风险及应对措施：××

九、检查结论及建议：××

投后管理部

××年××月××日

十、风险预警

投资是一项高风险的活动，私募投资基金投资项目运行过程中，难免会出现一些突发情况导致项目出现风险，这些风险有可能导致项目的中止、终止、停滞、失败，从而给基金带来巨大的退出风险。尤其房地产行业是深受政策影响的一个行业，政策周期和经济周期对其影响特别大，因此这就要求投后管理部门在投后管理过程中密切关注项目和经济政策环境的进展情况，从政策环境、经济周期、公司股东、项目团队、资金财务、项目策划、规划设计、建筑施工、物业销售、政策导向、市场环境等多方面对项目予以关注。这些因素有的是宏观层面的，有的是微观层面的，实际工作中，许多基金管理人往往重视微观因素的影响，但是宏观层面的因素往往对房地产行业的影响比微观层面的影响更大，导致的破坏性后果更严重。因此，基金管理人还要重视对房地产行业的政策性研究和经济周期的研究，顺势而为，驭势而行，不能违背经济发展的大趋势。在投后管理过程中，投后管理人员应保持高度的敏感性和警惕性，当项目出现或可能出现问题时，或者出现对项目有重大影响的事件时，应及时捕捉项目风险信息，找出问题出现的原因，评估问题可能带来的影响，做好风险解决预案，为下一步的投资决策以及风险防范做好准备，防止项目出现问题或风险后，因为没有解决预案导致措手不及，应对已晚。投后风险监控也是一个长期的、持续性的工作，需要投后管理人员定期比对有关数据，发现偏差，评估影响。对于一些常规的、可量化的风险，基金管理人应建立风险管理数据库，通过信息化、大数据、模型化进行管理，以保证风险管理的例行性、客观性、及时性以及可控性。对于一些非常规的、不可量化的风险，基金管理人应在投资时或投后管理过程中模拟风险事件，制定风险应急预案，并保证第一时间启动应急预案，控制和减少损失。

（6）【××地产项目投后风险预警报告】模板

××地产项目投后风险预警报告

1. 客户基本信息：××
2. 项目基本信息：××
3. 风险状况揭示：××
4. 风险应对策略：××
5. 风险应对安排：××
6. 工作时间安排：××

投后管理部

××年××月××日

十一、组织召开投资人会议

依据公司章程（公司型基金）、合伙协议（合伙型基金）、基金合同（契约型基金）关于召开投资人会议的相关约定，在触发特定条件的情形下或在特定日期，私募基金管理人应定期或不定期（临时）召开股东大会（公司型基金）、合伙人大会（合伙型基金）、私募基金份额持有人大会（契约型基金）。按照基金合同的约定召开定期会议和临时会议，既是基金投资人的一项权利，也是基金管理人的一项义务，既是保障基金投资人决策权和知情权的重要手段，也是增进基金投资人和基金管理人互信的重要举措。实践中，触发召开会议的特定情形往往是基金将要发生或已经发生重大风险，但基金管理人又对召开会议比较回避和抵触，因为其不想或不知道如何去面对投资人的指责和诘难。同时对于合同约定的定期会议，即使没有触发约定的召开会议的特殊情形，基金管理人也应按照基金合同的约定组织召开，除非得到投资人的豁免。召开会议时，基金管理人应按照基金合同的约定发送会议通知、会议议案以及相关背景资料和文件，并保证投资人的提案权等。

十二、提供增值服务

随着投资行业进入的门槛越来越高，被投方不再仅仅局限于对基金的资金需求，其对基金管理人的专业化程度要求也越来越苛刻，对基金管理人的专业素质、主动管理能力、资源整合能力提出新的需求，只能提供资金而不能提供其他价值的机构将越来越边缘化。受到特定的股东背景、企业文化、投资环境、业务领域、技术水平、经营能力、管理能力的限制，单纯地依靠被投团队和被投企业并不能解决投资项目中存在的问题或者并不能提升企业的价值，因此，如果基金管理人在项目中可以依靠自身的专业素质或者其他资源为项目以及团队提供一些专业性的意见或建议或者带来一定的资源帮助，无疑对于推进项目的顺利完成、提升企业的价值以及基金的顺利退出具有积极的促进作用。作为私募地产投资基金管理人，可以在项目策划、规划设计、报批报建、建筑施工、营销策划、市场销售、物业管理等众多方面给予被投企业以帮助，使项目更好地适应市场，更快地实现去化，这本身即是基金管理人专业价值的体现。

十三、出具投后管理报告

项目投后管理报告是私募基金投出以后，基金管理人按照合同约定定期向投资人出具的基金投资情况的管理报告。与中基协要求的定期向投资人进行信息披露一样，定期寄送投后管理报告也是保障投资人知情权、防止信息不对称的一个重要手段。投后管理报告内容除中基协要求的信息披露的内容外，还可以有更多地被投项目的具体信息，因此投后管理报告的内容相对来说更为丰富，蕴含的信息量也更大。实际工作中，私募基金管理人应当注意的是，对于定期向投资人披露的投后管理报告的信息，不仅要保证与向中基协信息披露平台报送的信息的一致性，同时要保证披露信息的客观性、真实性、完整性，不能给投资人以重大误导或进行欺诈。

（7）【××私募地产投资基金投后管理报告】模板

××私募地产投资基金投后管理报告

1. 私募基金概况

基金名称	××私募投资基金
基金类型	××式
基金注册地	××
基金形式	有限合伙
基金管理人	××股权基金管理有限公司；登记编码：××
募集监管银行	××银行
资金托管银行	××银行
会计师事务所	××会计师事务所
律师事务所	××律师事务所
服务外包情况	××
募集规模	××万元人民币
合伙人规模	不超过××人
投资期限	××个月
投资范围	××
募集期限及方式	××年××月××日开始，不超过30个工作日，非公开募集
最低出资额	100万元（人民币），按××万的整数倍增加
出资方式	货币，人民币。不接受其他任何形式的投资
投资项目	收购××公司××%股权
退出方式	转让、回购、并购、清算或其他方式
风控措施	××
收益分配	按照实缴出资比例进行分配

2. 已投项目概况

已投项目	项目名称	××
	投资方式	××
	投资规模	××
	投资时间	××
	投资期限	××
	退出时间	××
	增信措施	××
	物业类型	××
	建设规模	××
	开工时间	××
	竣工时间	××
	报建情况	××
	建设单位	××
	施工单位	××
	设计单位	××
	监理单位	××
	形象进度	××
	销售进度	××
	交房进度	××

3. 基金财务报表

资产负债表 会企01表 编制单位：年 月 日 单位：元					
资产	期末余额	年初余额	负债和所有者权益（或股东权益）	期末余额	年初余额
流动资产：			流动负债：		
货币资金			短期借款		
以公允价值计量且其变动计入当期损益的金融资产			以公允价值计量且其变动计入当期损益的金融负债		

续表

资产	期末余额	年初余额	负债和所有者权益（或股东权益）	期末余额	年初余额
衍生金融资产			衍生金融负债		
应收票据			应付票据		
应收账款			应付账款		
预付款项			预收款项		
应收利息			应付职工薪酬		
应收股利			应交税费		
其他应收款			应付利息		
存货			应付股利		
持有待售资产			其他应付款		
一年内到期的非流动资产			持有待售负债		
其他流动资产			一年内到期的非流动负债		
流动资产合计			其他流动负债		
非流动资产：			流动负债合计		
可供出售金融资产			非流动负债：		
持有至到期投资			长期借款		
长期应收款			应付债券		
长期股权投资			其中：优先股		
投资性房地产			永续债		
固定资产			长期应付款		
在建工程			专项应付款		
工程物资			预计负债		
固定资产清理			递延收益		
生产性生物资产			递延所得税负债		
油气资产			其他非流动负债		
无形资产			非流动负债合计		
开发支出			负债合计		
商誉			所有者权益（或股东权益）：		

续表

资产	期末余额	年初余额	负债和所有者权益（或股东权益）	期末余额	年初余额
长期待摊费用			实收资本（或股本）		
递延所得税资产			其他权益工具		
其他非流动资产			其中：优先股		
非流动资产合计			永续债		
			资本公积		
			减：库存股		
			其他综合收益		
			盈余公积		
			未分配利润		
			所有者权益（或股东权益）合计		
资产总计			负债和所有者权益（或股东权益）总计		

利润表

会企 02 表

编制单位： 年 月 日 单位：元

项目	本期金额	上期金额
一、营业收入		
减：营业成本		
税金及附加		
销售费用		
管理费用		
财务费用		
资产减值损失		
加：公允价值变动收益（损失以“－”号填列）		
投资收益（损失以“－”号填列）		
其中：对联营企业和合营企业的投资收益		
资产处置收益（损失以“－”号填列）		
其他收益		

续表

项目	本期金额	上期金额
二、营业利润（亏损以“-”号填列）		
加：营业外收入		
减：营业外支出		
三、利润总额（亏损总额以“-”号填列）		
减：所得税费用		
四、净利润（净亏损以“-”号填列）		
（一）持续经营净利润（净亏损以“-”号填列）		
（二）终止经营净利润（净亏损以“-”号填列）		
五、其他综合收益的税后净额		
（一）以后不能重分类进损益的其他综合收益		
1. 重新计量设定受益计划净负债或净资产的变动		
2. 权益法下在被投资单位不能重分类进损益的其他综合收益中享有的份额		
……		
（二）以后将重分类进损益的其他综合收益		
1. 权益法下在被投资单位以后将重分类进损益的其他综合收益中享有的份额		
2. 可供出售金融资产公允价值变动损益		
3. 持有至到期投资重分类为可供出售金融资产损益		
4. 现金流量套期损益的有效部分		
5. 外币财务报表折算差额		
……		
六、综合收益总额		
七、每股收益		
（一）基本每股收益		
（二）稀释每股收益		

现金流量表

会企03表

编制单位： 年 月 日 单位：元

项目	本期金额	上期金额
一、经营活动产生的现金流量：		
销售商品、提供劳务收到的现金		
收到的税费返还		
收到其他与经营活动有关的现金		
经营活动现金流入小计		
购买商品、接受劳务支付的现金		
支付给职工以及为职工支付的现金		
支付的各项税费		
支付其他与经营活动有关的现金		
经营活动现金流出小计		
经营活动产生的现金流量净额		
二、投资活动产生的现金流量：		
收回投资收到的现金		
取得投资收益收到的现金		
处置固定资产、无形资产和其他长期资产收回的现金净额		
处置子公司及其他营业单位收到的现金净额		
收到其他与投资活动有关的现金		
投资活动现金流入小计		
购建固定资产、无形资产和其他长期资产支付的现金		
投资支付的现金		
取得子公司及其他营业单位支付的现金净额		
支付其他与投资活动有关的现金		
投资活动现金流出小计		
投资活动产生的现金流量净额		
三、筹资活动产生的现金流量：		
吸收投资收到的现金		
取得借款收到的现金		
收到其他与筹资活动有关的现金		

续表

项 目	本期金额	上期金额
筹资活动现金流入小计		
偿还债务支付的现金		
分配股利、利润或偿付利息支付的现金		
支付其他与筹资活动有关的现金		
筹资活动现金流出小计		
筹资活动产生的现金流量净额		
四、汇率变动对现金及现金等价物的影响		
五、现金及现金等价物净增加额		
加：期初现金及现金等价物余额		
六、期末现金及现金等价物余额		

4. 其他事项

××

第七章　私募投资基金退出的合规管理

一、私募投资基金的退出合规管理概述

私募投资基金的退出，是私募投资基金生命周期的最后一步，也是事关私募投资基金成败的最重要的一步。私募投资基金的退出方式有很多种，各种方式之间也千差万别。投资本身是一项高风险的活动，虽然所有人都希望成功，但是成功的案例永远是少数。私募投资基金的退出的合规管理，侧重点在私募投资基金的内控合规管理，即私募投资基金应该按照法律的规定、合同的约定、公司规定的程序进行退出，最大化地保障投资人的利益。退出合规，既是对投资人利益的保护，也是对私募基金管理人的保护。从近两年的私募基金专项合规检查的内容来看，在私募基金投资退出环节，基金清算、财务审计、收益分配、税费缴纳、工商变更是基金合规专项检查的对象和重点。一般来说，基金合同对于基金的退出方式都有明确的约定，譬如 IPO、转让、并购、回购、减资、清算等，但约定相对来说比较简单。如果项目投资比较顺利的话，这没什么问题也不容易产生争议，但是现实情况是比较复杂的，如果项目投资出现困难或者其他方式更能最大化基金的利益时，往往仅有这些方式或者仅采用其中的一种方式是不够的，基金管理人需要通过多样化、组合化的方式实现退出。但这存在的一个问题就是，这些另类的退出方式或者组合化的退出方式并没有在基金合同中约定，如果采取这些方式退出，需要召开投资人会议，按照投资人会议的约定程序进行表决，并按照表决结果推进，但这又需要耗费大量的时间和精力，还容易错过最好的退出时机。因此，建议基金管理人在制定基金合同时，应考虑到各种突发情况尤其是不利情况，对投资退出方式进行灵活的安排并将这项权利赋予基金管理人，以免在退出时由于基金管理人单独决策从而违反合同的约定导致合规的风险同时又要向投资人承担违约责任。

二、拟订退出方案和召开投资决策会议

在基金达到退出条件或发生风险面临退出时，拟订项目退出方案是基金投资退出活动中最重要的一项任务，项目退出方案既要符合合同的约定，又要符合公司的

规定，同时又要保证实现最大化投资基金的利益或者说最大化投资人的利益。受现实复杂情况的影响或基金管理人投资预判能力的局限，最大化投资基金的利益或最大化投资人的利益往往是一个风险和利益平衡的问题，退出或不退出，推迟或提前退出，都可能加大或减小投资风险，但是却能最大化投资基金或投资人的利益，而这在实际结果发生之前，一切都是预想不是现实，无法验证。因此，如何在基金合同中或现实操作中平衡投资人的利益和基金管理人的风险是一个值得考虑的问题。一方面要避免因为过度谨慎或者过度激进而导致投资人遭受巨大损失，另一方面要避免因为过度谨慎或者过度激进而导致基金管理人承担巨大风险。投资本身是一项专业性、职业化、技术性、人性化的活动，建议基金管理人在基金合同中适当对基金管理人的管理权力进行倾斜，赋予基金管理人充足的决策权力，以适应复杂的现实情况以及在基金退出时做出灵活性的安排。当然，对于不负责任的基金管理人，如果在投资过程中出现徇私枉法、玩忽职守、滥用职权的投资情况，投资人可以以不诚信为由对基金管理人提起司法程序，追究其违约责任。投后管理部或投资管理部拟订完毕投资项目退出方案后，应将项目退出方案提交投资决策委员会进行审议并表决，并按照决策意见对退出方案进行修改和实施。

（1）【××投资基金关于退出××地产项目的方案】模板

××投资基金关于退出××地产项目的方案

一、××投资基金概况

二、××投资项目投资概况

三、××投资项目基金财务报表

四、××投资项目基金分配方案

五、××投资项目退出方式和程序

（一）退出方式；（二）；决策程序；（三）实施程序；（四）审计程序等

六、××投资项目退出人员安排

七、××投资项目退出时间安排

八、××投资项目后评价安排

投后管理部

××年××月××日

三、私募投资基金退出时的注意事项

在投资决策委员会作出退出决议后，投后管理部门就可以着手基金的退出工作。私募投资基金退出时，由于基金投资方式和领域的不同，在实际工作中涉及的工作也有巨大的区别。如 IPO 退出，公开市场套现即可。但是如果是并购，则可能涉及国资审批、外资审批、行业审批、工商变更、信息披露、资产评估等。项目顺利退出是一个皆大欢喜的事情，但是应注重细节的处理，防止出现违法违规，从而导致基金受到行政处罚、纪律处分或者导致基金管理人违约。一般来说，涉及工商变更或注销的，应及时进行工商登记手续变更或注销；涉及审计或评估的，应及时进行审计或者评估出具相关报告并披露给投资人；涉及国资审批、外资审批、行业审批或投资审批的，应及时向主管单位提交审批文件，取得相关批件；涉及人员撤回的，应及时对相关委派人员进行撤回并取消相关授权（如需要审计的，进行审计）；涉及章证照移交或销毁的，应及时收回相关章证照并进行销毁；涉及取消抵押、质押等担保措施的，应及时办理相关抵押、质押等登记注销手续；涉及公司资料、文件、工作等交接的，应及时进行交接并制作交接备忘录；涉及办理公证手续的，应及时办理公证手续；涉及银行账户销户的，应及时销户处理。基金退出是一项琐碎的、易产生争议的工作，除上面涉及的一些工作之外，还需要与被投企业进行协商、谈判等，由于这其中直接涉及利益分割的问题，往往谈判异常的艰难和痛苦（尤其是对一些问题项目来说），这需要基金管理人注意并要充分做好心理和时间准备。建议基金管理人留出充分的时间，防止因为双方扯皮导致项目谈判过度拖延而不能按时顺利地退出，从而导致基金退出时间延长。

四、投资项目后评价

项目后评价是基金投资退出项目后，对基金实际投资状况尤其是基金收益进行评价分析，并与原投资方案进行比对，发现其偏离度及其产生的原因，总结本次投资成功的经验，吸取本次投资失败的教训，供以后基金投资时进行参考。项目后评价是一个基金投资的终点，无论是经验还是教训对基金管理人来说意义都比较重大。实际工作中，成功的项目往往容易蒙蔽基金管理人的双眼，使基金管理人认为许多决策都是正确和可行的，其实往往失败的项目更具有学习和参考的价值，值得借鉴的地方也更多。投资项目后评价在总结成功的经验的同时，更应该分析失败的教训供以后投资时进行参考。投资项目后评价应注重多维度、全要素的比较分析，避免攻其一点，遗漏关键影响偏离度的要素。

（2）【××地产投资项目后评估报告】模板

××私募基金××地产项目后评估报告

一、××投资基金概况

二、××投资项目概况

三、项目规划设计对比分析（包括成本费用、周期、指标、建设方案等），偏离度及产生的原因，借鉴意义

四、项目设计施工对比分析（包括成本费用、周期、施工方案、质量标准等），偏离度及产生的原因，借鉴意义

五、项目销售去化对比分析（包括费用、周期、定价、销售模式等），偏离度及产生的原因，借鉴意义

六、项目经济技术指标变化对比分析（如有），偏离度及产生的原因，借鉴意义

七、项目整体财务测算对比分析（包括投资、融资、费用、收益等），偏离度及产生的原因，借鉴意义

八、基金整体财务测算对比分析，偏离度及产生的原因，借鉴意义

九、不可预见情况或风险简述

十、结论以及建设性意见

投后管理部

××年××月××日

五、风险项目的退出合规管理

私募基金投资尤其是PE、VC类投资是一项高风险、高回报的商业活动，失败率极高并且出现投资风险在所难免，因此无论是基金管理人还是投资人，对于投资风险都要有一个充分的心理准备和认知，克服对投资风险的逃避和恐惧心理。对于私募基金管理人来说，风险应对和化解能力是衡量基金管理人管理能力的一个重要的指标，一个优秀的基金管理人应该具备良好的风险应对和化解能力。因中国私募投资基金发展的时间还不长，所以实践中在投资基金发生风险时，基金管理人无论

是对于投资风险的心理准备还是实际工作中对于风险的应对还远未成熟，大部分基金管理人还未建立起一套完整的、系统的、标准化的、可操作的风险管理机制和风险处置方案，私募基金管理人风险应对能力亟待提高和完善。因此，基金管理人在管理投资基金的过程中，除了保持对风险的敬畏之外，应逐步结合公司自身的投资方式和方向，吸取过往失败项目的教训，借鉴其他同行的成功经验，建立起符合公司业务本身的、可以落地的、可高效实施的、最大化保全投资人的利益的风险应对机制。

对投资人来说，承受投资失败的风险是投资必须承担的义务之一。因中国私募投资基金发展的时间还不长，私募投资基金投资者教育的缺失和缺乏，基金投资人天然认为借债还钱，天经地义，根本不愿承担投资失败的风险，这在实践中已经发生过很多案例，经常说的刚性兑付便是最直接的证明。正是因为投资者教育的缺失，导致私募基金适当性匹配严重错乱（当然财富管理人在这方面也有不可推卸的责任），基金投资领域积聚的风险越来越大，对社会稳定和金融安全都带来了极大的隐患。中国金融领域当前一个重要的任务便是要加强投资者教育的开展，让投资者充分认识到投资的风险，进行适当性投资，打破刚兑，做到卖者负责，买者自担。相关的法律、金融政策以及相关的机构也应积极地对投资者风险教育进行支持，推进公正的、完善的、符合市场基本原则的财富管理市场的建设。

当基金投资风险发生时，基金管理人应及时通知投资人发生的风险，进行信息披露，保障投资者的知情权，同时积极向投资人提供风险化解方案，采取风险应对或缓释措施。如果该风险化解方案需要投资人会议进行决策，基金管理人应按照基金合同的约定，组织召开投资人会议进行表决。实践中，基金合同往往对投资风险应对没有约定或者虽有约定但不满足当时情况下基金利益最大化的要求，一旦发生风险，基金管理人往往按照自己的意志进行处理或者处于两难的选择之中（如按照合同约定，不符合基金利益最大化要求；如不按照合同约定，违反合同约定，有违约风险）。发生这种情况其实也可以理解，因为基金管理人和投资人不可能完全预测未知的、尚不存在的风险，退一步说，即使知道可能发生的风险，也不可能预制未来基金利益最大化的处置方案，这要与未来发生的实际现实状况密切相连。因此在发生风险事件时，或者在基金合同中明确赋予基金管理人独立风险处置权力，或者在风险发生时将该权力赋予投资人会议进行决策，两种方式均符合私募基金的合规性要求。

第八章　私募投资基金信息披露、信息报送的合规管理

一、私募投资基金管理人对投资者的信息披露概述

信息披露是保护投资者利益、化解信息不对称的重要手段，也是私募投资基金管理人的法定义务和责任。鉴于信息披露在保护投资者以及促进信息平等中的重要性，中基协通过多个指导性文件对此进行强调，在此专章进行说明。2017 年 1 月 13 日，中基协发布的《推进信息披露工作，积累私募行业信用——私募基金信息披露备份平台全面上线运行》指出，私募投资基金的信息披露，是私募基金管理人履行受托人义务的重要职责，是实现基金有效治理的基本要求。信息披露义务人依约定向投资者持续全面真实地报告私募基金投资运作信息，最大限度减少信息不对称，有利于保护投资者合法权益，督促管理人勤勉尽责。作为私募基金事中事后自律管理的关键环节，协会规范私募基金信息披露标准和要求，旨在保护投资者利益的同时，建立私募基金管理人积累信用机制和基金持续业绩记录，搭建私募基金信息统计和风险监测指标体系，为有信誉的基金管理人赢得社会公信和监管信赖提供有力支持。

2020 年 2 月 14 日，中基协发布《私募基金信息披露备份系统定向披露功能常见问题解答》，规定协会于 2020 年 2 月 14 日正式上线信披备份系统定向披露功能，私募基金管理人在信披备份系统完成投资者查询账号维护后，投资者将可通过投资者登录端查看所购买私募基金的信息披露报告。从近两年的私募基金专项合规检查的内容来看，在私募基金信息披露环节，是否按照基金合同约定向投资人进行信息披露、是否按约提交信披报告是基金合规专项检查的对象和重点。

2016 年 2 月 4 日，中基协发布《私募投资基金信息披露管理办法》第二条规定，本办法所称的信息披露义务人，指私募基金管理人、私募基金托管人，以及法律、行政法规、中国证券监督管理委员会（以下简称中国证监会）和中基协规定的具有信息披露义务的法人和其他组织。同一私募基金存在多个信息披露义务人时，应在相关协议中约定信息披露相关事项和责任义务。信息披露义务人委托第三方机构代为披露信息的，不得免除信息披露义务人法定应承担的信息披露义务。第三条

规定，信息披露义务人应当按照中基协的规定以及基金合同、公司章程或者合伙协议（以下统称基金合同）约定向投资者进行信息披露。第四条规定，信息披露义务人应当保证所披露信息的真实性、准确性和完整性。第六条规定，投资者可以登录中基协指定的私募基金信息披露备份平台进行信息查询（披露备份平台尚未向投资者开放此功能）。第七条规定，信息披露义务人、投资者及其他相关机构应当依法对所获取的私募基金非公开披露的全部信息、商业秘密、个人隐私等信息负有保密义务。中基协应当对私募基金管理人和私募基金信息严格保密。除法律法规另有规定外，不得对外披露。

对于应当披露的信息具体内容以及禁止性行为，上述办法第九条规定，信息披露义务人应当向投资者披露的信息包括：（一）基金合同；（二）招募说明书等宣传推介文件；（三）基金销售协议中的主要权利义务条款（如有）；（四）基金的投资情况；（五）基金的资产负债情况；（六）基金的投资收益分配情况；（七）基金承担的费用和业绩报酬安排；（八）可能存在的利益冲突；（九）涉及私募基金管理业务、基金财产、基金托管业务的重大诉讼、仲裁；（十）中国证监会以及中基协规定的影响投资者合法权益的其他重大信息。第十条规定，私募基金进行托管的，私募基金托管人应当按照相关法律法规、中国证监会以及中基协的规定和基金合同的约定，对私募基金管理人编制的基金资产净值、基金份额净值、基金份额申购赎回价格、基金定期报告和定期更新的招募说明书等向投资者披露的基金相关信息进行复核确认。第十一条规定，信息披露义务人披露基金信息，不得存在以下行为：（一）公开披露或者变相公开披露；（二）虚假记载、误导性陈述或者重大遗漏；（三）对投资业绩进行预测；（四）违规承诺收益或者承担损失；（五）诋毁其他基金管理人、基金托管人或者基金销售机构；（六）登载任何自然人、法人或者其他组织的祝贺性、恭维性或推荐性的文字；（七）采用不具有可比性、公平性、准确性、权威性的数据来源和方法进行业绩比较，任意使用“业绩最佳”“规模最大”等相关措辞；（八）法律、行政法规、中国证监会和中基协禁止的其他行为。

对于不同的阶段需要信息披露义务人披露的不同信息以及披露的时间要求，上述办法第十三条规定，私募基金的宣传推介材料（如招募说明书）内容应当如实披露基金产品的基本信息，与基金合同保持一致。如有不一致，应当向投资者特别说明。第十四条规定，私募基金募集期间，应当在宣传推介材料（如招募说明书）中向投资者披露如下信息：（一）基金的基本信息：基金名称、基金架构（是否为母子基金、是否有平行基金）、基金类型、基金注册地（如有）、基金募集规模、最低认缴出资额、基金运作方式（封闭式、开放式或者其他方式）、基金的存续期限、基金联系人和联系信息、基金托管人（如有）；（二）基金管理人基本信息：基金管理人名称、注册地/主要经营地址、成立时间、组织形式、基金管理人在中基协的登记备案情况；（三）基金的投资信息：基金的投资目标、投资策略、投资方向、业绩比较基准（如有）、风险收益特征等；（四）基金的募集期限：应载明基金首轮交割日以及最后交割日事项（如有）；（五）基金估值政策、程序和定价模式；（六）基金合同的主要条款：出资方式、收益分配和亏损分担方式、管理费标准及计提方式、基金费用承担方式、基金业务报告和财务报告提交制度等；（七）基金的申购与赎回安排；（八）基金管理人最近三年的诚信情况说明；（九）其他事项。第十五条规定，基金合同中应当明确信息披露义务人向投资者进行信息披露的内容、披露频度、披露方式、披露责任以及信息披露渠道等事项。第十六条规定，私募基金运行期间，信息披露义务人应当在每季度结束之日起 10 个工作日以内向投资者披露基金净值、主要财务指标以及投资组合情况等信息。单只私募证券投资基金管理规模金额达到 5000 万元以上的，应当持续在每月结束之日起 5 个工作日以内向投资者披露基金净值信息。第十七条规定，私募基金运行期间，信息披露义务人应当在每年结束之日起 4 个月以内向投资者披露以下信息：（一）报告期末基金净值和基金份额总额；（二）基金的财务情况；（三）基金投资运作情况和运用杠杆情况；（四）投资者账户信息，包括实缴出资额、未缴出资额以及报告期末所持有基金份额总额等；（五）投资收益分配和损失承担情况；（六）基金管理人取得的管理费和业绩报酬，包括计提基准、计提方式和支付方式；（七）基金合同约定的其他信息。第十八条规定，发生以下重大事项的，信息披露义务人应当按照基金合同的约定及时向投资者披露：（一）基金名称、注册地址、组织形式发生变更的；（二）投资范围和投资策略发生重大变化的；（三）变更基金管理人或托管人的；（四）管理人的法定代表人、执行事务合伙人（委派代表）、实际控制人发生变更的；（五）触及基金止损线或预警线的；（六）管理费率、托管费率发生变化的；（七）基金收益分配事项发生变更的；（八）基金触发巨额赎回的；（九）基金存续期变更或展期的；（十）基金发生清盘或清算的；（十一）发生重大关联交易事项的；（十二）基金管理人、实际控制人、高管人员涉嫌重大违法违规行为或正在接受监管部门或自律管理部门调查的；（十三）涉及私募基金管理业务、基金财产、基金托管业务的重大诉讼、仲裁；（十四）基金合同约定的影响投资者利益的其他重大事项。

2016 年 5 月 26 日，中基协发布的《证券期货投资者适当性管理办法》，对有关披露信息进行了补充。其中第二十三条规定，经营机构向普通投资者销售产品或者提供服务前，应当告知下列信息：（一）可能直接导致本金亏损的事项；（二）可能直接导致超过原始本金损失的事项；（三）因经营机构的业务或者财产状况变化，可能导致本金或者原始本金亏损的事项；（四）因经营机构的业务或者财产状况变化，影响客户判断的重要事由；（五）限制销售对象权利行使期限或者可解除合同期限等全部限制内容；（六）本办法第二十九条规定的适当性匹配意见。第二十四条规定，经营机构对投资者进行告知、警示，内容应当真实、准确、完整，不存在虚假记载、误导性陈述或者重大遗漏，语言应当通俗易懂；告知、警示应当采用书面形式送达投资者，并由其确认已充分理解和接受。

就基金管理人信息披露事务的管理，《私募投资基金信息披露管理办法》第十九条规定，信息披露义务人应当建立健全信息披露管理制度，指定专人负责管理信息披露事务，并按要求在私募基金登记备案系统中上传信息披露相关制度文件。第二十条规定，信息披露事务管理制度应当至少包括以下事项：（一）信息披露义务人向投资者进行信息披露的内容、披露频度、披露方式、披露责任以及信息披露渠道等事项；（二）信息披露相关文件、资料的档案管理；（三）信息披露管理部门、流程、渠道、应急预案及责任；（四）未按规定披露信息的责任追究机制，对违反规定人员的处理措施。第二十一条规定，信息披露义务人应当妥善保管私募基金信息披露的相关文件资料，保存期限自基金清算终止之日起不得少于10年。第十二条规定，向境内投资者募集的基金信息披露文件应当采用中文文本，应当尽量采用简明、易懂的语言进行表述。同时采用外文文本的，信息披露义务人应当保证两种文本内容一致。两种文本发生歧义时，以中文文本为准。2016年2月4日，中基协发布《私募投资基金信息披露管理办法》的同时，发布《私募投资基金信息披露内容与格式指引1号》（适用于私募证券投资基金），对私募证券投资基金的信息披露格式和内容提出明确要求。2016年11月14日，中基协发布《关于发布〈私募投资基金信息披露内容与格式指引2号——适用于私募股权（含创业）投资基金〉的通知》，对私募股权（含创业）投资基金信息披露格式和内容提出明确要求。上述管理办法以及内容与格式指引详细规定了基金管理人信息披露的时间、内容等，基金管理人必须遵守。这里需要注意的是，上述证券和股权信息披露格式是中基协对私募基金管理人针对信息披露管理平台提交内容提出的基本要求，并不是私募基金管理人仅能提供上述格式的内容给投资者，私募基金管理人可以提供比上述信息更为丰富和详尽的内容。

2016年4月15日，中基协发布的《私募投资基金募集行为管理办法》亦对信息披露的有关问题进行了部分规定。其中第二十三条规定，募集机构应当采取合理方式向投资者披露私募基金信息，揭示投资风险，确保推介材料中的相关内容清晰、醒目。私募基金推介材料内容应与基金合同主要内容一致，不得有任何虚假记载、误导性陈述或者重大遗漏。如有不一致的，应当向投资者特别说明。私募基金推介材料内容包括但不限于：（一）私募基金的名称和基金类型；（二）私募基金管理人名称、私募基金管理人登记编码、基金管理团队等基本信息；（三）中基协私募基金管理人以及私募基金公示信息（含相关诚信信息）；（四）私募基金托管情况（如无，应以显著字体特别标注）、其他服务提供商（如律师事务所、会计师事务所、保管机构等），是否聘用投资顾问等；（五）私募基金的外包情况；（六）私募基金的投资范围、投资策略和投资限制概况；（七）私募基金收益与风险的匹配情况；（八）私募基金的风险揭示；（九）私募基金募集结算资金专用账户及其监督机构信息；（十）投资者承担的主要费用及费率，投资者的重要权利（如认购、赎回、转让等限制、时间和要求等）；（十一）私募基金承担的主要费用及费率；（十二）私募基金信息披露的内容、方式及频率；（十三）明确指出该文件不得转载或给第三方传阅；（十四）私募基金采取合伙企业、有限责任公司组织形式的，应当明确说明入伙（股）协议不能替代合伙协议或公司章程，说明根据《合伙企业法》或《公司法》，合伙协议、公司章程依法应当由全体合伙人、股东协商一致，以书面形式订立，申请设立合伙企业、公司或变更合伙人、股东的，并应当向企业登记机关履行申请设立及变更登记手续；（十五）中基协规定的其他内容。第二十四条规定，募集机构及其从业人员推介私募基金时，禁止有以下行为：（一）公开推介或者变相公开推介；（二）推介材料虚假记载、误导性陈述或者重大遗漏；（三）以任何方式承诺投资者资金不受损失，或者以任何方式承诺投资者最低收益，包括宣传“预期收益”“预计收益”“预测投资业绩”等相关内容；（四）夸大或者片面推介基金，违规使用“安全”“保证”“承诺”“保险”“避险”“有保障”“高收益”“无风险”等可能误导投资人进行风险判断的措辞；（五）使用“欲购从速”“申购良机”等片面强调集中营销时间限制的措辞；（六）推介或片面节选少于6个月的过往整体业绩或过往基金产品业绩；（七）登载个人、法人或者其他组织的祝贺性、恭维性或推荐性的文字；（八）采用不具有可比性、公平性、准确性、权威性的数据来源和方法进行业绩比较，任意使用“业绩最佳”“规模最大”等相关措辞；（九）恶意贬低同行；（十）允许非本机构雇佣的人员进行私募基金推介；（十一）推介非本机构设立或负责募集的私募基金；（十二）法律、行政法规、中国证监会和中基协禁止的其他行为。第二十五条规定，募集机构不得通过下列媒介渠道推介私募基金：（一）公开出版资料；（二）面向社会公众的宣传单、布告、手册、信函、传真；（三）海报、户外广告；（四）电视、电影、电台及其他音像等公共传播媒体；（五）公共、门户网站链接广告、博客等；（六）未设置特定对象确定程序的募集机构官方网站、微信朋友圈等互联网媒介；（七）未设置特定对象确定程序的讲座、报告会、分析会；（八）未设置特定对象确定程序的电话、短信和电子邮件等通信媒介；（九）法律、行政法规、中国证监会规定和中基协自律规则禁止的其他行为。

当然，这里有一个比较容易忽视的问题，就是投资者也负有向基金管理人或基金募集机构进行自身信息披露义务，所以信息披露义务是一个双向的义务。2016年5月26日，中基协发布的《证券期货投资者适当性管理办法》第三十三条规定，投资者购买产品或者接受服务，按规定需要提供信息的，所提供的信息应当真实、准确、完整。投资者根据本办法第六条规定所提供的信息发生重要变化、可能影响其分类的，应当及时告知经营机构。投资者不按照规定提供相关信息，提供信息不真实、不准确、不完整的，应当依法承担相应法律责任，经营机构应当告知其后果，并拒绝向其销售产品或者提供服务。第六条规定，经营机构向投资者销售产品或者提供服务时，应当了解投资者的下列信息：（一）自然人的姓名、住址、职业、年龄、联系方式，法人或者其他组织的名称、注册地址、办公地址、性质、资质及经营范围等基本信息；（二）收入来源和数额、资产、债务等财务状况；（三）投资相关的学习、工作经历及投资经验；（四）投资期限、品种、期望收益等投资目标；（五）风险偏好及可承受的损失；（六）诚信记录；（七）实际控制投资者的自然人和交易的实际受益人；（八）法律法规、自律规则规定的投资者准入要求相关信息；（九）其他必要信息。

2017年6月28日，中基协发布《基金募集机构投资者适当性管理实施指引（试行）》，其中第二十条规定，了解投资者信息要包含但不限于办法第六条所规定的内容。自然人投资者还要提供有效身份证件、出生日期、性别、国籍等信息。办法第八条第一款所述机构作为投资者的，还要向基金募集机构提供营业执照、开展金融相关业务资格证明、机构负责人或者法定代表人信息、经办人身份信息等资料。办法第八条第二款所述产品作为投资者的，要向基金募集机构提供产品成立、备案证明文件等资料及参照金融机构要求提交该产品管理人的机构信息。基金募集机构要告知投资者对其所填资料的真实性、有效性、完整性负责。第二十一条规定，基金募集机构在为投资者开立账户时，要以纸质或者电子文档的形式，向投资者提供信息表，要求其填写相关信息，并遵循以下程序：（一）基金募集机构要执行对投资者的身份认证程序，核查投资者的投资资格，切实履行反洗钱等法律义务；（二）基金募集机构要根据投资者的主体不同，提供相应的投资者信息表；（三）基金募集机构核查自然人投资者本人或者代表金融机构及其产品的工作人员身份，并要求其如实填写投资者信息表；（四）基金募集机构要对投资者身份信息进行核查，并在核查工作结束之日起5个工作日内，将结果以及投资者类型告知投资者。第四十七条规定，基金募集机构在向普通投资者销售R5风险等级的基金产品或者服务时，应向其完整揭示以下事项：（一）基金产品或者服务的详细信息、重点特性和风险；（二）基金产品或者服务的主要费用、费率及重要权利、信息披露内容、方式及频率；（三）普通投资者可能承担的损失；（四）普通投资者投诉方式及纠纷解决安排。

信息披露是一项法定义务，是保障投资者权益的重要手段，也是实现基金管理人合规管理的重要约束。通过信息披露，一方面让投资者实时跟踪和了解已投资金和项目的动态，有利于投资者对自己的投资行为进行独立的分析判断；另一方面约束和施压基金管理人，规范自身的内控管理，防止资金挪用和利益输送，提高对外投资的管理能力。在私募基金尚未完善和成熟的今天，加强私募基金信息披露对于投资者来说尤为重要。私募基金管理人在进行信息披露时，必须保证披露信息的及时、完整、真实、客观，防止给投资者带来误导，同时也防止因为信息披露的瑕疵或失真导致投资者索赔、被行政处罚以及纪律处分。

二、私募投资基金管理人对中基协的信息报送概述

私募基金管理人信息报送，是指根据《私募投资基金管理人登记和基金备案办法（试行）》《中国基金业协会关于进一步规范私募基金管理人登记若干事项的公告》《私募投资基金信息披露管理办法》的相关规定，私募基金管理人向中国证券投资基金协会履行的关于私募基金管理人自身以及其所管理的私募基金相关信息的报送义务。信息披露与信息报送二者的侧重对象和目的不同，信息披露的侧重对象主要是投资者，目的主要是公开、公正、公平地向投资者进行信息披露；信息报送的侧重对象是中基协（监管机构），目的主要是对基金管理人以及基金的信息监管和收集，当然这二者不是截然对立和不同，二者的信息也有重叠的地方，以后投资者在披露备份系统中可以查询基金管理人上传的披露报告（但现在尚未向投资者开放）。2016 年 2 月 4 日，中基协发布的《私募投资基金信息披露管理办法》第五条规定，私募基金管理人应当按照规定通过中基协指定的私募基金信息披露备份平台（https：//pfid. amac. org. cn/）报送信息。私募基金管理人过往业绩以及私募基金运行情况将以私募基金管理人向私募基金信息披露备份平台报送的数据为准。但是需要私募基金管理人注意的是，对于需要向中基协报送的信息，涉及两个不同的系统和平台，其中基金管理人重大事项变更、管理人信息更新、基金管理人年度经审计的财务报告、基金重大变更、基金产品季度更新在 AMBERS 系统进行操作；而私募基金月度信息（证券投资基金）、季度信息（证券或股权投资基金）、半年信息（股权投资基金）、年度信息（证券或股权投资基金）报送在私募基金信息披露

系统进行操作。从近两年的私募基金专项合规检查的内容来看，在私募基金信息报送环节，是否按照中基协规定时间及时向中基协 AMBERS 系统和私募基金信息披露系统报送信息是基金合规专项检查的对象和重点。

2014 年 1 月 17 日，中基协发布《私募投资基金管理人登记和基金备案办法（试行）》，其中第十九条规定，私募基金管理人应当在每月结束之日起 5 个工作日内，更新所管理的私募证券投资基金相关信息，包括基金规模、单位净值、投资者数量等。第二十条规定，私募基金管理人应当在每季度结束之日起 10 个工作日内，更新所管理的私募股权投资基金等非证券类私募基金的相关信息，包括认缴规模、实缴规模、投资者数量、主要投资方向等。第二十三条规定，私募基金运行期间，发生以下重大事项的，私募基金管理人应当在 5 个工作日内向基金业协会报告：（一）基金合同发生重大变化；（二）投资者数量超过法律法规规定；（三）基金发生清盘或清算；（四）私募基金管理人、基金托管人发生变更；（五）对基金持续运行、投资者利益、资产净值产生重大影响的其他事件。第二十一条规定，私募基金管理人应当于每年度结束之日起 20 个工作日内，更新私募基金管理人、股东或合伙人、高级管理人员及其他从业人员、所管理的私募基金等基本信息。私募基金管理人应当于每年度 4 月底之前，通过私募基金登记备案系统填报经会计师事务所审计的年度财务报告。受托管理享受国家财税政策扶持的创业投资基金的基金管理人，还应当报送所受托管理创业投资基金投资中小微企业情况及社会经济贡献情况等报告。第二十二条规定，私募基金管理人发生以下重大事项的，应当在 10 个工作日内向基金业协会报告：（一）私募基金管理人的名称、高级管理人员发生变更；（二）私募基金管理人的控股股东、实际控制人或者执行事务合伙人发生变更；（三）私募基金管理人分立或者合并；（四）私募基金管理人或高级管理人员存在重大违法违规行为；（五）依法解散、被依法撤销或者被依法宣告破产；（六）可能损害投资者利益的其他重大事项。第二十四条规定，基金业协会每季度对私募基金管理人、从业人员及私募基金情况进行统计分析，向中国证监会报告。

2016 年 2 月 5 日，中基协发布《关于进一步规范私募基金管理人登记若干事项的公告》规定，私募基金管理人应当及时履行信息报送义务。按照《私募投资基金监督管理暂行办法》和《私募投资基金管理人登记和基金备案办法（试行）》的规定，私募基金管理人应当通过私募基金登记备案系统及时履行私募基金管理人及其管理的私募基金的季度、年度和重大事项信息报送更新等信息报送义务。自本公告发布之日起，按照《私募投资基金管理人登记和基金备案办法（试行）》和中基协的相关规定，已登记的私募基金管理人未按时履行季度、年度和重大事项信息报送更新义务的，在私募基金管理人完成相应整改要求之前，中基协将暂停受理该机构的私募基金产品备案申请。私募基金管理人未按时履行季度、年度和重大事项信息报送更新义务累计达2次的，中基协将其列入异常机构名单，并通过私募基金管理人公示平台（http：//gs. amac. org. cn）对外公示。一旦私募基金管理人作为异常机构公示，即使整改完毕，至少也要6个月后才能恢复正常机构公示状态。另外，私募基金管理人应当按时提交经审计的年度财务报告。根据《私募投资基金管理人登记和基金备案办法（试行）》第二十一条规定，私募基金管理人应当于每年度4月底之前，通过私募基金登记备案系统填报经会计师事务所审计的年度财务报告。自本公告发布之日起，已登记的私募基金管理人未按要求提交经审计的年度财务报告的，在私募基金管理人完成相应整改要求之前，中基协将暂停受理该机构的私募基金产品备案申请。同时，中基协将其列入异常机构名单，并通过私募基金管理人公示平台（http：//gs. amac. org. cn）对外公示。一旦私募基金管理人作为异常机构公示，即使整改完毕，至少6也要个月后才能恢复正常机构公示状态。新申请私募基金管理人登记的机构成立满一年但未提交经审计的年度财务报告的，中基协将不予登记。

2016年9月29日，中基协发布《关于私募基金信息披露备份系统正式运行的公告》，为保护私募基金投资者的合法权益，保障《信披办法》的有效实施，根据《信披办法》第五条规定，“私募基金管理人应当按照规定通过中基协指定的私募基金信息披露备份平台报送信息”。截至目前，私募基金信息披露系统已试运行4个月，现将私募基金信息披露备份系统正式运行有关事项通知如下：私募基金信息披露备份系统（https：//pfid. amac. org. cn）将于2016年10月10日正式运行。本次运行信息披露备份对象为已在中基协备案的私募证券投资基金，包括自主发行私募证券投资基金及管理规模金额达到5000万元以上（含5000万元）的顾问管理型私募证券投资基金，暂不面向私募股权基金、创业投资基金及其他私募基金开放信息披露备份功能。各私募基金管理人可使用私募基金管理人登记编码（即P××××××）、私募基金管理人在私募基金登记备案系统的现有密码登录私募基金信息披露备份系统。私募基金管理人自主发行的私募证券投资基金，应按照《私募投资基金信息披露内容与格式指引1号》报送季度报告和年度报告，季度报告应在每季度结束之日起10个工作日以内完成，年度报告应在每年结束之日起4个月以内完成。其中，单只私募证券投资基金管理规模金额达到5000万元以上（含5000万元）的，还应当持续在每月结束之日起5个工作日以内报送月度报告，即基金净值信息。单只管理规模金额达到5000万元以上（含5000万元）的顾问管理型私募证券投资基金，应持续在每月结束之日起5个工作日以内报送基金净值信息，此类基金的季度报告和年度报告暂不作要求。中基协鼓励私募基金管理人主动报送规模不足5000万元的私募证券投资基金月度报告，积累业绩，为今后从事投资顾问业务积累信用。私募基金管理人具体登录方式和操作流程请在私募基金信息披露备份系统首页下载《用户使用手册》参考阅读，运行期间如遇问题，可以邮件形式发送至邮箱 pfid@ amac. org. cn，同时可通过系统登录界面右侧在线 QQ 获得技术支持。私募基金信息披露备份的执行情况将在基金公示信息中对外公布，投资者信息披露查询功能开放时间将另行通知。

2017年1月13日，中基协发布《推进信息披露工作，积累私募行业信用——私募基金信息披露备份平台全面上线运行》的通知，根据《证券投资基金法》《私募投资基金监督管理暂行办法》《私募投资基金管理人登记和基金备案办法（试行)》等法律法规及相关自律规则规定，协会于2016年2月4日发布实施《信披办法》。按照《信披办法》第五条要求，私募基金信息披露报告应当备份至协会指定的信息披露备份平台。按照预期的工作规划，私募基金信息披露备份系统（https：//pfid. amac. org. cn，以下简称信披系统）分为两个阶段上线。第一阶段，自2016年10月10日起私募证券投资基金（含顾问管理型）实现月度、季度和年度信息披露信息的备份功能；第二阶段，自2017年1月13日起，已备案的私募股权（含创业）投资基金，应当按《私募投资基金信息披露内容与格式指引2号——适用于私募股权（含创业）投资基金》要求，在信披系统备份其半年报、年报等私募基金信息披露报告。为更好地形成行业诚信约束，增强私募基金管理人履行信息披露的自觉性，私募基金相关信息披露报告的备份执行情况已在协会官网进行公示。行业信用积累、业绩记录数据库及失信约束机制正在完善。协会拟根据私募基金信息披露备份情况采用记分制对私募基金管理人进行分层管理，扶优限劣。下一步，协会将尽快组织行业力量制作针对FOF基金的信息披露指引，不断完善私募基金信息披露行业规范，营造规范、诚信、创新的私募行业发展环境，加强私募基金行业自律能力建设，推动私募基金行业持续健康发展。

2017年4月4日，中基协发布《关于“资产管理业务综合报送平台”第二阶段上线运行与私募基金信息报送相关事项的通知》，为建立健全私募基金行业持续信用记录和积累体系，稳妥推进行业自律管理信息化建设，按计划整体实现行业信息标准化在线报送，加强行业登记备案和从业人员信息统计监测，现将“资产管理业务综合报送平台”第二阶段上线运行与私募基金信息报送相关事项通知如下：一、全面启用“资产管理业务综合报送平台”办理私募基金登记备案、协会会员及从业人员相关事宜。自2017年4月5日起，各私募基金管理人均应当通过“资产管理业务综合报送平台”提交管理人登记申请、备案私募基金，按要求持续更新管理人信息与私募基金运行信息，以及办理申请加入协会成为会员与从业人员注册等相关事宜，原登记备案系统停止使用。已在原登记备案系统中登记的私募基金管理人，可继续使用原登记备案系统的用户名和密码，登录“资产管理业务综合报送平台”，其在原系统中的登记备案信息与会员信息等已迁移至“资产管理业务综合报送平台”。若相关私募基金管理人在原登记备案系统中存在管理人或私募基金重大事项变更、私募基金备案、申请加入协会成为会员等事宜尚未办理完结的，可在“资产管理业务综合报送平台”重新提交相关申请。二、信息补录与私募基金 2017 年第一季度信息更新相关安排。为确保私募基金管理人顺利使用“资产管理业务综合报送平台”相关功能，已在原登记备案系统中登记的私募基金管理人，应当首先对在“资产管理业务综合报送平台”中尚未填报的信息进行补录，并核对相关迁移信息。相关私募基金管理人可通过管理人信息更新和管理人重大事项变更的方式补录管理人自身信息，在产品备案相应界面补录所管理、正在运作的私募基金设立信息。为令行业有充足时间完成信息补录以及适应“资产管理业务综合报送平台”信息报送功能，相关私募基金管理人可顺延至 2017 年 6 月 30 日前完成所管理私募基金 2017 年第一季度运行信息的更新，但须在开始信息更新前先完成信息补录。在 2017 年 6 月 30 日前的信息补录和更新期间，私募基金管理人仍可以正常备案私募基金。根据协会《关于进一步规范私募基金管理人登记若干事项的公告》，对于在 2017 年 6 月 30 日仍未完成所管理私募基金 2017 年第一季度信息更新的私募基金管理人，在其完成相应整改之前，协会将暂停受理其新增私募基金备案申请；对于逾期未完成 2017 年第一季度信息更新且在原登记备案系统中已存在未及时履行信息报送义务记录的私募基金管理人，协会将列入异常机构公示名单。相关私募基金管理人拟申请加入协会成为会员的，协会将待其完成 2017 年第一季度信息更新后，方受理其入会申请。已在“资产管理业务综合报送平台”中登记的私募基金管理人，应当按照《私募投资基金管理人登记和基金备案办法（试行）》的规定，根据系统提示，及时履行信息报送义务。

信息报送是中基协进行私募基金信息收集、进行信息分析，进而掌握私募基金动态状况的重要手段。一方面，通过私募基金管理人的信息报送，中基协可以从宏观上全面掌握中国私募投资基金的整体规模、不同类型基金的分布比例、当前私募基金管理人的具体数量、不同类型的私募基金管理人的具体比例等，进而可以对私募基金的整体风险状况以及对中国金融市场的影响进行评估；另一方面，通过私募基金管理人的信息报送，中基协也可以从微观上督促私募基金管理人加强自身的合规管理和纪律约束，规范自身的执业行为，保障投资人的知情权以及其他合法权益，防止投资人利益受损。

附　录

附录一：

××投资管理有限公司私募投资基金合规风险管理操作指引（试行）

第一章　总　　则

第一条　目　　的

为加强××管理有限公司（以下简称公司）下属私募投资基金业务的合规管理，防范私募投资基金业务出现的合规风险，根据中国证券投资基金业协会（以下简称中基协）的管理规定，结合公司实际，特制定本指引。

第二条　定　　义

本指引所称私募投资基金合规风险是指公司及其下属基金管理公司（以下统称基金管理人）和旗下的基金在登记、备案、募集、投资、管理、退出、信息披露以及内部控制等业务活动中，违反了监管部门监管要求以及公司制定的有关规定而引致的法律制裁、监管处罚、重大财务损失和声誉损失的风险。

第三条　原　　则

私募基金合规风险管理应遵循以下原则：

（一）依法依规原则

基金业务合规风险管理应坚持依法依规原则，基金管理人及其旗下的基金必须按照法律的规定以及公司制定的相关规定，进行登记、备案、募集、投资、管理、退出、信息披露以及内部控制等业务，规范运作，严防违规。

（二）全面全程原则

私募基金业务合规风险管理是公司在制度建设和业务流程设计上，通过完善相关合规管理制度与机制，使合规管理体系覆盖公司基金所有业务的环节，包括但不限于登记、备案、募集、投资、管理、退出、信息披露以及内部控制各个环节。

（三）切实有效原则

私募基金业务合规风险管理的实施应从公司的业务规模、组织结构、发展状况、公司文化等实际出发，兼顾成本与效率，强化相关合规管理制度、流程设计的可操作性，提高合规管理的有效性。

第四条　倡　　导

公司倡导以守法为中心的合规文化，推行合规从我做起、合规人人有责的合规理念，培育全体员工合规意识，将合规文化建设融入企业文化建设全过程，引导全体员工严格遵守相关法律法规，依法合规经营。

第五条　目　　标

公司私募基金业务合规风险管理的目标是通过建立健全合规风险管理机制，实现对基金业务合规风险的有效识别和管理，确保基金依法合规经营，避免遭受行政处罚以及声誉风险、经营风险。

第二章　职责与分工

第六条　财务中心职责

财务中心作为基金业务的合规管理的具体负责部门，主要负责：

（一）按照中基协和公司规定拟定基金管理人合规管理的相关制度以及相关标准；拟定基金管理人合规管理的业务流程及其示范性文件，并要求各部门遵守上述业务流程及其示范性文件；

（二）制定并执行合规管理工作计划，实施合规风险识别、分析、评估、控制、报告活动，对各部门及工作人员的经营管理及执业行为的合规性进行监督检查，对违反规定的行为进行处置；

（三）负责基金管理人按照法律法规的有关规定进行基金管理人的登记以及日常信息更新、披露工作；负责基金管理人按照法律法规的有关规定管理的基金在中基协的备案以及日常更新、披露工作；

（四）定期对合规管理制度及流程的有效性及合规管理的执行情况等进行自查和评价；发现本部门违法违规行为或合规风险隐患时，积极妥善处理，落实责任追究，整改完善相关制度和流程；

（五）组织各部门员工进行合规风险教育和培训。

第七条　风险管理部职责

风险管理部作为基金业务的合规管理的监督管理部门，主要负责：

（一）审查基金管理人制定的公司治理制度及业务标准；审查基金管理人制定的业务流程及其示范性文件；

（二）审查基金管理人的基金管理行为是否符合中基协规定；督促基金管理人按照中基协规定进行信息更新；

（三）审查基金管理人的基金投资行为是否符合公司投资管理制度规定，是否严格按照制定的流程和标准履行投资决策程序；

（四）按照公司规定对基金管理人重大投资行为、基金日常管理行为、内部管理制度等出具合规审查意见；

（五）根据法律法规和准则的变化督导相关部门修改、完善有关管理制度和业务流程，分析法律法规和监管政策，提供合规咨询和建议。

第三章　基金合规风险的管控

第八条　合规自查

财务中心应依据基金合规风险清单（详见附件）的规定，在经营管理过程中定期（每年12月）对基金管理人及其旗下基金进行合规检查，及时识别存在的各种合规风险。

第九条　评估报告

财务中心应对发现的基金合规风险进行评估并制定控制和解决方案。对基金合规的重大风险事项应及时向风险管理部进行报告和沟通，建立双向的重大风险沟通和解决机制。

第十条　日常检查

风险管理部可以定期（每年7月、12月）地对基金的合规管理情况进行检查。对在检查过程中发现的合规风险，风险管理部应向财务中心发出书面整改通知，有关部门应及时整改并回复。

第十一条　合规咨询

鼓励财务中心对经营管理及执业过程中涉及的基金合规事项及时、主动向风险管理部寻求合规支持。风险管理部将在第一时间及时对提出的咨询或审查需求作出回复。

第十二条　责任追究

公司建立有效的责任追究制度，对违法违规行为进行严格的责任追究。对已发现或已出现的违法违规行为或合规风险隐患不报告或报告不及时，或采取补救措施不力的，公司将对相关责任人员给予通报批评、降职、开除等处罚。

第四章　附　　则

第十三条　解　　释

本指引由风险管理部负责制定、修改并解释。

第十四条　施　　行

本指引自发布之日起施行。

附件：××投资管理有限公司私募基金合规风险排查清单

第一章 登记、备案部分

1. 私募基金管理人是否向基金业协会履行基金管理人登记手续并申请成为基金业协会会员？

□是□否

2. 私募基金管理人是否提供私募基金登记和备案所需的文件和信息，保证所提供文件和信息的真实性、准确性、完整性？

□是□否

3. 私募基金管理人申请登记是否如实填报基金管理人基本信息、高级管理人员及其他从业人员基本信息、股东或合伙人基本信息、管理基金基本信息？

□是□否

4. 私募基金管理人申请登记期间，登记事项发生重大变化的，私募基金管理人是否及时告知基金业协会并变更申请登记内容？

□是□否

5. 私募基金管理人依法解散、被依法撤销或者被依法宣告破产的，是否办理注销基金管理人登记？

□是□否

6. 私募基金管理人是否在私募基金募集完毕后20个工作日内，通过私募基金登记备案系统进行备案？

□是□否

7. 公司型基金自聘管理团队管理基金资产的，该公司型基金在作为基金履行备案手续同时，是否基金管理人履行登记手续？

□是□否

8. 私募基金备案时，是否标明主要投资方向，注明基金类别，如实填报基金名称、资本规模、投资者、基金合同（基金公司章程或者合伙协议，以下统称基金合同）等基本信息？

□是□否

9. 私募基金管理人是否按照规定向基金业协会报送高级管理人员及其他基金从业人员基本信息及变更信息？

□是□否

10. 从事私募基金业务的专业人员是否具备私募基金从业资格？

□是□否

11. 私募基金管理人的高级管理人员是否诚实守信，最近三年没有重大失信记录，未被中国证监会采取市场禁入措施？

□是□否

12. 私募基金从业人员是否定期参加基金业协会或其认可机构组织的执业培训？

□是□否

13. 私募基金管理人是否在每月结束之日起5个工作日内，更新所管理的私募证券投资基金相关信息，包括基金规模、单位净值、投资者数量等？

□是□否

14. 私募基金管理人是否在每季度结束之日起10个工作日内，更新所管理的私募股权投资基金等非证券类私募基金的相关信息，包括认缴规模、实缴规模、投资者数量、主要投资方向等？

□是□否

15. 私募基金管理人是否于每年度结束之日起20个工作日内，更新私募基金管理人、股东或合伙人、高级管理人员及其他从业人员、所管理的私募基金等基本信息？

□是□否

16. 私募基金管理人是否于每年度4月底之前，通过私募基金登记备案系统填报经会计师事务所审计的年度财务报告？

□是□否

17. 私募基金管理人发生《私募投资基金管理人登记和基金备案办法（试行）》第二十二条重大事项的，是否在10个工作日内向基金业协会报告？

□是□否

18. 私募基金运行期间，发生《私募投资基金管理人登记和基金备案办法（试行）》第二十三条重大事项的，私募基金管理人是否在5个工作日内向基金业协会报告？

□是□否

19. 私募基金管理人依法解散、被依法撤销或者被依法宣告破产的，其法定代表人或者普通合伙人是否在20个工作日内向基金业协会报告？

□是□否

20. 私募基金管理机构是否具备适当资本，能够支持其基本运营？

□是□否

21. 私募基金管理人是否兼营民间借贷、民间融资、配资业务、小额理财、小额借贷、P2P/P2B、众筹、保理、担保、房地产开发、交易平台等业务？

□是□否

22. 经金融监管部门批准设立的机构在从事私募基金管理业务的同时也从事非私募基金业务的，是否相应建立业务隔离制度，防止利益冲突？

□是□否

23. 私募基金管理人的名称和经营范围中是否包含“基金管理”“投资管理”“资产管理”“股权投资”“创业投资”等相关字样？

□是□否

24. 从事私募证券投资基金业务的高管人员和基金经理是否具备基金从业资格？

□是□否

25. 从事非私募证券投资基金业务的各类私募基金管理人，是否至少2名高管人员应当取得基金从业资格，其法定代表人/执行事务合伙人（委派代表）、合规/风控负责人应当取得基金从业资格？

□是□否

26. 私募基金管理人是否存在具备基金从业资格的外部人员进行“挂靠”的行为？

□是□否

27. 私募基金管理人是否仅备案与本机构已登记业务类型相符的私募基金，不管理与本机构已登记业务类型不符的私募基金？

□是□否

28. 私募基金管理人是否兼营多种类型的私募基金管理业务？

□是□否

29. 私募基金管理人在进行私募基金备案时，基金合同是否参考中基协制度的合同指引并经过法务人员审核？

□是□否

30. 私募基金管理人在进行私募基金备案时，如果基金管理人为两个及以上，各基金管理人是否均已经在中基协登记？

□是□否

31. 私募基金管理人申请变更控股股东、变更实际控制人、变更法定代表人/执行事务合伙人等重大事项或中国基金业协会审慎认定的其他重大事项的，是否提交《私募基金管理人重大事项变更专项法律意见书》？

□是□否

第二章 内控治理部分

32. 私募基金管理人是否按照《私募投资基金管理人内部控制指引》的要求，结合自身的具体情况，建立健全内部控制机制，明确内部控制职责，完善内部控制措施，强化内部控制保障，持续开展内部控制评价和监督？

□是□否

33. 私募基金管理人内部控制是否遵循《私募投资基金管理人内部控制指引》第五条规定的原则？

□是□否

34. 私募基金管理人建立与实施有效的内部控制，是否包括《私募投资基金管理人内部控制指引》第六条规定的要素？

□是□否

35. 私募基金管理人是否遵循专业化运营原则，主营业务清晰，不得兼营与私募基金管理无关或存在利益冲突的其他业务？

□是□否

36. 私募基金管理人是否健全治理结构，防范不正当关联交易、利益输送和内部人控制风险，保护投资者利益和自身合法权益？

□是□否

37. 私募基金管理人组织结构是否体现职责明确、相互制约的原则，建立必要的防火墙制度与业务隔离制度，各部门有合理及明确的授权分工，操作相互独立？

□是□否

38. 私募基金管理人是否建立有效的人力资源管理制度，健全激励约束机制，确保工作人员具备与岗位要求相适应的职业操守和专业胜任能力？

□是□否

39. 私募基金管理人是否设置负责合规风控的高级管理人员？

□是□否

40. 私募基金管理人是否建立科学的风险评估体系，对内外部风险进行识别、评估和分析，及时防范和化解风险？

□是□否

41. 私募基金管理人是否建立科学严谨的业务操作流程，利用部门分设、岗位分设、外包、托管等方式实现业务流程的控制？

□是□否

42. 私募基金管理人是否建立健全授权标准和程序，确保授权制度的贯彻执行？

□是□否

43. 私募基金管理人自行募集私募基金的，是否设置有效机制，切实保障募集结算资金安全；私募基金管理人是否建立合格投资者适当性制度？

□是□否

44. 私募基金管理人委托募集的，是否委托获得中国证监会基金销售业务资格且成为中基协会员的机构募集私募基金，并制定募集机构遴选制度，切实保障募集结算资金安全；确保私募基金向合格投资者募集以及不变相进行公募？

□是□否

45. 私募基金管理人是否建立完善的财产分离制度，私募基金财产与私募基金管理人固有财产之间、不同私募基金财产之间、私募基金财产和其他财产之间是否要实行独立运作，分别核算？

□是□否

46. 私募基金管理人是否建立健全相关机制，防范管理的各私募基金之间的利益输送和利益冲突，公平对待管理的各私募基金，保护投资者利益？

□是□否

47. 私募基金管理人是否建立健全投资业务控制，保证投资决策严格按照法律法规规定，符合基金合同所规定的投资目标、投资范围、投资策略、投资组合和投资限制等要求？

□是□否

48. 除基金合同另有约定外，私募基金是否由基金托管人托管，私募基金管理人是否建立健全私募基金托管人遴选制度，切实保障资金安全？

□是□否

49. 基金合同约定私募基金不进行托管的，私募基金管理人是否建立保障私募基金财产安全的制度措施和纠纷解决机制？

□是□否

50. 私募基金管理人开展业务外包的，是否制定相应的风险管理框架及制度？

□是□否

51. 私募基金管理人是否建立健全外包业务控制，并至少每年开展一次全面的外包业务风险评估？

□是□否

52. 在开展业务外包的各个阶段，私募基金管理人是否关注外包机构是否存在与外包服务相冲突的业务，以及外包机构是否采取有效的隔离措施？

□是□否

53. 私募基金管理人是否建立健全信息披露控制，维护信息沟通渠道的畅通，保证向投资者、监管机构及中国基金业协会所披露信息的真实性、准确性、完整性和及时性，不存在虚假记载、误导性陈述或重大遗漏？

□是□否

54. 私募基金管理人是否保存私募基金内部控制活动等方面的信息及相关资料，确保信息的完整、连续、准确和可追溯，保存期限自私募基金清算终止之日起不少于10年？

□是□否

55. 私募基金管理人是否对内部控制制度的执行情况进行定期和不定期的检查、监督及评价，排查内部控制制度是否存在缺陷及实施中是否存在问题，并及时予以改进，确保内部控制制度的有效执行？

□是□否

56. 私募基金管理人是否按照本指引要求制定相关内部控制制度，并在中国基金业协会私募基金登记备案系统填报及上传相关内部控制制度？

□是□否

第三章　基金募集部分

57. 如基金管理人自行募集，是否在中基协已经完成备案？

□是□否

58. 如果基金管理人委托基金销售机构募集，该基金销售机构是否在中国证监会注册取得基金销售业务资格并已成为中国基金业协会会员？

□是□否

59. 从事私募基金募集业务的人员是否具有基金从业资格（包含原基金销售资格）？

□是□否

60. 募集机构是否已经承担特定对象确定义务？

□是□否

61. 募集机构是否已经承担投资者适当性审查义务？

□是□否

62. 募集机构是否已经承担私募基金推介及合格投资者确认等相关责任？

□是□否

63. 募集机构及其从业人员是否存在从事侵占基金财产和客户资金、利用私募基金相关的未公开信息进行交易等违法活动？

□是□否

64. 私募基金管理人委托基金销售机构募集私募基金的，是否已经书面形式签订基金销售协议，并将协议中关于私募基金管理人与基金销售机构权利义务划分以及其他涉及投资者利益的部分作为基金合同的附件？

□是□否

65. 基金销售机构是否已经负责向投资者说明相关销售协议的内容？

□是□否

66. 募集机构是否募集以私募基金份额或其收益权为投资标的的金融产品，或者将私募基金份额或其收益权进行非法拆分转让，变相突破合格投资者标准？

□是□否

67. 募集机构是否确保投资者已知悉私募基金转让的条件？

□是□否

68. 投资者是否以书面方式承诺其为自己购买私募基金？

□是□否

69. 募集机构是否对投资者的商业秘密及个人信息严格保密？

□是□否

70. 募集机构是否妥善保存投资者适当性管理以及其他与私募基金募集业务相关的记录及资料，保存期限自基金清算终止之日起不少于 10 年？

□是□否

71. 募集机构或相关合同约定的责任主体是否开立私募基金募集结算资金专用账户，确保资金原路返还？

□是□否

72. 募集机构是否与监督机构签署账户监督协议，明确对私募基金募集结算资金专用账户的控制权、责任划分及保障资金划转安全的条款？

□是□否

73. 监督机构是否已经成为中国基金业协会的会员？

□是□否

74. 私募基金管理人是否向中国基金业协会报送私募基金募集结算资金专用账户及其监督机构信息？

□是□否

75. 私募基金管理人、募集机构是否以任何形式挪用私募基金募集结算资金？

□是□否

76. 募集机构是否仅通过合法途径公开宣传私募基金管理人的品牌、发展战略、投资策略、管理团队、高管信息以及由中国基金业协会公示的已备案私募基金的基本信息？

□是□否

77. 募集机构是否仅向特定对象宣传推介私募基金？

□是□否

78. 投资者是否以书面形式承诺其符合合格投资者标准？

□是□否

79. 募集机构是否建立科学有效的投资者问卷调查评估方法，确保问卷结果与投资者的风险识别能力和风险承担能力相匹配？

□是□否

80. 募集机构通过互联网媒介在线向投资者推介私募基金之前，是否设置在线特定对象确定程序，投资者是否承诺其符合合格投资者标准？

□是□否

81. 募集机构是否自行或者委托第三方机构对私募基金进行风险评级？

□是□否

82. 募集机构是否根据私募基金的风险类型和评级结果，向投资者推介与其风险识别能力和风险承担能力相匹配的私募基金？

□是□否

83. 私募基金管理人是否已经制作并使用私募基金推介材料，私募基金推介材料内容是否真实、完整、准确？

□是□否

84. 募集机构是否采取合理方式向投资者披露私募基金信息，揭示投资风险，确保推介材料中的相关内容清晰、醒目？

□是□否

85. 私募基金推介材料是否具备《私募投资基金募集行为管理办法》要求的内容？

□是□否

86. 募集机构及其从业人员推介私募基金时，是否具有《私募投资基金募集行为管理办法》第二十四条禁止的行为？

□是□否

87. 募集机构是否具有《私募投资基金募集行为管理办法》第二十五条禁止通过公开媒介渠道推介私募基金的行为？

□是□否

88. 在投资者签署基金合同之前，募集机构是否向投资者说明有关法律法规，说明投资冷静期、回访确认等程序性安排以及投资者的相关权利，重点揭示私募基金风险，并与投资者签署风险揭示书?

□是□否

89. 募集机构与投资者签署的风险揭示书是否具备《私募投资基金募集行为管理办法》第二十六条规定的内容，是否已经参考《私募投资基金风险揭示书内容与格式指引》?

□是□否

90. 在完成私募基金风险揭示后，募集机构是否要求投资者提供必要的资产证明文件或收入证明?

□是□否

91. 募集机构是否合理审慎地审查投资者是否符合私募基金合格投资者标准，依法履行反洗钱义务?

□是□否

92. 募集机构是否确保单只私募基金的投资者人数累计不超过《证券投资基金法》(200 人)、《公司法》(有限公司 50 人，股份公司 200 人)、《合伙企业法》(50 人) 等法律规定的特定数量?

□是□否

93. 基金合同是否约定给投资者设置不少于 24 小时的投资冷静期，募集机构在投资冷静期内不得主动联系投资者?

□是□否

94. 募集机构在投资冷静期满后，是否指令本机构从事基金销售推介业务以外的人员以录音电话、电邮、信函等适当方式进行投资回访，回访过程没有出现诱导性陈述?

□是□否

95. 回访是否符合《私募投资基金募集行为管理办法》第三十条的内容?

□是□否

96. 基金合同是否约定，投资者在募集机构回访确认成功前有权解除基金合同，募集机构应当按合同约定及时退还投资者的全部认购款项?

□是□否

97. 募集机构豁免合格投资者审查的，该投资者是否符合《私募投资基金募集行为管理办法》第三十二条的标准?

□是□否

98. 以合伙企业、契约等非法人形式，通过汇集多数投资者的资金直接或者间接投资于私募基金的，私募基金管理人或者私募基金销售机构是否穿透核查最终投资者是否为合格投资者，并合并计算投资者人数？

□是□否

99. 私募基金管理人、私募基金销售机构是否向投资者承诺投资本金不受损失或者承诺最低收益？

□是□否

第四章　基金投资部分

100. 私募基金管理人是否已经建立投资管理的相关制度？

□是□否

101. 私募基金管理人是否确立公司的投资范围和投资标准？

□是□否

102. 投资项目是否属于公司的投资范围和符合公司的投资标准？

□是□否

103. 投资项目是否在公司的投资限制之外？

□是□否

104. 投资部门是否按照公司立项要求和程序进行项目立项审批并提交立项文件？

□是□否

105. 立项决策机构是否按照公司既定的决策程序进行立项决策并出具相关批件？

□是□否

106. 项目立项通过后，投资部门是否组织财务、法务以及其他机构进行尽职调查？

□是□否

107. 市场、商业、财务、法务等尽职调查是否参考公司制定的尽职调查指引？

□是□否

108. 市场、商业、财务、法务等尽职调查成果（尽调报告）是否参考公司制定的尽职调查范本？

□是□否

109. 尽职调查完成后，投资部门是否按照公司可研报告示范指引制作投资项目可研报告？

□是□否

110. 可研报告制作完成后，投资部门是否按照公司规定提请召开投资决策会议，并提交投资决策需要的相关文件？

□是□否

111. 投资决策会议是否按照公司规定时间、程序、表决程序召开，并进行最终表决形成决议？

□是□否

112. 投资决策会议是否进行会议记录？投资决策委员会决议是否经委员签字？会议记录、决议是否归档？

□是□否

113. 项目经投资决策会议通过后，投资部门是否起草投资协议并经财务、法务以及其他部门协审？

□是□否

114. 经各部门协审通过后的投资协议，投资部门是否与交易对方取得一致？如交易对方有修改，协议是否再次经财务、法务以及其他协审部门同意？

□是□否

115. 经交易对方和各协审部门同意后的投资协议是否按照公司规定进行报批，并在报批通过后进行合同签署？

□是□否

116. 投资协议签署后，是否按照协议的约定办理各项手续、落实各项风控措施以及合同约定的其他条件？

□是□否

117. 投资协议涉及付款的，投资部门是否按照投资协议的约定严格落实各项付款前提条件？

□是□否

118. 投资协议涉及付款的，在财务部门付款前，投资部门是否按照公司规定的程序进行付款审批？

□是□否

119. 合同签署或公司付款后，公司是否要求交易对手按照协议的约定办理相关的手续、交付相关的文件以及进行其他的行动？

□是□否

120. 项目投资完成后，投资管理人员和投后管理人员是否进行项目交接，并说明项目投资的具体情况？

□是□否

121. 项目投资完成后，投资管理人员、投后管理人员以及被投资企业是否进行项目对接，将项目移交投后管理人员？

□是□否

122. 项目投资完成后，项目对接过程中，是否与被投企业明确本公司投资理念、投后管理要求以及对方的日常联系人？

□是□否

123. 在投后日常事务管理中，是否按照投资协议的约定对被投资企业的付款、合同、重大资产处置、印信、投融资等事宜进行审批管理？

□是□否

124. 在投后日常事务管理中，是否按照投资协议的约定以及监管机关的要求定期要求被投资企业进行信息提供？

□是□否

125. 在投后日常事务管理中，是否对被投资企业进行定期回访，了解企业生产经营情况？

□是□否

126. 在投后日常事务管理中，是否定期对被投资企业进行财务分析、市场分析、技术分析等，进行项目复盘？

□是□否

127. 在投后日常事务管理中，被投企业生产经营发生重大突发事项或投资协议履行发生重大违约，是否及时向公司领导以及投资决策委员会报告？

□是□否

128. 在投后日常事务管理中，对于被投企业的经营发生重大突发事项或投资协议履行发生重大违约，是否按照投资决策委员会的决议采取行动？

□是□否

129. 在投后日常事务管理中，对于被投企业违反投资协议约定的一般行为是否及时要求被投企业进行整改？

□是□否

130. 被投企业重大经营决策过程中，是否按照投资协议的约定及时通知本公司，在股东会、董事会或监事会中行使相关股东权利？

□是□否

131. 本公司是否按照投资协议的约定、主管领导的决定或投资决策委员会的决定参加被投企业的股东会、董事会或监事会，行使相关股东权利？

□是□否

132. 被投企业重大经营决策通过后，本公司是否及时取得有关表决文件，进行文档备案？

□是□否

133. 投资管理过程中，本公司是否积极为被投企业谏言建议，为被投资企业提供增值服务，持续提升企业的价值？

□是□否

134. 投资期限届满后，基金是否按照既定的退出时间、退出方式进行退出？

□是□否

135. 投资期限届满后，基金退出时，投资收益是否达到预期的投资收益水平？

□是□否

136. 投资期满后，如果需要对投资项目进行评估，是否按照投资协议约定的原则进行价值评估？

□是□否

137. 基金退出时，如需签署退出协议，是否签署退出相关协议并按照协议办理如解除印信监管、工商变更等手续？

□是□否

138. 项目退出后，是否对项目执行情况以及现实投资收益与原预期投资测算进行比对，发现偏差并找出原因，以供今后借鉴？

□是□否

第五章 信息披露部分

139. 信息披露义务人是否按照中国基金业协会的规定以及基金合同、公司章程或者合伙协议（以下统称基金合同）约定向投资者进行信息披露？

□是□否

140. 信息披露义务人所披露信息是否真实、准确和完整？

□是□否

141. 私募基金管理人是否按照规定通过中国基金业协会指定的私募基金信息披露备份平台报送信息？

□是□否

142. 信息披露义务人是否对所获取的私募基金非公开披露的全部信息、商业秘密、个人隐私等信息负有保密义务？

□是□否

143. 信息披露义务人是否按照《私募投资基金信息披露管理办法》第九条的规定向投资者披露信息?

□是□否

144. 私募基金进行托管的，私募基金托管人是否按照相关法律法规、中国证监会以及中国基金业协会的规定和基金合同的约定，对私募基金管理人编制的基金资产净值、基金份额净值、基金份额申购赎回价格、基金定期报告和定期更新的招募说明书等向投资者披露的基金相关信息进行复核确认?

□是□否

145. 信息披露义务人披露基金信息，是否存在《私募投资基金信息披露管理办法》第十一条禁止的行为?

□是□否

146. 私募基金的宣传推介材料（如招募说明书）内容应当如实披露基金产品的基本信息，与基金合同保持一致。如有不一致，是否向投资者特别说明?

□是□否

147. 私募基金募集时，是否在宣传推介材料（如招募说明书）中按照《私募投资基金信息披露管理办法》第十四条的规定向投资者披露信息?

□是□否

148. 基金合同中是否明确信息披露义务人向投资者进行信息披露的内容、披露频度、披露方式、披露责任以及信息披露渠道等事项?

□是□否

149. 私募基金运行期间，信息披露义务人是否在每季度结束之日起 10 个工作日以内向投资者披露基金净值、主要财务指标以及投资组合情况等信息?

□是□否

150. 单只私募证券投资基金管理规模金额达到 5000 万元以上的，是否在每月结束之日起 5 个工作日以内向投资者披露基金净值信息?

□是□否

151. 信息披露义务人是否在每年结束之日起 4 个月以内向投资者披露《私募投资基金信息披露管理办法》第十七条规定的信息?

□是□否

152. 信息披露义务人是否按照基金合同的约定及时向投资者披露《私募投资基金信息披露管理办法》第十八条规定的重大事项?

□是□否

153. 信息披露义务人是否建立健全信息披露管理制度，指定专人负责管理信息披露事务，并按要求在私募基金登记备案系统中上传信息披露相关制度文件？

□是□否

154. 信息披露义务人的信息披露事务管理制度是否包括《私募投资基金信息披露管理办法》第二十条要求的事项？

□是□否

155. 信息披露义务人是否妥善保管私募基金信息披露的相关文件资料，保存期限自基金清算终止之日起不少于10年？

□是□否

156. 信息披露义务人从事私募证券投资基金业务的，信息披露是否遵守私募投资基金信息披露内容与格式指引1号的内容？

□是□否

157. 信息披露义务人从事私募股权（含创业）投资基金业务的，信息披露是否遵守私募投资基金信息披露内容与格式指引2号的内容？

□是□否

注：

上述基金合规清单中，如果某条款不适用于基金管理人及其备案的基金，该条款可以忽略。

附录二：

北京监管局关于对相关私募基金管理人进行现场检查的通知

京证监发〔2019〕60号

相关私募基金管理人：

为贯彻《关于开展2019年私募基金专项检查工作的通知》（证监办发〔2019〕5号）文件要求，防范化解私募行业风险，规范私募机构经营行为，我局决定于2019年3月至7月期间（具体检查时间待通知），对你单位私募投资基金业务合规运营情况实施现场检查。请你单位积极协助、配合检查组工作，提供必要的工作条件，做好以下工作：

一、做好人员安排，指定相关负责人配合此次现场检查工作，并确保检查期间有关人员在岗配合。

二、认真准备检查资料，按照附件 1 填报各项检查表和情况说明并确保材料的真实、准确、完整。

三、对检查人员的廉洁、公正情况进行监督，并及时填写、寄送《现场检查勤政廉洁评议表》。

特此通知：

附件：1. 材料清单　2. 现场检查人员廉洁纪律声明

中国证监会北京证监局
2019 年 3 月 27 日

附件：提供资料清单

为做好本次检查工作，请你机构提前准备好相关资料，检查首日予以提交。包括但不限于以下内容：

一、私募机构基本情况表（附件 1，word + 签章 pdf 电子版）

二、私募投资基金基本信息表（附件 2，word + 签章 pdf 电子版）

三、私募机构自查情况表（附件 3，word + 签章 pdf 电子版）

四、私募基金管理运作自查情况表（附件 4，word + 签章 pdf 电子版）

五、公司私募投资基金业务运行情况报告（附件 5，word + 签章 pdf 电子版）

六、私募基金管理人相关材料（电子版或文本版）

1. 各项业务管理制度、工作规程；

2. 工商注册资料、管理人登记资料、基金产品备案资料；

3. 组织架构情况（含内设部门、分支机构）、高级管理人员履历及分工；

4. 年度审计报告（如有）；

5. 监察稽核工作报告及底稿（如有，企业内控方面）。

七、私募基金相关材料（电子版或文本版）

1. 基金的宣传推介资料、募集说明书、风险揭示书、产品风险评级材料、代销协议等法律文件，基金认购合同及补充合同（协议）、投资者名单、客户风险测评材料、投资者出资缴款证明（银行流水也可）等；

2. 基金的投资决策文件、投决会会议纪要、公司内部审批留痕、投资协议、交易指令、划款指令（直接给银行的就没有）；

3. 基金账册（分类账、明细账），基金账户银行流水，投资、分红、销售、管理费用收支明细、记账凭证、托管机构对账留痕；

4. 托管人报告、托管协议；

5. 基金产品杠杆运用情况、担保情况；
6. 投资者投诉、纠纷处理材料。

附件：1. 私募机构基本情况表
2. 私募投资基金基本信息表
3. 私募机构自查情况表
4. 私募基金管理运作自查情况表
5. 公司私募投资基金业务运行情况报告

1. 私募机构基本情况表

附件 1.1：

私募机构基本情况表

私募机构：　　　　　　　　编制：　　　　　　日期：

	管理人名称	登记时间	成立时间	注册资本	实缴资本	注册资本实缴比例（%）	组织形式	登记的基金管理主要类别	员工人数	高管信息	是否有机构网址	是否为基金业协会会员	注册地	经营地	2017年度经营收入	2017年度净利润	基金数量（只）	管理规模			暂行办法实施前成立的基金				备注
																		募集资金总额	基金资产净值总额	历史最大管理规模（募集资金总额）	基金总只数	基金管理总规模（募集资金总额）	目前仍在运行基金只数	目前仍在运行基金管理规模（募集资金总额）	
机构实际信息										-															
协会网站上公示信息										-					X	X		X	X	X	X	X		X	
是否一致															X	X		X	X	X	X	X		X	

注：1. 数据截至日期为 2019 年 2 月 28 日；

2. 高管信息若一致，只需在“是否一致”中填报“是”即可，不需在“实际信息”和“公示信息”中填报具体信息。若不一致，则还需在“实际信息”和“公示信息”中填报不一致的内容；

3. 金额单位：万元（人民币）。

附表 1.2

私募机构情况表——人员

管理人名称	部门	职务	员工名称	是否有基金从业资格	是否由管理人缴纳社保	专职	兼职	兼职机构名称	兼职机构部门	兼职机构职务	备注
甲		法定代表人	a								
		总经理	b								
		合规负责人	c								
		风控负责人	d								
	分管市场部、研究部	副总经理 1	e								
	……	副总经理 2	f								
	市场部	部门负责人	A								
		员工	B								
		员工	C								
		员工	……								
	研究部	部门负责人	D								
		员工	E								
		员工	……								
乙	员工人数合计										
丙											
……											

注：1. 如果有人员在不同管理人担任职务，请将该“员工名称”红字标注以突出明示

2. “员工人数合计”请在 D18 填报

3. F18 填报专职员工人数，G18 填报兼职员工人数

4. 员工按照缴纳社保的管理人归类填报，在该管理人处认定为专职，在其他管理人处认定为兼职

5. 如未在该管理人处缴纳社保，请在备注中说明原因

6. 本表填报内容仅为示例，请机构根据自己情况详细填报

附表 1.3

私募机构情况表——独立性（仅限集团化跨辖区私募机构）

私募机构：　　　　编制：　　　　日期：

是否统一由主管/核心管理人进行管理（是/否）	序号	管理人名称	是否是主管/核心管理人（是/否）	由主管/核心管理人进行管理情况								设立多个管理人原因（以文字描述）	备注
				完全被管理（是/否）	部分被管理						完全独立运营（是/否）		
					（是/否）	被管理内容（以文字描述）							
						人员（是/否）	机构（是/否）	内控制度（是/否）	投资决策（是/否）	文字描述			

注：1. 如果各管理人完全独立运作，则仅在 A5 栏目填报“0”即可，无需再填报该表其他内容；如果各管理人全部或部分由主管/核心管理人进行管理，则需详细填报该表；

2. 本表由主管/核心管理人填报；

3. “是”以“1”进行填报，“否”以“0”进行填报；

附表 1.4

关联方及关联交易情况表

私募机构： 编制： 日期：

序号	关联方名称	类别	关联关系	业务往来						备注
				内容（收）	金额	内容（支）	金额	涉及基金名称	涉及基金规模（实缴）	
1		私募机构								
2										
3										
4										
5		其他								
6										
7										

注：1. 仅限发生关联交易的情况下才填报此表；
2. 是否发生关联交易须穿透认定，即向上穿透至“顶层投资者”，向下穿透至“底层资产”；
3. 金额单位：万元（人民币）。

附表 2.1.1

私募投资基金基本信息表——受托管理型基金

私募机构：　　　　　　　　编制：　　　　　　日期：

管理人名称	序号	基金名称	组织形式	基金类型	基金类型	成立日期	备案日期			基金首次对外投资日期	终止日期	实缴规模	基金净值	资金投向情况				备注
				1	2		提交申请日期	完成备案日期	备案用时（工作日）					底层资产类别	底层资产名称	投资金额	投资期限	

注：1. 本表填报在运行受托管理型基金，包括已清算但尚未清算完结的基金，数据截至日期为 2019 年 2 月 28 日；

2. 组织形式请填写合伙型、契约型、公司型；

3. 基金类型 1 请填写股权、证券、创投及另类（请明确说明“另类”的内容）；

4. 基金类型 2 针对股权、创投及另类基金，请填写定项基金（只投一个项目）、不定项基金（投资多个项目）；针对证券基金，请填写股票、债券、期货期权、混合型；

5. 底层资产投向民间借贷、小额贷款、保理资产、明股实债、可转债、债转股、委托贷款、信托贷款、承兑汇票、信用证、应收账款、各类受（收）益权、房地产等类别的，请穿透列报至底层资产，详细填写底层资产类别、名称、投资金额、投资期限等情况，每项分行填写，可另起多行。底层资产在上述范围之外的不用填报；

6. 分级杠杆比例 = 优先级份额/劣后级份额，结构化产品若存在中间级份额，应当在计算杠杆倍数时计入优先级份额；

7. 金额单位：万元。

附表 2.1.2

私募投资基金基本信息表——顾问管理型基金

私募机构：　　　　编制：　　　　日期：

管理人名称	序号	基金名称	组织形式	基金类型	基金类型	成立日期	终止日期	实缴规模	基金净值	委托方					备注
				1	2					银行	信托	券商	私募	其他	

注：1. 本表填报在运行顾问管理型基金，包括已清算但尚未清算完结的基金，数据截至日期为 2019 年 2 月 28 日；

2. 组织形式请填写合伙型、契约型、公司型；

3. 基金类型 1 请填写股权、证券、创投及另类（请明确说明“另类”的内容）；

4. 基金类型 2 针对股权、创投及另类基金，请填写定项基金（只投一个项目）、不定项基金（投资多个项目）；针对证券基金，请填写股票、债券、期货期权、混合型；

5. K－0 列：在相应栏目下，“是”以“1”进行填报，“否”以“0”进行填报；

6. 若 0 列填报为“1”，请在“备注”列填报详细情况；

7. 金额单位：万元。

附表 2.2

私募基金募集情况表

私募机构：　　　　　　　　　　　　编制：　　　　　　　　日期：

管理人名称	序号	基金名称	成立日期	实缴规模	募资渠道							募集资金			投资者					备注
					自主募集	第三方销售机构代销	推介、顾问等其他形式	混合形式	混合形式			外部资金规模	管理人跟投规模	嵌套资金规模	投资者数量	其中：机构		其中：自然人		
									自主募集规模	第三方销售机构代销规模	推介、顾问等其他形式规模					数量	实缴金额	数量	实缴金额	

注：1. 数据截至日期为 2019 年 2 月 28 日；

2. 只对“在运行受托管理类型基金”进行填报；

3. 募资渠道请分别在“自主募集、第三方销售机构代销、推介顾问等其他形式、混合形式”栏目下填报“1”或“0”；如果采用“混合模式”，请继续填报各类型募集规模；

4. “外部资金”是指完全外部市场募集资金；“管理人跟投”是指基金管理人及其关联方，以及相关员工跟投募集资金，即内部募集资金；“嵌套资金”是指基金管理人及其关联方管理人已设基金再参与投资资金，即重复计算的嵌套基金的募集资金；

5. 金额单位：万元。

附表 2.3

私募基金托管情况表

私募机构：　　　　　　　　　　　　　　　　　　编制：　　　　　　　　日期：

管理人名称	序号	基金名称	成立日期	实缴规模	基金类型	托管情况							备注
						未托管			托管				
						(未托管填报1)	是否在基金合同中进行“不作托管”约定	是否在基金合同中明确保障私募基金财产安全的制度措施和纠纷解决机制	(托管填报1)	券商托管	银行托管	其他机构托管	
							是/否	是/否					

注：1. 只对“在运行受托管理类型基金”进行填报，数据截至日期为2019年2月28日；

2. “基金类型”请填写股权、证券、创投及另类；

3. G—M列：在相应栏目下，“是”以“1”进行填报，“否”以“0”进行填报；

4. 若M列填报为“1”，请在“备注”列填报详细情况；

5. 金额单位：万元。

附表 2.4

私募基金杠杆率基本情况表

私募机构：　　　　　　　　　　编制：　　　　　　日期：

管理人名称	序号	基金名称	成立日期	实缴规模	杠杆率				信息披露			杠杆率是否符合《暂行规定》关于过渡期的规定	备注
					结构化杠杆率	交易杠杆率	财务杠杆率	代持杠杆率	各类杠杆是否在基金合同中约定	各类杠杆是否向投资者进行专门的风险提示	各类杠杆是否向投资者进行定期披露		

注：1.《证券期货经营机构私募资产管理业务运作管理暂行规定》（简称《暂行规定》）2016 年 7 月 18 日起实施，并对结构化产品、保本产品、委托提供投资建议等方面条款实施“新老划断”的过渡安排，相关存续资管产品不符合规定的，合同到期前杠杆倍数不得提高，不得新增净申购规模，合同到期后予以清盘，不得续期；
2. 若各类杠杆率不符合《暂行规定》关于过渡期的规定，请在备注中详细说明；
3. 结构化杠杆 = 优先级份额/劣后级份额；
4. 交易杠杆 = 资产/净资产；
5. 财务杠杆主要是银行等各类借款杠杆；比率 = 银行等各类借款/净资产；
6. 填报范围：只填报有杠杆的基金产品，无杠杆基金产品不用填报，数据截至日期为 2019 年 2 月 28 日；
7. 单位：万元。

附表 2.5

私募基金清算情况表

私募机构：　　　　　　　　　　编制：　　　　　　日期：

管理人名称	序号	基金名称	组织形式	基金类型 1	基金类型 2	成立日期	终止日期	基金存续时长（月）	清算时基金份额	基金资产清算净值	清算时长（月）	备注

注：1. 本表只填报已到期清算完结的基金，“清算完结”以向全部投资者退还投资资金为准（不限于注销工商登记），数据截至 2019 年 2 月 28 日；

2. 组织形式请填写合伙型、契约型、公司型；

3. 基金类型 1 请填写股权、证券、创投及另类（请明确说明“另类”的内容）；

4. 基金类型 2 针对股权、创投及另类基金，请填写定项基金（只投一个项目）、不定项基金（投资多个项目）；针对证券基金，请填写股票、债券、期货期权、混合型；

5. 基金存续时长计算：以基金成立日为始点，以基金到期日为终点，按“月”计量；

6. 清算时长计算：以基金到期日为始点，以已向最后一名投资者退还投资款为终点，按“月”计量；

7. 金额单位：万元。

附表 2.6

其他类私募基金情况表（证券、股权及创投类基金除外）

私募机构：　　　　编制：　　　　日期：

管理人名称	序号	基金名称	组织形式	基金类型	基金类型	成立日期	终止日期	实缴规模	基金净值	资金来源情况				资金投向情况											备注
				1	2					银行资金规模	信托资金规模	券商及基金子公司资金规模	其他资金规模	投资标的（一级）			投资标的（二级）			……	底层资产类别	底层资产名称	投资金额	投资期限	
														项目名称	投资金额	投资期限	项目名称	投资金额	投资期限						
	1	甲基金												A 项目	xxxx		a 项目	xxx			委托贷款	★项目	xx		
														B 项目											
														C 项目											

注：1. 本表填报在运行受托管理型其他类基金，包括已清算但尚未清算完结的基金，数据截至日期为 2019 年 2 月 28 日；

2. 组织形式请填写合伙型、契约型、公司型；

3. 基金类型 1 请填写股权、证券、创投及另类（请明确说明“另类”的内容）；

4. 基金类型 2 针对股权、创投及另类基金，请填写定项基金（只投一个项目）、不定项基金（投资多个项目）；针对证券基金，请填写股票、债券、期货期权、混合型；

5. “资金来源”包括直接来源与间接来源，需穿透分析列报；

6. 请穿透列报至底层资产。底层资产投向民间借贷、小额贷款、保理资产、明股实债、可转债、债转股、委托贷款、信托贷款、承兑汇票、信用证、应收账款、各类受（收）益权、房地产等类别的，请详细填写底层资产类别、名称、投资金额、投资期限等情况，每项分行填写，可另起多行。底层资产在上述范围之外的也必须填报，“底层资产类别”填报“其他”；如需进一步说明，可在“备注”中列报；

7. 分级杠杆比例 = 优先级份额/劣后级份额，结构化产品若存在中间级份额，应当在计算杠杆倍数时计入优先级份额；

8. 金额单位：万元。

附表 2.7

合伙型私募基金特殊管理人模式情况表（仅合伙型基金适用）

私募机构：　　　　编制：　　　　日期：

管理人名称	序号	基金名称	管理规模	成立日期	终止日期	基金 GP 与基金管理人不重合模式		双管理人模式	其他特殊模式
						4GP 与管理人完全独立	双 GP，其中：管理人同时兼任 GP 之一		

注：1. 本表只适用合伙型基金，其基金管理人采取特殊模式的情况下须填报；
2. 存在本表情况的机构，请提供详细相关文件资料，包括但不限于：合伙协议、基金合同等；
3. 金额单位：万元。

3. 私募机构自查情况表

附表 3：

私募机构自查情况表

私募基金管理机构名称（盖章）： 编制人： 日期：

项目	要点	法规依据	详细自查情况	发现的问题	整改计划
一、宣传推介	是否通过报刊、电台、电视、互联网等公众传播媒体或者讲座、报告会、分析会和张贴布告、散发传单、发送手机短信、微信、博客和电子邮件等方式，向不特定对象宣传推介。	《证券投资基金法》第九十一条；《私募暂行办法》第十四条；《私募资管业务暂行规定》第三条			
	是否存在不适当宣传、误导欺诈投资者；是否夸大或者片面宣传基金管理人及其管理的产品、投资经理等的过往业绩。	《私募资管业务暂行规定》第三条			
	是否向投资者承诺投资本金不受损失或者承诺最低收益；产品合同及销售材料中是否存在包含保本保收益内涵的表述，如零风险、收益有保障、本金无忧等；产品名称中是否含有“保本”字样；是否与投资者私下签订回购协议或者承诺函等文件，直接或间接承诺保本保收益；是否向投资者口头或者通过短信、微信等各种方式承诺保本保收益；是否向投资者宣传产品预期收益率。	《私募暂行办法》第十五条；《私募资管业务暂行规定》第三条			
二、资金募集	是否向不合格投资者募集资金。合格投资者应同时满足以下条件：（1）具备相应风险识别能力和风险承担能力；（2）投资于单只私募基金的金额不低于100万元；（3）机构投资者净资产不低于1000万元；个人投资者金融资产不低于300万元或者最近三年个人年均收入不低于50万元。下列投资者视为当然的合格投资者：（1）社会保障基金、企业年金等养老基金，慈善基金等社会公益基金；（2）依法设立并在基金业协会备案的投资计划；（3）投资于所管理私募基金的私募基金管理人及其从业人员；（4）中国证监会规定的其他投资者。	《私募暂行办法》第十二条、第十三条			

续表

项目	要点	法规依据	详细自查情况	发现的问题	整改计划
二、资金募集	单只基金的投资者人数是否超过法律规定的人数（有限责任公司型基金及有限合伙型基金不得超过 50 人，其他基金不得超过 200 人）；投资者转让基金份额的，受让人是否为合格投资者，基金份额转让后投资者人数是否符合规定。	《私募暂行办法》第十一条			
	以合伙企业、契约等非法人形式，通过汇集多数投资者的资金直接或间接投资于私募基金的，是否穿透核查最终投资者为合格投资者，是否穿透合并计算投资者人数。下列投资者不再穿透核查：（1）社会保障基金、企业年金等养老基金，慈善基金等社会公益基金；（2）依法设立并在基金业协会备案的投资计划；（3）中国证监会规定的其他投资者。	《私募暂行办法》第十三条			
	是否向非合格投资者销售产品，明知投资者实质不符合合格投资者标准，仍予以销售确认；是否通过拆分基金份额或其收益权、为投资者直接或者间接提供短期借贷方式，变相突破合格投资者标准。	《私募资管业务暂行规定》第三条			
	是否采取问卷调查等方式，对投资者的风险识别能力和风险承担能力采取风险评估；是否由投资者书面承诺符合合格投资者条件；是否制作风险揭示书，向客户充分揭示投资运作可能面临的风险，明确约定由客户自行承担投资风险；是否由客户签字确认。	《私募暂行办法》第十六条			
	委托第三方机构提供投资建议的，第三方机构及其关联方是否以其自有资金或募集资金投资于结构化产品劣后级份额。	《私募资管业务暂行规定》第五条			
	通过代销方式销售产品的，是否与代销机构约定投资者适当性管理责任，代销机构是否采取风险评估、风险揭示及符合合格投资者条件的确认措施。	《私募暂行办法》第十六条			
	是否自行或者委托第三方机构对私募基金进行风险评级，并向投资者说明；是否向风险识别能力和风险承担能力相匹配的投资者推介私募基金。	《私募暂行办法》第十七条			
	基金是否及时进行备案（私募基金管理人应当在私募基金募集完毕后 20 个工作日内，通过私募基金登记备案系统进行备案）。	《私募暂行办法》第八条			

续表

项目	要点	法规依据	详细自查情况	发现的问题	整改计划
二、资金募集	股票类、混合类结构化产品的杠杆倍数是否超过1倍，固定收益类结构化产品的杠杆倍数是否超过3倍，其他类结构化产品的杠杆倍数是否超过2倍；结构化产品的总资产占净资产的比例是否超过140%，非结构化产品的总资产占净资产的比例是否超过200%；结构化产品名称中是否包括“结构化”或“分级”字样。	《私募资管业务暂行规定》第四条			
	是否对基金产品劣后级份额认购者的身份及风险承担能力进行充分适当的尽职调查。	《私募资管业务暂行规定》第四条			
三、基金投资	基金产品完成备案手续前是否参与股票公开或非公开发行，是否未登记备案开展私募业务。	《私募资管业务暂行规定》第三条；协会相关自律规则			
	是否直接或者间接对优先级份额认购者提供保本保收益安排，包括但不限于是否在基金合同中约定计提优先级份额收益、提前终止罚息、劣后级或者第三方机构差额补足优先级收益、计提风险保证金补足优先级收益等；是否穿透核查结构化产品投资标的，结构化产品是否嵌套投资其他结构化金融产品劣后级份额。	《私募资管业务暂行规定》第四条			
	证券投资基金产品是否投资于不符合国家产业政策、环境保护政策的项目（证券市场投资除外）；投资项目是否被列入国家发展改革委最新发布的淘汰类产品目录；投资项目是否违反国家环境保护政策要求；通过穿透核查，产品最终是否投向上述投资项目。享受国家财政税收扶持政策的创业投资基金，其投资范围是否符合国家相关规定。	《私募资管业务暂行规定》第六条；《私募暂行办法》第三十五条			

续表

项目	要点	法规依据	详细自查情况	发现的问题	整改计划
三、基金投资	是否开展或参与“资金池”业务：（1）不同基金资产进行混同运作，资金与资产无法明确对应；（2）基金产品在整个运作过程中未有合理估值的约定，且未按照合同约定向投资者进行充分适当的信息披露；（3）基金产品未单独建账、独立核算，未单独编制估值表；（4）基金产品在开放申购、赎回或滚动发行时未按照规定进行合理估值，脱离对应标的资产的实际收益率进行分离定价；（5）基金产品未进行实际投资或者投资于非标资产，仅以后期投资者的投资资金向前期投资者兑付投资本金和收益；（6）基金产品所投资产发生不能按时收回投资本金和收益情形的，基金产品通过开放参与、退出或滚动发行的方式由后期投资者承担此类风险，但管理人进行充分信息披露及风险揭示且投资者书面同意的除外。	《私募资管业务暂行规定》第九条			
	是否存在下列行为：（1）管理人及从业人员从事损害基金财产和投资者利益的投资活动。（2）管理人及从业人员存在泄露因职务便利获取的未公开信息，利用该信息从事或者明示、暗示他人从事相关的交易活动。（3）从事内幕交易、操纵交易价格、短线交易及其他不正当交易活动，未建立相关防范制度及机制，并有效执行。（4）存在不同基金间的非公平交易行为，在不同的基金账户之间转移收益或亏损；交易价格严重偏离市场公允价格，损害投资者利益；以不正当利益为目的，使用基金资产进行不必要的交易。（5）将管理人固有财产或者他人财产混同于基金财产从事投资活动。（6）存在侵占、挪用基金财产的行为；存在费用转嫁行为，将不应由基金承担的费用转移给基金；投资活动不符合合同约定。（7）玩忽职守，不按规定履行职责。如未按照合同关于“预警线”、“止损线”的有关规定进行操作。（8）合同违约。如不能如期赎回。	《私募暂行办法》第二十三条；《私募资管业务暂行规定》第八条			

续表

项目	要点	法规依据	详细自查情况	发现的问题	整改计划
四、内控及风险管理	内部风险控制制度及机制是否覆盖私募基金的募、投、管、退各个环节，制度建设是否完善，是否执行到位。是否采取措施对基金风险进行有效管理；是否存在到期无法偿付等流动性风险；对冲基金和并购基金管理人的杠杆运用是否合理。信息系统运营是否安全可靠；是否实现对风险控制指标、投资交易权限、资金流转等关键事项的前端控制与实时监控。	《私募暂行办法》第四条；基金业协会相关自律规则			
	是否按照合同约定，将基金财产交由托管人托管，并由托管人对投资活动进行监督。基金合同约定私募投资基金不进行托管的，是否在合同中明确保障私募投资基金财产安全的制度措施和纠纷解决机制。	《证券投资基金法》第三十七条、第八十八条；《私募暂行办法》第二十一条			
	是否妥善保存私募投资基金投资决策、交易和投资者适当性管理等方面的记录及其他相关资料。	《私募暂行办法》第二十六条			
	是否违规使用信息系统外部接入开展交易，为违法证券期货业务活动提供系统对接或投资交易指令转发服务；是否设立伞形资产管理计划，子伞委托人（或其关联方）分别实施投资决策，共用同一资产管理计划的证券、期货账户；是否下设子账户、分账户、虚拟账户或将账户出借他人，违反账户实名制规定；是否为违法证券期货业务活动提供账户开立、交易通道、投资者介绍等服务或便利。	《私募资管业务暂行规定》第七条			
	是否利用管理的基金资产为资产管理人及其从业人员或第三方谋取不正当利益或向相关服务机构支付不合理的费用。是否违背风险收益相匹配原则，利用结构化基金产品向特定一个或多个劣后级投资者输送利益。	《私募资管业务暂行规定》第八条			
	私募证券投资基金管理人从业人员是否具备基金从业资格；其他类型私募基金管理人高管人员从业资格是否符合要求。	《证券投资基金法》第九条；基金业协会相关自律规则			

续表

项目	要点	法规依据	详细自查情况	发现的问题	整改计划
四、内控及风险管理	是否对证券类基金产品主要业务人员及相关管理团队实施过度激励，包括但不限于以下情形：（1）未建立激励奖金递延发放机制；（2）递延周期不足 3 年，递延支付的激励奖金金额不足 40%。	《私募资管业务暂行规定》第十条			
	管理可能导致利益输送或者利益冲突的不同基金的，是否建立利益输送和利益冲突防范机制，执行是否有效。是否兼营 P2P、众筹、民间借贷、现金贷等非私募基金业务。	《私募暂行办法》第二十二条			
	管理人及其从业人员是否利用基金财产或者职务之便，为本人或者投资者以外的人谋取利益，进行利益输送。	《私募暂行办法》第二十三条			
	私募证券投资基金管理人是否建立员工与基金之间利益冲突防范制度及机制，并定期对员工防范利益冲突行为监督检查。	《证券投资基金法》第九条；《私募暂行办法》第四条、第二十三条			
	是否委托个人或不符合条件的第三方机构提供投资建议；是否向未提供实质服务的第三方机构支付费用或支付的费用与其提供的服务不相匹配；是否建立利益冲突防范机制，产品与第三方机构本身、与第三方机构管理或服务的其他产品之间是否存在利益冲突或利益输送。	《私募资管业务暂行规定》第五条			
五、信息披露与报送	销售基金产品时，是否真实、准确、完整地披露产品交易结构、当事各方权利义务条款、收益分配内容、委托第三方提供服务、关联交易、关联担保情况等信息。	《私募资管业务暂行规定》第三条			
	是否按照合同约定，如实向投资者披露基金投资、资产负债、投资收益分配、基金承担的费用和业绩报酬、可能存在利益冲突情况；是否如实向投资者披露可能影响投资者合法权益的其他重大信息。例如每只基金是否编制资产负债表。	《证券投资基金法》第九十五条；《私募暂行办法》第二十四条			

续表

项目	要点	法规依据	详细自查情况	发现的问题	整改计划
五、信息披露与报送	向基金业协会登记信息和备案信息是否真实、准确、完整。	《证券投资基金法》第八十九条；《私募暂行办法》第七条、第八条；基金业协会自律规则			
	是否按照基金业协会的规定，及时填报并定期更新管理人及其从业人员的有关信息、所管理的私募基金投资运作情况和杠杆运用情况；管理人和基金发生重大事项的，是否及时向基金业协会报告。例如管理人发生重大事项的应当在 10 个工作日内向基金业协会报告；私募基金发生重大事项的，应当在 5 个工作日内向基金业协会报告。	《私募暂行办法》第二十五条；基金业协会自律规则			
	基金合同中是否充分披露和揭示结构化设计及相应风险情况、收益分配情况、风控措施等信息。	《私募资管业务暂行规定》第四条			
	委托第三方机构提供投资建议的，是否在产品合同及其他材料中明确披露第三方机构身份、约定第三方机构职责，是否充分说明和揭示聘请第三方机构可能产生的特定风险。	《私募资管业务暂行规定》第五条			
六、《适当性办法》自查	适当性管理的各项规章制度制定情况：（1）是否制定投资者分类制度；（2）是否制定投资者分类转化制度；（3）是否制定划分产品或服务等级制度；（4）是否制定执行适当性匹配制度；（5）是否制定定期开展自查制度或工作机制；（6）是否制定适当性档案管理制度；（7）是否制定限制不匹配销售行为制度；（8）是否制定客户回访检查制度；（9）是否制定评估与销售隔离制度；（10）是否制定适当性管理的培训考核制度和工作机制；（11）是否建立涉及适当性管理的投诉纠纷处理制度；（12）是否制定违反适当性管理的监督问责机制；（13）是否制定落实适当性管理的执业规范；（14）是否建立委托其他机构销售产品的适当性管理相关制度。				

续表

项目	要点	法规依据	详细自查情况	发现的问题	整改计划
六、《适当性办法》自查	人员、设备配备及内部培训情况：（1）是否指定落实适当性管理的具体分工和分管领导；（2）是否设置负责适当性管理的部门；（3）是否配备适当性管理工作专职人员；（4）是否配备录音、录像及开展非现场业务的留痕设备；（5）是否组织开展《证券期货投资者适当性管理办法》内部培训。				
	向投资者销售产品或者提供服务时，是否了解投资者的下列信息：（1）自然人的姓名、住址、职业、年龄、联系方式，法人或者其他组织的名称、注册地址、办公地址、性质、资质及经营范围等基本信息；（2）收入来源和数额、资产、债务等财务状况；（3）投资相关的学习、工作经历及投资经验；（4）投资期限、品种、期望收益等投资目标；（5）风险偏好及可承受的损失；（6）诚信记录；（7）实际控制投资者的自然人和交易的实际受益人；（8）法律法规、自律规则规定的投资者准入要求相关信息；（9）其他必要信息。	《适当性办法》第六条			
	是否根据产品或服务的不同风险等级，对其适合销售产品或者提供服务的投资者类型作出判断，根据投资者的不同类型，对其适合购买的产品或者接受的服务作出判断。	《适当性办法》第十八条			
	投资者主动要求并坚持购买风险等级高于其风险承受能力的产品或者接受相关服务的，是否确认其不属于风险承受能力最低类别的投资者，是否就产品或者服务风险高于其承受能力进行特别的书面风险警示。	《适当性办法》第十九条			
	向普通投资者销售高风险产品或者提供相关服务的，是否履行特别的注意义务，包括：制定专门的工作程序，追加了解相关信息，告知特别的风险，给予普通投资者更多的考虑时间，增加回访频次等。	《适当性办法》第二十条			
	是否根据投资者产品或者服务的信息变化情况，主动调整投资者分类、产品或者服务分级以及适当性匹配意见，并告知投资者上述情况。	《适当性办法》第二十一条			

续表

项目	要点	法规依据	详细自查情况	发现的问题	整改计划
六、《适当性办法》自查	是否进行下列销售产品或者提供服务的活动： （1）向不符合准入要求的投资者销售产品或者提供服务；（2）向投资者就不确定事项提供确定性的判断，或者告知投资者有可能使其误认为具有确定性的意见；（3）向普通投资者主动推介不符合其投资目标的产品或者服务；（4）向普通投资者主动推介不符合投资且标的产品或者服务；（5）向风险承受能力最低类别的投资者销售或者提供风险等级高于其风险承受能力的产品或者服务；（6）其他违背适当性要求，损害投资者合法权益的行为。	《适当性办法》第二十二条			
	是否在向普通投资者销售产品或者提供服务前告知下列信息：（1）可能直接导致本金亏损的事项；（2）可能直接导致超过原始本金损失的事项；（3）因经营机构的业务或者财产状况变化，可能导致本金或者原始本金亏损的事项；（4）因经营机构的业务或者财产状况变化，影响客户判断的重要事由；（5）限制销售对象权力行使期限或者可解除合同期限等全部限制内容。	《适当性办法》第二十三条			
	对投资者的告知、警示内容，是否真实、准确、完整，是否存在虚假记载、误导性陈述或者重大遗漏；告知、警示是否采用书面形式送达投资者，并由其确认已充分理解和接受。	《适当性办法》第二十四条			
	是否综合考虑收入来源、资产状况、债务、投资知识和经验、风险偏好、诚信状况等因素，确定普通投资者的风险承受能力，对普通投资者进行细化分类和管理。	《适当性办法》第十条			
	是否按规定对投资者进行类别转化。	《适当性办法》第十一条、第十二条			
	是否建立或者更新投资者评估数据库。	《适当性办法》第十三条			
	是否按规定了解所销售产品或者提供服务信息，根据风险特征和程度，对销售的产品或者提供的服务划分风险等级。	《适当性办法》第十五条、第十六条、第十七条			

续表

项目	要点	法规依据	详细自查情况	发现的问题	整改计划
六、《适当性办法》自查	是否按规定录音录像或者采取配套留痕安排。	《适当性办法》第二十五条			
	委托销售的，是否明确告知代销方所委托产品或者提供服务的适当性管理标准和要求，以及相应法律责任。	《适当性办法》第二十六条、第二十七条、第二十八条			
	是否制定适当性内部管理制度，明确投资者分类、产品或者服务分级、适当性匹配的具体依据、方法、流程等，严格按照内部管理制度进行分类、分级，定期汇总分类、分级结果，并对每名投资者提出匹配意见；是否制定并严格落实与适当性内部管理有关的限制不匹配销售行为、客户回访检查、评估与销售隔离等风险制度，以及培训考核、执业规范、监督问责等制度机制。	《适当性办法》第二十九条			
	是否定期开展适当性自查（应当每半年开展自查），对于自查发现的问题，是否及时向监管部门报告。	《适当性办法》第三十条			
	是否妥善保管适当性相关信息资料。对匹配方案、告知警示资料、录音录像资料、自查报告等的保存期限不得少于20年。	《适当性办法》第三十二条			
	是否妥善处理适当性相关的纠纷，与投资者协商解决争议，采取必要的措施支持和配合投资者提出的调解。	《适当性办法》第三十四条			

说明：1. 本底稿中《证券投资基金法》是指2015年4月24日修正的《中华人民共和国证券投资基金法》；

2. 本底稿中《私募暂行办法》是指2014年8月21日起施行的《私募投资基金监督管理暂行办法》；

3. 本底稿中《私募资管业务暂行规定》是指2016年7月18日起施行的《证券期货经营机构私募资产管理业务运作管理暂行规定》；

4. 本底稿中《适当性办法》是指2017年7月1日起施行的《证券期货投资者适当性管理办法》；

5. 请根据本底稿逐项自查，如实详细填写核查过程、结果等情况，应做到重点突出、条理清晰；在自查中发现存在相关问题的，需将问题及原因描述清楚，应针对所发现的问题制订切实可行的整改计划，并按照整改计划切实防范和化解风险隐患。

4. 私募基金管理运作自查情况表

附表4：

私募基金管理运作自查情况表（仅私募证券投资基金管理人适用）

私募机构名称：　　　　编制：　　　　日期：

项目	要点	法规依据	检查核实情况	发现问题	整改计划
一、资金募集禁止条款	（一）资产管理合同及销售材料中存在包含保本保收益内涵的表述，如零风险、收益有保障、本金无忧等；	《暂行规定》第三条			
	（二）资产管理计划名称中含有“保本”字样；				
	（三）与投资者私下签订回购协议或承诺函等文件，直接或间接承诺保本保收益；				
	（四）向投资者口头或者通过短信、微信等各种方式承诺保本保收益；				
	（五）向非合格投资者销售资产管理计划，明知投资者实质不符合合格投资者标准，仍予以销售确认，或者通过拆分转让资产管理计划份额或其收益权、为投资者直接或间接提供短期借贷等方式，变相突破合格投资者标准；				
	（六）单一资产管理计划的投资者人数超过200人，或者同一资产管理人为单一融资项目设立多个资产管理计划，变相突破投资者人数限制；				
	（七）通过报刊、电台、电视、互联网等公众传播媒体，讲座、报告会、分析会等方式，布告、传单、短信、微信、博客和电子邮件等载体，向不特定对象宣传具体产品，但证券期货经营机构和销售机构通过设置特定对象确定程序的官网、客户端等互联网媒介向已注册特定对象进行宣传推介的除外；				

续表

项目	要点	法规依据	检查核实情况	发现问题	整改计划
一、资金募集禁止条款	（八）销售资产管理计划时，未真实、准确、完整地披露资产管理计划交易结构、当事各方权利义务条款、收益分配内容、委托第三方机构提供服务、关联交易情况等信息；	《暂行规定》第三条			
	（九）资产管理计划完成备案手续前参与股票公开或非公开发行；				
	（十）向投资者宣传资产管理计划预期收益率；				
	（十一）夸大或者片面宣传产品，夸大或者片面宣传资产管理计划管理人及其管理的产品、投资经理等的过往业绩，未充分揭示产品风险，投资者认购资产管理计划时未签订风险揭示书和资产管理合同。				
二、基本原则禁止条款	（一）直接或者间接对优先级份额认购者提供保本保收益安排，包括但不限于在结构化资产管理计划合同中约定计提优先级份额收益、提前终止罚息、劣后级或第三方机构差额补足优先级收益、计提风险保证金补足优先级收益等；	《暂行规定》第四条			
	（二）未对结构化资产管理计划劣后级份额认购者的身份及风险承担能力进行充分适当的尽职调查；				
	（三）未在资产管理合同中充分披露和揭示结构化设计及相应风险情况、收益分配情况、风控措施等信息；				
	（四）股票类、混合类结构化资产管理计划的杠杆倍数超过1倍，固定收益类结构化资产管理计划的杠杆倍数超过3倍，其他类结构化资产管理计划的杠杆倍数超过2倍；				
	（五）通过穿透核查结构化资产管理计划投资标的，结构化资产管理计划嵌套投资其他结构化金融产品劣后级份额；				
	（六）结构化资产管理计划名称中未包含“结构化”或“分级”字样；				

续表

项目	要点	法规依据	检查核实情况	发现问题	整改计划
二、基本原则禁止条款	（七）结构化资产管理计划的总资产占净资产的比例超过 140%，非结构化集合资产管理计划（即“一对多”）的总资产占净资产的比例超过 200%。	《暂行规定》第四条			
三、第三方机构条款	（一）不得委托个人或不符合条件的第三方机构为其提供投资建议；	《暂行规定》第五条			
	（二）未建立或未有效执行第三方机构遴选机制，未按照规定流程选聘第三方机构；				
	（三）未签订相关委托协议，或未在资产管理合同及其他材料中明确披露第三方机构身份、未约定第三方机构职责以及未充分说明和揭示聘请第三方机构可能产生的特定风险；				
	（四）由第三方机构直接执行投资指令，未建立或有效执行风险管控机制，未能有效防范第三方机构利用资产管理计划从事内幕交易、市场操纵等违法违规行为；				
	（五）未建立利益冲突防范机制，资产管理计划与第三方机构本身、与第三方机构管理或服务的其他产品之间存在利益冲突或利益输送；				
	（六）向未提供实质服务的第三方机构支付费用或支付的费用与其提供的服务不相匹配；				
	（七）第三方机构及其关联方以其自有资金或募集资金投资于结构化资产管理计划劣后级份额。				
四、提供交易便利禁止条款	（一）资产管理计划份额下设子账户、分账户、虚拟账户或将资产管理计划证券、期货账户出借他人，违反账户实名制规定；	《暂行规定》第七条			
	（二）为违法证券期货业务活动提供账户开立、交易通道、投资者介绍等服务或便利；				

5. 公司私募投资基金业务运行情况报告

××公司2019年私募投资基金业务运行情况报告（模板）

一、机构基本情况

（一）机构组织架构及人员整体情况。包括但不限于公司股东、关联方、高级管理人员等方面情况。

（二）关联方从事业务情况，以及是否涉及P2P、小贷、融资租赁、线上线下理财、房地产等业务。

（三）私募基金业务开展情况。

（四）风险控制及合规管理情况。包括但不限于公司投资者适当性管理、信息披露、利益冲突防范、风险控制等制度建设及执行情况。

（五）业务运行风险状况评估，展期产品、逾期未兑付产品、重大亏损产品等事项的具体情况。

（六）其他需要说明的情况。

二、自查开展情况

（一）自查工作的组织。

（二）自查工作的执行情况。

三、自查发现的主要问题及整改计划

（一）自查发现的问题。

（二）详细整改计划。

四、投资者权益保护情况

（一）受理投资者投诉和处理投资者纠纷情况。

（二）处理投资者投诉和纠纷的成功经验。

五、意见和建议

私募基金管理机构名称（盖章）

法人代表（签字）

年 月 日

附录三：

中国证券投资基金业协会
关于限期提交自查信息的通知

中基协字〔2019〕275号

各相关私募基金管理人：

依据《私募投资基金管理人登记和基金备案办法（试行）》第二十六条，为持续推进行业监测，保护投资者合法权益，敦促管理人积极履行诚实守信、勤勉尽责的信义义务，现请你公司根据以下所列第1条提到的有关事项整体说明自身经营基本情况，根据第2—23条提到的有关事项进行自查并逐条详细说明，就自查中发现的问题提出整改安排，同时按要求填写自查信息表（包含自查总表及专项自查表，详见附件）。你公司应当在2019年6月10日前将书面自查报告、整改安排及自查信息表发送至smtjjc@ amac. org. cn。

1. 请说明你公司工商登记、分支机构、子公司及关联方、出资人及实际控制人、高管及人员结构等登记基本信息，并请说明目前在管私募基金相关情况，包括但不限于基金类型、管理规模、主要投向、结构化及杠杆情况、申购赎回安排、托管情况、投资者结构等。

2. 根据《基金法》、《私募投资基金监督管理暂行办法》、《私募投资基金管理人登记和基金备案办法（试行）》、《私募投资基金信息披露管理办法》等法律法规及自律规则的规定，请核实你公司所有发行管理的私募基金是否在协会资产管理业务综合报送平台（以下简称AMBERS系统）办理备案手续，并已及时履行了管理人及所管理私募基金的重大事项变更、季度更新、年度更新以及信息披露备份等信息更新及备份义务。如为否，请说明具体情况及原因；其中，涉及未备案产品的，应当同时填报“专项自查表1——未备案产品情况”。

3. 请说明你公司的实际控制人、股东、分支机构、子公司及关联方以及所管理私募基金投向的标的公司是否已如实在AMBERS系统填报。如为否，请说明具体情况及原因，同时填报“专项自查表2——尚未向协会报送实际控制人等情况”。

4. 请说明你公司是否秉持专业、独立、制衡、有效原则，建立了符合展业需要的内部治理架构和内部控制规范，公平对待所管理的全部基金和投资者，有效防范利益冲突和利益输送。如为否，请说明情况。

5. 请说明你公司是否存在未向协会完整报送诚信信息相关情形，包括管理人及高管人员最近三年是否受到刑事处罚、行政处罚、被证监会采取行政监管措施、被基金业协会采取自律措施、被其他自律组织采取措施，涉及诉讼或仲裁或其他合法合规及诚信情况等。如存在，请详细列出，同时填报“专项自查表3——未向协会报送诚信情况”。

6. 请说明你公司现有从业人员数量、取得基金从业资格情况、岗位职责划分及人员配置、外部兼职情况，列示兼职员工所兼职机构名称、职务、兼职机构业务开展情况及兼职原因，是否已在从业人员管理平台（http：//person. amac. org. cn）将现有员工全部录入。如为否，请说明具体人员情况和原因。

7. 请说明你公司及你公司的实际控制人、股东、分支机构、子公司及关联方在实际经营业务中，是否兼营《私募基金登记备案相关问题解答（七）》及《私募基金管理人登记须知》中提到的民间借贷、民间融资、融资租赁、配资业务、小额理财、小额借贷、P2P/P2B、众筹、保理、担保、房地产开发、交易平台等与私募基金属性相冲突的业务，是否兼营其他非私募基金相关业务。如有，请详细说明，同时填报“专项自查表4——私募冲突业务情况”。

8. 请说明你公司的实际控制人、控股股东及公司自身是否存在参股或控股其他私募基金管理人相关情形。如有，请列明具体管理人名称、登记编码、出资比例等信息，详细说明各有关机构是否存在缺乏统一管理，不合规经营有关情况。

9. 请说明你公司所管理私募基金是否存在公开宣传、向不合格投资者募集、直接或间接承诺保本保收益，或向销售机构出具保本保收益的兜底承诺等相关情形。如有，请详细说明，同时填报“专项自查表5——违规募集情况”。

10. 请说明你公司在管基金是否存在《私募投资基金备案须知》中提到的不属于私募基金范围相关情况。如有，请详细说明，同时填报“专项自查表6——不属于私募基金范围产品情况”，并应当承诺相关产品不会新增投资者、新增募集规模以及滚动发行。若你公司在协会登记为其他类私募基金管理人，请详细说明你公司所管理基金的存续运营情况以及未来业务发展方向和展业安排。

11. 请说明你公司是否存在在管基金的基金类型与你公司在AMBERS系统所选业务类型不一致情形。如有，请列明相关基金合计只数、管理规模、涉及自然人投资者数量及出资额等信息，说明你公司是否根据《私募基金登记备案相关问题解答（十三）》的规定，在基金合同到期前未开放申购或增加募集规模，在基金合同到期后将相关基金予以清盘或清算，且不会续期。

12. 请核实你公司所有在管基金在AMBERS系统中填报基金到期日信息是否真实、准确。如为否，请列明相关基金信息，同时填报“专项自查表7——到期日填报错误基金情况”，并承诺将在AMBERS系统基金重大事项变更模块中更正基金到期日信息。

13. 请说明你公司目前是否存在在管基金已经逾期且无法正常清算（含投资项目无法正常退出、预期亏损或其他可能造成投资者利益重大损失）的情况。如有，请说明有关基金具体情况、无法正常清算的原因、已采取的相关措施，是否已就展期或者清算安排与投资者达成一致，并填报“专项自查表8——已逾期且无法正常清算的基金情况”；同时应当每季度在协会私募基金信息披露系统重大事项临时报告模块上传基金退出进展情况报告，并向投资者进行披露。

14. 请你公司梳理排查旗下在管基金后续到期日分布情况，分别说明2019年9月及2020年3月底之前到期的私募基金有关情况，是否预计存在到期无法正常清算（含投资项目无法正常退出、预期亏损或其他可能造成投资者利益重大损失）的情况。如有，请说明有关基金具体情况、无法正常清算的原因、已采取的相关措施，是否已就展期或者清算安排与投资者达成一致，并填报“专项自查表9——2020年3月底之前到期且预计无法正常清算的基金情况”；同时应当每季度在协会私募基金信息披露系统重大事项临时报告模块上传基金退出进展情况报告，并向投资者进行披露。

15. 请说明你公司所管理私募基金的信息披露情况，是否已根据基金合同约定的频率、内容和方式向投资者真实、完整、及时、准确披露了所投底层资产及最终标的情况（如涉及非实体企业的有限合伙等SPV情形，请穿透至底层资产及最终标的）。如为否，请说明原因。

16. 请说明你公司是否在每一个会计年度聘请会计师事务所对所管理私募基金进行了审计，并出具了年度审计报告。如为否，请说明原因。

17. 请说明你公司是否根据《私募投资基金募集行为管理办法》的规定，针对2016年7月15日以后发行的私募基金，要求每位投资者逐一签署了风险揭示书，且签章齐全。如为否，请详细列明基金名称、具体情形及原因，同时填报“专项自查表10——涉及投资者风险揭示书问题的基金情况”。

18. 请说明你公司所管理基金是否存在与管理人实际控制人、股东、分支机构、子公司及关联方的关联交易情况（含投向上述主体管理私募基金情况），如有，请说明关联交易对手方、交易标的、规模及风险情况，相关关联交易是否符合基金合同约定及法律法规要求，并已向投资者进行了披露；其中，针对基金投向单一关联方的，应当同时填报“专项自查表11——投向单一关联方相关情况”。

19. 请说明你公司所管理基金是否存在内部互投相关情形。如为是，请详细说明情况及理由，并填报“专项自查表12——内部互投相关情况”。

20. 请说明你公司所管理基金是否存在滚动发行、期限错配、集合运作、分离定价等情形，相关基金的本金、收益和风险在不同的投资者之间进行转移，向投资者约定预期收益率等“资金池”特征相关情况。如有，请详细列明基金名称、资金募集及运营情况，同时填报“专项自查表13——涉及资金池基金情况”。

21. 请说明你公司所管理私募基金是否存在未按照基金合同约定的投资范围、策略及限制进行投资的相关情况。如有，请详细列明基金名称及具体投资情况、原因及是否已向投资者进行了披露，同时填报“专项自查表14——违反合同约定基金情况”。

22. 请说明你公司所管理私募基金是否存在备案后新增募集规模相关情况。如有，请详细列明基金名称、资金募集安排及投资运营情况，同时填报“专项自查表15——备案后新增募集基金情况”。

23. 请说明你公司是否存在按照《私募投资基金管理人登记和基金备案办法（试行）》等相关规则应向协会及时报告而未及时报告的可能影响正常经营展业及基金投资者权益的其他重大事项。

针对上述事项以及你公司的实际运营，如存在不符合现行法律法规以及自律规则规定的，请提出详细整改安排，整改报告应当作为自查报告必要附件随自查报告、自查信息表一并提交，其中，相关整改完成时限不得晚于2019年12月31日。自查报告应当加盖你公司公章，一并报送pdf彩色扫描版及word版本。同时，自查文件应通过邮箱发送至管理人注册地的地方证监局。自查陈述内容应当真实、准确、完整，列明自查过程（包括但不限于参与自查人员、流程安排、自查文件清单等），具备适当证据及理由、有清晰明确结论，不应存在虚假描述、误导性陈述或者重大遗漏，自查报告与自查信息表之间应信息一致、逻辑自洽。

如果你公司未能在2019年6月10日前按要求提交自查信息，协会将依照《中国证券投资基金业协会关于进一步加强私募基金行业自律管理的决定》，将你公司转入异常经营程序处理。

特此通知。

附件：私募基金管理人自查信息表（2019年5月）

中国证券投资基金业协会

2019年5月1日

自查总表

管理人名称	登记编码	统一社会信用代码	1. 基本情况						2. 信息更新		3. 如实披露		4. 内部制度
			目前实际已发行管理所有私募基金数量（含已清算基金）	目前在管基金数量	目前在管基金规模（单位：万元）	目前在管基金实际对外募资规模（排除基金嵌套等重复计算金额，单位：万元）	目前在管基金涉及自然人投资者数量	目前在管基金实际向自然人投资者募资规模（排除基金嵌套等重复计算金额，单位：万元）	实际已发行管理的基金数量和规模，是否与在协会备案信息一致？	是否及时履行管理人及所管理私募基金的信息更新及披露、备份义务？	是否如实在AMBERS系统填报本机构的实际控制人、股东、分支机构、子公司及关联方？	所管理私募基金投向的标的公司是否如实在系统中填报？	是否建立符合展业需要的内部治理架构和内部控制规范？
									（如为是，此处只需填写“是”；如为否，请在此处填“否”，并在“专项自查表1——未备案产品情况”中填写详细信息）	（填写是/否）	（如为是，此处只需填写“是”；如为否，请在此处填“否”，并在“专项自查表2——尚未向协会报送实际控制人等情况”中填写详细信息）	（填写是/否）	（填写是/否）

续表

5. 诚信信息	6. 员工人数				7. 专业化运营		8. 参控股私募基金管理人相关情况		9. 违规募集	10. 不属于私募基金范围相关情况	11.《问答十三》后续落实	
是否向协会完整报送诚信信息情况，如为否，请说明	实际员工人数及已取得基金从业资格的员工人数	已在协会从业人员管理平台录入信息的员工人数	实际人员数据与向协会报送数据是否一致？	兼职员工数量	公司及主要出资人（控股股东、实际控制人）是否兼营《私募基金登记备案相关问题解答（七）》及《私募基金管理人登记须知》中列举的与私募基金属性相冲突的业务？	公司及主要出资人（控股股东、实际控制人）是否兼营其他非私募基金相关业务？	公司实际控制人、控股股东及公司自身是否存在参股或控股其他私募基金管理人相关情形？	各有关机构是否存在缺乏统一管理，不合规经营有关情况？	所管理的私募基金是否存在公开宣传、向不合格投资者募集、直接或间接承诺保本保收益，或向销售机构出具保本保收益的兜底承诺等相关情形？	在管基金是否存在《私募投资基金备案须知》提到的不属于私募基金范围相关情况，如为是，请说明	是否存在在管基金的基金类型与在AMBERS系统所选业务类型不一致情况？	与管理人在AMBERS系统所选业务类型不一致的相关产品，是否已根据《私募基金登记备案相关问题解答（十三）》要求落实？
（如为是，此处只需填写“是”；如为否，请在此处填“否”，并在“专项自查表3——未向协会报送诚信情况”中填写详细信息）			（填写是/否）		（如为否，此处只需填写“否”；如为是，请在此处填“是”，并在“专项自查表4——私募冲突业务情况”中填写详细信息）	（如为否，此处只需填写“否”；如为是，请在此处填“是”，并在“专项自查表4——私募冲突业务情况”中填写详细信息）	（填写是/否）	（填写是/否）	（如为否，此处只需填写“否”；如为是，请在此处填“是”，并在“专项自查表5——违规募集情况”中填写详细信息）	（如为否，此处只需填写“否”；如为是，请在此处填“是”，并在“专项自查表6——不属于私募基金范围产品情况”中填写详细信息）	（填写是/否）	（填写是/否）

12. 基金到期日	13. 在管基金逾期情况		14. 2019 年年底前基金预期退出情况			15. 信息披露	16. 年度审计	17. 募集规范
所有在管基金在 AMBERS 系统中填报基金到期日信息是否真实、准确？	截至自查日在管基金中逾期基金数量和规模（单位：万元）	已经逾期基金中是否存在无法正常清算（含投资项目无法正常退出、预期亏损或其他可能造成投资者利益重大损失）的情况？	2019 年 6 月前到期基金数量和规模（单位：万元）	2019 年 12 月前到期基金数量和规模（单位：万元）	在管 2019 年年底之前到期的私募基金是否可能存在到期无法正常清算、投资项目无法正常退出、预期亏损或其他可能造成投资者利益重大损失的情况？	是否已根据基金合同约定的频率、内容和方式向投资者真实、完整、及时、准确披露了所投底层资产及最终标的情况？	是否在每一年度对所管理基金进行审计并出具审计报告？	针对 2016 年 7 月 15 日以后发行的私募基金，是否存在有投资者未签署风险揭示书或者签章不齐全等问题？
（如为是，此处只需填写“是”；如为否，请在此处填“否”，并在“专项自查表 7——到期日填报错误基金情况”中填写详细信息）	（填写是/否）	（如为否，此处只需填写“否”；如为是，请在此处填“是”，并在“专项自查表 8——已逾期且无法正常清算的基金情况”中填写详细信息）	（填写是/否）	（填写是/否）	（如为否，此处只需填写“否”；如为是，请在此处填“是”，并在“专项自查表 9——2020 年 3 月底之前到期且预计无法正常清算的基金情况”中填写详细信息）	（填写是/否）	（填写是/否）	（如为否，此处只需填写“否”；如为是，请在此处填“是”，并在“专项自查表 10——涉及投资者风险揭示书问题的基金情况”中填写详细信息）

18. 关联交易					19. 内部互投	20. “资金池”运作	21. 合同约定		22. 先备案后募集	23. 其他补充问题
所管理基金是否存在与管理人、实际控制人、股东、分支机构、子公司及关联方的关联交易情况（含投向上述主体管理私募基金情况）？	涉及关联交易的基金只数和规模（单位：万元）	关联交易是否符合基金合同约定及法律法规要求？	关联交易是否已向投资者进行了披露？	关联交易是否存在基金投向单一关联方相关情形？	所管理基金是否存在内部互投相关情形？	所管理基金是否存在滚动发行、期限错配、集合运作、分离定价等情形，相关基金的本金、收益和风险在不同的投资者之间进行转移，向投资者约定预期收益率等“资金池”特征相关情况？	所管理私募基金是否存在未按照基金合同约定的投资范围、策略及限制进行投资的相关情况？	相关情况是否已向投资者进行信息披露？	所管理私募基金是否存在备案后新增募集规模相关情况？	是否存在按照《私募投资基金管理人登记和基金备案办法（试行）》等相关规则应向协会及时报告而未及时报告的可能影响正常经营展业及基金投资者权益的其他重大事项？
（填写是/否）		（填写是/否）	（填写是/否）	（如为否，此处只需填写“否”；如为是，请在此处填“是”，并在“专项自查表11——投向单一关联方相关情况”中填写详细信息）	（如为否，此处只需填写“否”；如为是，请在此处填“是”，并在“专项自查表12——内部互投相关情况”中填写详细信息）	（如为否，此处只需填写“否”；如为是，请在此处填“是”，并在“专项自查表13——涉及资金池基金情况”中填写详细信息）	（如为否，此处只需填写“否”；如为是，请在此处填“是”，并在“专项自查表14——违反合同约定基金情况”中填写详细信息）	（填写是/否）	（如为否，此处只需填写“否”；如为是，请在此处填“是”，并在“专项自查表15——备案后新增募集基金情况”中填写详细信息）	

专表 1

专项自查表 1——未备案产品情况

管理人名称	未备案产品名称	基金编码（如有）	未备案产品存续规模（万元）	直接涉及自然人投资者数量	直接涉及自然人投资者金额（万元）	未备案原因	其他需说明问题

专表 2

专项自查表 2——尚未向协会报送实际控制人等情况

管理人名称	未报送主体名称	未报送主体与管理人关系（实际控制人/股东/分支机构/子公司/关联方……）	未报送主体统一社会信用编码	未报送主体运营情况	未报送原因

专表 3

专项自查表 3——未向协会报送诚信情况					
管理人名称	登记编码	未向协会报送合法合规及诚信情况类型（刑事处罚/行政处罚/被证监会采取行政监管措施/被基金业协会采取自律措施/被其他自律组织采取措施/涉及诉讼或仲裁/其他合法合规及诚信情况等）	相关事件的具体经过和处置结果	未向协会报送原因	是否影响公司运营，或对投资者利益造成损害

专表 4

专项自查表 4——私募冲突业务情况					
主体名称	管理人登记编码（如主体为已登记管理人）	统一社会信用编码	从事具体私募冲突业务［民间借贷/民间融资/融资租赁/配资业务/小额理财/小额借贷/P2P/P2B/众筹/保理/担保/房地产开发/交易平台/其他冲突业务（列明具体业务）］	相关主体/业务目前展业情况	相关主体/业务与本管理人私募基金管理业务隔离情况

专表5

专项自查表5——违规募集情况

机构名称	基金名称	基金编码	存续规模（万元）	违规募集具体情况	直接涉及自然人投资者数量	直接涉及自然人投资者金额（万元）

专表6

专项自查表6——不属于私募基金范围产品情况

机构名称	基金名称	基金编码	存续规模（万元）	基金运营投资情况说明	直接涉及自然人投资者数量	直接涉及自然人投资者金额（万元）

专表 7

专项自查表 7——到期日填报错误基金情况

管理人名称	基金名称	基金编码	存续规模（万元）	在系统中填报到期日	实际到期日	错误填报缘由

专表 8

专项自查表 8——已逾期且无法正常清算的基金情况

管理人名称	基金名称	基金编码	到期日	存续规模（万元）	无法清算原因	已采取措施	向投资者披露和沟通情况	后续安排	直接涉及自然人投资者数量	直接涉及自然人投资者金额（万元）

专表 9

专项自查表 9——2020 年 3 月底之前到期且预计无法正常清算的基金情况

管理人名称	基金名称	基金编码	实际到期日	存续规模（万元）	无法清算原因	已采取措施	向投资者披露和沟通情况	后续安排	直接涉及自然人投资者数量	直接涉及自然人投资者金额（万元）

专表 10

专项自查表 10——涉及投资者风险揭示书问题的基金情况

管理人名称	基金名称	基金编码	存续规模（万元）	具体情形	具体原因	直接涉及自然人投资者数量	直接涉及自然人投资者金额（万元）

专表 11

专项自查表 11——投向单一关联方相关情况

管理人名称	投向单一关联方的基金名称	基金编码	存续规模（万元）	单一关联方名称	基金投向单一关联方规模（万元）	关联方统一社会信用编码	情况说明	是否向投资者进行充分信息披露

专表 12

专项自查表 12——内部互投相关情况

管理人名称	基金名称	基金编码	存续规模（万元）	直接投资者数量	直接投资者投资额（万元）	被投基金名称	被投基金编码	投资额（万元）

专表 13

专项自查表 13——涉及资金池基金情况

管理人名称	涉及“资金池”基金名称	基金编码	存续规模（万元）	直接涉及自然人投资者数量	直接涉及自然人投资者金额（万元）	投向项目标的名称	项目投资额（万元）	项目拟最终退出日期	基金运作及投资情况说明

专表 14

专项自查表 14——违反合同约定基金情况

管理人名称	基金名称	基金编码	存续规模（万元）	基金运作及投资情况说明	基金所投具体资产标的及对应规模（万元）	基金托管人名称（如有）	是否已向投资者进行披露

专表 15

专项自查表 15——备案后新增募集基金情况

管理人名称	备案后新增募集基金名称	基金编码	存续规模（万元）	初次募集规模	现有投资者出资规模	直接涉及自然人投资者数量	直接涉及自然人投资者金额（万元）	投向项目标的名称	项目投资额（万元）	基金运作及投资情况说明

附录四：

关于开展2019年北京辖区私募基金管理人自查工作的通知

辖区各私募基金管理人：

为深入贯彻党的十九大和中央经济工作会议精神，切实加强私募基金日常监管与风险防范工作，根据中国证监会相关工作要求，结合辖区工作实际，现就开展2019年私募基金管理人自查工作有关事项通知如下：

一、自查对象

截至2019年6月30日，已在中国证券投资基金业协会（以下简称基金业协会）登记且注册地位于北京的私募基金管理人。

二、自查时间

自本通知下发之日起至2019年8月31日止。

三、自查内容

各私募基金管理人应当按照《证券投资基金法》、《私募投资基金监督管理暂行办法》、《证券期货经营机构私募资产管理业务运作管理暂行规定》、《证券期货投资者适当性管理办法》等法律法规规定，对私募基金募投管退各业务环节进行全面自查梳理。重点核查下列内容：私募机构在宣传推介、资金募集、投资管理等业务环节是否合规；登记备案、信息报送、信息披露是否真实、准确、完整、及时；内部管理和风险控制是否完善；是否从事与私募基金业务存在利益冲突的业务等。

四、自查工作要求

（一）各私募基金管理人应高度重视本次自查工作，对照相关的法律法规进行深入细致的自查，梳理摸排存在的风险，在规定时间内全面完成自查工作。对于未按要求开展自查工作、自查工作走过场或刻意隐瞒、持续开展违法违规业务的机构，我局将依法依规予以严肃处理。

（二）各私募基金管理人须填写《诚信合规经营承诺书》（附件1），承诺诚信合规经营，按照自查要求认真开展此次自查工作，对于报送材料的真实性、准确性、完整性承担责任，并加盖公司公章。此外，各私募基金管理人均应根据自身管理基金情况，以2019年6月30日数据为准，填写《私募基金业务自查专项报告》、《自查情况表》、《私募基金产品明细表》（附件2、附件3、附件4）。

（三）自查工作开展过程中，各管理人应严格按照通知要求开展自查工作及填报自查文件，如确有必要事项咨询我局，请将咨询事项发送至联系邮箱：bjsimu1@csrc. gov. cn。

（四）按照国务院关于积极推进“互联网 +”的相关要求，中国证监会建设并上线了“政务服务平台”（http：//neris. csrc. gov. cn/portal），旨在建立一线监管部门与监管对象的沟通渠道，提供更为便捷的信息报送、通知公告、意见反馈等信息化服务。目前，我局已为辖区各私募基金管理人开设了平台账号，近期将向各机构在基金业协会填报的主要联系人的联系邮箱发送激活码，请各机构注意查收邮件激活账号并使用。后期，我局将通过该平台进行机构点名，请予以关注。

五、自查文件报送

各私募基金管理人应当在 2019 年 8 月 31 日前向我局报送上述自查文件。其中，附件 1 请提供盖章版 pdf 扫描件，其余附件请提供 word 或 excel 形式，并将全部附件打包为一个压缩文件（文件名称：× ×私募机构自查文件），以邮件形式报送我局自查工作接收邮箱：bjsimu3@csrc. gov. cn。纸质文件无需报送，请妥善保存。

对于未在期限内提交自查文件的私募机构，我局会商基金业协会分别采取行政监管措施及自律措施。

特此通知。

附件：1. × ×机构诚信合规经营承诺书

2. × ×机构私募基金业务自查专项报告

3. × ×机构自查情况表

4. × ×机构私募基金产品明细表

中国证监会北京监管局

2019 年 7 月 1 日

附件 1

北京辖区私募基金管理人诚信合规经营承诺书

为保护投资者及相关方的合法权益，树立北京地区私募基金业的良好形象，维护诚信、合规、公平竞争的市场环境，本机构郑重承诺：

1. 严格遵守《中华人民共和国证券投资基金法》、《私募投资基金监督管理暂行办法》、《证券期货经营机构私募资产管理业务运作管理暂行规定》以及《证券期货投资者适当性管理办法》等相关规定，坚持诚信守法，坚守职业道德底线；坚持私募原则，决不变相进行公募；坚持投资者适当性管理，面向合格投资者募集资金；坚持合规经营，不得承诺保本保收益。

2. 按有关规定履行信息披露义务，自觉接受监管机构、自律组织、投资者和社会公众的监督，自觉履行登记、备案义务。

3. 加强内部控制，建立结构合理、控制严密、运行高效的内部控制体系，制定并执行切实有效的内部控制制度，增强风险控制意识，提高风险管理能力，有效防范和化解各类风险。

4. 不断提升从业人员的专业素养和道德水平，规范从业人员的执业行为。

5. 杜绝损害投资者合法权益的非法活动。

6. 实时监测并及时报告私募基金业务重大风险情况。

7. 按照自查要求认真开展此次自查工作，对于报送材料的真实性、准确性、完整性承担责任。

私募基金管理人名称（加盖公章）

（日期）

附件2

××机构私募基金业务自查专项报告

抬头请写：中国证监会北京监管局：

报告请包括以下内容：

一、机构整体情况

（一）机构组织架构及人员整体情况。包括但不限于公司股东、关联方、高级管理人员等方面情况。

（二）关联方从事业务情况。包含各板块结构布局、业务开展等情况，特别是关联公司涉及基金销售、P2P、小贷、融资租赁、互联网金融、房地产等业务的情况。如公司系集团化运营的私募机构，请列出集团内关联私募机构具体情况（含基金数量、管理规模、投资者人数等）。

二、私募基金业务开展情况

（一）产品数量/管理规模/投资者数量及结构/募集方式等。

（二）业务类型与业务模式，特别是是否从事资金池、自融自担等业务。

（三）与集团其他业务交叉或关联、业务隔离、人员独立等情况。

三、公司/集团私募基金业务风险情况

（一）私募基金业务风险评估，风险防控、流动性安排等整体情况。

（二）私募基金运行异常情况，特别是逾期不能兑付、临近到期兑付困难、开放期或开放日不能满足赎回申请、基金重大亏损等情况，如存在异常情况，请报告应对解决措施。

（三）异常经营情形。如基金业协会已通知你公司处于异常经营情形并要求限期提交专项法律意见书，则请将你公司相关异常经营情况一并进行报告。

四、私募基金业务自查情况

（一）自查工作的组织及执行情况。

（二）自查发现的主要问题及整改计划。

五、其他需要说明的情况

落款请写：公司全称、日期。

附件3－1

私募机构自查情况表1						
私募基金管理人名称	××私募机构	管理基金数量（只）	××	管理基金规模（亿元）		投资者数量
项目	要点	法规依据	自查情况	是否存在问题（是/否）	问题描述	整改计划
一、宣传推介	是否通过报刊、电台、电视、互联网等公众传播媒体或者讲座、报告会、分析会和张贴布告、散发传单、发送手机短信、微信、博客和电子邮件等方式，向不特定对象宣传推介。	《证券投资基金法》第九十一条；《暂行办法》第十四条；《私募资管业务暂行规定》第三条				
	是否存在不适当宣传、误导欺诈投资者；是否夸大或者片面宣传基金管理人及其管理的产品、投资经理等的过往业绩。	《私募资管业务暂行规定》第三条				
	是否向投资者承诺投资本金不受损失或者承诺最低收益；产品合同及销售材料中是否存在包含保本保收益内涵的表述，如零风险、收益有保障、本金无忧等；产品名称中是否含有“保本”字样；是否与投资者私下签订回购协议或者承诺函等文件，直接或间接承诺保本保收益；是否向投资者口头或者通过短信、微信等各种方式承诺保本保收益；是否向投资者宣传产品预期收益率。	《暂行办法》第十五条；《私募资管业务暂行规定》第三条				

续表

项目	要点	法规依据	自查情况	是否存在问题（是/否）	问题描述	整改计划
二、资金募集	是否向不合格投资者募集资金。合格投资者应同时满足以下条件：（1）具备相应风险识别能力和风险承担能力；（2）投资于单只私募基金的金额不低于100万元；（3）机构投资者净资产不低于1000万元；个人投资者金融资产不低于300万元或者最近三年个人年均收入不低于50万元。下列投资者视为当然的合格投资者：（1）社会保障基金、企业年金等养老基金，慈善基金等社会公益基金；（2）依法设立并在基金业协会备案的投资计划；（3）投资于所管理私募基金的私募基金管理人及其从业人员；（4）证监会规定的其他投资者。	《暂行办法》第十二条、第十三条				
	单只基金的投资者人数是否超过法律规定的人数（有限责任公司型基金及有限合伙型基金不得超过50人；其他基金不得超过200人）；投资者转让基金份额的，受让人是否为合格投资者，基金份额转让后投资者人数是否符合规定。	《暂行办法》第十一条				
	以合伙企业、契约等非法人形式，通过汇集多数投资者的资金直接或间接投资于私募基金的，是否穿透核查最终投资者为合格投资者，是否穿透合并计算投资者人数。下列投资者不再穿透核查：（1）社会保障基金、企业年金等养老基金，慈善基金等社会公益基金；（2）依法设立并在基金业协会备案的投资计划；（3）证监会规定的其他投资者。	《暂行办法》第十三条				
	是否向非合格投资者销售产品，明知投资者实质不符合合格投资者标准，仍予以销售确认；是否通过拆分基金份额或其收益权、为投资者直接或者间接提供短期借贷方式，变相突破合格投资者标准。	《私募资管业务暂行规定》第三条				

续表

项目	要点	法规依据	自查情况	是否存在问题（是/否）	问题描述	整改计划
二、资金募集	是否采取问卷调查等方式，对投资者的风险识别能力和风险承担能力采取风险评估；是否由投资者书面承诺符合合格投资者条件；是否制作风险揭示书，向客户充分揭示投资运作可能面临的风险，明确约定由客户自行承担投资风险，是否由客户签字确认。	《暂行办法》第十六条				
	委托第三方机构提供投资建议的，第三方机构及其关联方是否以其自有资金或募集资金投资于结构化产品劣后级份额。	《私募资管业务暂行规定》第五条				
	通过代销方式销售产品的，是否与代销机构约定投资者适当性管理责任，代销机构是否采取风险评估、风险揭示及符合合格投资者条件的确认措施。	《暂行办法》第十六条				
	是否自行或者委托第三方机构对私募基金进行风险评级，并向投资者说明；是否向风险识别能力和风险承担能力相匹配的投资者推介私募基金。	《暂行办法》第十七条				
	基金是否及时进行备案（私募基金管理人应当在私募基金募集完毕后 20 个工作日内，通过私募基金登记备案系统进行备案）。	《暂行办法》第八条				
	股票类、混合类结构化产品的杠杆倍数是否超过 1 倍，固定收益类结构化产品的杠杆倍数是否超过 3 倍，其他类结构化产品的杠杆倍数是否超过 2 倍；结构化产品的总资产占净资产的比例是否超过 140%，非结构化产品的总资产占净资产的比例是否超过 200%。结构化产品名称中应当包括“结构化”或“分级”字样。	《私募资管业务暂行规定》第四条				

续表

项目	要点	法规依据	自查情况	是否存在问题（是/否）	问题描述	整改计划
二、资金募集	是否对基金产品劣后级份额认购者的身份及风险承担能力进行充分适当的尽职调查。	《私募资管业务暂行规定》第四条				
三、基金投资	基金产品完成备案手续前是否参与股票公开或非公开发行。是否未登记备案开展私募业务。	《私募资管业务暂行规定》第三条；协会相关自律规则				
	是否直接或者间接对优先级份额认购者提供保本保收益安排，包括但不限于是否在基金合同中约定计提优先级份额收益、提前终止罚息、劣后级或者第三方机构差额补足优先级收益、计提风险保证金补足优先级收益等；是否穿透核查结构化产品投资标的，结构化产品是否嵌套投资其他结构化金融产品劣后级份额。	《私募资管业务暂行规定》第四条				
	证券投资基金产品是否投资于不符合国家产业政策、环境保护政策的项目（证券市场投资除外）；投资项目是否被列入国家发展改革委最新发布的淘汰类产品目录；投资项目是否违反国家环境保护政策要求；通过穿透核查，产品最终是否投向上述投资项目。享受国家财政税收扶持政策的创业投资基金，投资范围是否符合国家相关规定。	《私募资管业务暂行规定》第六条；《暂行办法》第三十五条				

续表

项目	要点	法规依据	自查情况	是否存在问题（是/否）	问题描述	整改计划
三、基金投资	是否开展或参与“资金池”业务：（1）不同基金资产进行混同运作，资金与资产无法明确对应；（2）基金产品在整个运作过程中未有合理估值的约定，且未按照合同约定向投资者进行充分适当的信息披露；（3）基金产品未单独建账、独立核算，未单独编制估值表；（4）基金产品在开放申购、赎回或滚动发行时未按照规定进行合理估值，脱离对应标的资产的实际收益率进行分离定价；（5）基金产品未进行实际投资或者投资于非标资产，仅以后期投资者的投资资金向前期投资者兑付投资本金和收益；（6）基金产品所投资产发生不能按时收回投资本金和收益情形的，基金产品通过开放参与、退出或滚动发行的方式由后期投资者承担此类风险，但管理人进行充分信息披露及风险揭示且投资者书面同意的除外。	《私募资管业务暂行规定》第九条				
	是否存在下列行为：（1）管理人及从业人员从事损害基金财产和投资者利益的投资活动。（2）管理人及从业人员存在泄露因职务便利获取的未公开信息，利用该信息从事或者明示、暗示他人从事相关的交易活动。（3）从事内幕交易、操纵交易价格、短线交易及其他不正当交易活动，未建立相关防范制度及机制，并有效执行。（4）存在不同基金间的非公平交易行为，在不同的基金账户之间转移收益或亏损；交易价格严重偏离市场公允价格，损害投资者利益；以不正当利益为目的，使用基金资产进行不必要的交易。（5）将管理人固有财产或者他人财产混同于基金财产从事投资活动。（6）存在侵占、挪用基金财产的行为；存在费用转嫁行为，将不应由基金承担的费用转移给基金；投资活动不符合合同约定。（7）玩忽职守，不按规定履行职责。如未按照合同关于“预警线”、“止损线”的有关规定进行操作。（8）合同违约。如不能如期赎回。	《暂行办法》第二十三条；《私募资管业务暂行规定》第八条				

续表

项目	要点	法规依据	自查情况	是否存在问题（是/否）	问题描述	整改计划
四、内控及风险管理	内部风险控制制度及机制是否覆盖私募基金的募、投、管、退各个环节，制度建设是否完善，是否执行到位。是否采取措施对基金风险进行有效管理；是否存在到期无法偿付等流动性风险；对冲基金和并购基金管理人的杠杆运用是否合理。信息系统运营是否安全可靠；是否实现对风险控制指标、投资交易权限、资金流转等关键事项的前端控制与实时监控。	《暂行办法》第四条；基金业协会相关自律规则				
	是否按照合同约定，将基金财产交由托管人托管，并由托管人对投资活动进行监督。基金合同约定私募投资基金不进行托管的，是否在合同中明确保障私募投资基金财产安全的制度措施和纠纷解决机制。	《证券投资基金法》第三十七条、第八十八条；《暂行办法》第二十一条				
	是否妥善保存私募投资基金投资决策、交易和投资者适当性管理等方面的记录及其他相关资料。	《暂行办法》第二十六条				
	是否违规使用信息系统外部接入开展交易，为违法证券期货业务活动提供系统对接或投资交易指令转发服务；是否设立伞形资产管理计划，子伞委托人（或其关联方）分别实施投资决策，共用同一资产管理计划的证券、期货账户；是否下设子账户、分账户、虚拟账户或将账户出借他人，违反账户实名制规定；是否为违法证券期货业务活动提供账户开立、交易通道、投资者介绍等服务或便利。	《私募资管业务暂行规定》第七条				
	是否利用管理的基金资产为资产管理人及其从业人员或第三方谋取不正当利益或向相关服务机构支付不合理的费用。是否违背风险收益相匹配原则，利用结构化基金产品向特定一个或多个劣后级投资者输送利益。	《私募资管业务暂行规定》第八条				

续表

项目	要点	法规依据	自查情况	是否存在问题（是/否）	问题描述	整改计划
四、内控及风险管理	私募证券投资基金管理人从业人员是否具备基金从业资格；其他类型私募基金管理人高管人员从业资格是否符合要求。	《证券投资基金法》第九条；基金业协会相关自律规则				
	是否对证券类基金产品主要业务人员及相关管理团队实施过度激励，包括但不限于以下情形：（1）未建立激励奖金递延发放机制；（2）递延周期不足3年，递延支付的激励奖金金额不足40%。	《私募资管业务暂行规定》第十条				
	管理可能导致利益输送或者利益冲突的不同基金的，是否建立利益输送和利益冲突防范机制，执行是否有效。是否兼营P2P、众筹、民间借贷、现金贷等非私募基金业务。	《暂行办法》第二十二条				
	管理人及其从业人员是否利用基金财产或者职务之便，为本人或者投资者以外的人谋取利益，进行利益输送。	《暂行办法》第二十三条				
	私募证券投资基金管理人是否建立员工与基金之间利益冲突防范制度及机制，并定期对员工防范利益冲突行为监督检查。	《证券投资基金法》第九条；《暂行办法》第四条、第二十三条				
	是否委托个人或不符合条件的第三方机构提供投资建议；是否向未提供实质服务的第三方机构支付费用或支付的费用与其提供的服务不相匹配；是否建立利益冲突防范机制，产品与第三方机构本身、与第三方机构管理或服务的其他产品之间是否存在利益冲突或利益输送。	《私募资管业务暂行规定》第五条				

续表

项目	要点	法规依据	自查情况	是否存在问题（是/否）	问题描述	整改计划
五、信息披露与报送	销售基金产品时，是否真实、准确、完整地披露产品交易结构、当事各方权利义务条款、收益分配内容、委托第三方提供服务、关联交易、关联担保情况等信息。	《私募资管业务暂行规定》第三条				
	是否按照合同约定，如实向投资者披露基金投资、资产负债、投资收益分配、基金承担的费用和业绩报酬、可能存在利益冲突情况；是否如实向投资者披露可能影响投资者合法权益的其他重大信息。例如每只基金是否编制资产负债表。	《证券投资基金法》第九十五条；《暂行办法》第二十四条				
	向基金业协会登记信息和备案信息是否真实、准确、完整。	《证券投资基金法》第八十九条；《暂行办法》第七条、第八条；基金业协会自律规则				
	是否按照基金业协会的规定，及时填报并定期更新管理人及其从业人员的有关信息、所管理的私募基金投资运作情况和杠杆运用情况；管理人和基金发生重大事项的，是否及时向基金业协会报告。例如管理人发生重大事项的应当在 10 个工作日内向基金业协会报告；私募基金发生重大事项的，应当在 5 个工作日内向基金业协会报告。	《暂行办法》第二十五条；基金业协会自律规则				
	基金合同中是否充分披露和揭示结构化设计及相应风险情况、收益分配情况、风控措施等信息。	《私募资管业务暂行规定》第四条				
	委托第三方机构提供投资建议的，是否在产品合同及其他材料中明确披露第三方机构身份、约定第三方机构职责，是否充分说明和揭示聘请第三方机构可能产生的特定风险。	《私募资管业务暂行规定》第五条				

续表

项目	要点	法规依据	自查情况	是否存在问题（是/否）	问题描述	整改计划
六、《适当性办法》自查	适当性管理的各项规章制度制定情况：（1）是否制定投资者分类制度；（2）是否制定投资者分类转化制度；（3）是否制定划分产品或服务等级制度；（4）是否制定执行适当性匹配制度；（5）是否制定定期开展自查制度或工作机制；（6）是否制定适当性档案管理制度；（7）是否制定限制不匹配销售行为制度；（8）是否制定客户回访检查制度；（9）是否制定评估与销售隔离制度；（10）是否制定适当性管理的培训考核制度和工作机制；（11）是否建立涉及适当性管理的投诉纠纷处理制度；（12）是否制定违反适当性管理的监督问责机制；（13）是否制定落实适当性管理的执业规范；（14）是否建立委托其他机构销售产品的适当性管理相关制度。					
	人员、设备配备及内部培训情况：（1）是否指定落实适当性管理的具体分工和分管领导；（2）是否设置负责适当性管理的部门；（3）是否配备适当性管理工作专职人员；（4）是否配备录音、录像及开展非现场业务的留痕设备；（5）是否组织开展《证券期货投资者适当性管理办法》内部培训。					
	向投资者销售产品或者提供服务时，是否了解投资者的下列信息：（1）自然人的姓名、住址、职业、年龄、联系方式，法人或者其他组织的名称、注册地址、办公地址、性质、资质及经营范围等基本信息；（2）收入来源和数额、资产、债务等财务状况；（3）投资相关的学习、工作经历及投资经验；（4）投资期限、品种、期望收益等投资目标；（5）风险偏好及可承受的损失；（6）诚信记录；（7）实际控制投资者的自然人和交易的实际受益人；（8）法律法规、自律规则规定的投资者准入要求相关信息；（9）其他必要信息。	《适当性办法》第六条				

续表

项目	要点	法规依据	自查情况	是否存在问题（是/否）	问题描述	整改计划
六、《适当性办法》自查	是否根据产品或服务的不同风险等级，对其适合销售产品或者提供服务的投资者类型作出判断，根据投资者的不同类型，对其适合购买的产品或者接受的服务作出判断。	《适当性办法》第十八条				
	投资者主动要求并坚持购买风险等级高于其风险承受能力的产品或者接受相关服务的，是否确认其不属于风险承受能力最低类别的投资者，是否就产品或者服务风险高于其承受能力进行特别的书面风险警示。	《适当性办法》第十九条				
	向普通投资者销售高风险产品或者提供相关服务的，是否履行特别的注意义务，包括：制定专门的工作程序，追加了解相关信息，告知特别的风险，给予普通投资者更多的考虑时间，增加回访频次等。	《适当性办法》第二十条				
	是否根据投资者产品或者服务的信息变化情况，主动调整投资者分类、产品或者服务分级以及适当性匹配意见，并告知投资者上述情况。	《适当性办法》第二十一条				
	是否进行下列销售产品或者提供服务的活动： （1）向不符合准入要求的投资者销售产品或者提供服务；（2）向投资者就不确定事项提供确定性的判断，或者告知投资者有可能使其误认为具有确定性的意见；（3）向普通投资者主动推介不符合其投资目标的产品或者服务；（4）向普通投资者主动推介不符合投资且标的产品或者服务；（5）向风险承受能力最低类别的投资者销售或者提供风险等级高于其风险承受能力的产品或者服务；（6）其他违背适当性要求，损害投资者合法权益的行为。	《适当性办法》第二十二条				

续表

项目	要点	法规依据	自查情况	是否存在问题（是/否）	问题描述	整改计划
六、《适当性办法》自查	是否在向普通投资者销售产品或者提供服务前告知下列信息：（1）可能直接导致本金亏损的事项；（2）可能直接导致超过原始本金损失的事项；（3）因经营机构的业务或者财产状况变化，可能导致本金或者原始本金亏损的事项；（4）因经营机构的业务或者财产状况变化，影响客户判断的重要事由；（5）限制销售对象权力行使期限或者可解除合同期限等全部限制内容。	《适当性办法》第二十三条				
	对投资者的告知、警示内容，是否真实、准确、完整，是否存在虚假记载、误导性陈述或者重大遗漏；告知、警示是否采用书面形式送达投资者，并由其确认已充分理解和接受。	《适当性办法》第二十四条				
	是否综合考虑收入来源、资产状况、债务、投资知识和经验、风险偏好、诚信状况等因素，确定普通投资者的风险承受能力，对普通投资者进行细化分类和管理。	《适当性办法》第十条				
	是否按规定对投资者进行类别转化。	《适当性办法》第十一条、第十二条				
	是否建立或者更新投资者评估数据库。	《适当性办法》第十三条				
	是否按规定了解所销售产品或者提供服务信息，根据风险特征和程度，对销售的产品或者提供的服务划分风险等级。	《适当性办法》第十五条、第十六条、第十七条				
	是否按规定录音录像或者采取配套留痕安排。	《适当性办法》第二十五条				
	委托销售的，是否明确告知代销方所委托产品或者提供服务的适当性管理标准和要求，以及相应法律责任。	《适当性办法》第二十六、第二十七条、第二十八条				

续表

项目	要点	法规依据	自查情况	是否存在问题（是/否）	问题描述	整改计划
六、《适当性办法》自查	是否制定适当性内部管理制度，明确投资者分类、产品或者服务分级、适当性匹配的具体依据、方法、流程等，严格按照内部管理制度进行分类、分级，定期汇总分类、分级结果，并对每名投资者提出匹配意见；是否制定并严格落实与适当性内部管理有关的限制不匹配销售行为、客户回访检查、评估与销售隔离等风险制度，以及培训考核、执业规范、监督问责等制度机制。	《适当性办法》第二十九条				
	是否定期开展适当性自查（应当每半年开展自查），对于自查发现的问题，是否及时向监管部门报告。	《适当性办法》第三十条				
	是否妥善保管适当性相关信息资料。对匹配方案、告知警示资料、录音录像资料、自查报告等的保存期限不得少于20年。	《适当性办法》第三十二条				
	是否妥善处理适当性相关的纠纷，与投资者协商解决争议，采取必要的措施支持和配合投资者提出的调解。	《适当性办法》第三十四条				

说明：1. 本底稿中《证券投资基金法》是指2015年4月24日修正的《中华人民共和国证券投资基金法》；

2. 本底稿中《暂行办法》是指2014年8月21日起施行的《私募投资基金监督管理暂行办法》；

3. 本底稿中《私募资管业务暂行规定》是指2016年7月18日起施行的《证券期货经营机构私募资产管理业务运作管理暂行规定》；

4. 本底稿中《适当性办法》是指2017年7月1日起施行的《证券期货投资者适当性管理办法》；

5. 请根据本底稿逐项自查，如实详细填写核查过程、结果等情况，应做到重点突出、条理清晰；在自查中发现存在相关问题的，需将问题及原因描述清楚，应针对所发现的问题制订切实可行的整改计划，应按照整改计划切实防范和化解风险隐患。

编制人：　　　　日期：

附件 3－2

私募机构自查情况表 2（仅私募证券投资基金管理人适用）

项目	要　点	法规依据	自查情况	是否存在问题（是/否）	问题描述	整改计划
一、资金募集禁止条款	（一）资产管理合同及销售材料中存在包含保本保收益内涵的表述，如零风险、收益有保障、本金无忧等；	《私募资管业务暂行规定》第三条				
	（二）资产管理计划名称中含有“保本”字样；					
	（三）与投资者私下签订回购协议或承诺函等文件，直接或间接承诺保本保收益；					
	（四）向投资者口头或者通过短信、微信等各种方式承诺保本保收益；					
	（五）向非合格投资者销售资产管理计划，明知投资者实质不符合合格投资者标准，仍予以销售确认，或者通过拆分转让资产管理计划份额或其收益权、为投资者直接或间接提供短期借贷等方式，变相突破合格投资者标准；					
	（六）单一资产管理计划的投资者人数超过 200 人，或者同一资产管理人为单一融资项目设立多个资产管理计划，变相突破投资者人数限制；					
	（七）通过报刊、电台、电视、互联网等公众传播媒体，讲座、报告会、分析会等方式，布告、传单、短信、微信、博客和电子邮件等载体，向不特定对象宣传具体产品，但证券期货经营机构和销售机构通过设置特定对象确定程序的官网、客户端等互联网媒介向已注册特定对象进行宣传推介的除外；					
	（八）销售资产管理计划时，未真实、准确、完整地披露资产管理计划交易结构、当事各方权利义务条款、收益分配内容、委托第三方机构提供服务、关联交易情况等信息；					
	（九）资产管理计划完成备案手续前参与股票公开或非公开发行；					

续表

项目	要　　点	法规依据	自查情况	是否存在问题（是/否）	问题描述	整改计划
一、资金募集禁止条款	（十）向投资者宣传资产管理计划预期收益率；	《私募资管业务暂行规定》第三条				
	（十一）夸大或者片面宣传产品，夸大或者片面宣传资产管理计划管理人及其管理的产品、投资经理等的过往业绩，未充分揭示产品风险，投资者认购资产管理计划时未签订风险揭示书和资产管理合同。					
二、结构化产品禁止条款	（一）直接或者间接对优先级份额认购者提供保本保收益安排，包括但不限于在结构化资产管理计划合同中约定计提优先级份额收益、提前终止罚息、劣后级或第三方机构差额补足优先级收益、计提风险保证金补足优先级收益等；	《私募资管业务暂行规定》第四条				
	（二）未对结构化资产管理计划劣后级份额认购者的身份及风险承担能力进行充分适当的尽职调查；					
	（三）未在资产管理合同中充分披露和揭示结构化设计及相应风险情况、收益分配情况、风控措施等信息；					
	（四）股票类、混合类结构化资产管理计划的杠杆倍数超过 1 倍，固定收益类结构化资产管理计划的杠杆倍数超过 3 倍，其他类结构化资产管理计划的杠杆倍数超过 2 倍；					
	（五）通过穿透核查结构化资产管理计划投资标的，结构化资产管理计划嵌套投资其他结构化金融产品劣后级份额；					
	（六）结构化资产管理计划名称中未包含“结构化”或“分级”字样；					
	（七）结构化资产管理计划的总资产占净资产的比例超过 140%，非结构化集合资产管理计划（即“一对多”）的总资产占净资产的比例超过 200%。					

续表

项目	要点	法规依据	自查情况	是否存在问题（是/否）	问题描述	整改计划
三、第三方机构禁止条款	（一）不得委托个人或不符合条件的第三方机构为其提供投资建议；	《私募资管业务暂行规定》第五条				
	（二）未建立或未有效执行第三方机构遴选机制，未按照规定流程选聘第三方机构；					
	（三）未签订相关委托协议，或未在资产管理合同及其他材料中明确披露第三方机构身份、未约定第三方机构职责以及未充分说明和揭示聘请第三方机构可能产生的特定风险；					
	（四）由第三方机构直接执行投资指令，未建立或有效执行风险管控机制，未能有效防范第三方机构利用资产管理计划从事内幕交易、市场操纵等违法违规行为；					
	（五）未建立利益冲突防范机制，资产管理计划与第三方机构本身、与第三方机构管理或服务的其他产品之间存在利益冲突或利益输送；					
	（六）向未提供实质服务的第三方机构支付费用或支付的费用与其提供的服务不相匹配；					
	（七）第三方机构及其关联方以其自有资金或募集资金投资于结构化资产管理计划劣后级份额。					
四、提供交易便利禁止条款	（一）资产管理计划份额下设子账户、分账户、虚拟账户或将资产管理计划证券、期货账户出借他人，违反账户实名制规定；	《私募资管业务暂行规定》第七条				
	（二）为违法证券期货业务活动提供账户开立、交易通道、投资者介绍等服务或便利；					
	（三）违规使用信息系统外部接入开展交易，为违法证券期货业务活动提供系统对接或投资交易指令转发服务；					

续表

项目	要　点	法规依据	自查情况	是否存在问题（是/否）	问题描述	整改计划
四、提供交易便利禁止条款	（四）设立伞形资产管理计划，子伞委托人（或其关联方）分别实施投资决策，共用同一资产管理计划的证券、期货账户。	《私募资管业务暂行规定》第七条				
五、业务禁止条款	（一）交易价格严重偏离市场公允价格，损害投资者利益。不存在市场公允价格的投资标的，能够证明资产管理计划的交易目的、定价依据合理且在资产管理合同中有清晰约定，投资程序合规以及信息披露及时、充分的除外；	《私募资管业务暂行规定》第八条				
	（二）以利益输送为目的，与特定对象进行不正当交易，或者在不同的资产管理计划账户之间转移收益或亏损；					
	（三）以获取佣金或者其他不当利益为目的，使用资产管理计划资产进行不必要的交易；					
	（四）泄露因职务便利获取的未公开信息，以及利用该信息从事或者明示、暗示他人从事相关的交易活动；					
	（五）利用管理的资产管理计划资产为资产管理人及其从业人员或第三方谋取不正当利益或向相关服务机构支付不合理的费用；					
	（六）违背风险收益相匹配原则，利用结构化资产管理计划向特定一个或多个劣后级投资者输送利益；					
	（七）侵占、挪用资产管理计划资产。					
六、资金池禁止条款	（一）不同资产管理计划进行混同运作，资金与资产无法明确对应；	《私募资管业务暂行规定》第九条				
	（二）资产管理计划在整个运作过程中未有合理估值的约定，且未按照资产管理合同约定向投资者进行充分适当的信息披露；					
	（三）资产管理计划未单独建账、独立核算，未单独编制估值表；					

续表

项目	要　点	法规依据	自查情况	是否存在问题（是/否）	问题描述	整改计划
六、资金池禁止条款	（四）资产管理计划在开放申购、赎回或滚动发行时未按照规定进行合理估值，脱离对应标的资产的实际收益率进行分离定价；	《私募资管业务暂行规定》第九条				
	（五）资产管理计划未进行实际投资或者投资于非标资产，仅以后期投资者的投资资金向前期投资者兑付投资本金和收益；					
	（六）资产管理计划所投资产发生不能按时收回投资本金和收益情形的，资产管理计划通过开放参与、退出或滚动发行的方式由后期投资者承担此类风险，但管理人进行充分信息披露及风险揭示且机构投资者书面同意的除外。					
七、员工激励禁止条款	（一）未建立激励奖金递延发放机制；	《私募资管业务暂行规定》第十条				
	（二）递延周期不足3年，递延支付的激励奖金金额不足40%。					

说明：1.《证券期货经营机构私募资产管理业务运作管理暂行规定》（简称《私募资管业务暂行规定》）2016年7月18日起实施，并对结构化产品、保本产品、委托提供投资建议等方面条款实施“新老划断”的过渡安排，相关存续资管产品不符合规定的，合同到期前杠杆倍数不得提高，不得新增净申购规模，合同到期后予以清盘，不得续期。

2. 资产管理合同等同于私募基金合同。

3. 资产管理计划等同于私募基金（产品）。

编制人：　　　　日期：

附件 4

私募基金产品明细表

截止时间：2019 年 5 月 31 日（仅填报“在运行的未完全清算的受托管理”类型基金）　　单位：万元

管理人名称	管理人类型	序号	基金名称	基金类型 1	基金类型 2	成立时间	到期时间	运行情况	异常运行情况的处置方案（对应前列的 B、C、D）	是否有杠杆：是/否	是否有杠杆：基金投向	投资类型（按穿透后的底层资产实际填报）	底层资产名称	基金期限（月）	投资者投资期限（月）	基金对外投资期限（月）
	证券/股权、创投/其他	1		证券/股权、创投/其他	开放式基金/封闭式基金		如果基金存在临时开放约定，请填报具体信息	1. 基金运行正常，请填报 A； 2. 基金已逾期不能正常兑付，请填报 B； 3. 基金临近到期，可能存在不能如约兑付的风险，请填报 C； 4. 基金开放日赎回申请不能兑付，请填报 D	说明方案，及已采取、将采取的措施。	请穿透至底层资产，在基金投资全过程中评估杠杆情况。如果有杠杆，请填报杠杆倍数	优先级/劣后级	1. 证券类基金填报：股票/债券/其他等； 2. 股权、创投类基金填报：长期股权/定增/新三板/明股实债/其他（请说明具体内容）； 3. 其他类基金填报：收（受）益权、债权投资（直接借款）、委托贷款、/其他（请说明具体内容）				请按投资项目逐项填报
		2														
		3														
		4														
		……														

基金存续份额①=②+③+④=⑦+⑨（两个加总维度，数量应一致）	外部投资者份额②	嵌套资金份额③	管理人跟投份额④	基金净值（万元）	投资者人数⑤=⑥+⑧	自然人投资者		机构投资者		是否托管	托管人名称	是否资金池	是否自融	是否分期发行
						数量⑥	投资份额⑦	数量⑧	投资份额⑨					
	“外部投资者份额”是指完全外部市场募集份额;	“嵌套资金份额”是指基金管理人及其关联方管理人已设基金再参与投资份额，即重复计算的嵌套基金的募集份额;	“管理人跟投份额”是指基金管理人及其关联方，以及相关员工跟投募集份额，即内部募集份额;									是/否	是/否	是/否（如果存在分期发行，请填报详细情况）

图书在版编目（CIP）数据

私募基金内控合规与监管合规指引 / 段永强编著．
—北京：中国法制出版社，2021．3
ISBN 978－7－5216－1728－3

Ⅰ．①私…　Ⅱ．①段…　Ⅲ．①投资基金业－基金管理
－研究－中国　Ⅳ．①F832．51

中国版本图书馆CIP数据核字（2021）第045686号

责任编辑　韩璐玮（hanluwei666@163．com）　　封面设计　杨泽江

私募基金内控合规与监管合规指引

SIMU JIJIN NEIKONG HEGUI YU JIANGUAN HEGUI ZHIYIN

编著/段永强
经销/新华书店
印刷/三河市国英印务有限公司
开本/730毫米×1030毫米　16开　　印张/33．75　字数/428千
版次/2021年3月第1版　　2021年3月第1次印刷

中国法制出版社出版
书号 ISBN 978－7－5216－1728－3　　定价：118．00元

北京西单横二条2号　邮政编码100031　　传真：010－66031119
网址：http：//www．zgfzs．com　　**编辑部电话：010－66070084**
市场营销部电话：010－66033393　　**邮购部电话：010－66033288**

（如有印装质量问题，请与本社印务部联系调换。电话：010－66032926）